후한서

범엽의 인물열전

범엽의 인물열전

후한서

범엽 지음 | 유홍유 편저 | 이미영 옮김

팩컴북스

편저자_ 유홍유劉紅裕
절강대학 대학원 석사 과정 연구생으로 화학공정 학부를 졸업했다. 고대 문학 석사. 문학, 사학 애호가로
범엽의 인물열전『후한서』를 엮었다.

옮긴이_ 이미영
이화여자대학교 사학과와 동아시아학과를 복수 전공했으며, 이화여자대학교 통역번역대학원을 졸업하고
현재 중화 TV 영상 번역 및 프리랜서로 활동하고 있다. 드라마「발칙한 4녀女」,「대기영웅전」,「못 말리는
가족」,「마이 러브」,「별빛 소나타」,「대풍가」,「소오강호」,「진시황의 진용」, 영화「나에게 표창장을 줘
요」,「미려가원美麗家園」, 그 외「오락폭풍」,「금화를 찾아서」 등 다수를 번역했으며, 옮긴 책으로는『고스
트 램프』 2권,『음모』(근간),『인의로 천하를 얻다』 등이 있다.

해제

『후한서』에 대해 본격적으로 살펴보기에 앞서 후한시대에 대해 전반적으로 알아보자.

한은 전한과 후한으로 나뉜다. 전한 고조 유방이 한나라를 세운 뒤 무제(재위 기간은 기원전 141년~기원전 87년) 때 중앙집권적 전제군주제가 완성된다. 무제는 강력한 중앙집권화를 위해 지방행정기구를 강화하고 제후왕을 감독하였다. 그는 국정의 중심을 궁정 밖에서 궁 안으로 집중하였는데 황제 측근에 있는 조신(상서, 중서中書)과 좌우 시중, 급사중給事中이 내정內廷에서 결정한 정책이 궁 밖의 승상부로 넘겨지도록 한 것이다. 이러한 내정 정치는 황제가 절대권을 상실했을 때 궁정 안의 변칙적 세력인 외척과 환관의 득세를 초래하였다. 외척이란 황제의 모후母后를 중심으로 한 외가와 황후 중심의 처가 세력을 일컫는다. 전한의 정권을 찬탈한 왕망 역시 외척이었다. 황제는 외척의 전횡을 억제하기 위한 방편으로 환관을 이용했다.

전한과 후한의 과도기에 왕망이 신(8~23년) 정권을 세웠다. 신 정권은 전한의 전제군주에 의한 일반 백성의 지배체제 또는 개

별 인신적個別人身的 지배체제에서 후한의 호족공동체를 기초로
하는 전제 지배체제로 넘어가는 과도기 정권이라고 할 수 있다.
신 정권이 붕괴되고 유수가 후한을 건국하기까지 2년간 각지에
서 농민 반란이 일어났다. 호족 세력과 지주들도 왕망 정권 타도
에 나섰는데 그중 남양의 유수·유연 형제가 대표적이었다. 광무
제 유수는 신 정권을 타도한 뒤 새 왕조를 건국하지 않고 한을
부흥시켰다. 한 고조 유방이 평민 출신이고 전한 개국공신의 대
부분이 미천한 계층 출신임에 반해, 후한 정권은 호족과 연계된
호족 연합 정권의 성격이 강하다. 따라서 후한 200여 년간 호족
은 막강한 힘을 발휘하였다.

광무제 유수는 자신의 근거지인 남양 부근의 낙양을 수도로
삼았다. 그는 전한 이후 약화된 황제권 강화를 위해 3공의 권한
을 약화하고 상서대의 기능을 강화했다. 즉, 3공의 권한이 상서
대로 옮겨 3공은 명예직으로 남게 된 것이다. 상서대의 장관은
상서령이고, 차관은 상서복야尙書僕射이며, 그 밑에는 실무를 담
당하는 6조曹가 있다. 또한 광무제는 황제 업무처리를 보필하는
기관으로 중상시中常侍, 소황문小黃門, 중황문中黃門 등 환관부를
신설하였는데, 이는 환관의 정치 관여를 초래하였다. 후한은 전
한의 13주州 자사刺史제도를 계승하였고, 황제권 강화를 위해 감
찰제도를 확립했다. 황제의 신임을 받는 사례 교위가 수도 및 지
방의 정무를 감찰하였다. 광무제는 호족을 회유하고 백성을 교

화하기 위해 유학을 장려하였다. 그는 태학과 오경박사를 설치하고 절개節槪와 효렴孝廉을 기준으로 인재를 등용하였다. 그 결과 후한시대에는 유교적 예교주의와 절의節義를 숭상하는 풍조가 만연하였다.

광무제 이후 명제, 장제 때 정치적 기강이 확립되고 사회가 안정되면서 전성기를 구가하였다. 명제와 장제는 전한을 교훈 삼아 외척 세력을 도태시키는데 힘썼다. 그럼에도 불구하고 그 이후에 줄곧 외척과 환관이 전횡하여 사회 전반에 문제를 야기하였다. 장제의 외척 두헌을 비롯한 두竇 씨가 화제 때 득세하다가 상제, 안제 때에는 외척 등질을 비롯한 등鄧 씨가 전횡을 일삼았다. 이런 외척에 대응하기 위해 황제는 환관 세력을 이용했다. 안제가 죽은 뒤 환관들이 모의하여 순제를 옹립하였고, 순제가 양 씨를 황후로 맞이하면서 양상, 양기 부자가 득세하였다. 양기는 순제가 죽은 뒤 충제, 질제, 환제를 세웠다. 환제가 성인이 되면서 환관들과 모의하여 외척 양 씨를 주살하였다.

이렇게 후한시대에 외척과 환관이 득세하자 일부 호족은 그들과 결탁하였고, 유교적 교양을 갖추고 예를 숭상하는 관료 지식인들은 환관의 전횡에 대항하였다. 이런 유교적 소양을 갖춘 사인士人들이 재야에서 정치를 비판하는 것을 일컬어 '청의淸議'라고 하였다. 중앙의 태학은 청의의 중심이었다. 그들은 환관의 부패와 독점을 비판하는 여론을 형성하였는데 이들을 일컬어 청류

清流라고 하였고, 그에 반해 환관을 추종하는 자들을 탁류濁流라고 하였다. 곽태와 가표를 중심으로 한 태학생들은 환관의 전횡을 비판하여 관료와 명사들의 지지를 받았다. 사례 교위 이응과 태부 진번은 조정에서 적극적인 정치 세력을 펴나가며 환관에 대적했다. 이에 대응해 환관 세력들은 이응이 태학생과 붕당을 만들고 조정을 비방한다고 무고하면서 '1차 당고의 옥(166년)'이 일어나, 수많은 현량과 명사들이 죽거나 금고당하였다. 금고禁錮란 관직에서 추방하고 벼슬을 금지한다는 뜻이다. 168년 금고에서 풀려난 진번이 대장군 두무와 환관 주살을 모의하였다가 계획이 누설되면서 '2차 당고의 옥(169년)'을 야기하였다. 당고의 옥은 황건적의 난이 일어난 지 184년이 되어서야 해제되었다. 두 차례의 당고 사건으로 청류파 관료가 정계에서 사라지고 재야에는 청의가 만연했다.

전한이 외척 세력에 의해 멸망했다면 후한은 황건적 농민반란에 타격을 받고 각지에서 일어난 호족 세력들에 의해 멸망(220년)했다.

『후한서』의 저자 범엽(398~445년)은 사대부 가문에서 태어났다. 범엽의 가문에는 가학의 전통이 있었다. 증조부 범왕范汪은 『상서대사尚書大事』 20권, 『범씨가전范氏家傳』 등을 저술하였다. 조부 범녕范寧도 『춘추곡량전집해春秋穀梁傳集解』 12권을 편찬했는데 '그 내용이 정밀하고 빈틈이 없어 세인들이 중시했다'고 한다. 아버지 범태范泰 역시 『고금선언古今善言』과 다양한 문집을 저술하였다. 그 영향으로 타고난 총명함을 지녔던 범엽은 어릴 적부터 학문을 좋아했으며 『유교의 경서』와 『사기』를 두루 읽고 문장에도 능해 명성이 높았다.

범엽은 남조 유劉 씨 송宋나라에서 출사하였다. 송 문제文帝 원가元嘉 5년(428년), 그는 아버지 범태가 세상을 떠나자 관직을 그만두고 상을 치렀다. 그 뒤 차례로 신채新蔡 태수, 사도종사중랑司徒從事中郞, 상서이부랑尙書吏部郞에 오르며 순탄한 관직 생활을 했다. 그러나 원가 9년(432년), 팽성왕 유의강의 어머니가 세상을 떠났을 때 조문을 갔다가 만가를 듣고 흥을 돋우어 선성宣城 태수로 강등되었다. 그 기간에 범엽은 포부를 펼치지 못해 우울해하다가 여러 사람의 후한서를 다듬어 『후한서』 저술을 시작했다. 6, 7년 후 다시 진급하여 좌위左衛장군, 태자첨사太子詹事까지 올랐다. 그러나 범엽은 원가 22년(445년)에 모반에 가담했다가 주살당했다.

범엽은 행동이 과격한데다 조급하여 제멋대로였고 조정에 불만을 품고 있었다. 그는 옥중에서 「여제생질서與諸甥侄書」를 통해 자신의 문학, 사학, 음악, 서법에 관한 깨달음을 종합하였다. 세상을 떠나기 전 범엽은 『후한서』의 가치를 알아주는 지기가 있기를 바랐다. 그는 자신이 평생 심혈을 기울여 쓴 역사서인 「후한서」에 대해 매우 자부하면서 그 내용이 심오하고, 표현 양식이

다양하고, 사상이 뛰어난 작품이라고 자평했다. 그중 「서序」와 「논찬論贊」 부분은 '천하의 기작奇作'으로 반고의 『한서』와 비교해도 전혀 부끄러울 게 없다고 자부하기도 했다. 그의 자부심이 지나친 면이 있기는 하나 『후한서』는 확실히 뛰어난 역사서다.

조曹 씨 위魏나라부터 유 씨 송나라 때까지 후한 역사에 대한 사찬은 20여 종에 달했다. 그중 기전체의 서적으로는 서진西晉시대 사마표司馬彪의 『속한서續漢書』, 화교華嶠의 『후한서』가 있었고, 편년체로는 동진東晉시대 원굉袁宏의 『후한기後漢紀』가 대표적이었다. 범엽은 이러한 후한시대 역사서와 『동관한기東觀漢記』를 수집, 참고하고 자신의 방증을 덧붙여 『후한서』를 저술했다. 현재 전해지는 『후한서』는 범엽이 지은 기紀 10권, 전傳 80권에다 서진시대 사마표가 저술한 8편의 지志를 덧붙인 것이다. 원래 범엽이 지志를 쓰고자 했으나 완성하지 못하고 세상을 떠났다. 남조 양梁나라의 유소劉昭가 주注를 달 때 사마표 『속한서續漢書』의 지志 8편을 뽑아 『후한서』에 붙였다. 현재 전해오는 『후한서』 기紀와 전傳 부분의 주注는 당唐나라 고종高宗의 아들인 장회章懷 태자 이현李賢이 달았고, 지志 부문의 주는 유소가 달았다. 『후한서』에는 표表가 따로 없지만 취사선택과 삭감에 능한 범엽이 뛰어난 필치로 연관성 있으면서도 중복되지 않게 서술하여 표가 없는 단점을 어느 정도 보완하였다.

『한서』가 황제 하나에 하나의 기를 나눈 것과는 달리 『후한서』는 『사기』「진시황본기」에 이세황제二世皇帝 호해胡亥와 그의 아들 자영子嬰을 부기한 선례를 따랐다. 「화제기和帝紀」에는 상제를, 「순제기順帝紀」에는 충제와 질제를 부기하여 지면을 줄이면서도 역사적 사실을 빠뜨리지 않고 있다. 『사기』와 『한서』에서는 황후를 「외척전外戚傳」—여후는 제외—에 포함하고 있지만, 『후한서』에서는 황후를 위한 본기를 따로 나누어 후한시대에 '임조칭제'한 사실을 부각하고 있다. 임조칭제는 우리가 흔히 아는 대로 발을 드리우고 정사를 듣는 수렴청정垂簾聽政과는 다르다. '임조칭제'한 황후는 황제의 특권을 행사하여 자신을 짐으로 칭할 정도로 황제와 다를 바 없는 권한을 누렸다. 그런 면에서 발을 드리우고 남자들과 대면하지 않는 수렴청정보다 훨씬 더 권한이 크다고 볼 수 있다.

범엽의 『후한서』 열전에서는 「독전獨傳」 외에 시간적 순서와 상관없이 행적이 비슷한 사람끼리 묶는 「합전合傳」 형식도 사용하였다. 또한 그는 이전 사서에는 없었던 「당고열전」, 「환자宦者열전」, 「문원文苑열전」, 「독행열전」, 「일민열전」, 「방술方術열전」, 「열녀전」이란 새로운 유전類傳을 만들어 후한시대만의 특징을 반영하였다. 「문원열전」은 문학가들에 관한 것이고 「방술열전」은 도사들에 관한 것이다. 범엽은 대관료들을 위해 열전을 나누지 않고 특히 품행이 뛰어났던 장부들을 위한 「독행열전」을 썼다. 그는 「환자열전」에서 황실에 충성을 다한 채륜 같은 지사는 칭송하고, 후람 등 전횡을 부린 환관은 질타하였다.

『후한서』는 반고의 『한서』를 본받아 후한시대 학자들의 가치 있는 논저들을 인물전에 부기_{附記}하였다. 「채옹전」에는 「석해^釋^海」 1편이, 「장형전」에는 「상진사소_{上陳事疏}」, 「청금절도참소_{請禁絶}_{圖讖疏}」 등 3편이 기록되어 있다.

사상적인 면에서 『후한서』는 왕권 질서와 충정_{忠貞}, 절의 등 유가전통사상을 긍정하였고, 은사와 자유분방한 도교의 현학_玄_學사상도 표창하고 있다. 그러나 「서역전」 논찬에서 불교를 비판하였고, 「가규전」 논찬에서는 후한의 제왕들이 도참을 중시하고 경을 경시한 사실을 풍자적으로 기술하여 도참사상에 대해 비판적 태도를 보였다. 결국 『후한서』의 중심 사상은 유가전통사상의 선양이라고 할 수 있다. 이런 사상적 기조 때문에 범엽은 『후한서』에서 농민기의를 중시한 『사기』의 전통을 버리고 '황건적의 난'에 대해 부정적 태도를 취했다. 후한 말기 황건적기의를 이끈 장각_{張角} 형제를 위해 따로 전을 만들지 않고 농민기의를 진압한 관료 「황보숭_{皇甫嵩}전」에 부기하고 있다.

범엽은 여러 책의 장점을 받아들여 문장을 정리했기 때문에 사료 취사에 분산된 듯하나 빠짐없이 다 갖추었고 인물 평가에서도 포폄_(褒貶 : 옳고 그름, 선과 악을 판단하여 결정함)이 올바르고 문장 표현도 훌륭한 장점이 있다. 당나라 때 사가 유지기_{劉知幾}는 『후한서』가 '간결하면서 두루 미치며 과장이나 빠뜨림이 없다'고

평했으며, 남송南宋시대 학자 왕응린王應麟은 '범엽과 같은 사서를 지을 자가 천고에 몇 명이나 있을까?'라고 격찬하였다. 청淸나라의 고증학자 왕명성王鳴盛은 『십칠사상각十七史商榷』에서 '범엽은 의덕을 중시하고 권세와 재물을 억눌렀으며, 벼슬에 오르지 않고 초야에 묻힌 처사를 높이고 간웅을 배척하였으며, 유학자 정현을 매우 찬미하고 당고에 휘말렸던 이응, 두밀을 칭찬하였다. 또한 재상보다는 은둔자를 높였으며, 공경公卿을 선택하지 않고 독행자(獨行者 : 지조를 지키는 사람)를 특히 존경하였다'고 평가하고 있다.

현재까지도 많은 사람들은 지나간 과거를 기록한 역사를 찾고 있다. 그 이유는 구체적인 시대적 배경은 다르지만 사람들은 비슷한 상황에 놓이게 되고 각각의 사람들은 같거나 다른 선택을 하게 된다. 외척과 환관이 전횡하던 후한시대에도 권세에 영합하는 부류도, 그런 세력을 비판하는 목소리를 낸 부류도 등장했었다. 그리고 결국 청류의 무리가 '당고의 옥'으로 제압당했다. 이런 상황은 비단 과거에만 머물러 있는 것이 아니라 현재에도 있을 수 있다. 그러므로 『후한서』를 통해 현재를 반성하고 더 나은 앞날을 모색할 수 있길 바란다.

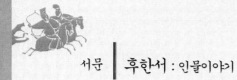

서문 ‖ 후한서 : 인물이야기

　　　　　　중국의 5천 년 역사 속에는 수없이 많은 영웅
들과 여걸들이 등장했었다. 또 수없이 많은 문인들이 생겨났으
며 수많은 전쟁이 일어나기도 했다. 중국 25사(『삼국지』를 포함한 중
국의 정사正史) 속에는 많은 이들의 업적과 질곡의 세월이 고스란
히 숨 쉬고 있다. 그 세월은 별처럼 아득히 먼 곳에 있으나 우리
들의 기억과 그리움 속에서 선명하게 반짝이고 있다. 번잡한 현
실 생활 속에서 우연히 책을 펼치고 과거의 시간과 마주하고 있
노라면 온몸을 감싸는 감흥과 꿈결 같은 깨달음이 다가온다.

　이것이 바로 역사이다.

　이러한 역사의 시간을 거슬러 역사의 여행을 떠나보는 건 어
떨까? 황제黃帝의 전설에서부터 소용돌이치던 삼국시대의 역사
는 『사기史記』, 『한서漢書』, 『후한서後漢書』, 『삼국지三國志』를 관통
하여 흐르고 있다.

　역사는 사람의 이야기이며, 삶은 인간의 일생이다. 그래서 이
책은 인물을 통해 역사적 사건을 관찰하고, 그것을 일목요연하
고 간결하게 정리하였다. 원문의 맛을 살린 사실적 서술과 진리

를 찾는 평가가 담겨져 있으므로 독자 여러분은 어려운 고문을 보지 않고도 원문을 읽는 기쁨과 같은 효과를 누릴 수 있을 것이다.

이 책은 『후한서』에서 선별한 40여 명의 인물이야기를 담고 있다. 『후한서』의 저자는 남조 송나라의 범엽范曄이다. 그는 당시 전해지던 다양한 『후한서』를 참고하여 90권의 『후한서』를 저술하였으며, 범엽의 『후한서』는 지금까지 중국 고대의 4대 역사서 중 하나로 꼽히고 있다.

이 책에서는 우리가 알고 있는 이야기들의 대부분이 역사적 사실이 아니라 허구를 가미한 단순한 이야기에 불과한 것들임을 밝혀, 역사적 사실을 바탕으로 진실된 역사를 밝히고 재현하고자 했다. 역사라는 거울을 통해 주위를 둘러본다면, 탄식도 나오겠지만 더 많은 깨달음을 얻을 수 있을 것이다. 역사는 현실을 반영하는 거울이기 때문이다.

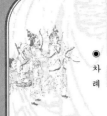

◉ 주요 인물
　유수

◉ 주변 인물
　왕망, 유현, 유연, 왕읍

◉ 키워드
　출정, 너그러움, 문치, 유화정치

◉ 중대 사건
　곤양대전

◉ 고사
　노예 석방령, 광무중흥

◉ 이야기 출처
　『후한서』「광무제기光武帝紀」

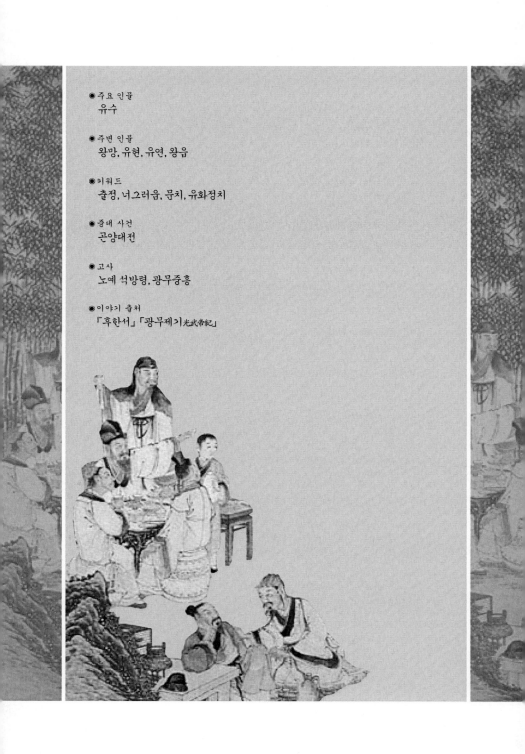

秀

유수 : 한나라 황실을 중흥한 자

기원전 6년, 한때 위엄을 과시하던 전한前漢의 황실이 몰락해갈 무렵, 남양군南陽郡 채양(蔡陽: 지금의 호북성湖北省 경내)에서는 이상한 일이 끊이지 않았다. 유劉 씨 집안에 한 아이가 태어날 때 그 집의 방안은 붉은 빛으로 가득했다. 그 무렵 마을에서는 벼 한 줄기에 9개의 이삭이 달린 좋은 벼가 발견되었다는 소식이 전해졌는데, 당시의 농경법으로는 경이로운 수확량이었다. 유 씨 집안에서는 그 아이의 이름을 수秀라고 지었다. 이렇듯 천지자연이 비범한 아이가 태어났음을 암시하고 있었다. 이 아이는 하늘의 기대를 저버리지 않고 후에 나라를 세우게 된다.

유수劉秀가 태어난 가문도 범상치가 않았다. 그는 한 고조高祖 유방劉邦의 9대손으로 한 경제景帝의 후손이니 정통 황실의 후예라고 할 수 있다. 그러나 많은 명문가 벼슬아치들과 마찬가지로 유수의 집안은 오랜 세월이 흐르면서 점점 관직이 낮아져 그의 아버지 대에 이르자 보잘것없는 현령에 불과했기 때문에 가세가 넉넉지 않았다. 유수가 소년기와 청년기에 글을 읽을 수 있는 형편이었던 것이 그나마 다행이었다. 유수의 자는 문숙文叔인데, 품위 있게 들리지만 나약한 서생의 이미지가 떠오른다. 유수의 학구적인 면은 그의 일생은 물론이고, 중국 역사에도 깊은 영향을 끼쳤다.

유수는 9세 때 아버지를 여의고 숙부 밑에서 자랐다. 자라면서 황제의 면모를 갖추어갔다. 장대한 체구에 높은 코와 큰 입, 튀어나온 이마를 가진 수려한 외모까지 모두 황제다운 풍모였다. 한 가지 황제답지 않은 점이라면 농사일을 좋아해서 종종 밭에 나가 열심히 일한다는 것이었는데, 황제가 근면 성실과는 상관없다는 생각을 가진 사람이라면 이 점에서 다소 실망했을지도 모른다. 의협심이 강하고 사인士人 양성하기를 좋아했던 유수의 형 유연劉縯은 종종 동생을 놀리면서 자신들을 유방 형제와 비교하기도 했다. 유방은 일하기 싫어했고 그의 형은 농사일을 열심히 하였는데, 결국에는 게으름을 피우고 매일 빈둥거리던 유방이 황제가 되었다.

이십 대에 들어선 유수는 배움을 구하기 위해 고향을 떠나 장안長安으로 갔다. 그때 처음으로 황성의 위용을 보고 천자의 위엄을 느꼈다. 그는 태학太學에 들어가 『상서尙書』를 배우며 장차 천하를 다스리는데 필요한 사상을 많이 습득하였다. 유수는 학문을 배우는 과정에서 두각을 나타내 칭찬을 받았으며, 당시 경제적인 어려움에 처했던 유수는 동학과 함께 당나귀 한 필을 사서 짐꾼에게 빌려주고 돈을 벌어 생활비를 마련하며 학업을 마칠 수 있었다.

기원후 8년, 왕망이 전한을 대신해 신新나라를 건국하였는데, 당시 천하는 혼란스러웠다. 세상의 해가 떴다 지기를 연신 거듭하였고 사방에서 도적떼가 날뛰었다. 천재와 인재로 인해 남양에서 기근이 만연하자 유연의 빈객들도 약탈을 하고 불법행위를 일삼았다. 유수도 그 일에 연루되어 관부의 추궁을 피해 매형인 등신鄧晨의 집으로 피신했다. 그곳에서 유수는 이통李通을 알게 된다.

당시 민간에는 옛 제왕들이 신봉하였던 도참圖讖이란 미신이 만연하고 있었다. 도참은 목적을 가지고—목적을 밝힐 수 있는 것도, 없는 것도 있다—그럴 듯하게 꾸며낸 이야기가 그림이나 민요의 형태로 만들어진 것인데, 이것이 마치 현실 사회에 있었던 일처럼 유포되었다. 사람들이 그런 말들을 굳게 믿게 되면 여론 선전효과는 커지게 된다. 당시 역사적 환경으로 이런 소문은 예상 밖으로 큰 역할을 했다.

이통은 '유 씨가 다시 일어나면 이 씨가 보좌한다'는 도참설을 거론하며 병사를 모아 반란을 일으킬 것을 제안하였다. 유수는 이 말을 듣고 망설였으나 그의 형 유연이 큰일을 벌일 낌새를 보였고, 왕망 정권도 곧 망할 조짐을 보이고 있었기 때문에 천하를 다투기에 좋은 기회라는 생각을 했다. 결국 유수는 이통의 제안을 받아들여 거사를 모의하기로 결정했다. 그때 그의 나이 28세였다.

유수가 고향으로 돌아가 형에게 그 사실을 알렸을 때는 이미 유연이 거병擧兵한 뒤였다. 그러나 유연의 거병은 그렇게 순조롭지 못했다. 거병을 했다고는 하나 모두가 두 형제처럼 웅대한 포부와 대담함을 갖고 있지도 않았고 마을의 젊은이들은 유연이 반란을 일으키자 오히려 놀라서 사방으로 도망치거나 한마디씩 했다.

"유연이 우리를 해하려는 것이 아닌가?"

마을 사람들은 유수까지 무장을 하고 반란을 일으킬 태세를 갖추자 매우 놀라서 수군거렸다.

"조심성 많고 신중한 사람까지 그런 일을 벌이다니."

그러나 귀감이 되는 사람의 영향력은 무한하여 모두들 금세 별로 대수롭지 않게 여기게 되었고, 유 씨 형제는 병사들을 모을 수 있었는데, 이들은 지방 무장 세력인 셈이었다. 힘이 미약했던 유 씨 형제는 타 지역 농민인 기의군과 손을 잡았다. 사실 이들 무리는 당시 유수가 소를 타고 다닐 정도로 오합지졸에 불과했다. 그렇다고는 하나 이들은 소규모 전쟁에서 승리를 거두고 유수도 점차 체면에 맞게 말을 타고 전쟁을 지휘할 수 있게 되었다.

유 씨 형제의 군대는 타 지역 사람들로 합세해서 이루어졌기 때문에 지방주의, 분파주의 색채를 띠었다. 이러한 기의군의 조합은 역사에서 흔히 찾아볼 수 있는 일인데, 유수에게는 여기서 비롯된 고민이 있었다. 전쟁에서 승리해 얻은 재물을 분배할 때면 큰 문제가 발생하곤 하는 것이었다. 이런 문제가 점점 커지자 타 지역 출신 군사들이 유 씨 형제의 군대에 반란을 일으킬 계획이라는 정보가 입수되었다. 유수는 포용력과 기지를 발휘하여 타 지역 병사들과도 재물을 공평하게 재분배하도록 고향 사람들을 설득하였다. 이런 방도를 취하자 조금 전까지도 서로 반목했던 사람들이 곧 화목하게 지낼 수 있게 되었다. 기의군도 한 그루의 나무와 같아서 무성하게 성장한 나무라면 몇 번의 도끼질도 끄떡없지만, 아직 어린싹일 때는 매우 조심해야 한다.

유수는 이러한 문제를 원만히 해결하였듯이 그 후에도 굉장한 수완을 발휘했다. 불행히도 기의군은 첫 번째 정식 전쟁에서 패하고 말았다. 유수가 적진에서 홀로 말을 타고 도망쳐오다가 셋째 누이를 만나 구했는데, 얼마 떨어지지 않은 곳에서 또 세 딸과 함께 도망치는 둘째 누나를 만나게 되었다. 유수는 그들을 불러 말에 타라고 했다. 그러나 한 필의 말에 어떻게 여섯 명이나 탈 수 있겠는가! 둘째 누나는 유수의 짐이 되기 싫어 동생에게 얼른 먼저 가라고 했다. 적병이 뒤쫓아오는 긴박한 상황에서는 피해가 더 적은 쪽을 선택할 수밖에 없었다. 유수는 가슴 아프지만 먼저 도망쳤다. 결국 둘째 누나 모녀는 모두 해를 당했다. 이 일화는 유방의 이야기와 비교가 된다. 한 고조 유방의 경우, 도망가다가 자식들 때문에 마차가 빨리 달릴 수 없을 때마다 몇 번이나 그들을 마차에서 밀어버리려고 하였다.

유수의 군대는 비록 첫 번째 전쟁에서 패했지만 뿔뿔이 흩어지는 것만은 면할 수 있었다. 유 씨 형제의 격려와 재정비를 거친 기의군은 다시 한 번 단결해 적군을 철저하게 패배시켰다. 적의 장군까지 모조리 없애버려 다시 재기할 수 없게 만들었다. 그 결과 유현(劉玄: 역사가 말해주듯 유현의 능력은 유 씨 형제만 못했다)을 천자로 옹립하였고 연호를 갱시更始로, 국호를 한으로 칭했다. 갱시제 유현은 유연을 대사도大司徒로, 유수를 편장군偏將軍으로 봉했다.

기의군은 몇 차례의 전쟁에서 승리를 거두고 한 차례 치열한 격전을 벌이게 된다. 그 전쟁은 중대한 의미가 있기 때문에 여기서 자세히 살펴볼 필요가 있다.

왕망은 자신의 군대가 연신 패배했다는 소식과 함께 천하에 또다른 황제가 나타났다는 말이 들려오자 더욱 화가 났다. 나라에 주인이 없어서도 안 될 일이지만 한 나라에 주인이 둘인 것도 용납되지 않았다. 결국 왕망은 대사도 왕심王尋과 대사공大司空 왕읍王邑에게 42만 대군을 내주며 출정을 보냈다. 또한 이름처럼 용맹한 거무패巨無覇 장군에게는 호랑이, 표범, 코끼리, 무소로 이루어진 맹수 혼합 부대를 내주었다. 가히 왕망의 군대는 장관을 이룰 만큼 대단한 기세로 전쟁에 응했다고 할 수 있다. 사서에는 진한秦漢시대 이후 이렇게 성대한 규모로 출정한 적이 없었다고 적고 있다. 그것은 전대미문의 일이었다. 왕망의 부대는 가는 길에 패잔한 엄우의 부대와 합류하여 곤양성에서 유 씨 형제 반란군을 겹겹이 포위했다.

여기서 잠시 엄우라는 사람을 살펴보자. 일전에 유수는 어떤 사람과 함께 숙부의 빚을 받아내기 위해 엄우의 집까지 간 적이 있다. 당시 엄우는 유수의 비범함을 눈치채고 같이 온 사람은 본척만척한 채 유수와 독대를 하였다. 유수는 이 사실에 매우 의기양양했다. 곤양성에서 투항한 사람들은 엄우에게 이렇게 말했다.

"유수는 재물을 취하지 않고 군대와 장수를 통솔하여 책략을 세우고 있습니다."

엄우는 전에 유수가 아니라 유연에게 패했기 때문인지 투항자의 말을 웃어넘겼다.

"수염과 눈썹이 잘 생긴 사람 말이냐? 어떻게 그러겠는가!"

그러나 엄우는 곧 웃을 여유가 없게 되었다.

처음에 곤양성의 형세는 상당히 혼란스러워졌다. 병사들이 성 아래까지 쳐들어와 일촉즉발의 긴장된 위기가 닥쳤다. 성안의 병력은 겨우 8, 9천 명뿐이었다. 적군이 42만이니 40대 1의 격투를 벌여야 할 판이었다. 보통 큰 재난이 닥치면 각자 제 살길을 모색하기 마련이다. 유수의 기의군은 곤양성이 포위되기도 전부터 적군의 위세를 듣고 혼란에 빠져 있었다. 모두가 재산을 챙겨 가솔들을 데리고 피난을 떠날 일념뿐이었다. 병사들은 군대를 해산하여 세력이 소멸되면 조정에서도 지난 일을 일일이 따지지는 않을 것이라고 여겼다. 그러나 유수는 이런 생각에 반박하며 곤양성을 사수하며 구원병을 기다려야지 그렇지 않으면 모두 격파당할 것이라는 것을 이해득실을 따져가며 사람들을 설득했다. 그는 단기적 안목으로 눈앞의 이익만을 고려해 대업을 포기해서는 안 된다고 나무랐다. 유수의 말을 듣고 의론이 분분해졌다. 열을 내며 성토하는 사람들을 보고 유수는 웃으며 일어났다. 그때 정탐꾼으로부터 적군이 성을 포위했으며 군대의 행렬이 1백 리가 넘도록 끝이 보이지 않는다는 전갈이 왔다. 장수들은 어쩔 수 없이 대책을 상의하기 위해 유수를 불렀다. 유수가 이미 머릿속에 그려두었던 전술을 제시하자 사람들은 즉시 받아들였다. 그는 군사들에게 성을 수비하도록 맡긴 뒤 13명의 기병과 함께 포위망을 뚫고 구원병을 청하러 갔다. 유수가 어떻게 포위망을 뚫고나갔는지는 알 수 없지만 어쨌든 성공적으로 구원병을 데리고 왔다. 그 과정에서 유수는 당연히 이해득실을 들먹이며 충고하고 설득했을 것이다. 이로 짐작해볼 때 유수는 뛰어난 말재주를 가지고 있었음이 분명하다.

유수는 자신의 모든 노력이 하마터면 헛수고로 돌아갈 수도 있었다는 사실을 알지 못했다. 엄우는 왕읍에게 곤양성이 작지만 견고하기 때문에 격파하기 어려우니 먼저 다른 곳부터 공격해 적군의 사기를 꺾자는 제안을 했다. 그러나 왕읍은 자신의 대군으로 보잘것없는 곤양성을 격파하지 못한다면 체면이 서지 않는다며 성을 공격할 것을 고집했다. 그러자 엄우는 철통같은 수비의 한 쪽을 느슨하게 해 성안의 사람들이 도망가도록 유인하여 적군의 병력을 줄이고, 그 기회에 다른 지역에서 공포감을 조성하자고 다시 건의

했다. 하지만 왕읍은 그 의견 또한 받아들이지 않았다. 사실 왕읍은 유수군을 거의 격파하기 직전 상황까지 몰고갔다. 그의 군대는 시위하러 그냥 서 있는 부대도 아니었고 활과 궁노를 그냥 가지고 있는 게 아니었다. 곤양성에는 화살이 비 오듯 쏟아져 사람들은 물을 뜨러갈 때도 문짝을 이고 가야 했다. 결국 성의 수비 장군이 지금 형세가 계란으로 바위 치기와 같다며 투항을 청해왔으나, 왕읍은 조금만 더 있으면 격파할 텐데 적에게 기회를 줄 필요는 없다는 생각 때문에 이마저 거절했다. 그의 생각은 승리를 너무 손쉽게 얻는다면 이겨도 성취감을 느낄 수 없다는 것이었다. 일이 이렇게 되었으니 유수는 참으로 운이 좋은 사람이었다.

유수는 구원병을 이끌고 돌아왔다. 그는 적진에서 4, 5리 떨어진 곳에서 직접 1천여 명의 병사들을 이끌고 군대를 나누어 적진을 향해 돌진하였는데, 이는 코끼리에게 도전하는 개미떼와도 같았다. 왕읍은 체면 때문인지 지나치게 옹졸한 탓인지, 40여만의 군대에서 수천 명을 뽑아 유수의 군대와 싸우러 나가면서 다른 병사들에게 경거망동하지 않도록 엄명을 내렸다. 왕읍의 부대는 그의 명을 따르며 엄격한 기강을 보여줬다. 결국 유수는 적과 용감하게 싸워 수십 개의 수급을 참수하였다. 평소 적만 봐도 위축이 되는 유수였지만 강적 앞에서는 말을 타고 창을 휘두르며 호랑이와 같은 용맹함을 과시했다. 유수의 수하 장수들도 그의 모습에 고무되어, 앞장서서 병사들을 이끌고 용감하게 적과 싸웠다. 당시 유수는 작은 꾀를 내어 곤양성으로 편지를 보내, 또 다른 막강한 군대가 적을 격파하고 곧 도와주러 올 것이라고 거짓말을 했다. 그리고 그 편지를 적진에도 보내 적군의 사기를 떨어뜨렸다. 연승을 거둬왔던 유수의 병사들은 일당백의 정신으로 무장하고 전쟁에서 용맹함을 과시하며 파죽지세로 나아갔다. 유수는 3천 명의 결사대를 데리고 적진으로 돌진해 적군의 핵심 정예부대를 공격하였다. 그때 곤양성 안의 수비병들도 출병하여 안팎으로 공세를 취했다. 결국 왕읍의 군대는 한순간에 무너졌고 걷잡을 수 없을 정도가 되자 패주하였다. 거기에다가 하늘까지 가세하여 천둥 번개가 치고 폭우가 쏟아졌다. 이런 분위기에서 유수는 곧 완전한 승리를 거뒀다. 중국 역사상 가장 현저한 세력 차를 보였던 왕읍과 유수의 전쟁은 약자의 대승으로 끝을 맺었다. 석 달 뒤 왕망은 장안에서 주살되었다.

왕망의 패배가 기정사실화되자 천하는 다시 혼란에 빠졌다. 형세가 유리하게 돌아가던 그때, 기의군 내에서는 내분이 일어났는데, 높은 공을 세워 군주를 놀라게 하고 재능을 과시했던 유연이 갱시제更始帝에게 살해되었다. 두말할 필요 없이 갱시제의 다음 제거 대상은 바로 유수였다. 모두가 유수를 주시하고 있었다. 그런 상황에서 유수는 대단한 용기와 기지를 보여주었다. 그는 주둔지에서 갱시제가 있는 곳으로 달려가 사죄하였다. 관원들이 조문과 애도를 표해도 계속 자책을 하며 곤양성에서 세운 자신의 공로에 대해서는 한마디도 언급하지 않았다. 형이 세상을 떠났음에도 불구하고 상복을 입지 않고 평소대로 먹고 웃고 떠들었다. 유수는 속으로만 눈물을 흘렸다. 여기서 다시 한 번 유방을 떠올리지 않을 수 없다. 항우가 유방의 아버지를 인질로 잡고 투항하지 않으면 아버지를 삶아버리겠다고 협박을 했지만, 유방은 큰 소리로 웃으며 소리쳤다.

"그렇게 해라. 나한테도 한 그릇 주는 것을 잊지 마라."

유수의 행동에 속아 넘어간 갱시제는 도리어 부끄러움을 느꼈다. 갱시제는 유수에게 해를 가하지 않고 그를 장군에 임명하고 제후에 봉했다. 유수는 이렇게 해서 재앙을 면하고 살아남았다.

그 후 갱시제는 낙양洛陽으로 황성을 옮기기로 하고 유수를 사례교위司隷校尉로 임명하며 낙양에 먼저 들어가서 궁궐과 관청을 손보라는 명을 내렸다. 유수는 관료들을 데리고 현지 제도에 맞춰 일을 처리해나갔다. 낙양은 큰 도시라 그곳 사람들은 세상 물정에 밝았다. 그들은 이전에 갱시제가 낙양에 처음 입성했을 때는 돼먹지 못한 졸렬한 무리라고 생각했다. 많은 장수가 꽃수가 놓인 부녀자들의 배자를 약탈하여 입고 있었고, 그 모습에 모두 실망과 실소를 금할 수 없었다. 그러니 반듯하고 절도 있는 유수의 수하들이 지나갈 때 괄목상대하는 것은 당연했다. 한 늙은 관리는 그들을 보고 감격해 울면서 이렇게 말했다고 한다.

"오늘 이렇게 한나라 관리의 위엄을 보게 될 줄이야."

유수는 이렇게 알게 모르게 힘들이지 않고 민심을 얻었다.

이후 유수는 조정의 사자 신분으로 황하黃河 이남 지역의 주州와 현縣을 순시했다. 유수가 순시를 하며 적절한 조치를 취하자 사람들이 앞다투어 위로연을 베풀어주었다. 그가 한단邯鄲에 도착했을 당시 적미赤眉라고 하는 농민기의군이 하동河東 지역에 주둔하고 있었다. 그들의 세력은 매우 막강했는데, 당시 '화목할지 아닐지는 적미에 달려 있다'라는 노래가 유행할 정도였다. 이처럼 적미군은 무시할 수 없는 영향력을 가지고 있었다. 그때 유수 휘하의 어떤 자가 유수에게 황하의 제방을 무너뜨리면 1백만 명의 적미군을 물고기 밥으로 만들 수 있으니 제방을 무너뜨리자는 제안을 했다. 유수는 앞으로 적미군이 자신의 강적이 될 것임을 예감했고 실제로도 그렇게 되었으나, 그 계책을 행동으로 옮기지는 않았다. 제방이 터지면 적미군뿐만 아니라 일반 백성들도 엄청난 수해를 입게 되므로 차마 그렇게 할 수 없었을 수도 있고, 아직 때가 무르익지 않아서 적미군과 등을 돌리고 싶지 않았을 수도 있다. 정말 그렇게 한다면 일이 너무 커질 수도 있었다. 유수에게 제안을 거절당한 그자는 결국 소인배의 본색을 드러냈다. 왕랑王郞이 천명을 받은 천자라는 소문을 퍼뜨리고 그가 한단에서 황제로 칭해지도록 도왔다. 이는 유수를 상당히 골치 아프고 위험하게 만들었다.

그 다음 해 유수는 왕랑과 맞서기 위해 북쪽의 계현薊縣으로 순시를 갔다. 왕랑은 10만 호戶를 상으로 내걸고 유수를 잡아들이라는 명을 내렸다. 계현에서도 왕랑에게 호응한 자가 있었다. 왕랑이 보낸 한단 사자가 곧 도착한다는 소식을 듣고 유수는 어쩔 수 없이 황급히 도망쳤다. 그는 감히 성으로 들어가지도 못하고 길에서 먹고 잤다. 영웅이 세를 잃으면 얼마나 궁색해지는지 짐작할 수 있다. 요현饒縣에 도착했을 때 유수 일행은 피로에 지쳤다. 결국 유수는 위험을 무릅쓰고 자신이 한단에서 온 사자라고 사칭하며 역참에서 한 끼를 청하여 먹었다. 굶주림에 시달렸던 유수 일행은 허겁지겁 음식을 먹었다. 역참 관리는 그 모습을 보고 의심을 품었다. 관리는 밖에서 한단의 사자가 왔다고 북을 치며 유수 일행의 반응을 살폈다. 상황이 이렇게 되자 일행들은 놀라지 않을 수 없었다. 유수는 곧바로 수레를 타고 도망치고 싶었지만 곧 마음을 고쳐먹었다. 그는 도망쳐봤자 아무런 소용이 없다는 사실을 깨닫고 그 자리에 앉아서 역참 관리에게 호통을 치며 말했다.

"한단의 사자에게 가서 왔으면 내게 오라고 해라."

역참 관리가 거짓말했다는 것을 알게 된 유수는 결국 그들에게 사과를 받아냈다. 유수는 이렇게 하여 한 차례 재난을 면할 수 있었다. 여기서 그의 기지뿐 아니라 위기 속에서 두려움을 뛰어넘은 대담함과 침착성을 엿볼 수 있다. 큰일을 하려면 이런 자질을 꼭 갖추어야 한다. 200년 뒤 천재 책략가 제갈량諸葛亮은 공성계(空城計: 적을 빈 성으로 유인해 혼란에 빠뜨리는 계책)를 통해 이런 모습을 잘 보여주었다. 유수 일행이 다시 행장을 꾸려 성을 빠져나가려는데 누군가 의심을 하며 문지기에게 통행을 허가하지 말라고 명했다. 그러나 문지기는 그 말을 듣지 않았다.

"천하가 누구에게 돌아갈지도 모르는데 어떻게 점잖은 자를 막을 수 있겠소."

그렇게 해서 유수 일행은 성문을 빠져나갈 수 있었다. 그들이 강에 도달했을 때는 강을 건널 배가 없었다. 그 때문에 걱정하고 있는데 마침 귀신이 곡이라도 한 듯 강물이 얼어 있었다. 그들이 거기서 도망가지 못했다면 하늘도 유감스럽게 생각했을 것이다. 유수 일행은 안전하게 자신의 근거지에 도착했다. 그러자 정신을 가다듬을 틈도 없이 한 무리가 의탁해왔고, 그 뒤로 계속해서 사람들이 유수에게 투항해왔다. 이 사람들이 후일 후한의 개국공신이 되었다. 유수는 군사들을 모은 뒤 각 군郡에 격문을 보내 병사를 일으켜 함께 한단을 공격할 것을 명령했다. 전쟁은 순조로웠다. 성을 공격하고 진지를 철수하여 동서로 포위한 뒤 거록巨鹿을 막아 한단을 격파하였다. 그리고 왕랑을 주살하였다. 유수는 그 후 다시 한 번 뛰어난 지모를 발휘한다. 전세를 관망하던 중에 자신의 수하가 된 자들이 전에 왕망과 주고받았던 편지를 얻게 되었다. 그러나 유수는 편지를 전부 태워버렸다.

"딴 마음을 품었던 자들이지만 이제 편히 잠자게 해주자꾸나."

하지만 갱시제는 편히 잠들 수가 없었다. 유수가 대단한 전공을 세우고 점차 명성을 날리고 있었기 때문이다. 계속 이렇게 가다가는 천하의 민심이 언제 유수에게 쏠릴지 몰랐다. 갱시제는 고민 끝

에 유수를 소왕蕭王으로 봉하며 전쟁을 멈추고 황제를 알현하라는
명을 내렸다. 그러나 유수 자신이 갱시제의 경계 대상이 되었음을
모를 리 없었다. 그를 왕으로 봉한 것은 속임수에 불과한 것이며,
진짜 목적은 유수를 통제하여 약화시키고 더 나아가 주살할 것이
라는 것을 알았던 것이다. 유수는 더 이상 갱시제가 그의 형 유연
을 죽였을 때처럼 울분을 참고 삼키지 않았다. 그는 하북 지역이
아직 평정되지 않았다는 이유를 내세워 전쟁을 멈추라는 군주의
명을 거절했다. 어느 정도 기반을 갖춘 유수는 드디어 갱시제와 다
른 길을 가기로, 호걸들과 천하를 다투기로, 황제와 대립하기로 결
심했다. 그 당시는 갱시제의 유약함과 무능으로 인해 사방에서 반
란이 일어나 천하가 몹시 혼란하였다. 지방 세력들은 할거해 스스
로를 왕이라 칭하며 근거지를 스스로 다스렸다. 또한 1백만에 달
하는 농민들은 끊임없이 기의군을 일으켰다. 유수는 소방관처럼
열심히 자신의 군대를 이끌고 사방을 평정하는데 힘썼다. 그 과정
에서 자신의 세력을 점차 키워갔다. 유수는 한 번 시작한 이상 멈
출 수 없었다. 갱시제가 각 군의 병사를 동원하지 못하게 훼방을
놓자, 유수는 갱시제에게 복종하는 군수들을 대신할 사람을 파견
하였다. 그렇게 그는 병권을 장악해나갔다.

정벌전은 계속되었다. 유수는 동마銅馬의 기의군을 격파했다. 유
수는 투항한 장수들을 제후에 봉해주었으나, 그들이 아직 마음을
정하지 않았다는 사실을 잘 알고 있었다. 그는 투항한 장수들에게

유수 : 한나라 황실을 중흥한 자

각자 자신의 군영으로 돌아가 기존의 병사들을 모아 정비하라고 명한 뒤, 자신은 기병 몇 명만 데리고 순시를 떠났다. 투항한 장수들은 유수의 명을 듣고 감동하여 맹세했다.

"소왕이 우리를 이처럼 믿고 성의를 다해 대해줬는데 우리가 어찌 목숨 걸고 충성을 다하지 않을 수 있겠는가!"

이렇게 하여 유수는 단숨에 수십만 병사를 얻었고, 그들의 마음까지도 손에 넣을 수 있었다. 그 후 유수에게는 '동마제銅馬帝'라는 칭호가 붙었다.

얼마 뒤 적미군이 갱시제의 군대를 공격하였다. 유수는 병사를 보내 서쪽으로 진격하되 싸움을 지켜보다가 기회를 봐서 어부지리를 얻으라고 명했다. 또한 요충지를 점거하고, 진격하면 공격하고 퇴각하면 수비하라고 시켰다. 사방에 적들이 난립하고 있는 상황에서 유수는 아주 조심스럽게 행동했다. 천하에 천자는 하나여야 하는데 지금은 두 명의 천자가 있고, 앞으로 더 많은 천자가 계속해서 등장할 수도 있다. 그는 한 마리의 사자처럼 오래전부터 노리던 사냥감을 다른 사람이 채가지 못하도록 모든 사람을 경계하였으나 어느 누구도 유수를 천자로 인정하지 않았다.

유수는 그 후에 벌어진 전쟁에서 위기의 순간을 경험했다. 그는 처음에 승세를 타 쉽게 진격하며 적을 추격했지만 나중에는 쫓기는 신세가 되었다. 상황이 점점 위급해지자 유수는 비탈길로 뛰어내렸고, 다행히 도중에 아군을 만나게 되어 말을 타고 위기를 벗어날 수 있었다. 도망치는 과정에서 유수는 왕다운 면모를 보였다. 유수는 말 위에 올라탄 뒤 웃으며 말했다.

"하마터면 저 놈들에게 잡힐 뻔했구나."

적군은 죽기 살기로 쫓아오고 자신을 구해준 사람들은 사력을 다해 뒤를 향해 화살을 쏘고 있는 상황이었다. 유수는 위기일발의 위험한 상황에서 다시 한 번 목숨을 건졌다.

고진감래라고 유수는 세력이 점차 커지면서, 하늘을 찌를 듯한 명성을 날리고 있었다. 그는 수하의 장수들이 황제로 칭할 것을 거듭 간곡하게 청했지만, 거절하면서 그런 청을 한 자에게는 참수하겠다는 명을 내렸다. 유수가 이렇게 한 데에는 다 이유가 있었다. 이름을 날릴수록 뭇사람들의 시기와 비난을 받을 수 있었고, 또 한 편으로는 겸손하게 사양하는 예의를 갖추는 것도 필요했다. 한 번은 장수 경순耿純이 명을 거역하고 정곡을 찌르는 말을 했다.

"사람들이 주공을 따라 목숨을 건 이유는 공을 세워 공명을 이루기 위해서입니다. 만약 청을 계속 미루고 사람들을 실망시킨다면, 인심이 동요하여 대업에 불리해질 것이옵니다."

경순의 솔직한 발언은 유수의 마음과 같았다. 결국 그는 고려해보겠다고 대답했다. 얼마 후 유수는 장안에서 같이 수학했던 동학에게 〈적복부赤伏符〉를 받았다. 그것은 인심을 미혹하는 일종의 미신으로, '유수가 병사를 일으켜 무도한 자를 붙잡으니 사방의 오랑캐들이 운집해 전야에서 용과 싸우는데, 사칠四七의 시기에 화덕을 가진 자가 주인이 된다'는 내용이었다. 마지막 구절은 한 고조가 제위에 오르고 유수가 거병을 일으킨 해까지 228년이 되고, 음양오행설에 따라 후한은 화덕火德을 숭배할 것이라는 뜻이었다. 30년을 들여 세운 공명은 흙먼지와 같다. 유수는 전쟁을 하며 8천 리 길을 구름과 달만 보고 달려온 끝에, 명분을 얻어 정정당당하게 황제로 칭했다. 그가 어렸을 때 도참에 정통한 사람이 유수가 장차 천자가 될 것이라는 말을 하자 사람들이 물었다.

"지금의 국사공國師公 유수 말입니까?"

그때 유수가 끼어들었다.

"어떻게 제가 아니라고 장담하시오?"

그는 행동으로 그 대답을 사실로 만들었다. 25년, 서른이 된 유수는 황제가 되었다. 그가 바로 후한의 광무제光武帝이다. 중국에는 수재가 반란을 일으키면 10년이 지나도 성공하지 못한다는 말이 있는데, 유수는 3년 만에 대업을 이루었다. 유수는 한 고조 유방이 세운 한나라 황실과 큰 관련이 있었다. 그가 세운 왕조는 수도의 위치를 고려해 동한(東漢: 서한의 수도는 장안이고 동한의 수도는 낙양인데 낙양이 장안의 동쪽에 있다)으로 불리기도 했고, 시기를 감안해 후한後漢으로 불리기도 했다. 뒤이어 적미군도 유분자劉盆子라는 자를 군영에서 황제로 세웠다.

황제가 된 유수는 장수들을 임명하고 낙양을 공격하라는 명을 내렸다. 그곳은 그가 생각하고 있는 황성이었다. 유수가 황하를 두고 절대 해치지 않겠다는 맹세를 한 뒤에야 낙양을 지키고 있던 장수들이 투항해왔다. 그는 어가御駕를 타고 입성한 뒤 낙양을 수도로 정했다. 수년 동안 정벌 전쟁을 하느라 유랑했던 유수는 드디어 거처할 곳을 마련하고 정정당당하게 남쪽을 향한 황제의 자리에 앉을 수 있었다. 당시 갱시제는 적미군이 황성을 함락하자 도망쳤는데, 유수는 지난 원한을 잊고 갱시제를 왕에 봉하며 절대로 해치지 말라는 엄명을 내렸다. 이는 황제로서 승자로서의 넓은 아량과 배포를 보여주고자 함이었다.

수도를 정한 후 유수는 공신들에게 봉작을 내렸다. 그중에 봉토가 4개 현에 달하는 자가 있자 유생들은 옛 법에 합당하지 않다며 반발했다. 이에 대해 유수는 다음과 같이 대답했다.

"무도하여 나라가 망했다는 말은 들어봤어도 공신의 봉토가 많아 멸망했다는 말은 들어보지 못하였다."

그는 조서를 내려 자신의 공을 믿고 자만하여 모든 것을 망각하지 말고 언제나 조심하고 신중하게 행동하라고 훈계했다. 그 후 후한의 개국공신들이 공을 들먹이며 오만하게 굴거나 법을 어겨 목숨을 잃는 일이 적었다. 전한 초기의 상황과 비교한다면 가히 '칭찬할 만하다'고 하겠다.

26년, 유수는 아내 곽성통郭聖通을 황후로 봉하고 곽 씨의 소생 유강劉彊을 태자로 삼았다. 그럼 여기서 유수의 사랑과 결혼에 대해 살펴보자. 황제도 감정이 있는 사람이었다. 황제들 중에는 애정을 남발한 사람도 있다. 유수가 병사를 일으키기 전, 그가 매부의 집에 머물고 있을 때 음려화陰麗華라는 여인을 사모하게 되었다. 나중에 장안에서 늠름하고 위풍 있게 황제 앞에서 길을 여는 의장대 격인 집금오執金吾를 보았을 때, 유수는 자신도 모르게 중얼거렸다.

"관리가 되려면 집금오가 되어야 하고, 아내를 얻으려면 음려화 정도는 돼야지."

옛날 황제의 수레 행렬을 본 항우는 '저자를 대신할 테다'라고 말했었고, 유방은 '대장부라면 저 정도는 돼야지'라고 했다. 두 사람과 비교한다면, 유수는 큰 포부와 함께 다정한 마음까지 있다고 할 수 있다. 후일 유수는 자신의 소원대로 곤양성 전투 이후 음려화를 아내로 맞았다. 영웅과 미인은 서로를 돋보이게 해주는 존재다. 천하를 얻었지만 자신이 사랑하는 사람을 얻지 못한 황제들과 비교한다면 유수는 행복한 편이었다. 그러나 유수는 한 여자로 만족할 남자는 아니었다. 더욱이 그는 천하를 가진 자가 아닌가! 그는 천하를 버려두고 자기 생각만 할 수 없었다. 그래서 왕랑을 격파하기 전 곽성통과 혼인을 했다. 곽 씨와의 통혼은 명실상부한 정략적 결혼이었다. 곽 씨의 외조부가 10만이 넘는 군대를 거느리고 있었기 때문에 유수는 혼인을 통해 아내와 더불어 병사도 얻을 수 있었다. 곽 부인으로 인해 얻은 병사들이 있었기에 유수는 왕랑과의 전쟁에서 단번에 승리를 거둘 수 있었다. 상호 이익을 기반으로 이루어진 사랑과 인연은 자연히 좋은 결말을 맺을 수 없었다. 10

년 뒤 유수는 곽 씨를 폐하고 음려화를 황후로 삼았다. 그리고 곽 씨 소생의 태자를 폐하고 음 씨의 소생인 유장劉莊을 세웠다. 그가 후일 후한 명제로 등극한다.

황후도, 태자도 세웠지만 황권이 불안정하고 천하가 태평하지 않았다. 중국 전역은 헝클어진 머리카락처럼 뒤죽박죽이라, 유수는 차근차근 정리하며 잘라야 할 것은 과감히 잘라내야만 했다. 당시 군웅들은 주로 동서 양쪽에서 할거하고 있었다. 동쪽의 소요는 유수의 안정적 통치에 직접적인 영향을 끼쳤지만 서쪽은 상대적으로 거리가 먼데다 조용한 편이었다. 유수는 서쪽은 수비하고 동쪽은 정벌하는 정책을 취했다. '결국 승리한 자가 옳은 것이다'라는 관점에서 볼 때 유수의 정책은 매우 정확한 결정이었다. 유수는 빈번하게 병사를 일으켰다. 그는 장군들을 정벌에 내보내기도 하고 자신이 직접 군대를 이끌고 친정을 나가기도 하였다. 그가 군사에 정통해서인지, 아니면 그의 신분 때문에 승산 없는 전쟁은 하지 않아서인지, 유수는 제위에 오른 뒤 대부분의 전쟁에서 승리를 거두었다. 그러나 장군들은 그만큼 운이 좋지 않았다. 전쟁에서는 항상 한쪽만 지라는 법은 없다. 또한 실패에 대한 책임을 기꺼이 떠맡는 사람도 없다. 결과를 알 수 없었기에 양측 모두 이길 것이라는 믿음을 가진다. 그러면 적어도 요행을 바라는 마음으로 전쟁에 임할 수 있다. 전쟁의 승패에 따라 장수와 관리들의 임면任免이 결정되었다. 그러나 패했다고 파면 이상의 벌은 내리지 않았다. 유수는 포악한 사람이 아니라 온화한 사람이었기 때문이다.

전쟁에서 지거나 총애하는 장수를 잃거나, 갑작스런 반란이 일어나거나 때때로 천자로 칭하는 자가 등장하는 일들은 통일을 위한 소소한 잡음에 불과했다. 당시 유수는 그의 군대의 행동과 업적으로 엄정하게 '중원 안에서 다른 천자가 편안하게 기거하도록 가만히 둘 수 없다. 천자는 이제 유수 한 사람뿐'이라고 천하에 알렸다. 적미군은 유수 군대의 놀랄 만한 위용 앞에서 힘없이 쓰러져버렸다. 적미군의 군주와 신하 모두가 투항했다. 진시황 때 새겨졌다는 황권을 상징하는 옥새가 한 고조, 왕망, 갱시제, 적미군의 유분자의 손을 거쳐 드디어 유수의 손에 들어왔다. 유수는 적미군에게도 승자의 아량을 베풀었다. 얼떨결에 천거되어 '목동에서 황제가 되었던 유분자'도 놓아주었다. 부귀를 얻고도 고향에 돌아가지 않는 것은 비단옷을 입고 밤길을 가는 것과도 같다고 하였다. 옛날한 고조는 '온 천하를 호령한 뒤에야 고향으로 돌아가겠다'는 말을 실천했다. 27년, 정벌전을 마친 유수도 금의환향의 뜻을 되새겨 오랫동안 떠나 있던 고향으로 돌아가 조상의 묘에 제사를 올리고 옛집에서 주연을 벌여 고향 어르신들을 대접했다. 한때 밭에서 열심히 일하던 농사꾼이 황제가 될 줄 누가 예상이나 했겠는가!

군대의 개선가가 울려 퍼지고 곳곳에서 승전보가 날아왔다. 5년간의 정벌전을 통해 동쪽에서 할거하는 지방 세력들과 기의군이 하나씩 평정되었다. 이제 중원은 거의 유수의 천하와 다름없었다.

그의 제위는 상당한 안정을 찾았다. 그러나 유수의 머리를 아프게 하는 두 세력은 여전히 남아 있었는데, 북서쪽의 외효隗囂와 남서 쪽의 공손술公孫述이었다. 그들은 왕으로 추대된 지 오래된데다 기 반까지 튼튼했다. 두 사람은 변방에서 서로를 지원해주고 있었기 때문에 상대하기가 쉽지 않았다. 유수는 여러 차례 투항을 권고했 지만 소용없었다. 병사를 보내 공격도 해보았지만 연신 실패만 거 듭했다. 공손술은 사람을 보내 자신이 총애하던 장수까지 암살해 버렸다. 그러나 두 지역을 평정하고자 하는 유수의 결심은 변치 않 았다. 그에게는 수많은 장수와 군대가 있었고 시간도 충분했다. 온 나라를 방패막이로 천하의 국력을 다 동원하여 일부 지방에서 안 거하고 있던 지방 왕조를 대적하는 것이었다. 전쟁에서 중요한 것 은 결과인데 과정이나 방법은 어쨌든 상관없었다. 정세도 점차 밝 아졌다. 36년, 파죽지세의 기세로 승세를 이어가며 대사마大司馬 오한吳漢이 공손술을 완전히 무너뜨렸다. 외효가 그 전에 병으로 세상을 떠나면서 농서隴西 지역도 점차 평정을 되찾았다. 외효의 죽음은 유수에게 유감이 아니라 희소식이었다. 천하가 평정되면서 유수는 그제야 한숨을 돌릴 수 있었다. 그 다음 그의 고민은 빈번 한 전쟁으로 상처투성이가 된 국토를 어떻게 다스리느냐였다.

제왕마다 나라를 다스리는 통치 이념을 가지고 있는 법이다. 그 렇다면 유수의 통치 이념은 무엇이었을까? 우리는 몇 년 후 그가 한 말을 통해 알 수 있다. 종친들과 벌인 연회에서 친·인척들과 홍건히 마신 뒤 웃고 이야기를 나누며 이런 말을 했다.

"폐하께서는 어린 시절 성실하고 신중하며 솔직하고 유순하셨지요. 그랬기에 오늘 같은 날이 온 것입니다."

유수는 친척들의 말을 듣고 큰소리로 웃으며 답했다.

"짐은 천하를 다스릴 때 유함을 행할 작정입니다."

유수는 거듭되는 전쟁으로 천하는 큰 손실을 입었고, 백성들도 지쳤기 때문에 유화책을 통해 생활을 안정시키고 국력을 회복하는 일이 시급하다는 사실을 잘 알고 있었다. 그렇다면 당시 후한의 국력은 얼마나 약해졌을까? 당시 서역의 일부 작은 나라들은 흉노의 침탈에 시달리자 왕자를 후한에 인질로 보내며 서역에 도호부都護府를 설치하여 자신들을 보호해줄 것을 청했다. 그것은 국가의 변경을 확장해 이름을 날리고 위엄을 세울 수 있는 아주 좋은 기회였다. 어느 시대의 황제든 바라는 일이었지만 유수는 거절했다. 나라가 막 평정을 되찾아 갓 뿌리를 내린 나무와 같았기 때문에 작은 시련에도 견딜 수 없다는 것을 잘 알고 있었으므로 욕심을 버렸던 것이다. 국내의 일에 치중해도 힘이 모자라는데 국외의 일까지 신경 쓸 만한 여력이 없었다. 유수는 어쩔 수 없이 왕자들을 돌려보내면서 이런 말을 남겼다.

"스스로 보전할 힘이 없다면 사방의 왕들을 찾아보라."

유수는 전쟁이 완전히 끝나기 전부터 백성들로부터 민심을 얻고 나라를 안정시키기 위해 강경책과 더불어 유화책을 실시하였

다. 그 결과 하서河西의 대장군 두융竇融이 군대를 이끌고 귀속해왔
고, 흉노 역시 사람을 보내 조공을 바쳤다. 여기서 덧붙이자면 흉
노의 행동은 실제적 의미보다 형식적 의미가 있는 겉치레였다. 진
시황 이후로 중국의 제왕들을 분노에 떨고 가슴 졸이게 했던 유목
민족으로부터 완전한 항복을 받아내기까지는 이후로도 반세기를
더 기다려야 하는 인내심이 필요했다.

　전한과 후한의 교체기에 백성들의 원성이 자자하고 소란했던
주요 원인은 바로 토지 겸병이 심각했기 때문이다. 소수 지주가 넓
은 토지를 소유했으므로 땅을 갖지 못한 농민들은 생계를 이을 방
도가 없었고, 가난한 집안의 자식들은 대부분 횡포를 일삼는 지주
의 노비로 전락했다. 그렇기 때문에 반란이 빈번하게 일어났다. 유
수는 노비와 토지 문제를 해결하는데 힘을 쏟았다. 그는 '천지간
에서 사람이 최고로 귀하다'라는 조서를 내리고 노비 석방령을 여
섯 번, 노비 학살 금지령을 세 번이나 내렸다. 생계 때문에 어쩔 수
없이 개가했던 부녀자들과 팔려간 아이들은 원하면 집으로 돌아갈
수 있게 하고, 주인과 관부에서는 이를 막을 수 없도록 하였다. 그
렇게 했다가는 법률에 따라 엄정한 처분을 받았다. 왕망의 집권 시
기에 관부의 노비가 된 사람들은 일반 평민으로 신분을 회복시켜
주었다. 유수는 주인이 노예에게 상해를 가하면 치죄하고 노비가
법을 어겼을 때 형벌을 경감해주는 규정을 만들었다. 유수의 거듭
되는 명령으로 노비를 석방하는 일은 대체로 마무리되었다. 그와

동시에 유수는 토지를 측정하고 면적을 확인해 지조地租 수입을 확정하라는 명을 내렸다. 이는 지주와 호족들의 탈세를 막고 일부는 몰수하여 농민과 퇴역 군인에게 돌려줘 생산에 종사하도록 하기 위함이었다. 민생의 근간이었던 토지는 지주와 귀족들에게는 농민을 착취하는 자본이자 재물의 소득원이기도 했다. 유수는 단호하고 철저하게 토지정책을 실시하고자 했다. 그는 자신의 종실을 비롯해, 많은 사람이 봐달라고 부탁했던 총애하던 대신까지도 역시 법에 따라 처리했다. 유수의 이런 정책은 집권자들의 이익을 침범하였다. 유수가 내린 조서의 내용은 기득권을 누리던 지배층에게는 희생을 요구하는 것이었다. 유수의 수하들은 겉으로는 복종하는 척했지만 진심으로 따르지 않고 일부러 명을 왜곡했다. 토지 측정령은 한때 대규모 소요를 일으키기도 했다. 유수는 경험자로 빠른 시일에 반란을 평정하기는 했지만, 그 후로는 자신의 생각대로 정책을 실시할 수가 없었다. 전쟁으로 인해 인구가 감소하였고 변경 지역도 개간되었기 때문에 토지 문제는 후한 초기 사회의 안정에 당장 영향을 끼치지는 않았지만, 후기에 동란을 일으키는 화근이 되었다. 이것이 역사의 한계이다. 이후 어떤 황제도 토지 문제를 성공적으로 해결하지 못했다. 따라서 유수를 질책하거나, 왜 수상이 아니라 황제가 되었느냐고 따질 수도 없는 일이다.

그밖에도 유수는 사면 정책을 자주 시행했다. 죄수의 형벌을 경감하고 많은 죄수를 석방해주었다. 아마도 역사상 많은 죄수들은 유수 시절에 태어나지 못한 것을 원망했을 것이다. 변경의 일부 군현에서는 형법이 가혹했었는데, 곡물을 조금만 훔쳐도 사형에 처했다. 유수는 그 이야기를 듣고 조서를 내려 그 법을 없애도록 하였다. 후일 관리들은 형벌을 엄격하게 하여 백성들의 반란을 막자는 요구가 여러 차례 있었지만, 유수는 끝까지 허락하지 않았다. 유수가 통치하는 기간에는 형벌이 가벼웠고 사회적으로는 전에 없는 안정을 누렸다. 일부 사람들이 생각하는 것처럼 형벌이 엄격해야 사회가 안정되는 것은 아니었다. 유수는 농민들의 부담을 줄여 주기 위해 제도를 간소화하고 관원을 감원하라는 명을 내렸다. 군대에서는 둔전을 실시하여 식량 자급을 꾀하도록 하였다. 또한 조세 기준을 이전의 10분의 1세에서 30분의 1세로 경감하였다. 유수는 복지 정책도 펼쳤다. 홀아비나 과부, 고아 등과 같이 혼자 자립할 수 없는 자들에게는 국가에서 일정량의 식량을 지급하였다. 재해가 일어난 해에는 부역 면제령을 내렸다.

또한 관리의 치적을 정돈하고 인재 선발령을 내렸다. 그는 사회에서 명망이 있는 인재들을 불러들였고 지방 관아에 현량賢良을 직접 천거하도록 명했다. 부당한 인재 등용을 걱정한 유수는 직접 심사하여 우열을 가려냈다. 그가 관리를 선발하는 기준은 덕과 재주의 겸비였다. 특히 관리의 청렴함을 중요하게 보았다. 관원의 봉록을 조정하여 고관들의 후한 봉록은 낮추고 말직 관료의 봉록은 높였다. 이런 일련의 정책으로 후한 초의 관료 사회는 깨끗했다. 유수가 등용한 자 중에는 사직司直에 오른 왕량王良이란 자가 있었다.
한 번은 한 관리가 왕량의 고향을 지나가다 소박한 옷차림으로 땔
감을 지고 가던 촌부에게 사직의 부인이 어디 있냐고 물었다. 그러
자 그 촌부는 바로 자신이라고 대답했다.

한 고조 유방은 저속했고, 한 무제武帝는 패기가 있었다. 지식인
출신이었던 광무제 유수는 문화적 소양이 풍부했다. '유학자는 나
라의 보배'라는 이치를 잘 알고 있었다. 그는 교육에 관심을 가지
고 태학을 순시하며 공묘에 제사를 올렸다. 유수가 유학자를 중시
하고 격려했기 때문에 후한시대 군신들은 유학자다운 기상을 지니
고 있었다. 백정, 도적, 무뢰배 출신으로 이뤄진 전한시대의 개국
공신들과 비교하자면 천양지차였다. 문신을 장려하고 발탁하는 문
치의 풍조 때문에 후한시대에는 강직하고 절개 있는 문인 대신들
이 많이 배출되었다. 또 이 때문에 후한이 위기 상황이나 힘들고
혼란한 상황 속에서도 무너지거나 멸망하지 않고 200여 년을 버틸
수 있었다.

유수는 오랫동안 전쟁을 겪은 터라 싸움을 좋아하지 않았다. 천
하를 평정한 뒤 그는 전쟁을 그만두고 문치에 힘썼다. 전쟁을 피하
고 천하태평에 힘쓰며 군사에 대해 가볍게 언급하지 않았다. 한 번
은 태자가 전쟁 이야기를 묻자 유수는 이렇게 대답했다.

"위령공衛靈公이 공자에게 군사에 대해 묻자 공자는 옳지 않다고
여겼다. 이런 도리를 너 역시 알아둬야 할 것이다."

초楚나라 왕이 가느다란 허리를 좋아하여 궁중의 많은 여인들이 굶어 죽었듯, 자고로 황제의 일거수일투족은 천하에 막대한 영향을 끼쳤다. 유수는 '윗물이 맑아야 아랫물이 맑다'는 도리를 잘 알고 있었다. 그는 천하를 잘 다스리기 위해 자신이 먼저 솔선수범을 보이고자 노력했고 개인의 사리보다는 천하의 이익을 중요시하였다. 고향인 남양을 순행할 때 유수는 마을 어르신들을 불러 주연을 베풀고 이전에 면제해주었던 지조地租를 다시 받겠다는 말을 꺼냈다. 고향 사람들은 황제가 너무 인색하다고 여기며 고향의 정을 생각하여 다시 10년간 면제해달라고 머리를 조아리며 청했다. 그러나 유수는 단호하게 거절했다.

"짐이 제위에 오르긴 했지만 아마도 그러지 못할까봐 두렵구나. 하루를 면해주는 건 가능할 수 있을지도 모른다. 허나 10년 후의 일을 어찌 알 수 있겠느냐?"

사람들의 간곡한 설득 끝에 유수는 결국 다시 1년을 면제해주기로 했다. 그는 법률을 유지하기 위해 사사로운 정에 치우치지 않았다. 종친인 유륭劉隆이 법을 어겼을 때 유수는 가차 없이 그를 옥에 집어넣었다. 한 번은 유수의 누이인 호양湖陽 공주의 가노가 함부로 나쁜 짓을 일삼다 낙양 현령 동선董宣에게 잡혀 죽은 일이 있었다. 호양 공주는 유수에게 달려와 울며 하소연했다. 유수는 동선을 불러 공주에게 절하며 사죄하라고 하였으나, 동선은 목이 날아갈지언정 고개 숙여 사죄할 수는 없다며 버텼다. 그러자 공주는 유수를 원망했다.

"폐하께서 평민이었을 때는 그렇게도 대담하시더니, 천자가 된 지금은 관리 하나를 어찌하지 못한단 말입니까?"

유수는 웃으며 달랬다.

"짐이 천자이기 때문에 더욱더 평민처럼 일을 처리할 수 없는 것이다."

당시 사치스런 장례가 성행하여 백성 사이에 물자를 낭비하는 풍조가 만연하자, 유수는 조서를 내려 장례를 간소화하여 재물을 절약하라고 명하였다. 후일 황제의 능묘를 만들 때 책임 관원이 능원陵園을 얼마나 크게 만들지를 물었는데 유수는 이렇게 답했다.

"2, 3경頃이면 되지 않겠는가! 높은 산릉山陵이 있을 필요가 없고 배수만 잘 되면 되느니라."

귀한 천자라고는 하나 유수는 유순하고 도량이 넓고 인자仁者다운 풍모를 지니고 있었다. 유수는 과부가 된 누이가 대신 송홍宋弘을 마음에 두었다는 사실을 알고, 그를 불러 은근히 물었다.

"옛 속담에 귀해지면 사귀기 쉬워지고 부해지면 부인을 얻기 쉬워진다고 했는데, 그것이 인지상정 아니겠는가!"

송홍은 황제의 숨은 뜻을 이해하고 이렇게 답했다.

"옛 속담에 가난했을 때 사귄 친구는 잊을 수 없고, 같이 고생한 조강지처는 버릴 수 없다고 하였지요."

유수는 혼사가 성사되지 않았지만 억지를 부리거나 화를 내지는 않았다. 그리고 누이에게 돌아와 말했다.

"일이 순조롭게 되지 않았다."

이 일화에서 보듯 유수는 신하들의 간언을 진심으로 받아들였다. 또 한 번은 이런 일도 있었다. 연회에서 술과 음식을 거하게 먹은 황제가 병풍 위에 있는 미인의 초상을 뚫어져라 쳐다보고 있자, 송홍은 그 자리에 일어나 외쳤다.

"저는 덕을 좋아하는 자가 색을 좋아하는 경우는 아직 보지 못했습니다."

유수는 그의 말을 듣고 매우 난처했지만 화를 내지 않았다. 그는 병풍을 치우라는 명을 내린 뒤 미소를 띠며 말했다.

"이러면 되겠는가?"

때때로 출현하는 일식, 지진, 수해, 충해 등은 미신을 믿는 유수를 매우 놀라고 두렵게 만들었다. 그는 이런 자연현상을 자신의 덕이 부족하고 치세의 방도가 바르지 못하기 때문에 하늘이 노해서 경고하는 것이라고 여겼다. 유수는 여러 차례 자신을 질책하는 조서를 반포하고 정치에 힘쓰며 절대로 게으름을 피우지 않았다. 자신의 능력이 부족한 것을 걱정하여 공경公卿과 낭장(郎將: 한나라 때 무관)을 불러 경서를 논하고 한밤중이 되어서야 잠자리에 들었다. 태자는 황제가 쉬지도 않고 정무에 열중하자 쉬면서 옥체를 돌보라고 충언했다. 그러나 유수는 자신은 그렇게 하는 것이 좋고 즐겁다고 말했다.

아무리 우매하고 포악한 군주라도 장점이 있고, 아무리 현명한 군주라고 해도 단점이 있는 법이다. 유수의 가장 큰 결함은 지나치게 참위讖緯를 믿고 전국적으로 숭상하도록 하였다는 것이다. 애초에 그는 도참으로 가문을 일으켰으니 황제가 된 후에도 도참에 열광하며 힘썼다. 한 번은 일식이 일어나자 유수는 놀라서 정전正殿에 들지도 못했다. 그는 복도에 앉아서 참위에 대해서 연구를 하다 결국은 풍한에 걸려 혼절하였다. 그 뒤에도 유수는 궁으로 들어가지 못하고 어가를 타고 며칠 동안 밖을 전전한 뒤에야 환궁하였다.

유수는 본래 글 읽는 사람들을 존경하였다. 그는 대학자 환담桓譚에게 도참을 이용해 천문 기상을 관찰하는 영대靈臺를 지을 위치를 정하라고 명했다. 그러나 환담은 자신은 도참 같은 건 읽어본 적이 없다며, 정신을 가다듬고 도참설의 황당함에 대해 연설하였다. 아마도 그가 상황 파악을 하지 못한 것이거나 미신을 과신하는 황제에게 일부러 충고하기 위함이었을 것이다. 유수는 환담의 말을 듣고 화가 났다.

"정말로 극악무도한 자로군. 데리고 가서 참수하도록 하여라!"

환담을 정말로 죽이지는 않았지만 파직시켜 지방으로 보내버렸다. 유수는 죽기 한 해 전 도참을 국전國典으로 선포하며 모든 백성이 반드시 읽어야 할 서적으로 정하였다. 그로 인해 미신의 해악은 후세에까지 끝없이 퍼져나갔다. 허황된 미신을 믿고 그것을 경전으로 삼은 왕조는 쇠락의 길로 접어들기 마련일 것이다.

그러나 역사에서 후세 사람들은 유수를 시대적 한계로 인해 미신에 빠진 사람이 아닌, 천하를 통일하고 치국에 힘쓴 황제로 기억한다. 또한 그가 위풍당당한 영웅적 면모를 지녔기에 수십 년간 전쟁으로 혼란했던 국면을 끝낼 수 있었고, 그렇게 인덕 있고 현명한 군주가 있었기에 후한 왕조는 전쟁의 폐허 속에서 부흥하여 강대해질 수 있었다. 유수는 중원을 천하태평하게 만들었고 후일 '명장(明章: 후한 명제·장제의 통치 시기)의 치'를 위한 기반을 마련했다. 대외적으로는 전한시대와 같은 위풍당당한 위엄을 과시하였다. 남흉노가 귀순해왔고 북흉노는 화친을 청해왔다. 서쪽의 강족羌族은 굴복하며 신하로 칭했고, 교지(交趾: 베트남 북부)는 수복되었으며, 고구려와 왜倭는 조공을 바쳤다.

57년, 유수는 중풍에 걸려 세상을 떠났다. 그때가 즉위한 지 33년 되는 해로 그의 나이 63세였다. 유수의 아들 명제는 아버지께 광무황제光武皇帝라는 시호를 올렸다. 역사에서는 그의 통치 기간을 일컬어 '광무중흥'이라고 부른다.

後漢書 들여다보기

후한 황실 계보(25~220년)

전한 경제(景帝) ···· 장사왕(長沙王) ···· (1) 후한 — (2) 명제(明帝) — (3) 장제(章帝)
　　　　　　　　　유발(劉發)　　광무제 유수　유장(劉莊,　　유달(劉炟,
　　　　　　　　　　　　　　　　(25~57년)　　57~75년)　　75~88년)

── (4) 화제(和帝) ── (5) 상제(殤帝)
　　유조(劉肇,　　　　유륭(劉隆,
　　88~105년)　　　　105~106년)

── 청하왕 ── (6) 안제(安帝) ── (8) 순제(順帝) ── (9) 충제(沖帝)
　　(淸河王)　　유호(劉祜,　　　유보(劉保,　　　유병(劉炳,
　　유경(劉慶)　　106~125년)　　125~144년)　　144~145년)

── 제북혜왕 ── (7) 소제(少帝)
　　(濟北惠王)　　유의(劉懿,
　　유수(劉壽)　　125년)

── 천승정왕 ── 악안이왕 ── 발해효왕 ── (10) 질제(質帝)
　　(千乘貞王)　　(樂安夷王)　　(渤海孝王)　　유찬(劉纘,
　　유항(劉抗)　　유총(劉寵)　　유홍(劉鴻)　　145~146년)

── 하간효왕 ── 여오후 ── (11) 환제(桓帝)
　　(河間孝王)　　(蠡吾侯)　　유지(劉志,
　　유개(劉開)　　유익(劉翼)　　146~167년)

　　　　　해독정후 ── 해독정후 ── (12) 영제(靈帝) ─┬─ (13) 소제(少帝)
　　　　　(解瀆亭侯)　　(解瀆亭侯)　　유굉(劉宏,　　　유변(劉辯,
　　　　　유숙(劉淑)　　유장(劉萇)　　168~189년)　　189년)
　　　　　　　　　　　　　　　　　　　　　　　　└─ (14) 헌제(獻帝)
　　　　　　　　　　　　　　　　　　　　　　　　　　유협(劉協,
　　　　　　　　　　　　　　　　　　　　　　　　　　189~220년)

유수

광무제릉

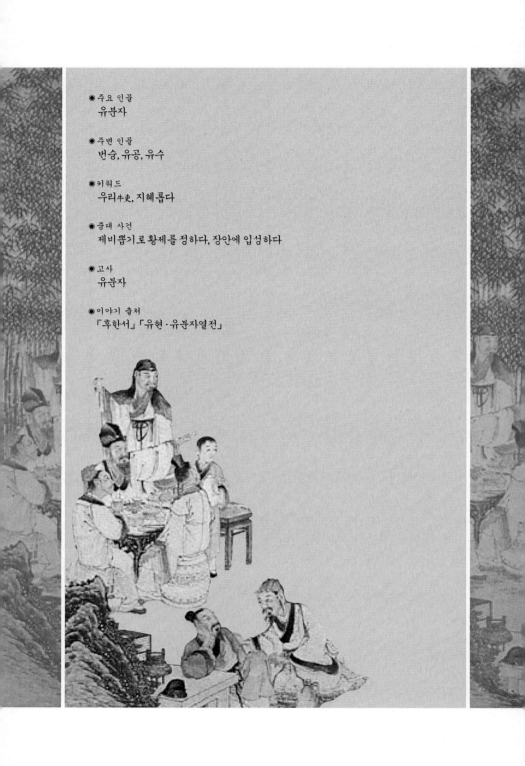

● 주요 인물
유분자

● 주변 인물
변승, 유공, 유수

● 키워드
우리 수호, 지혜롭다

● 중대 사건
제비뽑기로 황제를 정하다, 장안에 입성하다

● 고사
유분자

● 이야기 출처
『후한서』「유현·유분자열전」

치 益 子

유분자 : 목동 출신의 천자

사람들은 요람에서 곤히 잠든 아기를 가리키며 '와, 행복하다는
말은 바로 저 아기를 두고 하는 말이겠지'라고 탄복한다. 똑같
은 이유로 목동은 사람들이—물론 소를 키워보지 못한 자들 말
이다—부러워하며 감탄할 만한 대상이었다. 송대宋代의 황정견
黃庭堅은 이런 시를 읊기도 했다.

소를 타고 멀리서 앞마을 지나가는 목동,
피리를 비껴 부니 바람 타고 밭두렁을 넘어 들리네.
중원의 명예와 이익을 좇는 많은 객이
아무리 머리를 쓴다 해도 그대만 못하리라.

사람들 눈에 목동은 근심 걱정 없이 자유롭고 즐겁게 노니는 자로, 속세의 시끄러운 다툼 따위는 신경 쓰지 않고 푸른 산과 들에 있는 마을에서 살면 그만인 것으로 보인다. 그런데 이런 소를 치는 가장 소박한 소망도 이루지 못하고 자기 의지와 상관없이 '수렁'에 빠진 목동이 하나 있다. 그 '수렁'이란 소용돌이나 깊은 늪에 비유되는 정치적 투쟁을 가리킨다. 그렇게 중국 역사에 남게 될 목동이 바로 유분자다.

유분자(10~?)는 태산泰山 식현(式縣: 지금의 산동성山東省 태안泰安 부근) 사람이다. 가계를 살펴보면 그는 한 고조의 손자 경왕景王 유장劉章의 후예다. 그의 할아버지는 전한 원제元帝 때 제후로 봉해졌다. 한 집안 사람이 높은 벼슬에 오르면 가솔까지도 권세를 얻지만, 반대로 곤두박질치면 하루아침에 하늘에서 땅 끝까지 추락할 수도 있다. 왕망이 제위를 찬탈하고 유 씨 황족을 주살하였는데, 그때 유분자의 집안은 물려받은 봉토를 빼앗기게 된다. 이에 따라 유분자는 일반 백성과 다름없이 살았다. 유분자가 어떻게 입신출세를 하게 됐는지 살펴보려면, 우선 영웅이 쉽게 배출되는 난세에 대해 이해해야만 한다.

『사기史記』에는 '진秦나라가 천하를 잃은 뒤, 천하는 모두 그것을 쫓았다'는 기록이 있다. 그것을 위해 군웅들이 각축을 벌인 결과, 승리는 유방에게 돌아갔다. 유분자가 소년이었을 때, 200여 년간 조용히 한나라 황실의 품에 있던 천하는 10여 년간 어리석은 왕망이라는 자의 손을 거친 뒤 다시 주인을 찾고 있었다. 군웅이 각축을 벌이며 무기를 들고 싸우던 진나라 말기처럼 천하가 다시 어지러워졌다. 이런 난세의 서막을 연 사람은 여모呂母라는 여인이었다. 전한 초에 여후呂后가 있었다면 전한 말에는 여모가 있었다. 200년이란 짧지 않은 세월 동안 여 씨 집안에서는 인재를 배출했다. 여후는 한나라 조정을 들쑤셔놓았을 뿐이지만, 여모는 왕망의 신 정권을 멸망으로 이끌었다.

여모는 낭야琅邪 해곡(海曲: 지금의 산동성 경내) 사람으로 가산이 수백만에 달할 정도로 집안이 유복하였다고 한다. 천봉天鳳 원년(14년), 현의 관리였던 여모의 아들은 사소한 잘못으로 현령에게 목숨을 잃고 말았다. 자식의 죽음에 애통해하던 여모는 아들의 복수를 결심하고, 몰래 병기를 사들이고 빈객들을 끌어모았다. 여모는 의협을 행하는 젊은이들이 술을 좋아한다는 사실을 알고 주점을 열어 그들에게 외상으로 술을 내주었다. 호협들이 술값을 갚으러 왔을 때, 여모는 복수하고자 하는 뜻을 밝혔다. 사람들은 그녀를 매우 동정하며 섬으로 가서 함께 일을 도모했다. 여모는 금세 수천 명을 모으고 스스로 장군이라 칭했다. 그리고 무리를 이끌고 현성을 공격해 현령을 죽인 뒤 그의 수급을 아들의 묘에 바치며 제를 올렸다. 여모는 중국 역사상 처음으로 반란을 꾀한 여걸이라 할 수 있다. 그 후 여모의 군대는 1만 명이 넘었고 나날이 기세를 떨쳤다. 천하의 영웅들이 각지에서 병사를 일으켜 여모에게 호응했다.

몇 년 뒤 여모가 병으로 세상을 떠나자, 수하에 있던 군대는 번숭樊崇이라는 농민 기의군의 지도자 밑으로 들어갔다.

번숭 역시 낭아 사람으로 여모가 병사를 일으킨 후 몇 년 뒤 수백 명의 무리를 모아 태산을 근거지로 삼고 왕으로 칭했다. 당시 청주青州, 서주徐州 일대는 기근에 시달려 굶주린 백성들이 도처에 널려 있었다. 사람들은 번숭이 매우 용맹하다는 소문을 듣고 존경심에 그에게 의탁을 했다. 얼마 뒤 동해東海 사람 서선徐宣, 사록謝祿, 양음楊音도 군중을 이끌고 번숭에게 귀의하였다. 그리하여 번숭의 기의군은 순식간에 수만 명으로 늘어났다. 그들이 오합지졸에 불과하기는 했으나 매우 엄격한 기율도 세웠다. 그들은 한 고조가 함양咸陽에 진출하였을 당시 내세운 약법삼장約法三章과 같은 규정을 만들었다. 즉, 살인자는 사형에 처하고 사람에게 상해를 입힌 자는 상응하는 벌을 받는다는 것이었다. 그러나 기의군 대부분이 농민 출신이라 몇 글자 알지 못했기 때문에 그들이 만든 규정은 명문화되지 않고 입으로 한 약속에 불과했다. 왕망은 번숭의 세력이 점점 강성해지자 평균공平均公 염단廉丹과 태사太師 왕광王匡을 보내 정벌하게 하였다. 번숭은 군대를 이끌고 대적할 때, 혼전 속에서 적군과 아군을 구별하지 못할 것을 염려하여 주사(붉은 실)로 사람들의 눈썹을 붉은색으로 물들였다. 그들이 바로 사람들이 보기만 해도 깜짝 놀랐다는 적미군赤眉軍이다. 적미군은 비적 토벌에 나선 왕망의 군대를 대파하고 1만여 명이나 죽였다. 염단은 이 전쟁에서 목숨을 잃었고, 왕광은 번숭의 허벅지를 한 번 찔렀을 뿐 간신히 살아서 도망쳤다. 당시 적미군은 10여만 명으로 늘어나 있었다. 여모의 수하들이 의탁하면서 적미군은 더욱 위용을 떨치게 되었다. 이후 그들은 활동 무대를 하남 일대로 옮겼다.

갱시제 유현은 낙양에서 황제로 칭하고 적미군에 사람을 보내 투항할 것을 권했다. 번숭은 유현이 유 씨 황실의 후예라는 말을 듣고 부대를 남겨두고 20여 명의 장수만을 데리고 귀순하였다. 갱시제는 그들을 제후에 봉했으나 봉토는 내리지 않았으므로, 결국 남아 있던 병사들이 반란을 일으켰는데, 번숭도 두고 온 부하들이 생각나 원래 있던 곳으로 되돌아가버렸다. 미후왕美猴王 손오공이 천상에서 '필마온弼馬溫'이란 관직에 불만을 품고 화과산花果山에 두고 온 원숭이들이 그리워 도망친 것과 같은 맥락이었다. 번숭은 본거지로 되돌아온 뒤 적미군을 이끌고 곳곳에서 전쟁을 벌여 매번 승리를 거두고 있었지만 병사들은 점점 지쳐갔다. 사람이 궁해지면 원래의 삶으로 돌아가고 싶어지듯이, 병사들도 부모와 고향을 그리워했다. 군 내부에는 향수병에 시달리는 병사들이 고향 산동으로 돌아가고 싶어 밤낮으로 울먹이는 소리가 끊이지 않았다. 번숭은 병사들을 이끌고 동쪽으로 돌아가면, 필시 모두 각자 고향으로 돌아가 군대가 해산될 것이라고 예상했다. 그러느니 차라리 서쪽의 장안을 공격하여 그런 마음을 없애는 편이 나았다. 적미군은 결국 두 갈래로 나눠서 서쪽으로 향했으며 가는 길에 갱시제의 군대와 싸워서 연승을 거두었다. 갱시更始 3년(25년)에 적미군은 섬서陝西 홍농弘農에 집결하고, 그곳에 머물며 군대를 정비하였다. 1만 명이 하나의 진영을 이뤘는데 총 30개나 되었다. 이때 군대를 따라온 무당 하나가 경왕景王이 자신에게 내린 계시라며 터무니없는 말을 지껄였다.

"천자가 되어야지. 왜 도적이 되려 하느냐?"

무당의 말을 듣고 괜한 농간을 부린다고 비웃었던 사람들이 귀신이라도 씌인 듯 병에 걸려 죽게 되자 모두 이상하게 여겼다. 적미군 군영의 방양方陽이란 사람은 자신의 형을 죽인 갱시제에게 원한을 품고 있었으며, 번숭을 설득했다.

"갱시제가 우매하고 부덕하여 장군이 이런 지경까지 내몰린 것입니다. 지금 장군께서는 1백만 군대를 이끌고 서쪽 장안으로 향하고 있지만, 명분이 없어 도적이라고 불릴 뿐입니다. 분명 이렇게 가다간 오래 버티기 힘들 터이니 차라리 유 씨의 후예를 천자로 세우고 천하를 호령하는 것이 어떻겠습니까? 그러면 감히 누가 따르지 않겠습니까?"

무당의 말을 반신반의하고 있던 번숭이었으나 방양의 말까지 듣고 난 후에는 마음이 동요하였다. 결국 그는 황제를 세우기로 결심했는데, 이렇게 목동이던 주인공이 등장하였다.

적미군이 산동에서 활동하고 있을 때 식현을 지나게 되었다. 그때 유분자는 그의 형 유공劉恭, 유무劉茂와 함께 적미군에 들어가게 되었다. 그중 유공은 어릴 적부터 『상서』를 배웠으며 예의에 대해 대강 알고 있었으며, 번숭을 따라 갱시제에게 투항하러 갔다가 식후式侯에 봉해진 뒤 계속 갱시제의 궁에 머물고 있었다. 반면 유분자는 형 유무와 군대에 머물며 소를 치고 있었다. 그래서 사람들은 그를 '우리牛吏'라고 불렀다.

번숭은 천자를 세울 뜻을 품고 군대에서 경왕의 후예를 찾기 시작했다. 총 70명 정도를 찾아냈는데, 그중 유분자, 유무 형제와 유효劉孝라는 자가 경왕과 혈연관계가 가장 가까웠다. 번숭은 세 사람 중 누구를 황제로 세울지를 결정하기 위해 가장 원시적이고 공정한 방법인 제비뽑기를 하기로 하고, 상자에 종이 석 장을 넣었다. 그중 한 장에만 '상장군上將軍'이란 글자가 적혀 있었다. 번숭은 자리를 마련하고 명망 있는 인사들을 증인으로 부른 뒤 세 후보를 불렀다. 세 사람은 나이가 많은 순으로 종이를 한 장씩 뽑았다. 나이가 가장 어린 유분자가 마지막이었다. 제비뽑기에서는 먼저 뽑는 자가 유리하고 나중에 뽑는 자가 불리하다는 법칙이 통하지 않았다. 그러나 보통 약자에게 더 동정심이 가기 마련이고, 잠재적 교란 변수를 고려한다면 마지막에 가장 큰 기대를 하게 되는 법이다. 유분자는 사람들의 기대를 저버리지 않고 '상장군'이란 글자가 쓰인 종이를 뽑았다. 어떤 직업을 가지든 다 성공할 기회는 있다더니, 목동이 황제에 오르는 순간이 온 것이다. 유분자는 그때 겨우 15세였다. 군중은 그에게 절을 하였다. 맨발에 해진 옷을 입고 뒤

엉킨 머리카락이 더 익숙한 자가 언제 이런 장관을 보았겠는가! 유분자가 놀라서 울음을 터트리자 형 유무가 달렸다.

"뽑은 증표를 어서 잘 숨겨두어라!"

그러나 유분자는 어쩔 줄 몰라 하며 종이를 버리고 소를 치러 가버렸다. 그는 사람들에게 황제로 대접받았지만 자신의 전직을 잊지 못했다. 그는 기회만 되면 목동과 함께 돌아다녔다.

명분을 세웠으니 다음에는 천하를 얻을 차례였다. 번숭은 용감하여 사람들의 존경을 받긴 했지만 배운 것이 없었기 때문에 어사대부御史大夫가 되었고, 서선은 이전에 옥리를 맡은 경험이 있는데다가 『역경易經』에도 정통하였기 때문에 재상이 되었다. 나머지 장수들도 모두 제후에 봉해졌다. 이렇게 하여 움직이는 조정이 세워지게 되었다. 여기서도 보이듯이 수재가 혁명을 하든 도적이 반란을 일으키든, 글 읽는 사람이 빠지지 않았고 매우 존경을 받았음을 알 수 있다.

적미군은 낙양으로 진격하기 시작했다. 그들이 낙양에 도착하기 전부터 갱시제의 조정은 혼란에 휩싸여 있었다. 갱시제의 장수 장앙張昻은 유수의 장수 등우鄧禹에게 패한 지 얼마 되지 않은데다 적미군까지 파죽지세로 밀고 들어오자, 낙양을 수비하기 어려우니 차라리 한바탕 약탈을 한 뒤 고향 하남으로 돌아가 다시 대업을 도모하자고 제안했다. 장수들은 그의 의견에 동의했다. 그러나 갱시제만은 황성에 미련이 남아서 화를 내며 절대로 그럴 수 없다며 반대했다. 장앙의 무리는 갱시제를 강제로 데리고 동쪽으로 돌아가려는 계획을 세우다가 도중에 그 사실이 발각되어 군신 간의 밀고 당기기를 벌인 끝에 장앙이 패주하다 낙양으로 향하던 적미군에게 투항했다. 적미군이 성 앞까지 밀어닥치자 갱시제는 장수 이육李育을 보내 항전하도록 하였으나 이육은 적미군에게 생포되었다. 마침 성문을 지키고 있던 사람이 바로 이육의 동생 이범李泛이었다. 적미군은 그에게 사람을 보내 협박했다.

"형의 목숨을 살리고 싶다면, 어서 성문을 열어라."

군신 사이의 의리는 형제간의 정을 당해내지 못했다. 이범이 성문을 열자 갱시제는 혼자 도망쳐버렸고 낙양은 적미군의 수중에 들어갔다.

적미군의 대부분은 하층 농민 출신이었다. 거듭되는 힘든 전쟁을 겪었고 드디어 황성에 발을 내디디며 대업을 이루게 되었으니 모두가 격렬히 환호하며 경축하는 일은 당연한 것이었다. 유분자는 태후가 머물던 침궁에 기거했다. 수하 장군들은 밤낮을 가리지 않고 술을 마시며 공을 논하다 격하게 싸우고 소리치며 칼까지 뽑아 드는 통제 불능의 상태에까지 이르렀다. 위의 장수들이 이러한데 아래 군졸들은 어떻겠는가! 병사들이 성에서 방화, 살인, 약탈을 일삼자 낙양의 백성들은 문을 굳게 잠그고 집안을 단속하였다. 납일(臘日: 한나라 때는 동지冬至 후 세 번째 술일戌日)을 맞아 번숭이 연회를 열게 되었다. 본격적인 주연이 벌어지기 전, 어떤 자가 공로를 인정받고 싶은 급한 마음에 죽간에 글을 새겨 어전으로 나아가 축하 글을 청하였다. 글을 알지 못하는 사람들은 그를 매우 부러워하며 어전으로 몰려가 자신의 이름도 덧붙여달라고 아우성을 쳤다. 결국 또다시 서로 뒤엉켜 싸우는 상황이 벌어졌다. 한나라 고조가 처음 천하를 얻고 조정 회의를 열었을 때도 논밭을 매다가 조정까지 진출했던 장수들도 위와 같은 상황을 연출했었다. 그 당시에는 다행히도 숙손통叔孫通이라는 유생이 있어 그들에게 예악을 가르칠 수가 있었다. 그러나 유분자에게는 숙손통 같은 자는 없고 양음과 제갈치諸葛稚 같은 신하만 있었으니 대사농大司農 양음은 사람들이 소란을 피우며 싸우자 검을 빼들고 호통을 쳤다.

"모두 머슴들뿐이로군! 군신의 신분이 정해졌거늘, 어찌 더 소란을 피운단 말인가! 애들도 이러지는 않을 것이니, 모두 다 죽어야 마땅하겠군."

난장판이 된 상황에서 죽음을 두려워하지 않는 자들에게 목숨을 가지고 위협한들 무슨 소용이 있겠는가! 사람들은 더욱 격렬하게 싸울 뿐이었다. 게다가 병사들은 궁중에서 큰 연회가 벌어졌다는 소식을 듣고 쳐들어와 술과 고기를 훔쳐 먹었다. 도저히 수습할 수 없는 상황이 되자 위위衛尉 제갈치는 병사들을 이끌고 궁으로 들어가 1백여 명을 죽이고 혼란을 평정하였다. 유분자는 피비린내 나는 광경을 보고 놀라 밤낮으로 훌쩍이며 밤에는 궁중의 어린 태감들과 같이 잠을 잤다. 그 후로 군왕은 조회朝會에 들지 않았다.

유공은 갱시제가 도망친 뒤에 적미군으로 돌아왔다. 그는 혼란한 상황을 지켜보며 머지않아 분명 나라가 망할 것이라고 예감하고 형제들에게 화가 미칠까봐 걱정하다가, 유분자에게 어떻게 제위를 사양하는지 은밀히 일러주고 황제의 옥새와 인수를 돌려주라고 하였다. 대전 회의에서 유공은 동생의 무능함으로 혼란스럽게되었다는 이유를 내세워 새로운 군주를 세울 것을 요청했다. 그러나 번숭의 무리는 자신들의 죄를 인정하며 그럴 수 없다고 하였다. 유공이 물러서지 않고 퇴위를 주장하자 불만 섞인 말들이 터져 나왔다.

"우리가 세운 천자인데, 식후 당신이 무슨 상관이오?"

유공이 더 이상 아무 말도 하지 못하고 물러나자, 유분자가 옥새와 인수를 돌려주며 말했다.

"이렇게 나를 황제로 세우긴 했지만 군대는 여전히 도적떼와 같소. 지방에서 들어온 공물은 모두 강탈을 당하고 사방에서는 백성들의 원망소리가 자자하오. 이것은 모두 제대로 된 천자를 세우지 못했기 때문이오. 그러니 짐이 물러나 제위를 성현에게 양보하겠소. 나를 죽여 무책임한 죄를 묻는다면 짐 또한 도망가지 않을 것이오."

유분자는 말을 마치고 눈물을 흘렸다. 번숭의 무리는 황제의 말에 감동하여 자책하였다.

"이는 모두 신들의 잘못이옵니다. 지금부터 다시는 방종하게 굴지 않겠습니다."

그리고는 유분자를 다시 옥좌에 앉히고 옥새와 인수를 돌려주었다. 이제 더 이상 유분자도 어떻게 할 수가 없었다. 남들에게는 꿈에도 그리는 황제 자리가 그에게는 가시방석과도 같았지만 계속 앉아 있어야만 했다.

모든 장수들은 출궁한 뒤 각자 진영으로 돌아가 군사의 기율을 정돈하고 군영을 단단히 지켰다. 한때나마 삼보三輔 지역의 기강이 엄숙해지자 모두 현명한 천자 덕분이라고 칭찬했다. 백성들이 다시 낙양으로 돌아오면서 거리는 점차 활기를 되찾았다. 그러나 좋은 시절도 스무날 남짓밖에 유지되지 못했다. 본성은 고치기 힘든 법이라, 도성의 양식이 부족해지자 적미군은 황궁에 불을 지르고 금은보화를 훔쳐서 1백만 대군의 기세로 서쪽으로 향했다. 그러나 북서쪽에 할거하던 외효의 대장수 양광楊廣이 그들을 가로막았다. 적미군은 맞서 싸웠지만 연신 패배를 맛봤다. 게다가 폭설까지 내려 구덩이를 가득 메울 만큼 많은 병사들이 얼어 죽었다. 결국 적미군은 다시 동쪽으로 돌아왔다. 그들은 돌아오는 길에 전한의 황릉을 파헤치고 여후의 시신을 욕보였으며, 자신들이 낙양을 비운 틈에 자리를 잡은 등우의 군대를 물리치고 다시 그곳에 주둔했다.

적미군은 외지를 한 바퀴 돌고 다시 도성으로 돌아왔지만 여전히 수십만 대군의 식량 문제를 해결하지 못했다. 삼보 일대에 기근이 들면서 사방에 백골이 넘쳐나고 성곽은 텅 비었다. 살아남은 자들이 음식을 모두 감추어서 적미군은 약탈을 해도 아무것도 얻지 못했다. 결국 그들은 낙양에서 1년을 머문 뒤 건무建武 2년(26년)에 동쪽으로 돌아갔다. 당시 굶주림과 전쟁으로 많은 사람이 죽고, 남은 병사는 20여만 명에 불과했다. 그러나 동쪽의 고향으로 돌아가는 길은 아득했다.

유수는 미리 대군을 둘로 나누어 적미군을 기다리도록 준비해 두었다. 적미군은 유수 수하의 장수 등우를 다시 한 번 격파하기는 했지만, 결국 풍이馮異에게 패하였다. 남쪽 의양宜陽으로 길을 돌린 적미군은 그곳에서 자신들을 기다리고 있던 유수의 군대를 만났다. 이제 힘들어서 더 이상 전쟁할 힘조차 없던 적미군은 유공을 보내 투항을 요청했다. 유수를 만나 유공이 물었다.

"유분자가 적미군을 이끌고 항복한다면 폐하께서는 그들을 어떻게 하실 것입니까?"

"그들의 목숨만은 살려주겠소."

적미군은 더 이상 따지고 말고 할 힘도 없었다. 번숭, 서선은 유수에게 항복하며 갱시제의 손에서 탈취한 옥새를 건네줬다. 적미군이 벗어놓은 갑옷을 성 서쪽에 쌓아놓았는데 산더미 같았다고 한다. 유수는 밥을 지어 적미군을 배불리 먹이도록 명했다. 그리고 다음 날 낙수洛水 옆에 대군을 사열시키고 유분자에게 보여주며 물었다.

"자네가 죽어 마땅하다는 사실을 아는가?"

그러자 유분자가 대답했다.

"소신의 죄는 죽어 마땅하나, 다행히도 폐하께서 저를 불쌍히 여기시고 용서해주셨지요."

그 말을 듣고 유수는 웃었다.

"자네 참 능글맞군. 역시 우리 종실에 바보는 없어."

그리고는 번숭 무리에게 물었다.

"너희는 투항한 것을 후회하는가? 지금 자네들을 돌려보내 진영을 정비하고 다시 승부를 벌이도록 할 수도 있네. 절대로 승부를 강요하지 않고 말일세."

그의 물음에 서선이 대답했다.

"신들은 낙양을 빠져나간 뒤 계속 폐하에게 귀의할 일을 상의하였습니다. 단지 백성들이 사후에 누릴 줄만 알고 먼저 계책을 세울 줄을 몰라 그들에게 말하지 않은 것뿐입니다. 지금 이렇게 투항하고 나니 호랑이 입을 빠져나와 자애로운 어머니에 품에 돌아온 듯 참으로 기쁜데 어찌 후회하고 원망하겠습니까!"

유수는 그의 대답이 매우 흡족했다.

"자네는 우둔한 철 중에 좀 나은 철이군. 평범한 무리 속의 출중한 자로다."

그리고 적미군 무리에게 외쳤다.

"너희들이 함부로 잔악하고 도리에 어긋난 짓을 하여 셀 수 없이 많은 사람들을 죽이기는 했지만, 세 가지 일만은 칭찬할 만하다. 천하를 돌아다니며 전쟁을 했지만 조강지처와 자식을 버리지 않은 것이 첫째요, 유 씨 종친을 천자로 세운 것이 둘째다. 다른 자들은 군주를 세웠으나 위급한 순간에 군주를 팔아 배반하고 사사로운 명예를 구하였지만, 자네들은 진영을 정비하고 나에게 항복했으니 그것이 셋째이다."

그리고는 장수들에게 전답과 집을 내리며 낙양에 머물게 했다. 그리하여 10년간 중국 도처를 전전했던 적미군은 와해되었다.

그러나 번숭은 호전적인 무인의 본성을 고치지 못하고 후에 모반을 꾀하였다가 주살당했고, 서선은 고향으로 돌아가 천수를 누렸다. 유수는 시종일관 꼭두각시 천자 노릇을 했던 유분자를 동정하여 몇 차례나 상을 내렸다. 유수는 후일 유분자가 실명하자 관작지를 내려 지대를 받아 천수를 누리도록 도와주었다.

後漢書 들여다보기

낙양에서 도망친 갱시제는 고릉_{高陵}에 도착하였으나, 부하의 보호
해준다는 말에 속아 구금당하고 말았다. 당시 적미군은 그에게 다
음과 같은 편지를 보냈다.

"갱시제가 와서 투항한다면 장사왕_{長沙王}으로 봉할 것이다. 그러나
스무날이 지난 후에는 투항해도 받아들이지 않겠다."

갱시제는 유공을 보내 적미군의 사록_{謝綠}과 투항에 대해서 상의하
도록 명했다. 막상 갱시제가 낙양으로 투항하러 갔을 때, 적미군은
그를 죽이고자 하였다. 그러나 유공과 사록의 적극적인 설득으로
죽음을 면할 수가 있었으며 갱시제를 장사왕에 봉하고 사록과 함

갱시제

께 있을 것을 명하였다. 무도한 적미군이 낙양에서 약탈을 일삼자 삼보 지역의 백성들은 차라리 갱시제가 있던 시절을 그리워하게 되었다. 장앙 무리는 변고가 일어날 것을 염려하여 바로 사록에게 말했다.

"지금 삼보 사람들은 갱시제를 그리워하고 있는데, 그자가 당신 수중에 있소이다. 만약 사람들이 합세하여 공격을 해온다면 당신은 파멸하지 않겠습니까?"

사록은 그 말을 듣고 깜짝 놀라 시종에게 갱시제를 교외로 유인하여 목을 매어 죽일 것을 분부하였다. 유공이 그 사실을 알고 밤새 달려갔으나 그는 이미 죽은 뒤였다. 유공은 갱시제의 시신을 수습하였다. 후일 유수는 등우에게 갱시제의 장례를 치러주라는 명을 내렸다.

◉ 주요 인물
  외효

◉ 주변 인물
  유수, 공손술, 왕원

◉ 키워드
  큰 뜻이 없다, 우유부단해 결단성이 없다

◉ 중대 사건
  자식을 후한 조정에 보내다, 촉의 신하로 칭하다

◉ 고사
  치지도외置之度外

◉ 이야기 출처
  『후한서』「외효·공손술열전」

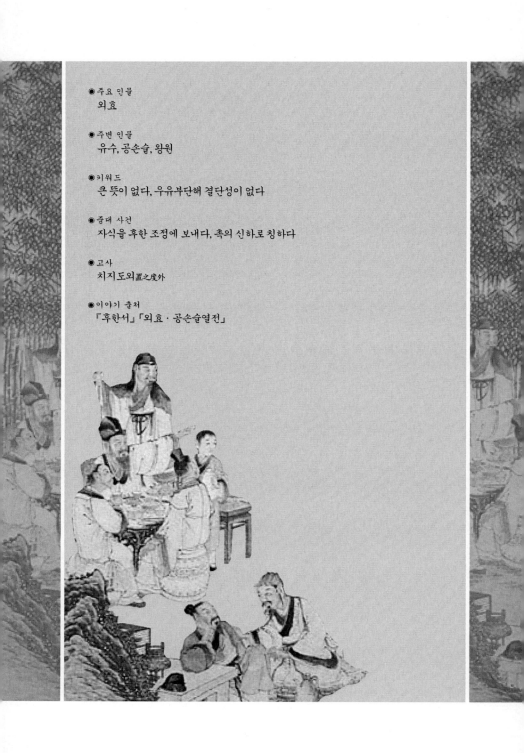

隗囂

외효 : 결단성 없는 북서쪽의 왕

외효(?~33년)는 자가 계맹季孟이고 천수天水 성기(成紀: 지금의 감숙
성甘肅省 정녕靜寧 남서쪽) 사람이다. 그는 왕망 정권 때 주군에서
관직에 올라 대국사 유흠劉歆에게 임용되었다고 하니 남달리 뛰
어났음을 엿볼 수 있다. 유흠이 세상을 떠난 뒤 외효는 고향으
로 돌아갔다.

　당시는 왕망의 신나라 말기로 조정이 위태위태한 상황이었
다. 외효의 숙부 외최隗崔는 한 지방의 호협으로 현지에서 매우
명망이 높았다. 외최는 동쪽에서 기의군이 갱시제 정권을 세우
고 왕망의 군대를 물리쳤다는 소식을 듣고 거병하기에 좋은 기
회라고 여기고 동향 사람과 거사를 도모했다. 당시 젊었던 외효
는 뜻밖에도 숙부의 거병에 대해 열정적 태도보다는 냉정한 태

도를 보였다.

"거병은 좋지 못한 일입니다. 종친들이 멸문지화를 당하지 않도록 조심해야 합니다."

외최는 그의 말에 동요하지 않고 수천 명의 무리를 모아 봉기하였다. 외최 무리는, 지방관을 없애고 나자 곧 중대한 문제에 봉착하게 되었다. 패기 있게 거사를 일으켰지만 무리를 이끌 만한 지도자가 없었다. 그들은 논의를 거친 끝에 명성도 있고 경서를 읽은 외효가 우두머리로 적합하다고 판단하고 만장일치로 그를 상장군으로 추천했다. 외효는 대세의 흐름에 고무되어 예의상 몇 번 거절한 뒤에 입을 열었다.

"여러분이 제 능력을 높이 평가하여 저를 수령으로 추천해주셨으니, 모두 제 뜻을 따르겠다면 명을 받들겠습니다."

우두머리가 없는 것을 걱정한 사람들은 모두 그를 받아들였다. 외효는 평릉平陵 사람인 방망方望을 불러 군사(軍師: 책사)로 삼았다. 나중에 방망은 외효에게 속히 고묘高廟를 세우고 한나라 황실을 받들어 위로는 천명에 응하고 아래로는 민심에 따를 것을 제안했다. 외효는 그의 말대로 행하였다.

16개의 성을 가진 31명의 장군들은 삽혈(歃血: 굳은 약속의 표시로 동물의 피를 입에 묻힘)하고 유 씨 한나라를 보좌하겠다는 맹세를 했다.

서약식이 끝난 뒤 외효는 각 군에 격문을 돌려 왕망의 죄를 열거하며 각 현에 속히 투항할 것을 요구했다. 그리고 따르지 않을 시에는 무력으로 평정한다는 말도 덧붙였다. 손오공이 '만약 따르지 않으면 천궁을 치겠다'는 말로 옥황상제를 위협할 때와 비슷한 어조였다.

그 후 외효는 10만 군사를 이끌고 군郡을 공격하기 시작했다. 안정安定의 수령 왕향王向은 왕망의 종친으로 신나라에 대한 충성심을 갖고 있어 군에서 높은 지조와 위풍을 과시했다. 그가 각 주의 현을 잘 다스려 반란을 일으킨 곳이 한 군데도 없었다. 외효는 그를 투항시키려는 설득에 실패하자 맹렬한 공세를 퍼부었고 결국은 눈엣가시 같은 왕향을 없애버렸다. 그때 기의군은 이미 낙양으로 진격하고 있었고, 왕망은 주살되어 신나라 군대는 투지를 잃어버린 상태였다. 그동안 외효는 큰 힘을 들이지 않고 농서隴西의 각 군을 최대한 많이 점령하고 북서쪽에 웅거하였다.

갱시 2년(24년), 갱시제는 외효를 낙양으로 불러 관직을 맡을 것을 명하였다. 외효는 그 명을 따르려고 하였으나, 방망은 이를 만류하며 아직 천하가 혼란하니 갱시제 정권의 앞날을 예측할 수 없으니 가서는 안 된다고 조언하였다. 그래도 외효가 자신의 말을 듣지 않자 방망은 다음과 같은 글을 올렸다.

"장군께서는 애초에 이윤(伊尹: 상商나라 탕왕을 도와 하나라를 멸망시킨 재상), 여상呂尙: 주나라 문왕을 도와 상나라를 멸망시킴. 강태공姜太公이라고 불림) 같은 큰 공을 세우고 대사를 도모하고자 했으나, 영웅들이 모이지 않아 제가 감히 나서서 도울 힘이 없었습니다. 연燕나라 소왕

昭王 때 곽외郭隗가 스스로를 천거하고 악의樂毅 같은 훌륭한 장수를 불러모았듯이 저도 그러길 바라왔습니다. 그리고 지금 장군은 기반을 마련하고 수하에 훌륭한 자들을 많이 거느렸습니다만, 제가 부덕하고 무능하여 더 이상 장군을 보좌할 수 없을까 부끄럽습니다. 범려范蠡가 월왕越王을 떠났듯 저 또한 은거하고자 하오니 장군께서 알아서 하시기 바랍니다."

그리고는 정처 없이 떠나버렸다. 패왕에게 있어 좋은 책사는 매우 중요하다. 유방의 성공에는 장량張良의 공을 빼놓을 수 없고, 항우의 실패에는 그의 책사 범증范增이 화를 내고 떠난 것에 그 원인이 있었다. 당시 외효가 창업한 지 얼마 안 되어 그의 책사 방망이 도중에 사라져버렸으니 이는 결코 좋은 징조라고 할 수 없었다.

낙양에 도착한 뒤 외효는 우장군右將軍에 봉해졌고 숙부 외최 등은 구관직을 이어받았다. 외최는 대우가 만족스럽지 않았는지 낙양에 온 지 1년도 되지 않아 반란을 일으키고 다시 고향으로 돌아갈 계획을 모의하였다. 외효는 일이 발각되면 자신에게 화가 미칠까봐 그 사실을 고해바쳤다. 모반을 꾀했던 자들은 무자비하게 목숨을 잃었지만, 충심을 높이 평가받은 외효는 어사대부로 승급하였다. 친구를 팔아 영예를 얻는 것은 도덕과 지조를 중요시하던 전통 유학자들에게는 멸시받아 마땅한 행위였다. 이 일을 비추어보면 외효가 친척을 팔아 승급하였으니 그는 대의를 위해서 친척도 제거할 수 있는 자라고 해석할 수 있다.

이듬해 적미군은 황성 낙양에 대한 기대를 품고 고향을 등지고 관중으로 진격했다. 우매하고 무능했던 갱시제의 통치 기반은 안정적이지 않았다. 농민군이 웅대한 뜻을 품고 밀어닥치자 관중 지역은 더욱 불안해졌고, 갱시 정권은 풍전등화의 처지에 놓였다. 유수의 명성을 전부터 들어온 외효는 그가 하북 지역에서 황제로 칭했다는 소식을 듣고, 갱시제에게 정권을 유수의 숙부 유량劉良에게 위임할 것을 권했다. 물론 갱시제는 이에 동의하지 않았다. 그러자 장수들은 갱시제를 인질로 잡고 동쪽의 유수에게 투항할 계획을 세웠으며, 외효 역시 그 일에 동참했다.

앞에서도 보았듯이 외효는 매우 신중하고 조심성이 많은 사람이었다. 도모하는 일에 대한 확실한 자신감이 없다면 목숨을 거는 모험 따위는 하지 않았다. 그러나 불행히도 그들의 계획은 누설되고 말았는데, 갱시제는 외효에게 사람을 보내서 입궁하도록 명령을 내렸다. 그러나 사실이 발각된 사실을 알면서도 스스로 불길로 뛰어들 외효가 아니었다. 그는 병을 핑계로 입궁하지 않고 단단히 수비 태세를 갖추고 갱시제가 보낸 군대에 대항했다. 외효는 저녁이 되자 수십 명의 수하를 데리고 포위망을 뚫고 성문 수비관리를 죽이고 고향 천수로 돌아갔다. 그에게 낙양 행보는 한 차례 악몽과도 같았다.

농서로 돌아온 외효는 마치 물 만난 고기와 같았다. 그는 옛 무리를 다시 모아 근거지를 굳게 지키고 스스로 서주西州 상장군으로 칭하였다. 그 후 얼마 뒤 갱시제의 정권은 적미군에게 패망하였다. 삼보 지역은 전란에 휩싸였지만, 상대적으로 외진 농서 지역은 평화로웠다. 관중의 현자들은 외효가 어진 이를 예로 대한다는 소문을 듣고 그를 찾아와 의탁하였다. 현량들을 갈구하던 외효도 빈객들을 거절하지 않고 후히 대접하여 친구처럼 사귀었다. 순식간에 그의 밑에 많은 인재들이 모여들면서 큰 명성을 날리게 되었다. 그의 명성은 농서 지역뿐 아니라 멀리 있는 함곡관函谷關 동쪽까지 퍼졌다.

건무 2년(26년), 유수의 대사도 등우가 적미군의 서쪽을 공격하고 있을 무렵, 그 수하의 장군들이 반란을 일으키고 농서로 도망갔다가 외효에게 격퇴당했다. 그 공으로 등우는 유수를 대신해 외효를 서주 대장군으로 봉했다. 나중에 외효는 군사를 보내 낙양을 떠나 서쪽으로 이동하는 적미군을 막았다. 그러자 적미군은 동쪽으로 다시 돌아갔고 결국 유수에게 격파되었다. 공을 세웠으니 외효에게도 후한 정권과 우호 관계를 맺으라는 제안이 있었다. 다음 해에 외효는 서신과 함께 사자를 낙양으로 보냈다. 유수는 외효의 명성을 듣고 존경심을 담아 답장을 보냈다. 외효가 유수의 장수 풍이를 도와 삼보 지역의 지방 군벌 여유呂鮪를 격파하자, 유수는 또 편지를 보내 고마움을 표하며 자신과 외효의 교분을 관포지교管鮑之交에 비유하였다.

누구나 쉽게 유수의 총애를 얻을 수 있는 것은 아니었다. 편지에서 유수는 앞으로 자신의 마음 속 우환인 파촉에 할거하고 있는 공손술에게 함께 대적하기를 희망한다고 밝혔다. 후일 공손술이 스스로 황제로 칭하고 한중에 출병하면서 사자를 보내 외효를 책봉하고자 하였으나, 당시 후한과 우호 관계를 맺고 있었던 외효는 사자를 참수하고 공손술의 군대를 공격하며 절대로 왕래 교섭하지 않겠다는 의지를 보였다. 그렇다고 외효가 후한에 완전히 투항한 것도 아니었다. 파촉의 공손술도 그에 대한 보복으로 악랄하게 그를 사지에 몰아넣지는 않았다.

외효는 유수처럼 천하를 통일하고자 하는 웅대한 포부는 없었지만 그렇다고 자신의 근거지를 두 손으로 바칠 만큼 나약하지도 않았다. 그는 자신의 땅에서 안정적으로 살면서 먼저 공격하지 않는 한 공격하지 않으며, 북서쪽의 왕으로 조용히 지내고 싶었다. 공손술이 북쪽으로 출병하여 그의 태도를 떠보았을 때 외효는 과감하게 정면 공격을 시도하여 파촉 병사들이 다시는 북쪽을 넘보지 못하도록 하였다. 외효는 순망치한의 이치를 잘 알고 있었다. 자신의 세력만으로는 유수가 농서를 병합하는 것을 절대로 막을수가 없었다. 공손술로 유수를 견제하는 것만이 농서의 안전을 보장할 수 있는 유일한 길이었다. 외효는 이런 세력의 균형을 깨고싶지 않았다.

유수가 병사를 일으켜 파촉을 공격할 것을 명했을 때, 그는 힘이 미약하고 강적이 변경을 살피고 있어 남을 돌볼 겨를이 없다는 이유를 들어 완곡하게 거절했다. 유수는 외효와 친한 마원馬援을 세객으로 보내 고위 관직을 내리겠다고 설득했다. 외효는 자신이 부덕하고 능력이 없다며 겸손하게 사양하며, 천하가 평정되면 고향으로 물러나고 싶을 뿐이라고 밝혔다. 이로써 양측의 아름다운 날들도 끝이 나고 '관포지교'라고 했던 우정에도 금이 가게 되었다. 영원한 친구도 영원한 적도 없고 이익만 있을 뿐이라는 말은 예부터 내려오는 진리이다.

건무 5년(29년), 유수는 외효의 친구인 장수 내흡來歙을 다시 농서로 보내 귀의하도록 설득하라고 명했다. 내흡은 외효에게 아들을 입조시키고—사실 인질에 가깝다—유수를 섬기는 것이 어떻겠냐는 제안을 했다. 외효는 동쪽의 유영劉永, 팽총彭寵 등이 이미 섬멸된 사실을 떠올리면서 두려워했다. 그래서 그는 경솔하게 행동하여 유수에게 죄를 짓고 싶지 않았다.

결국 외효는 어느 정도의 여지를 남겨두기 위해 장자를 낙양으로 보냈다. 수하의 장수 왕원王元은 천하의 승패가 아직 결정나지 않았으니 후한과 지나치게 가깝게 지내서는 안 된다고 만류하였다. 농서 지역은 살기 풍족하고 병력도 막강한데다, 강력한 이웃인 북쪽의 여방盧芳과 남쪽의 공손술로부터 도움을 받을 수 있었다. 만약 동쪽의 삼보 지역까지 얻는다면, 전국시대에 강성했던 진秦나라처럼 황하와 효산崤山을 천연 요새로 삼고 한 명으로 1만 명을 대적할 수 있는 함곡관까지 가질 수 있으니 대업 달성이 가능할 뿐만 아니라, 형세가 불리하다고 하더라도 관문을 지키고 수비만 잘한다면 한 지역의 패주가 될 수 있었다. 물고기가 물을 떠나서 살수 없듯이 군주도 자신의 근거지를 떠나서는 안 되는 것이다. 그랬다가는 세력을 잃고 지렁이와 다를 바 없는 용의 신세로 전락한다. 외효는 왕원의 말에 일리가 있다고 여겼다. 그래서 자신의 아들이후한에 인질로 가 있는 상태였지만, 유수에게 귀의하지 않기로 결심하고 몰래 책략을 모의했다.

그에게 의탁하고 있던 현량들은 외효가 갈피를 못잡자 그가 대업을 이룰 만한 인재가 못 된다는 결론을 내리고 하나둘 떠나갔다. 이것은 외효가 실패하게 된 원인이 된다.

건무 6년(30년), 관동 각지는 이미 평정을 찾았다. 외효는 후한조정에 아들을 인질로 보냈고 공손술은 멀리 떨어진 서쪽 지역 파촉에 있었다. 유수는 이제 전쟁을 멈추기를 바라며 장수들에게 말했다.

"장수들은 외효와 공손술, 두 사람을 잠시 그냥 두고 문제 삼지 마라[置之度外]."

그리고 사람을 보내 그들에게 항복을 권유하며 평화적으로 두사람을 굴복시키고자 하였다. 외효는 그에 대한 답례로 주유周游를 사자로 보냈다. 그런데 뜻밖에도 주유는 낙양에 도착해 임무를 다하기도 전에 사적인 원한으로 인해 원수에게 살해되었다. 엎친 데덮친 격으로 유수가 외효에게 보내는 후한 사례품은 도중에 강도에게 약탈당했다. 유수는 외효가 연장자인 것을 감안해 낙양으로 불러들이고자 최선을 다했는데 일이 그렇게 되고 말았으니, 모든 게 다 하늘의 뜻이라고 생각할 수밖에 없었다. 유수는 그 사실에 절망하여 의기소침하며 탄식했다.

"나와 외효의 일은 성사되기 어렵겠구나."

얼마 후 외효가 파촉을 토벌하라는 요구를 거절하자 유수는 그가 자신의 인재가 아님을 확실히 깨달았다. 외효가 마지막 남아 있던 호의마저 뿌리치자 농서를 공격하겠다는 결심을 굳혔다. 유수는 직접 장안까지 갔다. 그리고 내흡을 외효에게 보내 '농서의 길을 빌려 파촉을 토벌하고자 하니 협조를 부탁한다'는 유시를 전했다. 파촉을 토벌한다는 것은 핑계에 불과하다는 사실을 외효가 어찌 몰랐겠는가! 외효는 군대를 보내 요충지를 지키도록 명하고 사자로 온 내흡을 죽이려고 하였다. 그러나 내흡은 기회를 틈타 도망쳐 목숨은 건질 수 있었다. 일이 이렇게까지 되자 대화의 가능성은 사라져버렸다.

후한 군대는 농서를 공격하였다. 그러나 외효는 오랫동안 심혈을 기울여 농서를 다스려왔기 때문에 그 지역을 잘 알았다. 그는 높은 곳에서 내려다보며 힘을 비축했다가 적이 지치면 나가서 싸웠다. 결국 후한 군대는 패하고 말았다. 외효가 승리의 기세로 삼보 지역까지 추격해 갔지만 결국 후한 군대에게 격퇴당했다. 외효는 유수의 군대가 자신의 승리에 놀라고 마지막에 격퇴시킨 것에

만족하길 바라는 마음으로 유수에게 편지를 보냈다.

"대군이 경계지에 인접해오자 제 수하들은 놀라서 어쩔 줄 몰라 하며 자신의 목숨을 구하는 데만 급급했습니다. 그래서 제가 상황을 통제할 수 없었지요. 일전에 거둔 큰 승리는 신하된 자로 응당히 얻어서는 안 되었던 것인지 나중에 배로 돌려받았습니다. 옛날 순舜임금은 어릴 때 아버지가 큰 몽둥이로 때리면 도망가고 작은 몽둥이로 때리면 참아냈지요. 제가 어리석기는 하나 그런 도리쯤은 잘 알고 있습니다. 제 죄가 크니 지옥에 떨어져 사약이 내려진다 해도 지나치지 않습니다. 만약 은혜를 입어 죽지 않는다면 실로 다행이라 할 수 있을 것입니다."

주관 관원은 외효가 경망한 말투로 조정에 있는 아들을 죽여달라고 요청했다고 전했다. 그렇지만 유수는 동의하지 않고 다음과 같은 답장을 보냈다.

"옛날 한나라 고조 때, 시무柴武가 모반을 일으키고 흉노로 도망간 한신韓信에게 편지를 보내어 이르길, 폐하가 관용과 인자함을 베풀어 반란을 일으킨 제후가 항복한다면 작위를 회복시켜주고 죄를 묻지 않겠다고 하였다. 네가 일개 관리에 불과하나 학식이 있고 예절이 밝으므로 짐이 답신을 보내노라. 깊게 생각하면 감정이 상했다고 할 수 있지만, 가볍게 생각하면 일에 아무 영향도 미치지 않았다. 만약 네가 투항할 뜻이 있다면 아들 한 명을 다시 조정으로 보내라. 그럼 작위와 녹봉을 내리고 온전히 보살필 것이다. 짐은 벌써 마흔이 넘었고 병사를 이끌고 다닌 지도 10년이 다 된 사람이라 빈말로 서로를 속이는 짓 따위는 하지 않는다."

외효는 유수가 자신에게 최후통첩을 보낸 사실을 알고 더 이상 대충 넘어갈 수가 없었다. 결국 그는 공손술에게 사자를 보내 스스로를 신하로 칭했다. 공손술은 그를 삭녕왕朔寧王으로 봉했다. 외효가 유수가 아닌 공손술에게 투항한 이유는 유수의 세력이 너무 막강했기 때문이다. 일단 유수에게 투항하고 나면 농서 지역이 병탄될 게 분명했고, 그에 비해 공손술의 세력은 자신과 별반 차이가 없었으므로, 형식적으로 신하로 칭하긴 했지만 근거지가 병탄될 걱정은 없었다.

건무 8년(32년), 후한 군대는 다시 농서 지역을 공격하였다. 내흡은 산길을 가로질러 농중隴中을 습격하여 성공적으로 약양성略陽城을 침탈하였다. 외효는 매우 놀라며 유수의 군대가 그 기세를 타대거 공격해올 것을 걱정했다. 그는 수하의 장수 우한牛邯 등을 보내 각지의 요새를 지킬 것을 명한 뒤 약양성을 되찾기 위해 직접 군대를 이끌고 내흡을 포위했다. 이때 공손술이 병사를 보내 그를 도왔다.

몇 달이 지나도 승리의 조짐이 보이지 않자 유수가 직접 장수를 이끌고 농서 정벌에 나섰다.

외효 수하에는 왕준王遵이라는 자가 있었는데, 그는 언변이 매우 뛰어났다. 외효와 함께 거병했던 왕준은 후한으로 돌아가고 싶은 마음에 외효에게 차남을 입조시킬 것을 수차례 권했다. 왕준은 자신의 의견이 받아들여지지 않자 외효를 버리고 떠났다. 그는 후일 유수에게 귀의하여 제후에 올랐고 그 후에는 유수를 따라 농서 정벌에 나섰다. 왕준은 원래부터 우한牛邯과 사이가 좋았다. 그는 우한이 후한에 투항할 의사가 있음을 알고, 외효가 분명 패할 테니 후한에 투항하는 것만이 상책이라는 내용의 편지를 보냈다. 우한은 편지를 받고 심사숙고한 끝에 주인을 버리고 후한에 투항하기로 결정했다.

그렇게 하여 외효는 13명의 장수와 16개 현, 10여만 명의 백성을 잃었다. 대세가 완전히 기울어진 것은 아니었지만, 그렇게 될 날이 머지않았다. 왕원은 파촉에 가서 구원을 요청하였고 외효는 처자식을 데리고 서성西城으로 도망쳤다. 유수는 사람을 보내 외효에게 자신의 뜻을 밝혔다.

"스스로 포박하고 귀의한다면 부자가 만날 수도 있으며 모두 평안 무사할 것이다. 한나라 고조는 전횡田橫이 투항하면 크게는 왕으로 봉하고 작게는 제후로 봉하겠다고 하였다. 네가 영포英布를 본받아 기어코 끝까지 대항하겠다면 그렇게 하여라."

외효는 결국 끝까지 투항하지 않았다. 유수는 후한 조정에 있던 외효의 아들을 죽이라고 명한 뒤 대군을 보내 서성을 포위하였다. 그리고 자신은 어가를 타고 동쪽으로 돌아왔다.

서성이 포위되고 장수 양광이 전사하자 외효는 성에서 고달픈

날들을 보냈다. 다른 지역에서는 그의 장수들이 충성을 바치며 혈전을 벌였다. 그중에는 융구戎丘를 지켰던 왕첩王捷이란 자도 있었다. 왕첩은 성에서 오래 버티지 못할 것을 잘 알고 성 위에 서서 외쳤다.

"외왕을 위해 성을 지키는 자는 죽어도 변심하지 않을 테니 너희들은 퇴각하여라. 내가 반드시 그것을 증명해보이겠다."

그리고는 스스로 목숨을 끊었다. 몇 달 뒤 왕원은 촉에서 빌린 5천 명의 구원병을 이끌고 성으로 돌아왔다. 그는 포위를 뚫고 그 성대한 기세를 과시하며 큰소리로 외쳤다.

"1백만 대군이 도착했다!"

후한의 군대는 너무 놀라 포진布陣을 할 틈도 없었다. 왕원은 목숨을 걸고 결전을 벌이며 성으로 들어가 외효를 구해냈다. 후한 군대는 식량이 떨어져 어쩔 수 없이 퇴각해야 했다. 그리하여 농서 각지는 다시 외효의 수중으로 들어갔다.

그러나 그것은 병자가 죽기 바로 직전에 잠시 동안 정신이 맑아진 것에 불과했다. 건무 9년(33년), 외효는 병들고 굶주린 초라한 신세로 전락했다. 심지어는 성을 나와 식량을 찾아다녀야 할 지경에까지 이르렀다. 결국 외효는 가슴에 울분을 가득 안은 채 세상을 떠났다. 사람들은 그의 아들 외구순을 왕으로 옹립하였으나 바로 다음 해 후한 군대에 섬멸되었다. 그리고 농서 각 지역도 모두 후한에 귀속되었다.

외효가 농서의 여러 군을 점령하고 할거하고 있을 때는 의탁해 온 사민들도 많았다. 그에게는 농서라는 근거지가 있었지만 유수와 천하를 다투기란 쉽지 않았다. 그렇다고는 하나 만약 그가 자립할 결심만 했더라면 유수, 공손술과 삼국을 정립할 수도 있었다. 그는 평생 남에게 의지하여 자신을 굽히고 안전을 꾀하며 두 사람 사이에서 구차하게 살았고, 결국에는 멸망을 피하지 못했다. 성격이 운명을 결정한다. 아마도 외효가 거병하면 멸문지화를 초래한다고 걱정했던 그 순간부터 이미 처량한 말로가 예고되어 있었는지도 모른다.

외효가 유수에게 길을 빌려주려
고 하지 않은 것은 전례 때문이
다. 기원전 658년 진晉나라의 대
부大夫 순식荀息은 진나라 헌공獻
公에게 본국의 명마와 옥을 우虞
나라에게 주고 괵虢을 토벌하기
위한 길을 빌리자는 제안을 했다.
진나라 헌공이 재물을 아까워하
자 순식이 말했다.
"길을 빌릴 수만 있다면 금은보
화는 국외에 있는 창고에 넣어두
는 것과 마찬가지입니다."

외효

과연 순식의 예상대로 재물에 눈이 먼 우공의 뜻대로 진나라는 길
을 빌려 괵나라의 일부 도시를 공격할 수 있었다. 3년 뒤 진나라는
지난 수법을 또 사용했다. 이때 충신 궁지기가 우공에게 재차 간언
을 올렸다.
"괵과 우나라는 서로 표리 관계에 있기 때문에 괵나라가 멸망하면
우나라 또한 망할 것입니다. 속담에 광대뼈와 이틀은 서로 의지하
고 입술이 없으면 이가 시리다고 하였습니다. 괵나라와 우나라의

진나라 헌공

관계가 바로 이러하옵니다."
그러자 "진후晉侯는 나와 친척인데 어찌 나를 해하겠는가." 우공의
고집에 궁지기는 설득을 포기하고 우나라의 멸망을 예견하였다.
"우나라는 겨울에 제사를 드릴 기회가 없겠군요."
그리고 궁지기는 친척을 데리고 다른 나라로 떠났다.

◉ 주요 인물
　공손술

◉ 주변 인물
　이웅, 유수, 외효

◉ 키워드
　공손제, 농간을 부리다

◉ 중대 사건
　촉에서 황제로 칭하다, 한중에서 군사를 멈추다, 성도 전쟁

◉ 고사
　득롱망촉, 천혜의 땅

◉ 이야기 출처
　『후한서』「외효·공손술열전」

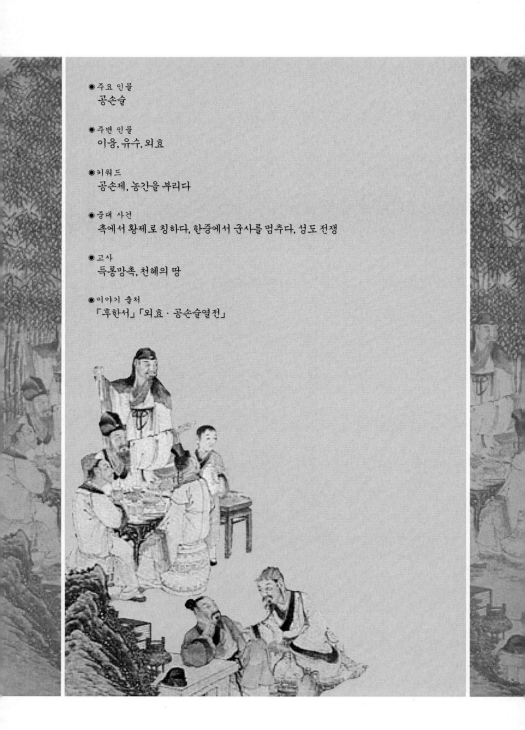

公孫述

공손술 : 마지막 적수

건무 8년(32년), 유수는 군대를 직접 이끌고 북서쪽의 외효 토벌에 나섰다. 외효가 서성에서 포위되자 유수는 함락될 때까지 기다리지 않고 먼저 낙양으로 돌아왔다. 가는 길에 유수는 성을 포위하고 있는 장수 잠팽岑彭에게 조서를 내렸다.

"성을 격파한 뒤에는 병사를 이끌고 촉을 공격하라. 사람의 마음이 자족할 줄 몰라 농서를 평정한 뒤에 다시 촉을 얻기를 바라는구나."

이 조서로 중국 언어문화사에 새로운 고사성어가 탄생했다. 바로 농서를 얻고 촉까지 얻기를 바란다는 뜻의 '득롱망촉得隴望蜀'이다.

역사적인 면에서 볼 때 이 조서는 왕망 정권 말기부터 시작된 군웅들이 할거하던 혼란한 시대가 곧 종식됨을 암시하고 있었다. 유수는 한 곳만 평정하면 천하통일의 대업을 이룰 수 있었다. 그의 마지막 적수는 바로 촉에서 황제로 칭한 공손술이었다.

공손술(?~36년)은 자가 자양子陽으로 부풍扶風 무릉(茂陵: 지금의 섬서성陝西省 홍평興平 북동쪽) 사람이다. 젊은 시절 그는 농서 천수군에서 현령을 맡았었다. 당시 하남河南 도위都尉였던 아버지 공손인公孫仁은 아들이 너무 젊어서 직무를 감당하지 못할 것을 염려하여 그를 보좌하기 위한 종사從事 하나를 딸려 보냈다. 그러나 한 달 뒤 종사는 다시 되돌아와서, 공손인이 그 연유를 물었더니 종사는 이렇게 답했다.

"댁의 공자는 가르침을 받을 필요가 없습니다."

종사는 스승이 필요 없는 신동의 훈장선생님처럼 자신의 쓸모없음을 한탄하였다.

후일 공손술은 태수太守로부터 재능을 인정받고 5개 현縣의 정사를 위임받았다. 공손술은 태수의 두터운 신망을 저버리지 않고 각 현을 잘 다스려 도적이 없는 살기 좋은 마을로 만들었다. 군의 사람들은 그를 보고 탄복하면서 귀신이 돕고 있다고 여겼다. 왕망이 집권한 천봉 연간에 공손술은 촉군蜀郡 태수로 부임했다. 그곳이 후일 그가 패업을 일으키게 되는 근거지이자 종착지가 되었다.

갱시제 정권이 성립된 후 천하의 호걸들이 들고 일어났다. 종성宗成이라는 남양 사람은 스스로 '호아虎牙장군'이라고 칭하고 한중

漢中 지역을 다스렸다. 상주商州 사람인 왕잠王岑은 촉에서 병사를 일으켜 스스로를 '정한定漢장군'이라고 칭하며 익주목益州牧을 죽이고 종성에게 호응했다.

공손술은 이 소식을 듣고 대세를 따랐다. 그는 사람을 보내 촉으로 들어온 종성을 맞이하였다. 원래 흉악한 자를 없애고 백성을 편안하게 할 의도였으나, 결국에는 호랑이를 집안으로 끌어들인 꼴이 되고 말았다. 종성은 군대를 이끌고 성도城都에 입성한 뒤에 방화와 약탈을 일삼으며 온갖 횡포를 부렸다. 공손술은 자신의 결정을 후회하면서 군의 호걸들을 모아 종성을 없앨 계책을 모의하였다. 사람들은 목숨을 바쳐 종성을 없애고 그에게 충성을 다할 것을 맹세했다.

공손술이 출병하려면 합당한 명분이 필요했다. 그는 종성에게 사람을 보내 갱시제가 사자를 보내와 자신을 특별히 보한輔漢장군, 촉군 태수, 익주목으로 봉했다고 날조된 조서를 전했다. 공손술은 이런 모략에 정통했는데, 그 후에도 그의 이런 장기를 이용해 더 큰 활약을 했다. 거짓이지만 조정의 천자로부터 촉군의 주인으로 봉해졌으니 공손술도 떳떳하게 출병할 수 있었다. 출발 당시 공손술은 정예병 1천여 명을 규합하였다. 가는 도중에 많은 사람이 종성 토벌군에 합류하면서, 성도에 도착했을 때는 그 수가 수천 명에 달했다. 공손술은 지리적 이점과 인적 우세를 이용하여 큰 힘을 들이지 않고 종성을 격파하였다. 종성의 부하들은 우두머리의 수급을 공손술에게 투항하는 선물로 바쳤다.

이듬해 가을, 갱시제는 장충張忠을 진짜 익주 자사刺史로 보내 군대 1만 명과 함께 촉으로 가서 그곳을 평정하고 촉 일대에 주둔할 것을 명했다. 그것은 파촉 일대를 한나라 정통 왕실인 유 씨의 세력 범위에 넣기 위함이었다.

공손술은 종성을 공격하기 전 '군을 스스로 수비하려면 진정한 주인을 기다려야 한다'는 명분을 내세웠다. 그때부터 이미 그는 파촉 일대의 지세가 험난하여 민심을 하나로 모으면 스스로 그 지역을 다스릴 수 있음을 간파하고 자립하여 왕이 될 뜻을 품고 있었다. 그러니 당연히 갱시제가 파견한 익주 자사 장충을 인정할 수 없었다. 결국 그는 동생 공손회公孫恢를 출병시켜 면죽綿竹 일대에서 장충의 군대를 대파하였다. 그 후 공손술은 익주에서 위세를 떨치게 되었다.

공손술의 수하 이웅李熊은 그 틈을 놓치지 않고 진언을 올렸다.

"지금 천하가 불안하고 민심이 들끓고 있으니 대업을 이루기 좋은 시기입니다. 옛날 상商나라 탕왕湯王과 주周나라 무왕武王은 겨우 1백 리의 땅을 기반으로 왕업을 이루었는데, 지금 장군의 할거지는 1천 리에 달하니 탕왕, 무왕보다도 훨씬 세력이 강하다고 할 수 있습니다. 만약 이번 기회에 위엄과 덕망을 떨친다면 쉽게 패왕의 업적을 이룰 수 있을 것입니다. 지금은 칭호를 바꾸어 백성들을 안정시킬 때이옵니다."

이미 그럴 뜻이 있었던 공손술은 이응의 진언을 기뻐하며 스스로 촉왕이라고 칭하고 성도를 수도로 삼았다.

촉 지역은 비옥한데다 병력도 강성하였고, 지세가 험준하여 외부 세계와 격리되어 있었다. 역사적으로 살펴보면 촉의 소왕昭王이 5대 역사力士를 보내 산을 뚫어 진秦나라의 미인을 맞이한 일이나, 후세 이백李白의 『촉도난(蜀道難: 촉으로 가는 길이 험난하다)』에서도 그 사실을 짐작할 수 있다. 외부에서 크고 작은 전화가 끊이지 않을 때도 촉은 무릉도원과 같았다. 따라서 그 명성을 듣고 많은 사람들이 난을 피해 귀속해왔고, 남서쪽의 소수민족들은 공물을 보내오기도 했다.

이응은 형세가 유리하게 돌아가자 공손술을 왕으로 칭하는 것만으로는 부족하다고 여겼다. 그래서 다시 공손술에게 촉의 우위점을 극찬하며 진언을 올렸다. 후일 제갈량諸葛亮도 같은 이유를 들어 유비劉備에게 촉으로 갈 것을 적극 추천하였는데, 이 지역은 천혜의 땅으로 광활하고 비옥하며 과실이 많이 열려 곡식이 없어도 배를 채울 수 있었다. 또한 부녀자들이 짠 직물은 천하를 덮을 정도였고 여러 가지 도구도 가지고 있었으며 고기, 소금, 동, 철을 자급자족할 수 있었다. 지리적으로 볼 때, 북쪽의 한중에서는 진秦을 살필 수 있었고 동쪽에는 장강이 있어 형주荊州와 양주揚州를 위협할 수 있었다. 이응은 이렇게 하늘로부터 혜택받은 땅에서 황제로 칭한다면 멀리 있는 자들도 귀의해올 것이라고 설득했다. 그러나 공손술은 그의 말을 믿지 못하고 의심했다.

"무릇 제왕이라면 하늘로부터 명을 받아야 하는데, 나에게 어찌 그런 자격이 있단 말이냐?"

이웅은 공손술의 의심을 없애기 위해 경전을 인용하여 말했다.

"『시경詩經』에서 천명은 무상無常하다고 했고, 『역경易經』에서는 백성과 능력에 달렸다고 하였습니다. 이처럼 능력이 된다면 제왕으로 칭할 수 있는데 대왕께서는 뭘 그리 망설이십니까?"

이웅의 말에 영향을 받은 탓인지 공손술은 얼마 뒤 꿈속에서 누군가에게 '팔사(八厶: 합치면 공公자가 됨)의 자손이, 12년간 하게 될 것이다'란 말을 듣게 된다. 즉, 그가 12년간 제위에 오를 수 있다는 뜻이었다. 공손술은 잠에서 깨어나 부인에게 물었다.

"부귀해지기는 하나 제위 기간이 너무 짧아 아쉬운데 어떡하면 좋겠소?"

그의 아내는 낙관적으로 생각하며 남편에게 충고하였다.

"공자님께서 아침에 도를 들으면 저녁에 죽어도 좋다고 말씀하셨는데, 12년이면 어떻습니까?"

당시 그의 집에서는 이상한 일이 일어났다. 대전(임금이 거처하는 궁전)에 있는 날아오르는 용이 밤에 빛을 내는 것이었다. 공손술은 천자가 되라는 하늘이 내린 길조라고 여겼다. 그리고 하늘의 뜻을 어길 수 없다고 생각하여 스스로를 황제로 칭하기로 결심했다. 자신이 제왕감이라는 증거가 부족하다고 느꼈는지 그는 인위적으로 조화를 부렸다. 그는 손에 '공손제公孫帝'라는 세 글자를 새겼다.

유수가 제위에 오르자, 얼마 뒤 공손술도 그를 따라서 성도에서 천자로 칭하며 국호를 '성가成家'라고 하였다. 그리고 이웅을 대사도로, 두 동생을 대사공, 대사마로 봉하고 문무백관을 거느렸다. 그 다음 촉의 관문 요새에 장수를 보내 굳게 지키도록 명했다. 당시 유수는 동쪽에서 전쟁을 하느라 서쪽을 돌볼 겨를이 없었고 익주의 대부분은 공손술의 수중에 있었다. 그렇기 때문에 지방 군벌이나 세력이 약해 자립할 수 없는 자 또는 유수에게 격파당한 자들이 공손술에게 하나둘 의탁해왔다. 그는 이렇게 귀의해온 연잠延岑, 전융田戎에게 중책을 맡겼는데, 나중에 그들은 공손술 수하의 뛰어난 장수가 되었다.

건무 원년(25년), 공손술은 북쪽 세력을 군건하게 하기 위해 삼보 지역에 장수 이육과 여유를 주둔시켰다. 그러나 건무 3년, 그들은 유수의 정서征西장군 풍이에게 격파당하고 한중으로 퇴각하였다. 건무 6년, 공손술은 전융과 임만任滿을 동쪽의 강관江關으로 보내 형주의 군郡을 공격해 탈취하고자 했으나 실패하였다. 그는 동전銅錢을 철전鐵錢으로 바꾸는 화폐 개혁을 실시하였는데 그 역시 실패로 끝났다.

당시 '오수五銖가 황소, 하얀 배를 되찾는다'라는 노래가 백성들 사이에 퍼져 있었다. 왕망의 정부는 황색을, 공손술은 흰색을 숭상했다. 오수전五銖錢은 한 무제가 추진한 화폐였다. 이것은 공손술이 반드시 패하고 천하가 한나라 정통 유 씨에게 돌아간다는 예언이나 다름없었다. 그러나 공손술은 그에 대한 자기 나름대로의 주장이 있었다. 그는 먼저 공자의 『춘추春秋』에 나온 '12공이 되면 끊어진다'는 구절을 언급하며, 전한의 고조부터 평제平帝까지 12명의 황제(그는 수를 맞추기 위해 여후呂后까지 끌어들였다)를 배출했으니 유 씨 천하는 이미 끝났고, 왕조가 바뀔 때가 되었다고 설명했다. 또한 '하도河圖'에서는 '창제昌帝를 폐하고 공손을 세운다'고 했고, 또 '서쪽의 태수가 묘금(卯金, 유劉 씨)을 밀어제친다'는 말도 있으니, 공손 씨가 유 씨를 제압한다는 뜻이 아니냐고도 하였다. 게다가 하늘이 자신의 손에 새겨준 흔적도 그 증거라고 주장했다. 공손술은 후한의 군신들에게 이 사실을 알리기 위해 여러 차례 후한 조정에 편지를 보내 자세히 설명하였다. 유수는 백성들이 공손술에게 흔들릴 것을 근심하여 그의 말에 일일이 반박하는 답장을 보냈다.

"도참에서 말하는 공손은 한나라 선제(창읍왕昌邑王 유하劉賀가 폐위된 후 무제의 증손인 선제가 제위에 올랐다)를 일컫는 것이지 공손술이 아니다. 한나라를 대신할 자는 길에서 높은 곳에 있는 자인데 그대가 과연 그러한가? 그대가 왕망을 따라서 사람들을 현혹하기 위해 손에 글자를 새긴 것을 누가 모르겠는가! 그대가 난신적자(亂臣賊子: 나라를 어지럽히는 불충한 무리)가 아니다. 천하가 혼란하면 누구나 왕이나 황제로 칭하고 싶은 법이니 그 일은 용서할 수 있다. 그대는 이미 연로한데다 어린 처자식까지 있다. 짐에게 속히 항복한다면 무사할 수 있을 것이다. 제위는 힘으로 강탈할 수 있는 것이 아니니 심사숙고하길 바란다."

그러나 공손술은 유수의 말을 무시하였다.

그 이듬해, 북서쪽의 외효는 더 이상 유수에게 댈 핑곗거리가 없자 스스로 공손술의 신하로 칭했다. 공손술의 수하 형한荆邯은 유수가 동쪽을 거의 평정했다는 소식을 듣고 곧 서쪽으로 몰려올 것을 예감하며 공손술에게 진언을 올렸다.

"역대 제왕들은 군사軍事를 포기하지 않았습니다. 한 고조는 수많은 전쟁을 한 끝에 대업을 이루었습니다. 외효는 옹주雍州에서 강한 군대를 거느리고 백성들을 맞이하였으나, 갱시제가 혼란한 틈에도 출병하여 중원을 다투지 않고 변두리에 머무는 것으로 만족하였습니다. 그렇기 때문에 유수가 안심하고 동쪽의 적수들을 상대하여 천하의 4분의 3을 얻을 수 있었지요. 지금 농서 지역 사람들이 한나라를 그리워하고 있으며, 외효의 부하들이 그를 배반하며 하나둘 유수에게 투항하고 있으니, 그는 곧 천하의 5분의 4를 얻게 될 것입니다. 만약 유수가 외효를 공격한다면 분명 이길 테고, 그러면 유수는 천하의 9분의 8을 얻을 것입니다. 그렇다면 대세는 정해진 것입니다. 신의 생각을 밝히자면, 천하가 아직 평정되지 않은 지금 한중에 군사를 보내 삼보 지역을 평정한다면 외효의 근거지를 우리가 가질 수 있을 것입니다. 그래야 유수와 대항할 수 있사옵니다."

공손술은 신하들에게 의견을 구했다. 그때 오주吳柱라는 자가 반박을 했다.

"옛날 무왕이 주왕紂王을 토벌하고자 했을 때, 먼저 병사를 보내 맹진孟津 지역을 관찰하고 8백 명의 제후가 모인 뒤 1천 명을 기다린 후에야 출병했습니다. 지금 호응하는 사람이 없는데 1천 리 밖까지 출병해 변경을 개척하다니, 저는 이런 이야기를 들어본 적이 없습니다."

형한은 그의 말을 듣고 호통을 쳤다.

"지금 유수가 사방에서 정벌을 하며 가는 곳곳마다 승승장구하고 있습니다. 만약 유수가 다른 곳에 힘을 기울이고 있는 기회를 틈타 그와 천하를 다투지 않는다면 결국은 변두리에 묶여서 죽기만을 기다려야 할 것입니다."

형한의 말에 마음이 움직인 공손술은 한중에 대군을 파병하기로 하였다. 그런데 촉 사람들과 그의 동생은 군사를 일으켜 1천 리 밖까지 원정을 가는 것이 너무 위험한 일이라며 강력하게 반대를 하고 나섰다. 그러자 결국 공손술은 계획을 취소하였다. 연잠과 전융이 여러 차례 설득했지만 그의 마음을 돌리지 못하고 오히려 의심만 샀다.

공손술은 본래부터 엄하게 다스려 자주 사형을 내렸고, 사소한 일을 끝까지 추궁하고 전체를 내다볼 줄 몰랐다. 또한 군현의 관명을 바꾸는 데만 몰두했다. 공손술은 전에 관리로 일한 적이 있어서 한나라의 예의제도에 대해서도 잘 알고 있었다. 그는 몸소 격식을 실천함으로써, 궁정을 출입할 때 천자의 예의를 모두 갖추도록 하였고 위풍을 과시하는 일에 공을 들였다. 또한 두 아들을 왕으로 삼아 봉토를 봉하고 식읍食邑을 내렸다. 대신들은 이에 대해 불만이 많았다. 천하의 승패가 아직 결정되지도 않은 상황이라 군대는 먼 곳에서 고전하고 있는데, 공손술은 봉작과 상을 내리는 일에만 몰두하니 안목이 짧고 속이 없어 보였던 것이다. 결국 군의 사기가 저하될 수밖에 없었다. 여기에 공손술은 고집까지 셌다. 그는 대신들의 의견을 무시한 채 공손 씨의 종실들을 대거 기용하여 대신들에게 원망을 샀다.

건무 8년(32년), 유수가 외효를 공격하였다. 공손술이 구원병을 보내왔지만 결국은 패배하였고 외효의 군대는 전멸했다. 그 소식이 전해지자 촉 사람들은 매우 놀라며 두려움에 떨었다. 공손술은 민심을 안정시키기 위해 기책을 썼다. 성도 외곽에는 진秦나라 때의 곡식창고가 있었는데 사용하지 않아서 버려진 지 오래였다. 공손술은 사람을 시켜 곡식창고에 갑자기 곡식이 산처럼 쌓였다고 소문을 퍼뜨렸다. 백성들은 기이한 일이라며 앞다투어 창고를 찾아갔다. 자신의 예상대로 일이 진행되자 공손술은 신하들에게 물었다.

"그래서 곡식창고에 정말 곡식이 있더냐?"

신하들은 모두 없었다고 답했다. 그러자 공손술이 다시 입을 열었다.

"이처럼 소문은 모두 믿을 것이 못 된다. 외효의 병사가 패배했던 단 소문도 이와 같은 것으로 전부 터무니없는 말에 불과하다."

이렇게 공손술은 외효가 패했다는 소문을 잠재우면서 조용히 외효의 패잔병들을 받아들였다.

건무 11년(35년), 유수의 장수 정남征南장군 잠팽은 촉 토벌에 나섰다. 그는 강관에서 공손술의 장수 임만이 이끄는 군대를 대파하였다. 유수는 공손술에게 조서를 보내 이해득실을 따져가며 속히 투항할 것을 권유했다. 공손술은 유수의 대군을 이기기 어렵다는 사실을 깨닫고 조서를 대신 장륭張隆에게 보여줬다. 장륭을 비롯한 대신들은 공손술에게 시류에 순응하여 유수에게 투항할 것을 권했다.

공손술은 대신들의 말을 듣고 탄식했다.

"흥망성쇠는 모두 운명이 결정하거늘, 어찌 투항한 천자가 있을 수 있겠느냐?"

처량하고 쓸쓸하게 들리는 이 말은 동진東晉 때의 효무제孝武帝가 혜성을 보고 술잔을 들며 했던 한탄과 비슷하다.

"혜성아, 술 한 잔을 들어라! 어찌 영원한 천자가 있겠는가!"

공손술은 자기 손에 새겨진 글자가 하늘이 아닌 자신이 새겼다는 사실을 까맣게 잊고 자신이 진짜로 천명을 받은 천자라고 여기는 듯했다. 수하들은 더 이상 감히 투항을 권할 수가 없었다. 그들은 아마도 대사를 이루는 자는 사소한 일에 얽매이지 않는다고 여겼을지도 모른다. 장수 환안環安이 후한의 장수 내흡을 찔러 죽인 뒤, 공손술은 사람을 보내 잠팽을 암살하였다. 그것은 기적과도 같은 일이었다.

적장을 암살했다고 해도 후한 군대의 공격은 막을 수가 없었다. 건무 12년(36년), 대사마 오한은 공손회가 지휘하는 군대를 대파하였다. 그 후로 공손술이 패망할 조짐이 보이기 시작하자 장수들은 두려움에 떨며, 반란을 일으키거나 도망가는 일이 계속 일어났다. 공손술은 반란자의 일가를 모두 참살하는 등 엄하게 다루었으나, 그런 일은 끊이지 않고 생겼다. 유수는 공손술의 항복을 받아내기 위해 다시 조서를 내려 내흡과 잠팽을 죽인 일은 걱정하지 말고 즉각 투항한다면 온가족을 살려주겠다고 밝혔다. 유수는 이러한 말로 공손술을 안심시키고 조서 후반부에는 '짐은 식언하지 않는다'고 맹세까지 하였다. 그러나 공손술은 결코 투항할 뜻이 없었다. 얼마 뒤 오한은 다시 촉의 군대를 대파하였고 공손술은 성도성에 포위되었다. 공손술은 연잠에게 어떻게 해야 할지를 물었다. 연잠은 이렇게 대답했다.

"사내대장부가 죽을 고비를 만났으면 살 길을 모색해야지, 어찌 앉아서 죽음만을 기다리십니까? 재물은 다시 모을 수 있으니 아까울 게 없지요."

공손술은 재물을 풀어 결사대 5천여 명을 모은 뒤, 성 꼭대기에서 북을 두드리게 하여 허장성세를 부리며 적에게 도전하였다. 동시에 결사대에게 후한 군대의 후방을 습격하도록 명하였다. 독안에 든 쥐를 기다리며 경계심을 풀고 있던 후한 군대는 갑작스러운 후방 공격을 막아내지 못하고 혼란에 휩싸였다. 혼전 속에서 당황한 오한은 물에 빠져 말의 꼬리를 잡고 겨우 목숨을 부지하기도 했다. 그렇다고는 하나 공손술의 세력이 워낙 약했기 때문에 후한 군대에 큰 타격을 입히지는 못했고 후한 군대는 다시 성도를 포위했다. 이때 공손술이 점을 쳐서 하늘의 뜻을 살펴보니 매우 길하다는 점괘가 나오고 그와 함께 '포로를 성 아래에서 죽이라'는 지시가 나오자 공손술은 매우 기뻐했다. 그는 '포로'라면 당연히 후한 군사를 가리킨다고 여겼으므로, 연잠과 병사를 나누어 후한 군대를 공격했다.

연잠은 3전 3승을 거뒀고, 공손술은 아침부터 정오까지 격전을 벌였는데 밥도 제대로 먹지 못한 그의 병사들은 점점 지쳐갔다. 그 사이 오한은 신예부대를 조직하여 촉의 군대에 맹공격을 퍼부어 촉의 병사들을 혼란에 빠뜨렸다.

공손술은 자상을 입고 말에서 떨어져 수하의 손에 이끌려 가까스로 성안으로 들어갔다. 공손술은 자신이 치명적인 중상을 입었다는 사실을 깨닫고 연잠에게 전쟁을 맡기고는 그날 밤 세상을 떠났다.

연잠은 더 이상 전쟁할 힘이 없어 다음 날 아침 후한에 투항했다. 오한은 성도에 입성한 뒤 공손술과 연잠의 가족들을 모두 주살하고 병사들이 성에서 도륙을 저질러도 방임했다. 그가 그렇게 한 까닭은 억울하게 죽은 두 전우(내흡과 잠팽)의 복수를 하고 자신이 당한 치욕을 씻기 위함이었다. 공손술이 죽은 뒤 성은 피로 물들고 불타올랐다.

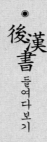

촉에는 백제성白帝城이 있다. 삼협三峽 구당瞿塘 협곡 입구와 이어지는 장강의 북쪽은 삼면이 물로 둘러싸여 있고 높은 협곡에 맞닿아 있다. 즉, 높은 곳에서 장강을 내려다보는 형세를 이루고 있어 굉장히 웅장한 모습을 하고 있다.

촉한의 군주 유비가 임종 전에 '백제성에서 자식을 부탁하는' 유조를 남기고, 이백李白이 '아침에 백제성의 오색 구름 사이를 떠나네'라는 명구를 남기면서 백제성은 천하에 이름을 떨쳤다.

백제성이란 이름은 공손술로부터 유래하였다.

백제성

공손술

공손술이 촉에서 왕으로 칭한 뒤 백제성에 있는 한 우물에서 하얀
연기가 피어오르는 것을 보았는데, 그 모양이 마치 하얀 용과 같았
다고 한다. 공손술은 자신이 천명을 받고 천자가 되어 대낮에도 날
아오를 징조라고 여기며 스스로를 '백제白帝'라고 칭하였다. 그리
하여 백제성이라 불리게 되었다.

◉주요 인물
  팽총

◉주변 인물
  오한, 주부, 경황, 등릉, 자밀

◉키워드
  원망하다, 반란을 일으키다, 포박당해 죽다

◉중대 사건
  어양 반란, 계성에서 왕으로 칭하다

◉고사
  요동지시, 불의후

◉이야기 출처
  『후한서』「왕유장이팽여王劉張李彭盧열전」

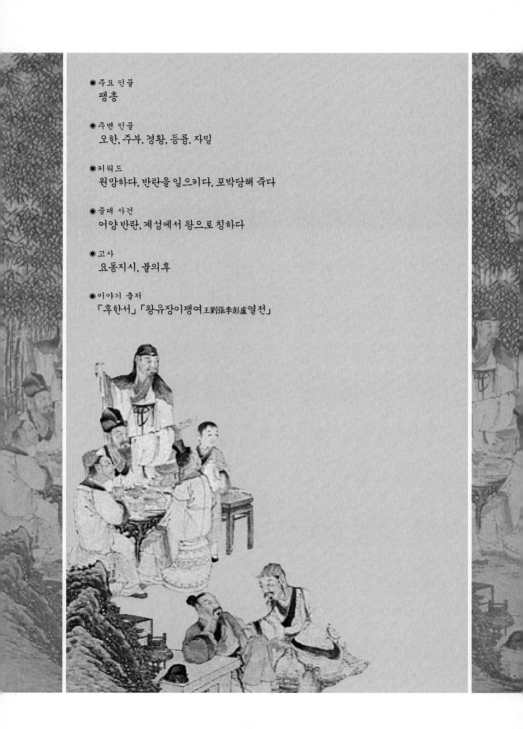

彭寵

팽총 : 모반을 꾀한 공신

전한과 후한을 비교할 때 다른 점이 아주 많지만 개국 공신의
운명은 더욱 확연하게 다르다. 전한 초기 유방은 의심이 많고
시기심이 강해 많은 장수들이 반란을 일으켰다. 전한의 한신,
영포, 팽월彭越 등이 그 예로 항복 후에는 가차 없이 죽임을 당
했다. 그에 반해 후한의 유수는 넓은 관용을 베풀었다. 후한 공
신은 '운대雲臺 이십팔장二十八將'이라 불릴 만큼 많았지만 대부
분 평안 무사하였다. 그러나 그들 중에는 팽총 같은 예외의 인
물도 있었다.

팽총(?~29년)은 자가 백통伯通으로 남양南陽 완지宛地 사람이
다. 그의 아버지 팽굉彭宏은 전한 애제哀帝 때 어양漁陽 태수를 지
냈다. 팽굉은 위용 있는 용모와 함께 엄청난 식성으로 아주

유명했는데, 왕망 정권이 이단자를 추출할 때 주살되었다. 팽총은 젊은 시절 군에서 관리를 지내다 왕망 정권 때에는 대사공 왕읍王邑의 군대에서 일했다. 기의를 일으킨 후한 군대와는 적수인 셈이었다. 팽총은 낙양에 도착한 후, 자신의 남동생이 후한 군영에 있다는 소식을 듣고 의심을 받아 주살될까봐 걱정이 많았다. 그래서 결국 동향 사람인 오한과 함께 어양으로 도망쳐 말직 관리가 되었다. 갱시제가 황제로 칭하고 사자 한홍韓鴻을 보내 북방을 순시하도록 명했을 때, 한홍이 계지薊地에 도착하여 팽총과 오한을 만나게 된다. 세 사람은 모두 남양 출신으로 타향에서 만나 즐겁게 이야기를 나눴는데 서로 뜻이 잘 맞았다. 팽총은 운이 좋게도 편장군偏將軍, 어양 태수에 올랐다.

　그 후 유수가 갱시제의 사자로 계지를 순시할 때는 팽총에게 조서를 내려 알현할 것을 청했다. 당시 하북 지역에서 황제로 칭한 왕랑은 팽총을 자신의 편으로 끌어들이고자 힘쓰고 있었다. 오한의 끈질긴 권유 끝에 팽총은 상곡군上谷郡 태수 경황耿況과 함께 유수에게 귀의하기로 결정하고, 수하 오한과 왕량王梁을 남쪽으로 보내 유수를 따르도록 하였다. 유수는 팽총을 건충후建忠侯로 봉하고 대장군大將軍의 관직을 내렸다. 유수가 왕랑을 공격할 때 팽총은 유수 군대의 식량 공급이 시종일관 끊이지 않도록 도왔다. 유수가 왕랑을 격파한 뒤 동마 농민군을 추격하다가 계지를 지나게 되자, 팽총은 나아가서 유수를 배알하였다. 팽총은 왕랑을 물리치는데 큰 도움을 주었으니 유수가 자신을 특별하게 여기고 후한 봉작을 상으로 내릴 것이라고 생각했다. 그러나 실망스럽게도 유수는 평소와 다름없이 팽총을 맞았는데 팽총은 그 일로 인해 몹시 화가 났다. 유수가 그 사실을 알고 유주목幽州牧 주부朱浮에게 자문을 구했다. 주부는 이렇게 답했다.

"오한이 병사를 일으켰을 때, 대왕께서는 지니고 다니던 검을 팽총에게 주었고 또 그를 '북도北道 주인'이라고 추켜올렸습니다. 팽총은 은총을 받았으니 대왕을 만나면 신임을 얻을 수 있을 것이라 여겼는데 뜻대로 되지 않아 매우 실망한 것입니다. 전에 왕망이 재상으로 있었을 때 견풍甄豊 역시 왕망에게 극진한 대접을 받으며 밤낮을 가리지 않고 계책을 모의하였습니다. 그래서 당시 사람들은 그를 '야반객夜半客 견장백甄長伯'이라고 불렀습니다. 그러나 왕망이 제위를 찬탈한 후 견풍은 불평만을 계속하다 결국엔 주살되었습니다."

그의 말은 팽총이 또 다른 견풍이란 뜻이었다. 유수는 그렇지 않다고 말을 하면서 크게 웃었지만 속으로는 그렇게 여겼을지도 모른다. 유수가 황제로 칭한 뒤, 팽총, 오한, 왕량은 똑같은 작위를 받고 삼공三公에 올랐다. 팽총은 예전에 자신의 부하였던 오한과 왕량이 자신과 동등한 지위에 오르자 불공평하다고 여겼다. 그는 자신의 뜻대로 되지 않는 것을 울적해하며 탄식하였다.

"공로에 따라 상을 내린다면 내가 왕이 되고도 남는데 작위가 이것에 불과하다니. 황제께서 혹시나 나를 잊으셨나?"

전쟁이 끝난 뒤 북방의 각 군현은 매우 피폐해졌지만 어양군만
은 온전했다. 팽총은 염철鹽鐵을 팔고 지조를 모으며 열심히 군을
다스렸다. 그 결과 어양군은 나날이 부강해졌다. 주부는 유수의 면
전에서 여러 차례 팽총의 험담을 하며 그가 용병을 모으고 반역을
꾀하고 있다고 고했다.

팽총은 주부와 오래전부터 갈등 관계에 있었다. 주부는 원래 유
수 군대에서 대사마의 주부主簿를 맡고 있다가 왕랑을 멸한 뒤에는
대장군, 유주목으로 계성薊城에 있었다. 주부는 어릴 적부터 남다
른 뜻을 품고 사람들의 마음을 매수하고 왕망 정권 때의 고관들을
자신의 수하로 끌어들이기도 하고, 각 군 관아의 양식을 그 가족들
을 부양하는데 아낌없이 쓰기도 했다. 당시 어양 태수였던 팽총은
천하가 아직 혼란하여 전쟁이 빈번하게 일어나므로 많은 속리를
거느리며 군수물자를 낭비하면 안 된다고 생각했다. 결국 팽총은
주부의 명을 어기고 양식 보내기를 거절했다. 주부는 원래 고집이
센 자로 팽총이 공공연히 자신의 명을 어기자 맹렬하게 질타하였
다. 팽총 역시 만만한 상대가 아니라 성격이 강하고 모질어서 높은
전공을 자부하며 주부의 체면을 봐주지 않았다. 이 일로 인해 주부
는 여러 차례 유수에게 '팽총이 호색한에다 불효자여서 사람을 보
내 아내만 데려오고 집안의 노모를 잊었으며, 뇌물을 받고 친구를
해친 일도 있다'고 고하기도 하였고, 게다가 이제는 병마를 모으고

군량과 재물을 쌓아두고 있으니 무슨 속셈인지 알 수 없다고 덧붙였다.

유수 역시 전부터 팽총에게 맺힌 응어리가 있었다. 주부의 말을 듣고 더욱 의심이 커진 유수는 팽총에게 조서를 보내 알현할 것을 요청했다. 팽총은 주부가 중간에서 농간을 부린 사실을 알고 상소를 올려 주부와 함께 황성으로 가서 대질하게 해달라고 부탁했다. 또한 주부가 자신을 억울하게 모함하고 있으니 같이 가서 유수를 설득해달라고 오한과 개연蓋延에게 편지를 보냈다. 그러나 유수에게 거절당하자 팽총은 더욱 놀랐다. 팽총의 아내 역시 강직한 성품을 가진 여성으로 억울한 일을 당하고는 참지 못했다. 그래서 팽총에게 유수의 부름에 응하지 말라고 했으며, 팽총은 측근들과 상의를 한 끝에 황궁으로 가지 않기로 결정했다. 그 수하의 장수들 역시 주부에게 불만이 있던 자들이었기 때문이다. 유수는 팽총이 입궁하지 않자 팽총의 사촌 동생 자후란경子后蘭卿을 보내 설득하도록 명했다. 이미 마음을 굳힌 팽총은 사촌 동생을 구금하고 반란을 일으켰다. 어양에서는 팽총에서부터 당나라 때 안록산安祿山까지 반란의 북소리가 끊이지 않았다. 이후 어양은 대표적인 반란지가 되었다.

건무 2년(26년), 팽총은 정예병 2만 명을 거느리고 계성의 주부를 공격했다. 주부는 팽총에게 편지를 보냈다. 그가 보낸 편지의 내용은 논리적이고 엄숙하게 팽총을 질책하여 수치심을 느껴 퇴각하게 만드는 것이 아니었다. 그는 팽총이 용두사미로 중간에 포기한다면 안타깝게도 반란을 일으켰으니 묻힐 땅조차 없을 것이라고 부추겼는데, 죽은 사람도 관을 박차고 일어날 정도로 박정한 표현을 써 보냈다. 그 편지에는 팽총이 안으로는 교만한 아녀자의 계책을 따르고 밖으로는 사악한 험담을 믿으면서, 조정의 은혜와 의리를 저버리고 공을 믿고 반란을 일으키니 '살아서는 남들의 비웃음을 사고 죽어서는 어리석은 귀신이 될 것'이라는 질책의 내용이 있었다.

또한 기발한 예까지 인용하기도 하였다. 옛날 요동遼東에 한 사람이 살고 있었다. 어느 날 그의 집돼지가 머리만 하얀 돼지 새끼를 낳게 되었는데, 그 지역에서 그런 돼지는 매우 보기 드물었다. 그래서 그는 그 돼지새끼를 진귀한 보물로 여기고 황제에게 바치고자 하였다. 그는 돼지를 가지고 하동 일대까지 도착했다. 그런데 알고 보니 그곳 돼지는 모두 머리가 하얀색이었다. 결국 그는 매우 실망하며 고향으로 돌아갔다. 즉, 팽총은 자신의 공이 매우 대단한 줄 아는데, 그런 생각은 돼지를 바치고자 했던 요동 사람과 다를 바 없다는 뜻이었다. 팽총은 주부가 자신의 공로를 요동의 돼지 한 마리에 비유하자 더욱 화가 났다.

분노에 찬 팽총은 주부에게 맹렬한 공격을 퍼부었다. 그는 반란 세력을 더 키우기 위해 상곡군 태수 경황에게 사자를 보내 반란에 가담할 것을 제안했다. 애초에 경황에게 함께 유수에게 의탁하자

114

고 제안한 사람이 팽총이었고, 경황 역시 고생하여 큰 공을 세웠으나 상은 보잘것없었으므로, 팽총 자신의 심정으로 미루어볼 때 경황 또한 억울함을 품고 있을 것이라고 짐작했다. 그래서 자신의 제안을 흔쾌히 받아들이고 합심하여 유수에 맞설 것이라고 여겼다. 그러나 경황은 그가 보낸 사자를 죽여 모반에 동조하지 않겠다는 뜻을 밝히고 군주에 대한 충심을 보였다.

팽총의 포위 공격으로 계지가 위급한 상황에 처하자 주부는 조정에 구원을 요청했다. 주부는 계지 북쪽이 전략가들이 탐내는 군사적 요충지인데 소요가 일어났으니 유수가 친정을 나올 것이라고 생각했다. 하지만 유수는 유격遊擊장군 등륭鄧隆을 구원병으로 보냈다. 주부는 매우 실망을 하며 유수에게 서신을 보냈다.

"춘추시대 초楚나라와 송宋나라가 모두 제후국이었을 때, 송나라가 초나라의 사자를 억류하자 초나라 왕은 병사를 일으켜 송나라를 공격했었습니다. 그런데 지금 팽총이 반란을 일으켰습니다. 저는 폐하께서 다른 일들을 제쳐두고 하루 속히 소탕하러 오실 줄 알았는데, 오래 기다려보아도 감감무소식이며, 성이 포위되었는데도 구하지 않고 반역도를 그냥 놔두고 토벌하지 않으니 실로 곤혹스럽습니다. 옛날 한 고조께서는 성명하고 늠름하시어 천하를 통일하고도 직접 정벌에 나가셨거늘, 폐하께서는 천하가 아직 평정되지 않았는데도 안일하게 안주하시니 정말 마음을 놓을 수가 없습니다. 폐하께서 하루 속히 구해주시기 바랍니다."

유수는 주부에게 답장을 보냈다.

"전에 적미군이 낙양을 점거하였을 때 그들이 양식이 다하면 분명 동쪽으로 돌아갈 것을 예상하고 짐은 수주대토守株待兎하여 후일 투항을 받아내었다. 팽총이 반란을 일으켰으나 분명 오래 가지 못할 것이다. 때가 되면 분명히 내분을 일으켜 서로 죽이고 죽을 것이다. 지금 군수품이 부족하기 때문에 보리를 수확한 뒤에야 출병할 수 있다."

즉, 기다렸다 어부지리를 얻으라는 뜻이었다. 등륭은 구원군을 주둔시키고 준비를 마친 뒤 사자를 보내 유수에게 상황을 보고하였는데 유수는 그의 주접을 읽은 뒤 대노하였다.

"등륭과 주부 군대의 거리가 1백여 리에 달하니 변란이 있을 경우 어찌 서로 도울 수 있겠는가? 자네가 돌아갔을 때에는 분명 패배하였을 것이다."

신통하게도 유수는 천자로서의 선견지명을 가지고 있었다. 팽총은 대군을 보내서 등륭과 정면 대치시킨 뒤 암암리에 3천 명의 경기병을 보내 후방을 습격하였다. 결국 등륭의 군대는 대패하였다. 주부가 멀리 있었기 때문에 제때 구원병을 보낼 수가 없었다. 주부가 할 수 있는 일은 병사를 이끌고 퇴각해 계성을 지키는 것뿐이었다.

이듬해 봄, 팽총은 흉노에 미인과 채색 명주를 보내 화친을 맺었다. 그러자 흉노의 선우(單于: 흉노의 우두머리를 가리킴)는 기병 8천

명을 보내 도와주었다. 팽총은 산동에 할거하고 있는 장보張步와 인질을 교환하고 연횡을 맺은 뒤 병사를 일으켜 계성을 공격했다. 계성 안의 양식이 떨어져 인육을 먹는 지경에 이르자 결국 팽총에게 함락되었다. 주부는 다행히 경황이 보낸 병사들의 도움으로 성을 빠져나갈 수 있었다. 주부는 도망치는 길에 처자식이 짐이 되자 그들을 없애버리고 자신의 목숨을 구했다. 주부가 낙양에 도착하자 상서령 후패侯覇는 유수에게 상주문을 올렸다.

"주부가 유주를 혼란하게 만들어 팽총이 모반을 꾀하는 화근이 되었습니다. 주부는 성을 함락당하고도 죽음으로 충성을 다하지 않았으니 포박하여 주살해야 마땅합니다."

그러나 유수는 그를 죽이는 대신 관직을 옮기는 것으로 일을 마무리하였다. 후일 명제 때에 이르러 주부는 전횡을 일삼고 오만방자하게 굴다 강등되었고 결국은 자진하라는 명을 받고 죽었다.

팽총은 계성을 함락시킨 뒤 스스로를 연왕燕王으로 칭하고 유수에게 대항했다. 반란을 일으키기 전부터 마음이 편치 않았던 그는 반란을 일으킨 뒤에도 안정을 찾지 못했다. 반란을 일으키라고 적극적으로 거들었던 팽총의 부인도 연일 악몽에 시달렸고, 그의 집에서는 괴상한 일이 끊이지 않았다. 결국 팽총은 점쟁이를 불러 길흉을 점쳤는데, 군대 내에 살기가 있어 곧 내란이 발생할 것이란 결과가 나왔다. 당시 자후란경은 팽총의 군대에 인질로 있었다. 그는 순간 자후란경을 의심하며 내부 반란을 일으키지 못하도록 막

기 위해 외부로 보내버렸다. 그 후 한동안 유수는 다른 전쟁으로
바빠서 북쪽을 돌볼 겨를이 없었고, 팽총은 왕으로 칭할 뿐 제위에
오르지 않고 한 지역에 안거하여 서로 별일이 없이 지냈다.

건무 5년(29년), 팽총은 재계齋戒하기 위해 혼자 방을 썼다. 그의
하인 자밀子密 등 세 사람은 잠이 든 팽총을 침대에 묶고 집안에 있
는 병사에게 말했다.

"대왕께서 잠드셨으니 가서 쉬십시오."

그리고 팽총의 명령을 가장하여 집안의 노비를 하나씩 불러 포
박했다. 마지막에는 팽총의 처자식을 불렀다. 팽총의 처는 묶여 있
는 팽총을 보자, 큰 소리로 살려달라고 외쳤지만 아무런 대답을 들
을 수가 없었다. 팽총은 목숨을 건지기 위해 부인에게 자밀 일행이
시키는 대로 따르라고 명했다. 자밀은 패거리 하나와 함께 재물을
빼앗기 위해 팽총의 부인을 데리고 갔다. 팽총은 자신을 지키고 있
던 사람에게 말했다.

"나는 줄곧 자네를 좋게 보아왔다네. 자네가 자밀에게 협박을
당해서 이런다는 것을 알고 있으니 나를 풀어주기만 한다면 자네
를 내 여식과 맺어주겠네. 그럼 집안의 재산은 전부 자네 차지야."

하인은 그 말에 마음이 동해 팽총을 풀어주려고 했지만, 자밀이
창밖에서 그 이야기를 듣고 있는 것을 보고 감히 그럴 수가 없었
다. 결국 팽총은 살 수 있는 마지막 기회를 놓치고 말았다. 자밀은
재물을 얻은 뒤 팽총의 아내에게 마대 두 개를 만들라고 시켰다.

그리고 한밤중이 되자 팽총에게 하달문을 쓰게 하였다.

"자밀을 자호란경에게 보내 공무를 처리해야 하니 막아서는 안된다."

팽총은 목숨을 건져보고자 자밀의 말에 따랐다. 그것이 스스로 자기 무덤을 파는 일이라고는 상상도 하지 못했다. 하달문을 건네 받은 자밀은 팽총 부부의 목을 잘라가지고 유수에게로 가서 공을 치하해달라고 요청했다. 유수는 배신자 자밀을 어떻게 처리해야 할지 고민에 빠졌다. 그에게 상을 내린다면 배신을 고무하는 꼴이 되었다. 그렇다고 그를 처단한다면 누가 악행을 뉘우치고 개과천선하겠는가? 결국 유수는 절충안을 생각해냈다. 자밀을 '불의후不義侯'로 봉하고 팽총의 일족은 멸하였다.

팽총은 굉장한 기세로 기병하였지만 보잘것없는 죽음을 맞고 말았다. 바람처럼 왔다가 먼지처럼 사라졌다는 표현이 반역자의 말로를 가리키는 것일지도 모르겠다.

後漢書 들여다보기

계지에서는 전국시대 연燕나라 태자 단丹이 형가荊軻를 보내 진시황을 살해하도록 시킨 후부터 반항과 반란의 전통이 생겼다. 후한시대 팽총의 반란 말고도 대규모의 반란이 세 차례나 일어났었다. 한 고조 12년(기원전 195년), 연왕燕王 노관盧綰과 산서성 대代의 진희陳豨가 함께 반란을 일으켰으나 장수 번쾌樊噲에게 격파당했다. 그 후 전한 소제昭帝 원봉元鳳 원년(기원전 80년), 대사마 겸 대장군인 곽광霍光이 정치를 보좌하고 있었는데, 연왕 유단劉旦이 장공주, 좌장군 상관걸上官桀, 어사대부 상홍양桑弘羊과 결탁하여 소제를 폐하고 제위에 오를 음모를 꾸몄다. 그러나 거사는 실패했고 유단은

곽광

자살하였다. 그리고 마지막으로 역사적으로 유명한 당唐나라 현종
玄宗 천보天寶 14년(755년)에 일어난 '안사安史의 난'이 있다. 당나
라 조정은 장수 곽자의郭子儀, 이광필李光弼을 보내 반란을 평정했
다. 안록산의 아들 안경서安慶緒가 아버지를 죽이고, 사사명史思明
이 안경서를 없앴다. 그 뒤 사사명의 아들 사조의史朝義가 자신의
아버지를 죽이고 자살하였다.

번쾌

◉ 주요 인물
마원

◉ 주변 인물
외효, 유수, 양송, 경서

◉ 키워드
큰 뜻을 안타까워하다, 재능이 뛰어나다, 재물을 가볍게 보고 의를 중시하다

◉ 중대 사건
후한에 사절로 가다, 남쪽 교지를 정벌하다, 구진을 토벌하다

◉ 고사
정중지와, 마혁과시, 화호유구, 각곡유목, 노익장

◉ 이야기 출처
『후한서』「왕유장이팽여王劉張李彭盧열전」

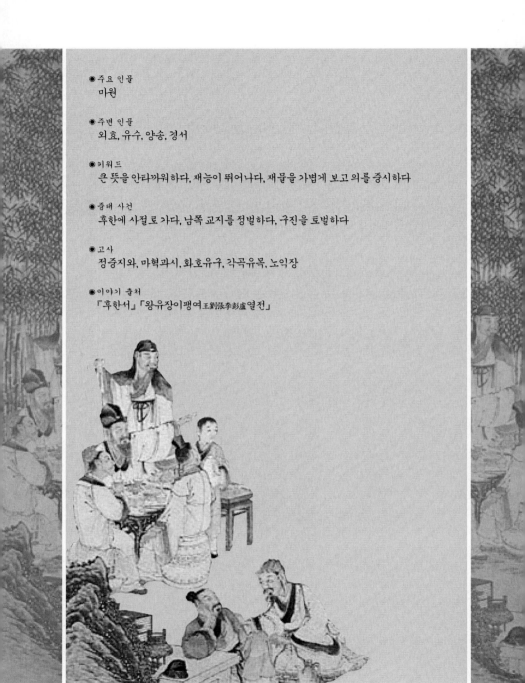

马援

마원 : 전쟁터에서 전사한 군인

대부분의 대장부가 전쟁터에 나가기 전 격앙되어 내뱉는 말 중에 전쟁터에서 전사한다는 뜻의 '마혁과시馬革裹屍'란 성어를 빼놓을 수 없다. 말은 그렇지만 실상은 전쟁에 참여했다 죽는 장수보다는 수년 뒤에 살아 돌아오는 사람들이 더 많다. 처음으로 '마혁과시'라고 외쳤던 마원馬援은 솔선수범하여 정말로 자신의 원대한 소원을 이뤘다.

마원(기원전 14~49년)은 자가 문연文淵으로 부풍 무릉(지금의 섬서성 흥평 북동쪽) 사람이다. 그의 조상을 살펴보자면, 멀리 전국戰國 시대에 탁상공론으로 유명한 조괄趙括의 아버지 조사趙奢까지 거슬러 올라갈 수 있다. 조괄이 아닌 그의 아버지 조사를 언급하는 이유는 한 시대의 명장에게 그렇게 못난 조상이 있었다는 사실이 안타깝기 때문이다. 조사의 호는 '마복군馬服君'으로 말을 부리는데 능수능란하다는 뜻에서 비롯되었다.

그의 후세들이 말을 중시하여 '말 마馬'자를 성으로 삼고 대대로 말과 관계를 맺으며 군사 일에 힘쓰며 살았다. 마원의 조부는 한 무제武帝 때 공을 세워 제후에 봉해졌으나, 그 형제가 강충江充과 태자를 주살하려는 음모에 가담하는 바람에 그 사건에 연루되어 주살되었다. 그 후 가문이 몰락했고 다시는 높은 지위에 오르는 인재가 나오지 않았다.

마원은 12세에 고아가 되었다. 어렸을 때부터 큰 뜻을 품었던 그는 재주를 지닌 형제들 가운데서도 가장 두각을 나타냈다. 마원은 『시경詩經』을 배웠지만 깊이 연구하지는 않았다. 집안에 재산도 충분하지 않아서 형에게 작별을 고하고 목동이 되기 위해 변경으로 갈 계획을 세웠다. 그의 계획을 듣고 큰형 마황馬況이 말했다.

"너는 대기만성형이니 많은 경험을 한 뒤에야 재목이 될 것이다. 그러니 네 마음대로 해라!"

그런데 공교롭게도 큰형 마황이 세상을 떠나는 바람에 마원은 형의 상을 치르느라 예정대로 떠날 수가 없었다. 그는 1년 동안 묘지를 떠나지 않고 형수를 공손하게 모시며, 모자도 쓰지 않고 시묘살이에만 힘썼다.

그 후 군에서 독우(督郵: 군수를 보좌하는 이속)가 된 마원은 선심을 베풀어 압송하던 범인을 풀어주고, 목동이 되려는 자신의 숙원을 이루기 위해 북방으로 도망쳤다. 마원은 말을 다루는데 천부적인 재능이 있었고 또 그곳에 살고 있던 빈객들까지 만나게 되었다. 그 덕분에 그의 방목 사업은 나날이 발전해 큰 성과를 거뒀다. 말과 가축이 수천 마리에 달했고 식량도 수만 섬에 이르렀다. 마원은 빈객들에게 종종 이런 말을 했다.

"사내대장부가 뜻을 세웠다면, 가난할수록 더욱 굳세어야 하고 늙어서는 기력이 더욱 왕성해야 합니다."

그리고 이런 말도 덧붙였다.

"재물과 재산이 귀하게 되려면 진휼을 베푸는 데 써야 합니다. 그렇지 않다면 기껏해야 재물의 노예에 지나지 않습니다."

마원은 집안의 자산을 형제와 친구들에게 다 나누어주고 자신은 전한 때의 소무蘇武처럼 양가죽 옷만 걸치고 다녔다.

왕망 말년, 마원은 한중에서 부름을 받고 말단 관직에 임명되었으나 왕망 정권이 망하면서 북서쪽으로 다시 돌아갔다. 그곳에서 마원은 북서쪽에 할거하고 있던 군벌 외효에게 신임을 얻어 수덕綏德장군에 올랐다. 그는 종종 외효와 책략을 모의하기도 했다.

남서쪽의 군벌 공손술이 성도에서 황제로 칭하자, 외효는 유수와 공손술 중에서 의탁할 상대를 골라야 했다. 그는 마원을 촉에 보내 그곳의 동정을 살피도록 하였다. 마원은 공손술과 같은 마을에 살던 사이좋은 이웃이었다. 그는 촉에 간 김에 정답게 담소를 나누며 회포를 풀 수 있겠다고 생각했다. 그러나 공손술은 겉치레를 좋아하여 매우 허세를 부렸다. 그는 마원에게 제왕의 권세를 과시하며 그를 대장군으로 봉해주겠다고 큰소리쳤다. 마원을 따라온 사람들은 공손술의 제안에 쉽게 현혹됐다. 그들이 촉에 남자고 권했지만 마원은 거절했다.

"아직 천하가 불안정하고 천하가 누구에게 돌아갈지도 모른다. 공손술은 패업을 이루기 위해 진심을 다해 사인을 받아들일 수 없는 자이다. 의관을 꾸미고 예의를 차리는 데만 치중하고 있으니 그 모습이 마치 꼭두각시와 같다. 그런데 어찌 인재들을 붙잡아둘 수 있겠는가?"

마원은 단호하게 거절하고 농서로 돌아갔다. 마원은 촉에서 돌아와 외효에게 보고했다.

"공손술이란 자는 우물 안 개구리[井中之蛙]에 불과합니다. 무턱대고 거만하게 구는 자와는 함께 일을 도모하기 어렵습니다. 유수와 결탁을 하는 것이 좋겠습니다."

건무 4년(28년), 외효는 마원을 낙양에 사자로 보냈다. 유수는 그를 접견하면서 웃으며 말했다.

"귀하가 두 황제 사이를 오갔군요. 오늘 보니 그대는 사람을 부끄럽게 만드는구려."

마원은 사죄를 한 뒤에 말했다.

"지금은 군주만이 신하를 택할 수 있는 것이 아니라 신하 또한 군주를 택할 수 있습니다. 저는 본래 공손술과 동향 사람입니다.

얼마 전 그를 보러 갔더니 완전 무장을 하고 저를 경계하였습니다. 헌데 폐하께서는 지금 어찌 경계를 늦추고 계십니까? 제가 자객이 아니란 걸 어찌 아십니까?"

유수는 큰 소리로 웃었다.

"그대는 자객이 아니라 세객에 불과하잖소."

마원은 그의 말을 듣고 탄복했다.

"천하에는 변고가 많이 있고 세상을 속여 명예를 도모하는 자도 부지기수입니다. 폐하야말로 진정한 천자이십니다."

유수는 매우 기뻐하며 특별히 태중대부太中大夫 내흡을 보내 마원을 전송하도록 하였다.

마원은 농서로 돌아온 뒤 유수가 영웅다운 기질을 지녀 아무도 대적할 자가 없으며 한 고조 유방도 그에 미치지 못할 것이라고 칭찬을 늘어놓았다. 외효는 그 말을 듣고 물론 기분이 좋지 않았지만 마원을 신임하고 장자를 후한에 인질로 보내기로 결정하였다. 마원은 후한으로 가는 길에 가족들을 데리고 갔다. 몇 달이 지나도 자신에게 아무런 임무도 내려지지 않자 마원은 유수에게 상림원 (上林苑: 천자의 동산)에서 둔전을 하게 해달라는 상소를 올렸다. 유수는 그의 요청을 허락했다.

얼마 뒤 외효는 후한 조정에 귀의할 것인지를 수하와 상의를 했지만 결정하지 못했다. 그러나 마원은 여러 번 상소를 올려 후한에 귀의할 것을 권했다. 마원이 자신을 배신하였다고 생각하던 외효는 그 상소를 보고 더욱 화가 치밀었다. 결국은 외효는 후한과 단교하고 공손술에게 귀의하였다. 마원은 외효에게 더 이상 가망이 없다고 판단하고 유수에게 외효를 공략할 수 있는 계책을 바쳤다. 또한 외효 수하의 장수 양광에게 후한에 투항하라고 설득하기도 했다.

건무 8년(32년), 유수는 친히 외효를 정벌하기 위해 나섰다. 장수들이 황제의 군대가 험난한 곳까지 들어가면 안 된다고 말리자 유수는 어떻게 할지 망설였다. 그때 마침 마원이 도착하자 유수는 매우 기뻐하며 그에게 자문을 구했다. 마원은 외효의 군대는 이미 와해되었을 테니 분명 파죽지세로 진군할 수 있을 것이라고 말했다. 또한 유수에게 쌀을 이용해 적의 산세와 지형을 설명했다. 그것이 이후 군영에서 사용되는 모래판의 시조가 되었다. 마원은 유수에게 지형을 그려 설명하며 진군하기에 적합하다고 결론 내렸다. 자신의 속마음에 그려왔던 것을 정확하게 분석하는 마원의 말을 들으니, 유수의 눈앞에 외효가 패배하는 모습이 선하였다. 다음 날 과연 마원의 말대로 되었다.

이듬해 마원은 태중대부 내흡을 도와 양주涼州를 지키게 되었다. 왕망 왕조 이후 양주는 줄곧 강족羌族의 침입을 받아왔다. 내흡은 유수에게 서쪽의 강족은 마원이 아니면 격퇴할 수 없다는 상소를 올렸다. 유수는 마원을 농서 태수로 임명하고 강족에 대항하도록 하였다. 이렇게 하여 마원은 본격적으로 군인으로서의 생애를 시작하게 되었다. 마원은 병사 3천 명을 이끌고 출병하였다. 그는 사명을 저버리지 않고 지혜와 힘을 총동원하여 추격과 맹공격을 벌인 끝에 대승을 거두고 돌아왔다. 마원이 전쟁터에서 다리에 화살을 맞자, 황제는 조서를 내려 위로하고 많은 상을 내렸다. 마원은 예전처럼 빈객들에게 상을 모두 나눠주었다.

당시 변경에 위치한 금성(金城: 지금의 감숙성甘肅省 난주蘭州)에서는 도적떼들이 극성을 부렸다. 조정에서는 그곳을 다스리기가 어려워지자 포기하려고 했다. 그러나 마원은 금성이 군사 요충지로 전략적으로 중요한 의미가 있다며 절대로 버려서는 안 된다고 주장했다. 유수는 마원의 생각에 동의하며 백성들을 이주시킨 뒤 뿌리내리고 살면서 방어에 철저히 힘쓰도록 하였다.

건무 13년(37년), 무도武都의 강족이 변방의 이민족과 결탁하여 반란을 일으켰다. 마원은 병사 4천 명을 이끌고 토벌하러 갔다. 강족은 높은 지대에 자리하고 있었고 마원은 산 아래에서 전쟁을 멈추고 그들을 포위한 채 수원水源을 강점하고 있었다. 결국 강족은 곤경에 빠졌다. 강족은 수십만 부하를 데리고 도망쳤고 1만여 명은 투항했다. 그리하여 농서 일대는 다시 평안을 되찾았다.

마원은 태수로 있는 동안 사람들에게 널리 은혜와 관용을 베풀었다. 그는 대략적인 정무 처리만 담당하였다. 그와 정사에 대해 논하고자 하면 항상 이런 말을 했다.

"정사는 아랫사람들 일인데 왜 나를 귀찮게 하는가! 외부 민족의 침입만이 태수의 일이다."

한 번은 이웃 현에서 원한으로 인한 사건이 발생하자 사람들은 공포에 떨면서 강족들이 반란을 일으켰다고 얘기했다. 그 일로 현령이 마원을 찾아와 구원병을 요청했다. 당시 술을 마시고 있던 마원은 그 소식을 듣고 큰 소리로 웃었다.

"강족이 어찌 감히 나를 건드리겠는가? 현령에게 그냥 돌아가라고 해라. 정말로 상황이 위급해질 때 침대 밑에 숨으면 괜찮을 것이라고 일러라."

나중에 소동이 평정되자 사람들은 그의 침착함과 태연함에 탄복하였다. 마원은 6년간 농서 태수로 있었다. 그 후에는 다시 낙양으로 가서 호분虎賁 중랑장中郎將에 올랐다.

마원은 낙양으로 돌아온 후 여러 차례 유수를 알현했다. 마원이 어린 시절 『시경』을 제대로 배우지 않았다고는 하나 천자의 물음에 대한 그의 대답은 모두 사리에 합당했다. 그는 병법에 대해서도 손금 보듯 훤히 꿰뚫고 있었다. 마원은 우람한 체격과 위용 있는 외모를 가지고 있었다. 고관대작들과 황자들이 앉아서 그의 이야기를 듣고 있노라면 침식을 잊을 정도였고, 유수 역시 그의 말에 연신 고개를 끄덕였다.

"마원의 병법은 내 뜻과 매우 부합한다."

어느 하나 도리에 맞지 않는 것이 없었다. 얼마 후 마원은 그의 조상처럼 탁상공론만 하는 사람이 아니란 것을 증명했다. 하남 사람 이광李廣이란 자가 귀신 이야기로 백성들을 미혹하여 반란을 일으켰다. 조정에서 반란을 평정하기 위해 군대를 보냈으나 실패하고 말았다. 결국 마원이 출정하여 성공적으로 평정하였다.

그렇지만 후세 사람들은 이러한 업적으로 마원을 기억하지 않는다. 마원이 사서에 이름을 남길 수 있었던 이유는 교지(交趾: 지금의 베트남)를 정벌하는 공을 세웠기 때문이다. 교지는 진秦나라 때 이미 중국의 판도 안으로 들어왔다. 진시황은 남방에 계림군桂林郡, 남해군南海郡, 상군象郡을 설치했었다. 그중 상군에 교지가 속해 있었다. 후한 초기, 교지 부족에 두 명의 여자 비적─지금 베트남에서는 민족의 영웅으로 추앙받고 있다─징측(徵側, 베트남어로 Trung Trac)과 징이(徵貳, Trung Nhi)가 등장해 남다른 용맹함을 과시하며 포악하고 오만불손하게 굴었다. 태수는 법에 따라 그 두 사람을 처단하려고 했다가 백성들의 원한만 사게 되었는데, 두 자매가 들고 일어나자 많은 사람이 호응해서 반란을 일으켰던 것이다. 그들은 60개가 넘는 성을 함락시키고 스스로 왕이라 칭하였다. 마원 역시 용맹하고 전쟁을 잘하기로 명성이 나 있었다. 조정에서는 그를 복파伏波장군으로 임명하고 교지를 평정하는 임무를 맡겼다.

마원은 연해를 따라 남쪽으로 내려간 뒤 높은 산과 험준한 고개를 넘어 1천 리를 행군하였다. 그리고 건무 18년(42년)에 드디어 목적지에 도착하였다. 산 넘고 물 건너 오지까지 들어온 천자의 삼군三軍에 비하면 상대는 오합지졸에 불과했다. 결국 마원은 반란군을 대파하였다. 다음 해 두 자매를 생포하여 주살한 뒤 그들의 수급을 낙양으로 보내 공적을 과시하였다. 조정에서는 그 공을 인정해 마원을 신식후新息侯로 봉하고 식읍食邑 1천 호를 내렸다. 소식이 전해지자 마원은 소를 잡고 술을 준비해 삼군을 포상하였다. 술자리에서 마원은 험난했던 남쪽 정벌을 떠올리며 탄식했다.

"나에게는 사촌 동생이 하나 있었는데, 종종 내가 품은 큰 뜻을 아쉬워하며 탄식하였다. 내가 평생 배불리 먹고 따뜻하게 입고 둔한 말과 낡은 수레를 탈 수 있는 말직 관리가 되어 마을 사람들에게 칭찬이나 받으면 다행이라고 말했었다. 내가 그 이상을 바란다면 되려 괜한 고생만 사서 할 것이라고 걱정했었다. 요즘 여기서 전쟁을 벌이며 아직 적을 소멸하지 못하였을 때, 종일 지독한 안개와 장기(瘴氣: 습하고 더운 곳에서 생기는 독) 속에 있었다. 나는 새조차 목숨을 부지하지 못하고 물에 떨어져 죽는 환경에서 옛날 사촌 형제가 했던 말을 떠올리며 다시는 살아오지 못할 줄 알았다. 그런데 지금 이렇게 여러분의 힘과 폐하의 은혜를 입어 나 혼자 부귀하게 되었으니 기쁘기도 하지만 부끄럽기도 하구나!"

진심이 담긴 그의 말에 삼군은 일제히 바닥에 엎드려 만세를 외쳤다. 마원이 이렇게 감격하는 데는 그만한 이유가 있었다. 당시 남방은 척박한 땅으로 비가 많이 내려서 습하고 독한 안개와 장기로 가득하였다. 그렇기 때문에 제갈량이 '출사표出師表'에서 그곳을 '깊숙이 들어간 불모지'라 한 것이다. 마원은 남쪽 정벌을 벌이느라 많은 고생을 했다. 당나라 때 양국충楊國忠은 대리大理까지 원정을 나왔다가 대패하고 돌아갔는데 아마도 이런 연유 때문일 것이다. 마원이 병사들을 격려하며 그 멀리까지 와서 승리를 거두기란 쉬운 일이 아니었을 것이다.

그 후 마원은 승세를 타 잔여 부대를 소탕하였고 오령五嶺 남쪽 지역을 전부 평정하였다. 그리고 동주銅柱를 세워 국경을 명시하였다. 당시 그 지역은 아직 미개한 상태였다. 마원은 가는 곳마다 성곽을 수리하고 도랑을 끌어다 관개를 하여 백성들이 사는 데 도움을 줬다. 또한 법률을 수정하고 예의 제도를 공표해 교화시키고 다스렸다. 나중에 현지 백성들은 마원이 제정한 법령 제도에 따라 일을 처리하였다. 이러한 복파장군 마원의 명성은 남방 각 부족 대대로 전해졌다.

건무 20년(44년), 마원은 병사들과 개선하였다. 황제는 마원에게 병거兵車 한 대를 상으로 내리고 구경九卿 다음 가는 지위를 내렸다. 그러나 한 장군의 공훈 뒤에는 수많은 병사들의 죽음이 따르기 마련인데, 마원이 군대를 재정비하였을 때 장독과 역병으로 죽은 병사가 거의 반에 이르렀다.

마원은 방목으로 가세를 세우고 평생 군무에 종사했다. 따라서 말에 대해서 잘 아는 명실상부한 '마백락(馬伯樂: 백락은 말을 잘 감별하는 사람)'이라 할 수 있었다. 마원은 교지 정벌에서 돌아온 뒤 현지의 큰 동고銅鼓로 동마銅馬를 주조하였다. 그리고 황궁의 궁루宮樓

앞에 세워놓고 좋은 말의 표본으로 삼았다. 천하에서 본보기가 되
는 유일한 말이었다.

마원이 군사를 이끌고 조정으로 돌아오자 친구들이 그의 공로
를 축하하기 위해 모였다. 그들 중에는 총명하기로 유명한 맹기孟
冀라는 자도 있었다. 마원이 맹기의 축하를 듣고 말했다.

"나는 당신이 좋은 말재주로 위로해줄 줄 알았는데 뭇사람들과
다를 바가 없군요. 한 무제 때 복파장군 노박덕路博德이 일곱 개의
군郡을 개척하고 수백 호를 봉작으로 받았는데, 저는 작은 땅을 평정
한 공으로 후한 상을 받았으니 어찌 오래 갈 수 있겠습니까? 선생께
서는 나를 어떻게 도와줄 작정이시오?"

맹기는 부끄러워하며 어찌할 바를 몰랐다. 마원은 격앙된 목소
리로 탄식했다.

"지금 흉노, 오환烏桓이 북쪽 변방에서 소란을 피우고 있어 명을
받고 출정할 예정이오. 사내대장부라면 변방에서 목숨을 바쳐 말
가죽으로 시체를 싸서 장례를 치러야겠지요."

맹기도 그의 말을 듣고 깊이 탄복했다.

"진정한 열사라면 저런 것이지!"

남쪽에서 돌아온 지 한 달 뒤, 흉노와 오환이 농서 일대에서 소
란을 피워 마원은 다시 갑옷을 입고 출정을 나가야 했다.

마원은 사람을 볼 줄 아는 자였다. 출정을 나가기 전 환송하러
나온 황문랑黃門郎 양송梁松과 두고竇固에게 당부했다.

"사람이 지위가 높아질 수 있듯이 자연히 세력을 잃을 수도 있는 법이지. 자네들이 앞으로 비천해지지 않으려면 높은 지위에 있을 때 반드시 위험할 때를 생각하며 몸가짐을 잘 다스려야 하네. 자네들이 진심으로 내 말을 새겨듣길 바라겠네."

두 사람은 마원이 괜히 하는 말이라고 여기고 대수롭지 않게 생각했다. 후일 양송은 높은 지위에 오른 뒤 화를 당했고, 두고 역시 목숨까지 잃을 뻔하였다. 아마 그들이 이러한 사실을 알았다면 앞일을 걱정했을지도 모른다. 마원의 형에게는 두 아들이 있었다. 두 형제는 빈객들과 교분을 맺고 조정에 대해 논의하길 좋아했다. 마원은 교지에 있을 때 편지를 써서 그들을 훈계하였다.

"나는 너희들이 남의 잘못에 대해 듣게 되면 부모님의 이름을 들었을 때처럼 듣기만 하고 말하지 않기를 바란다. 사람의 장단점과 조정에 대한 비난을 하는 자를 나는 매우 혐오한다. 나는 죽어도 너희들이 그렇게 하지 않기를 바란다. 용백고龍伯高는 인정이 두텁고 신중하며, 겸손하고 검소하다. 두계량杜季良은 호협으로 의를 좋아하며 남이 어려움에 처했을 때 도울 줄을 안다. 이 둘은 모두 내가 존경하는 인물이다. 그러나 나는 너희들이 두계량이 아닌 용백고를 본받길 바란다. 너희가 용백고를 본받는다면 잘 되지 않더라도 신중한 사람이 될 것이다. 즉, 백조를 새기면 실패할지라도 집오리를 닮게 된다[刻鵠類鶩]는 말이다. 그러나 두계량을 흉내내다 이루지 못하면 천하에 경솔한 사람이 될 것이다. 즉, 호랑이를 그

135

리려다 망치면 개를 새기게 되는 꼴이니[畵虎類狗] 죽도 밥도 안 된 다는 말이다."

여기서 마원은 훗날까지 사람들의 입에 회자되고 있는 '각곡유 목刻鵠類鶩'과 '화호유구畵虎類狗'를 남겼다. 이 편지에서 사람을 택 해 스승으로 삼는 신중한 태도와 사람을 볼 줄 아는 마원의 통찰력 을 짐작할 수 있다. 후일 두계량은 파직당하였고 용백고는 태위에 올랐다.

마원의 조카 사위 왕반王磐은 왕망 종친의 후예로 부유한 집안에 서 태어나 자랐고 호기 부리기를 좋아했다. 그는 낙양을 돌아다니 며 종종 권세 있는 자들과 왕래를 하였다. 마원은 생질에게 왕반이 반드시 화를 당할 것이니 그와 왕래하지 말라고 경고했다. 후일 정 말로 그렇게 되었다. 왕반의 아들 왕숙王肅은 아버지의 전철을 그 대로 밟았다. 마원은 사마司馬 여종呂種에게 왕숙이 큰 화근이 될 것 이라고 말했지만, 여종은 그 말을 믿지 않고 왕숙과 계속해서 친하 게 지냈다. 마원의 예언은 신기하게도 또 한 번 들어맞았다. 결국 여종도 왕숙의 사건에 연루되고 말았다. 여종은 죽기 전 한숨을 내 쉬었다.

"마 장군의 예견은 참으로 신통하다."

마원은 당사자가 아니라 제3자였기 때문에 앞일을 분명하게 내 다볼 수 있었다. 그러나 아무리 신선이라도 실수는 하는 법, 한 번 은 마원이 병이 나자 양송이 문병을 왔다. 양송이 침대 옆에서 옆드려 절을 했지만 마원은 답례를 하지 않았다. 나중에 마원의 아들이 아버지에게 그 이유를 물었다.

"양송이 부마이기 때문에 조정에서는 그를 꺼리거나 그에게 양보하지 않는 사람이 없습니다. 헌데 아버님께서는 어찌 답례를 올리지 않는 것입니까?"

마원은 이렇게 답했다.

"나는 그의 아버지와 친구였다. 지금 비록 지위가 높다고는 하나 어찌 장유유서를 무시할 수 있겠느냐?"

그러나 그 일은 마원에게 큰 화근이 되었다.

건무 24년(48년), 무위武威장군 유상劉尚은 무릉武陵에 오랑캐를 토벌하러 갔다가 전멸하고 돌아왔다. 그러자 마원은 직접 출정하게 해달라고 청하였다. 당시 마원은 62세였다. 황제는 그가 나이가 많은 것을 염려하여 허락하지 않았다. 마원은 전국시대 조趙나라의 장군 염파廉頗처럼 한사코 아직 정정하다고 고집을 피웠다.

"신은 아직 갑옷을 입고 말을 탈 수 있습니다."

유수가 그럼 한 번 보여달라고 하자 마원은 정신을 가다듬고 자신의 노익장을 과시했다. 유수는 그 모습을 보고 웃었다.

"나이가 들었는데도 아직 정정하구먼."

결국 마원은 출정을 허락받았다. 마원은 출정하기 전 송별하러 온 사람들과 작별할 때부터 불길한 예감이 들었는지 이런 말을 남겼다.

"나는 황제의 은혜를 입어왔고, 올해도 얼마 남지 않았소. 나라를 위해 목숨을 바치지 못할까봐 늘 걱정해왔는데, 지금 이렇게 뜻을 이루다니 죽어도 편히 눈을 감을 수 있겠소. 허나 내 옆에 있는 권세가들의 자제들이 방해가 되어 함께 일을 하지 못할까 걱정이 되는구려."

정벌전은 처음에는 순조로웠다. 그러나 날씨가 덥고 환경이 열악해지면서 병사들은 환경에 적응하지 못했고 수많은 사상자가 발생했다. 마원은 「무계심武溪深」이란 시를 써서 당시의 험난한 주위 환경을 묘사하고 있다.

출렁이는 오계五溪는 얼마나 깊을까?
나는 새도 헤아릴 수 없고, 짐승들도 가까이 가질 않는다.
아, 오계는 얼마나 지독하단 말인가!

전세가 불리해졌을 무렵, 마원은 병으로 쓰러지고 말았다. 그러나 마원은 적들이 도전해올 때마다 병든 몸을 이끌고 진영에서 나가 적의 상황을 살폈다. 사람들은 그의 모습에 감동받았고, 안타까움에 눈물을 흘렸다. 당시 군에는 경서耿舒라는 장군이 있었다. 그는 조정에 있는 형 경엄에게 편지를 보내 마원이 자신의 계책을 듣지 않아 전쟁에서 패했고, 호인胡人 장사꾼처럼 느리게 행군하여 가는 곳마다 멈추고 시간을 빼앗아 전쟁을 지체시키고 있다고 고

했다. 경엄은 자신의 동생이 재주를 펼칠 기회를 얻지 못한 것을 억울해하며 황제에게 상소를 올렸다. 유수는 그 일을 조사하기 위해 양송을 보냈다. 그러니 재난이 엎친 데 덮친 격으로 양송이 도착하기 전에 마원은 군에서 병사하고 말았는데, 자신에게 답례하지 않았던 일을 늘 마음에 두고 있었던 양송은 하늘이 준 좋은 기회를 놓치지 않았다. 마원이 죽었으니 변호할 사람도 없었다. 그는 황제에게 가서 대담하게 마원을 무고하였다. 황제도 나이가 들어서 머리가 둔해졌는지 버럭 화를 내며 마원의 신식 후 인수印綬를 몰수하였다.

일전에 마원은 교지를 정벌하러 갔을 때 '율무'라는 과실을 따서 장기를 막는데 사용했었다. 후에 품종이 다양하고 과실이 큰 것을 보고 종자로 삼기 위해 철군할 때 한 수레 가득 싣고 돌아왔다. 그것이 뭔지 알 리 없는 사람들은 남쪽 변방의 진귀한 보물이라고 여기며 매우 부러워했다. 그 당시에는 마원이 황제의 총애를 받았기 때문에 그 사실을 보고하지 않고 있다가, 마원이 죽자 곧 황제에게 옛날에 마원이 수레 한가득 보물을 싣고 돌아왔다고 상소를 올렸다. 황제는 그 말을 듣고 대노하였다. 결국 마원의 부인은 너무 두려운 나머지 마원의 시체를 조상 묘에 안치하지도 못하고 낙양 교외에 땅을 사 대충 묻었다. 전에 그의 빈객으로 있던 자들도 감히 조문을 갈 수 없었다. 안타깝게도 생전에 전쟁터에서 위세를 과시하던 한 시대의 명장이 죽어서는 이처럼 처량한 신세로 전락하고 말았다. 마원의 부인과 자식들은 스스로 새끼줄로 포박을 하고 낙양으로 가서 황제에게 속죄했다. 유수는 양송의 상주문을 꺼내 처음부터 다시 조사를 한 끝에 은혜를 베풀어 마원의 장례를 후하게 치루도록 허락했다.

마원이 어릴 적 같은 마을에 주발朱勃이란 자가 살았다. 주발은 어릴 적부터 지혜롭고 경서에도 능통하였다. 마원은 매번 그를 보고 자신의 무능함을 부끄럽게 여겼다. 그럴 때마다 그의 형이 위로해줬다.

"주발은 그릇이 작고 일찍 뜻을 이룰 자이므로 잘 되어봐야 고작 그뿐이니 걱정하지 마라. 결국은 네가 더 잘 될 것이다."

나중에 마원은 제후에 봉해졌고, 주발은 작은 현의 현령에 머물렀다. 마원은 높은 지위에 올랐지만 옛정을 잊지 않고 주발을 후하게 대접했다. 마원이 죽은 뒤 사람들이 그를 중상모략했을 때 아무도 대신 억울함을 호소해주지 않았으나, 오직 주발만이 상소를 올려 마원의 결백을 주장했다. 그러나 조정에 상소가 들어간 뒤 일이 잘 풀리지 않았고, 주발은 그 일로 유배를 당했다.

영평永平 초년, 마원의 딸이 명제의 황후가 되었다. 명제는 후한 개국 공신들의 초상을 그려 운대雲臺에 안치할 것을 명하였다. 마원은 황제의 외척이었기 때문에 그 대열에 들 수 없었다. 물론 그것이 진짜 이유는 아니었다. 동평왕東平王 유창劉蒼이 명제에게 왜 복파장군의 상은 그리지 않느냐고 묻자 명제는 웃기만 할 뿐 아무 대답도 하지 않았다. 웃음 뒤에 무슨 뜻이 숨겨져 있는지는 알 수 없었다. 그러나 '말가죽에 싸인 시체로' 돌아오길 바랐던 마원이 어찌 그런 일에 신경을 썼겠는가? 후세 사람들은 운대 이십팔장 인물 중에서 몇이나 기억하고 있을까? 그러나 재물을 가볍게 보고 의를 중시한 복파장군 마원의 명성은 영원히 사람들 마음속에 살아 있지 않을까?

後漢書 들여다보기

마원은 동주銅柱를 세워 국경을 명
시하는 공적을 남겼다. 후세에 이
런 방식은 자주 이용되었다. 당나
라 중종中宗 때, 어사御使 당구정唐
九征은 토번吐蕃의 반란을 평정한 뒤
운남성雲南省 전지滇池에 철주鐵柱
를 세워 공적을 기렸다. 곤명昆明
의 대관원大觀園에는 다음과 같은
대련對聯이 있다.

송 태조

한나라 때 누선(樓船 : 망루가 달린
배)을 띄워 훈련했고, 당나라 때는
철주를 세웠다. 송나라 때는 옥부
玉斧를 휘둘렀으며, 원나라 때는
가죽주머니를 걸쳤다.

그중 두 번째가 바로 위의 이야기
를 가리킨다. 나머지 세 가지 일도
남쪽 변경(주로 운남성)을 개척하
는 것과 관련이 있다. 한나라 때
누선을 띄운 일은 한 무제 때 장안

마원

금사강

에서 이해洱海를 상징하는 곤명지昆明池를 만든 뒤 2층 배를 띄워 수군을 훈련한 일을 말한다. 그 목적은 수전에 능한 운남의 곤명 사람들을 정복하기 위함이었다. 송나라 때 옥부를 휘두른 이야기 는 송 태조太祖가 옥부(일종의 글방 노리개)를 휘둘러 판도版圖에 대 고 남쪽 변경을 가른 일이다. 원나라 때 가죽주머니를 걸친 일은 남송南宋시대 몽골의 대군이 사천四川에서 양가죽으로 만든 가죽주 머니로 금사강金沙江을 건너 대리를 공격한 사건을 말한다. 그 후 로 남송을 남북에서 협공하는 형세가 되었다.

◉주요 인물
　내흡

◉주변 인물
　외효, 유수, 개연

◉키워드
　외효를 설득하다, 자객을 만나다

◉중대 사건
　농서에 가서 설득하다, 약양성 전투, 성도에서 자객을 만나다

◉고사
　나라 걱정에 가정을 잊다(憂國忘家), 야심인정夜深人靜

◉이야기 출처
　『후한서』 「이왕등내李王鄧來 열전」

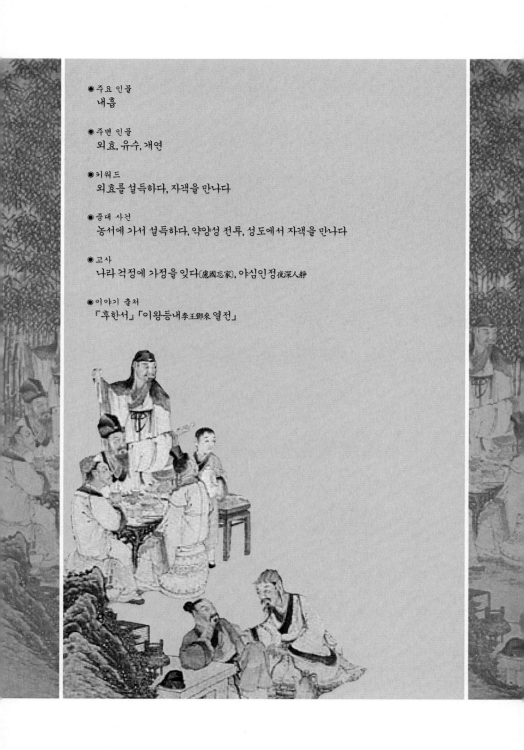

来歙

내흡 : 떳떳하지 못한 곳에서 죽다

후한의 개국 공신들 중 비통한 죽음을 맞은 장수가 두 명 있다. 하나는 남정장군 잠팽이고, 하나는 중랑장 내흡이다. 내흡(?~35년)은 자가 군숙君叔으로 남양南陽 신야(新野: 지금의 하남성) 사람이다. 그의 어머니는 광무제 유수의 왕고모이다. 유수와 친척인데다 재능까지 가지고 있었던 내흡은 유수와 교분이 깊었다. 두 사람은 함께 장안을 유력하기도 하였다.

유수 형제가 거병한 뒤, 내흡은 '반란군'의 친척이라는 이유로 왕망에게 잡혀 투옥되었다. 그는 다행히도 명성이 있었기 때문에 빈객들이 갖은 수를 동원해 그를 구원하고자 노력했다. 갱시제가 즉위한 뒤 내흡은 관직을 수여받고 낙양으로 왔다. 그가 갱시제에게 여러 번 상소를 올렸으나 받아들여지지 않았다. 결국 그는 갱시제가 큰일을 할 만한 인재가 아니라고 판단하고 병을 이유로 사직을 청하였다. 내흡의 여동생은 한중왕 유가劉嘉의 부인이었다. 내흡이 갱시제를 떠났다는 소문을 들은 유가는 그를 자신의 곁으로 불렀다. 갱시제 정권이 무너진 뒤 내흡은 유수에게 귀의하라고 유가를 설득했다. 유가는 그의 의견에 따랐다. 그때는 유수가 이미 낙양에서 제위에 오른 후였다. 내흡과 유가는 함께 낙양으로 가서 유수를 알현하였다.

유수는 옛 친구가 귀의해오자 너무 기뻐서 즉시 자신의 옷을 벗어 내흡에게 걸쳐주며 마음을 표했다. 그리고 내흡을 태중대부에 봉하였다. 태중대부는 상주문을 보고 시비를 논하고 대책을 마련하는 직위로 황제의 수석 참모에 해당했다. 유수는 내흡이 귀의한 지 얼마 되지 않았지만, 그를 심복처럼 매우 신임하였다. 황제가 옷을 벗어준 일은 진심으로 감명받았기에 가능한 일이었다. 초한전楚漢戰 당시, 항우가 보낸 사자에게 유방을 떠나라는 설득도 당했었고 책사 괴통蒯通에게 왕으로 칭하란 제안도 받았지만, 한신은 모두 거절했다. 한신은 그럴 수 없는 중요한 이유를 밝혔다.

"한왕漢王께선 옷을 벗어 나에게 입혀주시고 먹을 것도 양보하였소. 남의 옷을 입은 자는 그 사람의 근심을 품고, 남의 음식을 먹은 자는 그 사람을 위해 죽어야 합니다. 그런데 제가 어찌 이익 때문에 의를 저버리겠습니까?"

유수가 내흡을 정성과 진심을 다해 대했기 때문에 그는 자신을 알아준 유수의 은혜에 보답하기 위해 노력했다.

당시 북서쪽의 외효와 남서쪽의 공손술은 각자 근거지에서 웅거하고 있었고, 유수는 관동에서 전쟁을 벌이느라 바빴다. 북쪽에서는 팽총이 반란을 일으킨 상태였고, 동쪽에서는 유영劉永이 천자로 칭하고 있었다. 공손술은 남서쪽에 있기 때문에 아직까지는 위협이 되지는 않았지만 외효는 농서 일대에서 중원을 내려다보고 있어 우환거리였다. 유수는 농서를 정벌하고자 했지만 어려움이 많았다. 외효는 언제든지 농서에서 동쪽의 삼보 지역을 침략할 수 있었다. 심지어는 아직까지 통치 기반이 확고하지 못한 후한의 중원 일대까지 위협할 수도 있었다. 결국 유수는 내흡을 불러 자문을 구했다.

"지금 외효가 왕으로 칭하고 공손술은 제위에 올랐네. 두 곳 모두 산세가 험하고 먼 곳이라 수복하기가 쉽지가 않다네. 지금 조정의 군대는 관동의 적을 대적하느라 서쪽의 형세에 대응할 방책을 찾을 수가 없다네. 짐이 어떻게 해야 좋겠나?"

유수가 제대로 먹고 자지도 못하고 고민했던 문제를 내흡은 금방 해결했다. 그는 매우 자신 있게 유수에게 제안했다.

"신이 일전에 장안에서 외효를 만난 적이 있어서 교분이 좀 있습니다. 신이 가서 투항을 권하는 폐하의 교지를 전달하겠습니다. 외효는 분명 두 손을 묶고 투항할 것입니다. 그러면 공손술은 근심할 바가 되지 않을 것입니다."

그렇게 한다면 유수는 천군만마를 동원하지 않고도 북서쪽의 안정을 찾을 수 있었다. 유수는 매우 기뻐하며 건무 3년(27년) 내흡을 농서로 보내 외효를 설득하도록 하였다.

설득 계획은 그다지 순조롭게 이뤄지지 않았는데 내흡이 처음 농서에 갔을 때는 아무런 성과도 얻지 못했다. 2년 뒤 외효는 후한의 동정을 살피기 위해 마원을 낙양에 보냈다. 그때 유수는 내흡을 보내 마원을 환송하도록 하였다. 두 번째로 농서에 사자로 간 내흡은 외효를 설득하여 장자를 인질로 입궁시키는 데 성공했다. 그 공으로 내흡은 중랑장에 올랐다.

동쪽이 거의 평정이 되자 유수는 외효의 형식적인 귀의로는 만족할 수 없었다. 그는 내흡을 보내 외효의 군대를 동원하여 촉을 정벌하자는 뜻을 전했다. 외효는 그 사실을 듣고 겁이 나서 후한에 귀의할 작정이었다. 그러나 수하 왕원이 적극적으로 반대하자 외효는 망설이며 결정하지 못했다. 내흡은 성품이 강직한 사람이었다. 외효가 갈팡질팡하며 결정을 내리지 못하자 내흡은 분노하며 그를 질책했다.

"황제께서 당신이 시비를 명확히 판단할 것이라 믿고 교지를 내렸소이다. 일전에 이미 아들을 입조시켜 충심을 보였으나 이제와 신의를 저버리고자 하다니! 소인배의 말만 듣고 일족의 화를 자초할 작정입니까? 장차 길흉은 오늘의 결정에 달려 있소이다."

너무 의분에 차서 그랬는지 아니면 믿는 데가 있어 두려움도 잊었는지 내흡은 매우 격분했다. 내흡은 사자라는 자신의 신분도 잊고 그에게 다가가 죽이려고 하였다. 외효는 순간적으로 벌어진 상황에 놀라 황급히 방 안으로 들어가 숨었다. 장수들은 내흡이 감히 자신들의 주인을 해하려고 할 줄은 생각지도 못했다. 일국의 군주일지라도 사자를 참하지 않는 것이 관례인데, 감히 사자가 일국의 군주를 해하려 들다니, 그것은 모반과도 같았다. 사람들이 몰려와 내흡을 에워쌌다. 그러나 내흡은 '천군만마가 몰려온다 해도 나는 용감하게 나아가겠다'는 태도로 사자의 지팡이를 짚고 아무 일도 없다는 듯 유유히 밖으로 나가 수레를 타고 가버렸다. 외효는 그 사실에 화가 나고 수치스러웠다. 왕원은 그 일을 구실로 삼아 병사를 보내 내흡의 거처를 에워싼 뒤 내흡을 죽이자고 주장했다. 그런데 다행인지 왕준이 반대하는 간언을 올렸다.

"예부터 두 나라가 전쟁을 하더라도 사자를 죽이지는 않았습니다. 내흡을 죽인다 해도 한나라가 손해를 보는 것도 아니고, 그가 유수와 사촌간이니 주군의 화만 초래할 것입니다. 옛날 초나라의 사자가 제나라에 갈 때 매번 송나라를 지나가지 않자, 송나라 사람들은 그가 자신의 나라를 경시한다고 여겨 그를 없애버렸습니다. 그 소식을 들은 초나라 왕은 대노하여 송나라를 공격하였고, 결국 송나라는 자식을 바꿔 삶아먹는 곤궁한 지경에 이르게 되었지요. 작은 나라도 함부로 모욕해서는 안 되는 법인데 하물며 대국은 어떻겠습니까? 다시 말해 주군께서는 아드님의 목숨을 고려해 심사

149

숙고해야 합니다."

　내흡은 세객으로 신의를 잘 지키고 말과 행동이 일치하는 사람이었다. 따라서 그가 하는 말은 매우 신뢰할 수 있었다. 그 때문에 내흡은 농서 일대의 사인士人들에게 존경을 받았다. 많은 사람들이 그를 대신해 외효에게 사정했다. 외효는 이해득실을 따져본 뒤에 어쩔 수 없이 내흡을 보내주었다. 전한 초기, 유방은 세객 역이기酈食其를 보내 제齊나라 왕이 항복하도록 설득하라고 명했다. 제나라 왕은 역이기의 말을 믿고 20만 수비군을 철수하였다. 그런데 한신이 전공을 세우기 위해 제나라 군대를 습격하였다. 이에 성이 난 제나라 왕은 역이기가 신용이 없고 자신을 속였다고 여겨 그를 산 채로 기름 속에 넣어버렸다. 똑같은 세객으로 한 사람은 신뢰를 얻어 살 수 있었고 한 사람은 신뢰를 잃어 목숨을 잃었다. 공자가 말하길 '사람이 신용이 없으면 행해야 할 바를 모른다'고 하였는데, 이 역시 맞는 말이었다.

　건무 8년(32년), 대부분의 전쟁이 끝나고 몇 년이 지나자 후한의 군사력은 회복되었고 백성들의 생활도 넉넉해졌다. 유수는 외효가 형식적으로 귀속하는 것을 더 이상 용납할 수 없으므로 농서 수복 전쟁을 시작했다. 그는 우선 내흡과 정로征虜장군 제준祭遵을 보내 병사를 이끌고 약양성을 습격하도록 명했다. 그러나 제준은 도중에 병에 걸려 일부 부대를 내흡에게 내주고 돌아갔다. 내흡은 정예병 2천 명을 이끌고 산길을 개척해가며 우회하여 행군해 약양성

을 불시에 공격하였다. 그때 두 군주의 반응을 통해 약양성 전투의
의의를 평가해볼 수 있다. 유수는 내흡이 약양성을 함락했다는 소
식을 듣고 매우 기뻐했다.

"외효에게 약양성은 보호벽과 같은 곳인데 성이 함락되었으니
그의 심장과 내장이 상한 것과 같다. 이제 그의 다른 곳을 제압하
는 일은 쉽겠구나."

기뻐하는 사람이 있으면 근심하는 자가 있는 법. 외효는 그 소
식을 듣고 대경실색했다.

"어찌하여 그렇게 엄청난 일이!"

그리고는 수만 명의 병사를 이끌고 직접 공격에 나섰다. 외효는
약양성을 탈환하기 위해 산을 파서 제방을 만들어 물을 끌어다가
성에 붓기도 하였다.

내흡이 약양성을 함락했다는 소식을 듣고 오한 등의 장수들이
군대를 이끌고 농서를 공격하고자 하였다. 그러나 유수는 외효가
약양성을 잃고 분명 전면 공세를 취할 것이라며, 오랫동안 포위 공
격해도 함락하지 못하면 적병들이 지칠 것이니 그때 진격하라고
명했다. 그리고는 오한의 군대를 돌려보냈다. 세찬 바람이 불어야
억센 풀의 진가를 알 수 있고 위험한 상황이 영웅을 만드는 법이
다. 애초에 성공할지 아니면 희생될지 확신할 수 없었지만, 유수의
도움이 없이도 내흡은 성과를 이루어냈다.

약양성에서 퇴각할 수도 없고 구원병도 없던 내흡과 수하 장수

들은 사지에 몰려 용감하게 싸우는 길밖에 없었다. 화살을 다 쏜 후에는 집에 있는 목재를 떼어내어 무기로 삼았다. 후한 병사들은 서로 합심해 대단한 위력을 발휘했다. 외효의 군대가 봄부터 가을까지 싸웠지만 끝내 약양성을 함락시키지 못했다. 더 이상 수수방관할 수 없었던 유수는 직접 대군을 이끌고 내흡을 원조했다. 그 결과 외효는 대패하여 퇴각하였다. 약양성에서 외효를 물리치자 난공불락이던 농서 지역의 방어선이 뚫렸다. 그 뒤로 후한 군대는 파죽지세로 농서를 토벌하였다. 유수는 내흡이 약양성을 굳게 지킨 공로를 높게 사 직접 주연을 벌이고 공을 치하하였다. 주연에서 제나라 장군들의 상석에 내흡을 위한 상을 따로 마련해주었다. 또한 내흡의 처자식에게는 1천 필의 명주를 내렸다. 그 후 내흡은 낙양에 머물며 장수들이 농서를 공격하는 일을 감독하였다. 당시 내흡은 유수에게 상소를 올렸다.

"공손술은 농서와 천수 2개 군을 자신의 보호막으로 삼았기에 목숨을 겨우 부지할 수 있었습니다. 지금 그 군들은 이미 평정되었으니 공손술의 지략과 힘이 분명 다했을 것입니다. 옛날 진희가 한 고조에게 반기를 들었을 때, 장사꾼들을 수하의 장수들로 데리고 있다가, 결국 한 고조에게 거금으로 매수당해 진희는 패배했습니다. 농서 지역이 막 격파당한 지금, 적병들은 지치고 굶주림에 시달리고 있으니 만약 재물로 유인한다면 그들은 반드시 항복할 것입니다. 소신도 국가의 지출이 막대하고 관청의 창고에도 재물이 부족하다는 사실을 알지만, 부득이하게 이런 방도를 취할 수밖에 없습니다."

유수는 그의 의견을 받아들였다. 그 후 내흡은 풍이 등의 장수를 이끌고 외효의 잔병과 농서에 있던 공손술 세력을 소탕하였다.

왕망의 신 정권 당시, 강족이 농서 일대에서 종종 반란을 일으켰다. 후일 외효가 농서를 점거하고 그곳 부락의 우두머리들을 불러 귀의시키면서 그 일대는 잠시 안정을 찾았다. 그러나 외효가 세상을 떠난 뒤 강족은 다시 반란을 일으켰다. 현지 관아에서는 여러 차례 정벌을 나갔지만 평정하지 못했다. 내흡은 농서 지역에 주둔하며 무기를 대대적으로 정비한 뒤 개연, 마원 등의 장수와 함께 금성에서 강족들을 대파하고 수천 명을 참수하였다. 그 후 강족들은 다시는 반란을 일으키지 않았다. 거듭되는 전쟁으로 농서 일대에는 굶주려 떠도는 백성들이 도처에 있었다. 내흡은 다른 지역에서 양식을 운송해오고 관아의 창고를 열어 백성을 구휼했다. 그리하여 농서 지역은 안정을 되찾을 수 있었다.

건무 11년(35년), 유수는 촉 토벌령을 내렸다. 후한 군대는 두 길로 나누어 오한과 잠팽은 형주에서 강 서쪽으로 거슬러 올라갔고, 내흡은 한중에서 남쪽으로 내려갔다. 내흡과 개연이 공손술의 장수 왕원과 환안을 대파하고 성도로 진격하자 촉 사람들은 두려움에 떨었다. 내흡은 촉을 함락한 그날을 보지 못하고 그 직전에 세상을 떠났다. 촉에서 자객을 보내 내흡을 암살했던 것이다.

내흡은 임종 전에 속히 개연을 불러들였다. 개연은 내흡의 목숨이 얼마 남지 않았다는 사실을 알고 애처로워 차마 쳐다보지도 못했다. 그러자 내흡이 호통을 쳤다.

"호아虎牙장군인 자네가 이래서야 되겠는가! 나는 천자의 명을 받은 신하로 자객을 만나 더 이상 나라에 충성을 바칠 수 없게 되어 자네를 부른 것이네. 전쟁에 관해 당부할 말이 있어 불렀는데, 어린 아이처럼 훌쩍이고 있을 텐가? 내가 중상을 입었다고 자네 하나 죽이지 못하겠는가?"

개연은 슬픔을 억누르며 내흡의 유언을 받들었다. 내흡은 광무제 유수에게 서신을 보냈다.

"신이 인기척이 없는 깊은 밤에 자객을 만나 죽지는 않았지만 중상을 입었습니다. 그러나 사사로이 제 몸만을 돌볼 수가 없습니다. 저의 임무를 다하지 못하여 참으로 한스럽고 조정에 수치를 안겨주었습니다. 나라를 다스리려면 반드시 현량을 뽑아 근본으로 삼아야 합니다. 태중대부 단양段襄은 사람됨이 강직하고 정직하니 폐하께서 잘 살피시어 중용하시길 바랍니다. 신의 형제가 불초하여 결국에 죄를 지을까 두렵습니다. 폐하께서 애처롭게 생각하시어 많이 가르쳐주시고 잘 살펴주시길 바라옵니다."

그리고는 붓을 놓고 칼을 꺼내 흔쾌히 자진하였다. 얼마 뒤 잠팽도 똑같은 방식으로 세상을 떠났다. 유수는 내흡의 부고를 듣고 매우 놀라며 상주문을 보고 통곡한 뒤 조서를 내렸다.

"중랑장 내흡이 여러 해 동안 정벌전을 나가 강족을 평정하고 가족을 잊을 정도로 나라를 걱정하며 깊은 충심을 바쳐왔다. 그런데 자객을 맞아 세상을 떠나다니 슬프구나!"

그리고 내흡을 정강후征羌侯로 추증(追贈: 공로를 세운 관리가 죽은 뒤 관위를 높여줌)하고 '절후節侯'라는 시호를 내렸다. 내흡의 유체가 낙양에 도착하자 유수는 상복을 입고 직접 영구를 묘지로 배웅했다. 내흡이 강족을 평정한 공을 높이 사 그의 고향 현의 지명을 정강국征羌國으로 바꾸었다.

내흡은 한을 안고 세상을 떠났을 것이다. 사자의 신분으로 분노에 차서 외효를 없애려 하고도 당당하게 돌아올 수 있었고, 선봉장으로 약양성에서 궁지에 몰렸을 때도 목숨을 부지하였다. 그런데 기세등등한 삼군 통솔자였던 그가 양군이 대치하는 상황이 아니라 뜻밖에도 소인배의 손에 목숨을 잃었던 것이다. 내흡은 온당한 자리에서 세상을 떠나지 못했으니 구천에서도 한이 맺혀 편히 잠들지 못했을 것이다.

後漢書 들여다보기

잠팽(?~35년)은 하남 남양 사람으로 운대 이십팔장 중 하나다. 그는 왕망을 위해 성을 끝까지 지키다가 양식이 떨어진 뒤에야 한나라에 투항하였다. 사람들이 그를 죽이고자 하였지만, 유수의 형 유연이 그의 절개에 탄복하여 살려주었다. 유연이 세상을 떠난 뒤 갱시제 때 그는 대사마 주유朱鮪의 수하에서 교위校尉를 맡고 있다가 후에 유수에게 의탁했다. 유수의 장수들이 낙양을 포위 공격했을 때 주유가 성을 굳게 지키고 있었다. 후한 군대가 몇 달 동안 대적했지만 낙양성을 함락하지는 못했다. 그때 잠팽이 가서 주유에게

주유

잠팽

투항을 권유하였다. 한 사람은 성 위에서 또 한 사람은 성 아래에서 서로 힘들고 지쳤지만 평소처럼 즐겁게 이야기를 나눴다. 결국 주유는 군대를 이끌고 투항하였다. 후일 후한이 전국을 통일하는 과정에서 잠팽은 혁혁한 전공을 세워 공신 중에서도 두각을 나타냈다. 건무 11년(35년), 후한 군대가 촉을 공격했을 때 잠팽은 폭우와 같은 기세로 2천여 리를 야간 행군하여 성도까지 진격하였다. 당시 공손술은 '어찌 그리 엄청난 일이!'라고 놀라서 외쳤다고 한다. 잠팽은 자신이 주둔하고 있던 지명이 '팽망彭亡'이라 불길하게 여기고 장소를 옮기려고 하던, 어느 날 해가 질 무렵, 공손술은 투항을 가장하여 사람을 보내 잠팽을 암살하였다.

◉ 주요 인물
  등우

◉ 주변 인물
  유수, 풍음, 종흠, 풍이

◉ 키워드
  모략에 뛰어나다, 사양하여 자신을 지키다, 원후

◉ 중대 사건
  광아에서 논쟁하다, 군대를 이끌고 관동으로 들어가다, 적미군과 전투를 하다

◉ 고사
  역사서에 공적이 길이 남다, 운대 이십팔장

◉ 이야기 출처
  『후한서』 「등구鄧寇열전」

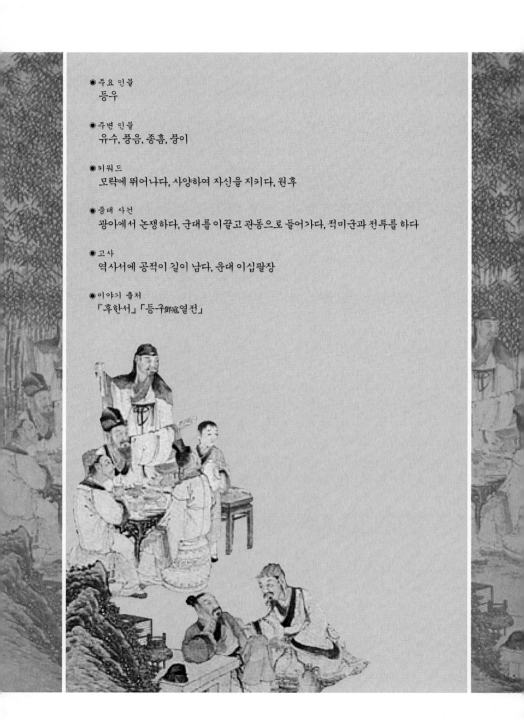

邓禹

등우 : 공신들 중 으뜸

어느 날 공자가 그의 제자들에게 하문했다.

"만약 누군가 자네들을 높이 평가해 관직에 오르게 된다면 어떤 뜻을 품겠느냐?"

제자들은 각자 자신의 의견을 밝혔다. 그들 중 자로子路는 이렇게 말했다.

"저는 천승千乘의 나라가 대국 사이에 끼어 있어 군사적 위협까지 받고 또한 기근까지 만난다면, 제가 다스려서 3년 안에 백성들을 용맹하게 만들고 도의를 알도록 하겠습니다."

공자는 자로의 말을 듣고 웃었다. 이윽고 공서화公西華의 차례가 되었다.

"저는 능력이 없는 것은 아니지만 학문을 배워 행하는데 힘쓰고 싶습니다. 제사를 지내고 제후들과 맹약을 맺을 때 예복을 입고 예모를 쓰는 말직 사의司儀가 될 것입니다."

모두의 의견을 들은 후, 제자들이 자로의 의견을 듣고 웃은 이유에 대해 묻자, 공자는 이렇게 답했다.

"나라를 다스릴 때는 반드시 예를 구해야 하는데, 자로의 말에는 조금의 겸손함도 없어서 비웃은 것이다. 공서화가 만일 말직 사의밖에 되지 않는다면, 어떤 자가 고위 사의를 맡을 수 있겠는가?"

후한 초기에도 이와 유사한 문답이 오갔었다. 어느 날 유수는 연회를 열고 공신들과 앉아서 이야기를 나누다 물었다.

"만약 경들이 나를 따르지 않았다면 어떤 관리가 되었을 것이라고 자부하는가?"

수하들 중 마무馬武라는 장수가 대답했다.

"신의 용맹함과 무술을 볼 때 군에서 수위守尉가 되어 도적을 잡았겠지요."

유수는 그의 말을 듣고 허허 웃었다.

"내가 보기에 자네는 도둑이나 되지 않고 정장亭長 정도 되었다면 다행일 걸세."

고밀후高密侯 등우鄧禹 역시 자신의 생각을 말했다.

"신은 어린 시절 학문에 힘써왔습니다. 그러니 아마도 군에서 문학박사文學博士 정도 되어 있겠지요."

그의 말을 듣고 유수가 입을 열었다.

"자네 너무 겸손하게 구는군. 자네 등 씨 자제들은 원래부터 수신하며 뜻을 세웠으니 관아에서 공조功曹 정도 맡는 것이 뭐 어려운 일이겠는가?"

스스로 문학박사가 되었을 것이라고 말했던 등우는 후한 제일의 개국 공신이었다.

등우(2~58년)는 자가 중화仲華로 남양南陽 신야(新野: 지금의 하남성 신야 남쪽) 사람이다. 그는 어릴 적부터 글 읽기를 좋아하였는데, 13세에는 『시경』을 암송할 수 있었다고 한다. 등우는 장안에서 수학할 때 유수를 만났는데, 두 사람은 학문을 구하다 서로 알게 되었다. 당시 등우는 어린 나이였지만 사람을 보는 눈이 있어서 유수가 큰일을 할 비범한 인물임을 알아보고 친하게 지냈다.

몇 년이 흐른 뒤 갱시제가 제위에 오를 무렵, 등우는 고향으로 돌아왔다. 많은 사람들이 갱시제에게 등우를 추천했다. 그러나 등우는 갱시제의 우매함과 무능함을 간파하고 의탁할 마음을 접었다. 봉황이 오동나무가 아닌 곳에 머물 수는 없는 법이다. 후일 갱시제는 유수를 파로破虜대장군으로 봉하고, 하남 지역의 난리를 평정하고 민심을 가라앉히라 명했다. 등우는 그 소식을 듣고 지팡이를 짚고 강을 건너 북쪽으로 갔다. 그리고 업지鄴地 일대에서 유수를 만났다.

유수는 자신에게 의탁해온 옛 친구를 보고 정말로 기뻐하며 농담을 던졌다.

"지금 내가 관직과 작위를 부여받고 권세를 얻으니 자네가 멀리 서 찾아왔네. 혹시 관리가 되고 싶어서인가?"

등우가 아니라고 대답하자, 유수가 물었다.

"그렇다면 여기까지는 왜 왔는가?"

"형님이 제업을 이루어 사해에 덕이 미치길 바라는 마음으로 충 성을 바치고자 왔습니다. 그리하여 아름다운 명성이 역사서에 남 는다면 그것으로 족합니다."

후일 명明나라 때 왜구와 싸웠던 장수 척계광戚繼光은 '제후로 봉 하는 걸 바라지 않는다, 단지 바다가 평안하기만 빌 뿐'이란 시를 남겼다. 그는 자신의 영달을 위해서가 아니라 나라가 안정하기를 바라는 마음에서 일하고 있음을 밝혔다. 그에 반해 『수호지水滸誌』 속 이규李逵는 '도성으로 쳐들어가서 제위를 얻으면 형님이 황제가 된다'라고 외치며 반란을 일으켜 무인의 마음을 보여주었다. 형님 이 황제가 되면 형제들은 당연히 고위관직을 꿰찰 수 있었다. 유수 의 장수 경순은 유수에게 제위에 오를 것을 권하며 공신들의 정곡 을 찌르는 말을 남겼다.

"천하의 사람들이 친구와 친척을 버리고 고향을 떠나 주군을 따 르며 목숨까지 거는 이유가 무엇이겠습니까? 명철한 군주를 따라 공을 세우고 자신의 뜻을 이루기 위한 것이 아닙니까?"

그들의 뜻이란 바로 높은 관직과 후한 봉록을 말한다. 그에 비 해 등우는 척계광의 경지까지는 아니지만 다른 공신들보다 훨씬 더 청렴한 분위기를 풍긴다. 그는 재물보다는 그 재물을 만들어내는 사람을 얻길 바란 것이었다. 유수는 등우의 대답을 듣고 큰 소리로 웃었다. 그 후 두 사람은 함께 먹고 자며 천하의 형세에 대해 논하였다. 등우는 유수에게 당시 형세를 분석해주었다.

"지금 갱시제가 낙양에서 제위에 올랐지만 동쪽이 아직 평정되지 않았고, 적미군과 청독군青犢軍은 걸핏하면 창궐하니 수만을 동원하여 대적하기가 어렵습니다. 또한 장안 부근의 삼보 지역에는 자신의 명성을 믿고 할거하여 무리를 모으고 모반을 일으키는 자들이 많습니다. 갱시제는 반란을 평정할 수 없어 수수방관만 하고 있는데다, 그 수하의 장수들은 모두 지극히 평범한 자들이라 재물과 관직에만 관심을 보이며 순간의 향락 때문에 장기적인 치안에 대해서는 생각하지 않으니, 아직 천하에는 주인이 없는 셈입니다. 현명한 형님께서 토벌하여 공을 세운다 해도 대업을 이룰 수는 없지요. 지금 시급한 일은 영웅들을 불러 모으고 민심을 얻는 것입니다. 그래야만 한 고조처럼 제업을 이룰 수 있습니다."

유수는 그 말을 듣고 매우 기뻐하며 자신보다 7살이나 어린 등우를 더욱 존경하게 되었다. 그리고 수하 장군들에게 그를 '등장군'으로 높여 부르도록 하였다. 유수는 등우와 함께 지내며 군사와 대사를 모의하였다.

왕랑이 거병하자 유수는 등우에게 군사를 모집해 공격할 것을 명했다. 등우는 수천 명을 모아 먼저 악양樂陽을 공격했다. 그 후 얼마 뒤 유수를 따라 왕랑의 횡야橫野장군 유봉劉奉과 격전을 벌였다. 그 결과 유봉 병사들의 시체가 들판에 가득하였다. 유수가 지나다 등우의 군영에 들렀다. 등우는 먼저 유수에게 생선을 구워 대접했다. 유수는 생선을 다 먹은 뒤, 군대를 위로 방문하여 위엄을 보였다. 사람들은 모두 유수를 보고 감탄했다.

"유공은 진정한 천자로다!"

물론 생선을 먹어서 그렇게 보인 것은 아니었다. 한 끼를 배불리 먹은 유수는 피로에 지친 병사들이 보기에도 정신이 더욱 또렷해보였던 것이다. 광무현廣武縣에 도착했을 때 유수는 성루에 올라 지도를 펴고 산과 강을 내려다보며 절망적인 목소리로 등우에게 말했다.

"천하의 군국郡國이 이렇게 많은데 지금 나는 그중 하나만을 얻었을 뿐이다. 일전에 자네는 내가 천하를 얻는 일이 식은 죽 먹기라고 했는데 어떻게 설명할 것인가?"

등우는 당당하게 설명했다.

"예부터 강성한 왕이 될 수 있는가는 땅을 얼마나 가졌는가가 아니라 현덕을 얼마나 지녔는가에 달렸습니다. 요堯임금은 정전井田이 하나도 없었고 순舜임금도 지척의 땅도 갖고 있지 않았으며, 우禹임금 역시 1백 명의 군중도 거느리지 못했습니다. 상商나라 탕왕은 3천 명에 불과한 백성을 거느렸습니다. 하지만 그들 모두 결국에는 천자가 되었지요. 그렇게 된 이유는 도를 알고 덕을 지녔기 때문이 아니겠습니까?"

유수는 등우의 말을 듣고 절망 대신 희망을 품게 되었다. 약 300 년 전 전국시대 위魏나라 무후武侯는 서하西河 태수 오기吳起와 함께 배를 타고 황하를 건너며 위와 비슷한 말을 했었다. 위 무왕은 강산의 험준함을 보고 감탄하였다.

"아름답구나! 강산이 이리 견고하니 위나라의 보물이라 할 수 있도다."

오기는 그의 말을 듣고 정색했다.

"한 나라의 보물은 군주의 덕이지 견고한 강산이 아닙니다. 옛날 하夏나라 걸桀왕이나 은殷나라 주紂왕도 험난하고 튼튼한 강산을 가지고 있었지만 덕을 행하지 않아 나라를 망하게 하지 않았습니까?"

오기의 말은 위나라 왕에게 주의를 주기 위함이었고 등우의 말은 유수를 격려하기 위함이지만, 결국은 하나의 도리라고 말할 수 있다. 즉, 맹자孟子가 말했던 '지리적 우세는 사람의 조화로움만 못하다'라는 이치다.

유수는 장수를 기용할 때 등우에게 종종 쓸 만한 인재인지 자문을 구했다. 등우가 추천한 인재는 하나같이 모두 자신의 직무를 다 해냈기 때문에 유수는 그를 더욱 신임하게 되었다. 얼마 뒤 등우는 장수 개연과 함께 청양清陽에서 동마銅馬의 농민군 토벌에 나섰다. 먼저 도착한 개연은 전세가 불리해지자 성안으로 퇴각해 수비하다가 결국엔 동마 농민군에게 겹겹이 포위되고 말았다. 황급히 뒤따라온 등우는 동마군과 한 차례 대전을 벌여 개연을 포위에서 풀어주고 적의 장수까지 생포하였다. 그 후 등우는 유수를 따라 토벌전을 벌이며 연신 승승장구하며 북방을 평정하였다. 그로 인해 등우는 군대에서 높은 위상을 떨쳤다.

적미군이 함곡관 서쪽으로 들어오자 갱시제는 정국상공定國上公 왕광王匡과 장수들을 따로 나누어 이끌고 저항하였다. 적미군이 맹렬한 공세를 퍼붓자 왕광은 연신 패배를 맛보았다. 그때 유수는 적미군이 분명 낙양을 차지하게 될 것을 예감하고 관중에서 전쟁을 관망하며 어부지리를 얻고자 하였다. 당시 유수는 동쪽에서 전쟁을 치르느라 관중까지 직접 갈 수 없었다. 그는 지략에 뛰어나고 침착하며 포용력도 지닌 등우에게 서쪽을 정벌하는 중임을 맡기기로 결정했다. 그리고 등우를 전장군前將軍에 봉하고 장군을 선별해 2만 명의 정예병과 함께 서쪽으로 가라고 명했다.

건무 원년(25년), 등우는 하동군河東郡에서 안읍安邑을 포위 공격하였지만 몇 달이 지나도록 함락하지 못했다. 갱시제의 대장군 번삼樊參은 좋은 기회라고 여기고 수만 명의 군대를 이끌고 등우의 군대를 공격했다. 그러나 등우는 군대를 보내 적들을 격파하고 번삼을 참수하였다. 그 뒤 왕광이 10여만 명의 군사를 이끌고 등우를 공격해왔다. 양측은 하루 동안 필사적으로 싸움을 벌였다. 등우는 중과부적으로 불리한 상황에 처했고 수하의 장수 번숭까지 잃었다. 양측은 해가 질 무렵이 되어서야 휴전했다. 등우 수하의 장수들은 자신들의 군대가 다시 전쟁을 치를 수 없을 만큼 와해되었다는 사실을 알고 등우에게 밤을 틈타 도망치자고 제안했다. 그러나 등우는 그렇게 하지 않았다.

간지법干支法에 따라 날짜를 따지는 중국의 역법이 등우의 목숨을 구했다. 다음 날은 육십갑자의 마지막 날이라 왕광은 군대의 대오를 정돈하고 출병하지 않았다. 그리하여 등우는 한숨을 돌리고 재기를 꾀할 시간을 벌 수 있었다. 하루가 지나자 왕광은 다시 전군을 이끌고 등우를 공격해왔다. 등우는 군대에 진영을 단단히 지키고 함부로 출격하지 말라는 명을 내렸다. 그는 왕광의 군대가 진영까지 밀어닥쳤을 때 장수들에게 진격할 것을 명했다. 결국 왕광은 대패하여 병사들을 버리고 도망갔다. 등우는 말을 타고 맹렬하게 추격한 끝에 왕광의 장수 유균劉均, 태수 양보楊寶를 참수하였다.

그가 어떻게 하루를 쉬고 난 뒤 승세를 뒤집어 승리할 수 있었는지는 알 수 없다. 대오를 정돈하고 수비하는 것만으로 승세를 바꾸다니 참으로 믿기 어려운 일이다. 그럴 줄 알았다면 누가 먼저 나서서 출격했겠는가? 아마도 왕광의 병사들은 너무 자만해서 패배했을 것이다.

등우가 하동 지역을 평정한 얼마 뒤, 호지鄗地에서 제위에 오른 유수는 그를 대사도로 봉하는 조서를 내렸다.

167

"전장군 등우는 충효와 덕을 겸비하였으니 짐과 함께 전략, 전술을 세워 1천 리를 얻도록 도왔다. 공자께서 말씀하시길, 안회顔回를 얻은 뒤에 제자들이 더욱 친밀해졌다고 하였다. 등우가 짐에게 의탁한 뒤에 적장을 물리치고 혁혁한 공을 세웠으니 특별히 사도에 임명하고 찬후鄭侯로 봉하며 식읍 1만 호를 내리겠노라."

유수는 정중함을 표하기 위해 조서 끝에 '존경하는'이라는 말을 덧붙였다. 그리하여 등우는 겨우 24세의 나이에 명실상부한 만호후萬戶侯가 되었다. 난세를 만나지 않았다면 군인 출신으로 어찌 그런 영광을 누릴 수 있었겠는가! 그렇기 때문에 당나라 때 시인 이하李賀도 이렇게 탄식하지 않았던가!

"잠시 능연각凌烟閣에 올라보라. 만호후에 오른 공신들 중 누가 서생인가?"

모든 일이 순조롭게 진행되자 등우는 계속해서 진군하였다. 아지衙地 일대에서 갱시제의 중랑장 공승흡公乘歙의 10만 대군이 앞을 막아섰지만, 등우의 대군을 막을 수는 없었다. 등우는 공승흡을 대파하였다. 이미 낙양에 적미군이 입성한 뒤라 대군이 지나는 곳마다 심하게 파괴되어 있었고 삼보 지역의 백성들은 살 곳을 찾아 헤매고 있었다.

등우는 승세를 이어서 서쪽으로 갔다. 그는 군대의 기율을 엄격하게 하여 백성들에게 피해를 주지 않고 민심을 얻었다. 남녀노소 모두 그의 군대로 몰려들었다. 군대에 입대하는 자도 계속해서 늘어서 1백만 대군이라 할 정도로 병사 수가 급증했다. 백성을 살뜰하게 살피는 등우의 명성은 관서 지역으로 금세 퍼져나갔고 유수의 귀에까지 들어갔다. 유수는 유학자적 기질을 가진 제왕으로 등우 같은 장군을 매우 소중하게 여기고 여러 차례 조서를 내려 표창하였다.

등우 수하의 장수들은 승세를 틈타 단숨에 장안을 공격하여 함락시킬 것을 권하였다. 그렇지만 등우는 거절했다.

"우리 군대의 수가 많기는 하나 진짜 전쟁을 해본 사람이 적고 군량도 충분하지 않다. 적미군은 낙양에 입성한 지 얼마 되지 않았으니 군수품이 풍족하고 사기도 높을 테니 그 기세를 막을 수 없을 것이다. 하지만 결국은 오합지졸을 모아놓은 것에 불과하니, 분명 오래가지 못하고 재물로 인해 변고가 일어날 것이다. 내가 보기에 분명 내분이 발생하여 낙양에 오래 머물지 못한다. 상군上郡, 북지군北地郡, 안정군安定郡은 땅이 넓고 사람은 적으며 자원이 풍부한 지역이다. 나는 군대를 그쪽으로 이동해 휴식을 취하면서 조용히 변화를 지켜보려고 한다."

그리고 군대를 이끌고 북쪽 순읍栒邑으로 올라갔다. 그가 가는 군현마다 문을 활짝 열고 투항하였다. 서하 태수 역시 아들을 보내 귀의해왔다.

관중이 아직 평정되지 않았고 낙양은 적미군의 수중에 있지만 등우는 수수방관하며 한참 동안 군사행동을 취하지 않았다. 사적인 이익까지 관계된 일에서 더 조바심을 내는 사람은 황제가 아니라 환관이고, 천하의 대사에 관해서 조바심을 내는 사람은 장군이 아니라 황제였다. 유수는 더 기다리지 못하고 조서를 내렸다.

"사도인 자네를 요임금에 비한다면 적미군은 걸왕과 같다. 지금 낙양의 인심이 흉흉하고 관리들은 의지할 곳이 없으니, 하루 속히 진격하여 토벌하고 낙양을 수복해야 한다."

등우는 유수의 재촉에도 전혀 동요하지 않고 자신의 주장을 견지하였다. 그는 군사를 보내 상군에 속한 현들을 공격하면서 장수 풍음馮愔과 종흠宗歆을 보내 순읍을 지키도록 하였다. 그리고 자신은 병사들을 이끌고 북지군으로 가서 휴식을 취하며 대오를 정비했다.

장군이 밖에 나가면 군주의 명을 모두 따르지는 않는다. 후일 당나라 때 '안사의 난'이 일어났을 때, 장수 가서한哥舒翰이 동관潼關을 지키고 있는데 안록산이 도발해왔다. 그런데도 가서한이 성을 지키고 출격하지 않자 당 현종이 재촉을 하였다. 그는 어쩔 수 없이 출병했지만 결국에는 대패하여 포로로 잡히고 말았다. 역사에는 이와 유사한 예가 많다. 자신만이 옳다고 여기는 황제나 황제가 보낸 감군監軍 사자의 재촉 때문에 출병하여 실패하거나, 자신의 의견을 견지하다 '오랑캐와 놀며 적을 봐준다'는 탄핵을 받고 파직당한 경우도 많다. 등우는 유수의 명을 어기고 자신의 의견을 고수하는 담력과 식견을 보여줬다. 결국 유수도 고집을 부리지 않고 등우의 말대로 행하였다. 이런 주군을 얻은 것은 등우의 복이라 하겠다. 물론 등우가 직접 고른 주인이니 운이라고만 할 수는 없을 것이다.

아무리 지혜로운 자라도 실수는 하는 법. 등우는 따라야 할 군주는 제대로 골랐지만 수하는 제대로 택하지 못했다. 순읍을 지키고 있던 풍음과 종흠이 권력을 두고 내분을 일으켰다. 풍음은 결국 종흠을 죽인 뒤 군사를 이끌고 등우를 공격해왔다. 등우는 유수에게 사람을 보내 이 사실을 알렸다. 유수가 풍음이 평소 가장 친한 사람이 누구냐고 묻자 사자는 호군護軍 황방黃防이라고 답했다. 제갈량이 금낭錦囊의 묘계로 위연魏延을 없앨 자가 마대馬岱라고 예측하였듯, 유수 역시 '풍음을 속박할 자는 분명 황방이다'라고 등우에게 알려주었다. 그리고 상서尙書 종광宗廣을 보내 투항을 권유하였다. 한 달 뒤 유수의 예상대로 풍음은 황방에게 잡혀 다시 후한에 귀의하였다. 풍음의 반란이 큰 화를 부르지는 않았지만, 등우에게는 후유증을 남겼다.

건무 2년(26년) 봄, 등우는 양후梁侯에 봉해졌다. 당시 적미군은 양식이 부족해지자 더 이상 낙양에 머무르지 못하고 서쪽 농서 지역으로 향하고 있었다. 그 틈에 등우는 군사를 이끌고 낙양으로 들어가 곤명지에서 3군의 공로를 표창했다. 그리고 길일을 택해 전한 왕조의 고묘高廟를 참배한 뒤 전한 황제 11명의 신위를 낙양으로 옮겨왔다. 신성한 임무를 마친 뒤 등우의 찬란했던 시절도 내리막길을 걸었다. 그는 병사들을 이끌고 연잠과 남전藍田에서 전투를 벌였지만 이기지 못했다. 그 후 한중왕 유가가 등우에게 투항해왔을 때, 등우는 오만하고 무례한 유가의 국상國相 이보를 참수하였다. 그로 인해 이보의 동생이 형의 복수를 위해 군사를 이끌고 등우를 공격해왔다. 그 전쟁에서 등우는 장수 경흔耿欣을 잃었다. 풍음이 반란을 일으킨 뒤 군대에서 등우의 명성은 날로 하락했고, 나중에는 군량이 부족해지자 병사들이 하나둘 도망쳤다.

서쪽으로 갔던 적미군은 외효에게 패하고 무장한 뒤 다시 낙양으로 돌아왔다. 등우와 적미군이 대결을 벌인 결과, 낙양은 원래 주인인 적미군에게 돌아갔다. 등우는 고릉으로 패주하였다. 퇴각하는 길에 등우의 병사들은 얼굴이 누렇게 뜰 정도로 굶주림에 시달렸다. 관동에 처음 진입했을 때의 위풍당당함은 더 이상 찾아볼 수 없었다. 유수는 그 소식을 듣고 등우를 조정으로 불러들인 후 조서를 내렸다.

"적미군은 식량이 없으니 분명 동쪽으로 돌아올 것이다. 우리는 그때를 기다렸다가 그들을 처리하면 된다. 너희들은 걱정하지 말고 다시는 경거망동하여 출병하지 않도록 하라."

등우는 조서를 받고 매우 부끄러웠다. 몇 차례 전쟁에서 연신 패배했으니 면목이 없었다. 그는 승리해서 체면을 되찾겠다는 뜻을 세우고 지친 병사들을 억지로 끌고 나가 적미군과 격전을 벌였다. 고향 생각이 간절했던 적미군은 동쪽으로 돌아가고 싶은 마음에 목숨을 걸고 싸웠다. 그러나 연신 패배를 맛본 등우는 점점 악화일로로 치닫는 형세를 종결짓듯이 마지막으로 처절한 고배를 마셨다. 등우는 24명의 기병과 함께 의양宜陽까지 패주하였고, 대사도와 양후의 수인까지 유수에게 내놓았는데, 유수는 대사도라는 직위는 파면했지만 양후란 작위는 그대로 두었다. 그리고 몇 달 뒤 다시 등우를 우장군으로 임명하였다. 그러나 등우는 점차 전쟁터에서 물러났다. 우장군에 임명된 이듬해 대장군 등엽鄧曄과 같이 연잠을 격파한 후, 농서와 촉 정벌전에서는 그의 모습을 볼 수 없었다.

건무 13년(37년), 공손술을 멸한 후에야 천하가 평정되었다. 유수는 공신들을 책봉했다. 그는 등우가 적미군에게 여러 번 패하긴 했지만 큰 공로를 인정하여 고밀후에 봉하였고, 등우의 동생에게도 제후의 작위를 내렸다. 유수는 천하를 얻자마자 바로 다스리지 않고, 전쟁이 끝난 뒤 먼저 문교文教를 정비하기 위해 정벌에 참여했던 전후좌우 장군을 모두 해임했다. 등우는 우장군에서 내려온 뒤 특별히 명을 받아 조정을 보좌하는 영광을 누렸다.

등우는 광무제에게 총애를 받으면서도 항상 한쪽으로 물러나 겸손하게 처신하고, 소박하고 성실하게 행하였으며 어머니에게도 효도를 다했다. 천하가 평정된 후 등우는 명예와 권세를 멀리하고자 했다. 부귀를 부러워하지 않았던 그는 봉록만으로 생계를 꾸렸다. 그는 자손들에게도 매우 엄격하여 가문을 바로잡아 후세의 본보기가 되도록 하였다. 13명의 자녀들에게 각자 기예를 하나씩 배우게 하였다. 그리하여 등 씨 가문은 후한에서 손에 꼽히는 명문가가 되었으며, 그의 가문을 따를 만한 일족이 없었다. 『후한서』에는 다음과 같은 기록이 있다.

"등우가 중흥한 뒤로 등씨 가문은 대대로 부귀영화를 누렸다. 제후에 오른 자가 29명, 공公이 된 자가 2명, 대장군 이하의 직위에 오른 자가 13명, 품계가 중中이고 2천 석石의 봉록을 받은 자가 14명, 열교列校에 오른 자가 22명이었다. 주목州牧, 군수郡守에 오른 자는 48명이었고, 그밖에 시중장侍中將, 대부大夫, 낭郎, 알謁에 올랐던 자는 셀 수 없을 정도라 낙양에서 비할 만한 가문이 없었다."

유수 역시 이 때문에 등우를 더욱 존경하였고 나중에 다시 대사도로 봉했다.

명제가 즉위한 뒤 등우는 광무제 때의 공신들 중 으뜸이었기 때문에 태부太傅로 임명되었다. 그에게 존경을 표하는 뜻에서 명제는 특별히 등우에게는 천자를 알현할 때 동쪽을 향해 보도록 하였다. 보통 신하들은 황제를 알현할 때 북쪽을 향했다. 나중에 등우가 병에 걸리자 명제는 어가를 타는 수고도 마다하지 않고 여러 번 직접 병문안을 다녀오기도 했다.

영평 원년(58년), 등우는 병으로 세상을 떠났다. 그의 나이 57세로, 사후 '원후元侯'라는 시호를 받았다. 원후의 원元자는 으뜸이라는 뜻이다. 명제는 후일 후한의 개국공신을 기념하기 위해 특별히 장군 28명의 그림을 그려 남궁南宮 운대에 넣었는데, 그중 등우의 것이 첫 번째로 놓였다. 생전에 존경과 총애를 받았던 등우는 죽어서도 최고의 대우를 받았다. 사실 후한의 신하들 중에서 등우보다 큰 공로를 세운 사람들은 많다. 그러나 유수는 등우의 공을 최고로 보았는데, 그 이유는 등우의 겸허한 품성과 덕 때문일 것이다. 『상서』에서는 '교만하면 손해를 부르고 겸손하면 이익을 얻는다'고 하였다. 등우는 그리하여 총애를 받을 수 있었다.

後漢書 들여다보기

역사적으로 황제는 개국공신들을 기리기 위해 초상화를 그리도록
했다. 후한의 운대 이십팔장 이외에도 유명한 공신으로는 당대唐代
의 '능연각 공신'들이 있다. 정관貞觀 17년(643년), 당 태종은 화가
염립본閣立本에게 능연각에서 당 초기의 원로 손무기孫無忌, 두여회
杜如晦, 위징魏徵 등 공신 24명의 초상을 그리도록 명했다. 그래서
후일 이하가 '잠시 능연각凌烟閣에 올라보라, 만호후에 오른 공신
들 중 누가 서생인가?'라고 한 것이다. 세월이 지나면서 초상화가
점차 퇴색되자 조정에서는 사람을 시켜 다시 색칠할 것을 명했다.

당 태종   두보

그리하여 두보杜甫가 「단청인丹靑引」에서 '능연각 공신의 초상이
오래 되어 안색이 희미했는데, 조 장군이 붓을 대니 얼굴에 생기가
도는구나!'라는 시구로 화가 조패曹霸를 칭찬하였다.

◉ 주요 인물
　오한

◉ 주변 인물
　팽총, 잠팽, 유상

◉ 키워드
　위엄 용맹, 신중, 청렴결백

◉ 중대 사건
　유주에서 병사를 탈취하다, 지혜로 사궁을 격파하다, 성도를 피로 물들이다

◉ 고사
　차강인의 垞强人也, 한 나라에 중대한 영향을 미치는 자

◉ 이야기 출처
　『후한서』 「오개진장 吳蓋陳臧 열전」

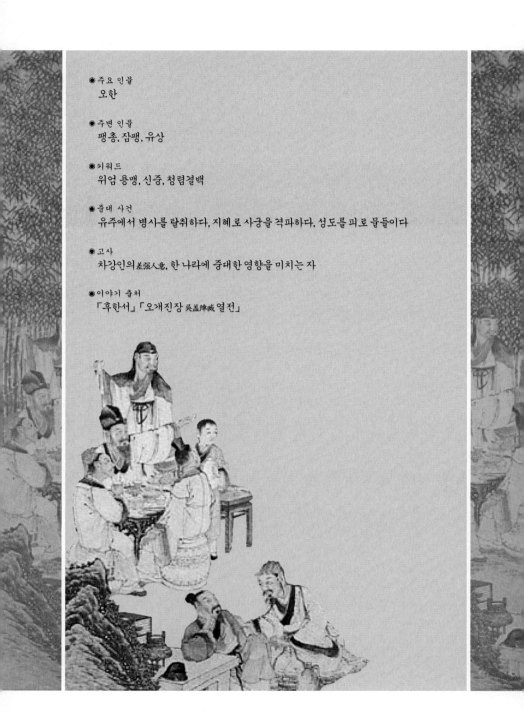

吳汉

오한 : 위엄 있는 자

부유한 상인을 일컬어 부가 한 나라와 맞먹는다고 말한다. 한 장수의 용맹함과 위엄도 마찬가지로 나라에 견주어 정도를 가늠할 수 있다. 세류細柳에서 군사를 위로한 일화로 유명한 전한의 장수 주아부周亞夫는 '좋은 장수를 얻으면 한 나라와 대적할 수 있다'라고 말했었다. 평범한 말 같지만 유수에게는 정말 그런 장수가 있었는데, 바로 후한의 개국공신 오한이다.

오한(?~44년)은 자가 자안子顔으로 남양 완지(宛地: 지금의 하남성 남양) 사람이다. 어린 시절엔 집안이 가난하였지만 현에서는 정장(亭長: 10리마다 설치된 정후의 통솔자)을 맡았다. 한 고조 역시 정장 출신이었는데, 정장이란 직위를 우습게 봐서는 안 된다. 왕망 정권 말년, 오한은 자신의 빈객이 법을 어기는 바람에 북쪽의 어양군까지 도망가야 했다. 그는 먹고 살기 위해 말을 팔아 생계를 유지하면서 유연幽燕 지역을 왕래하였는데, 연조燕趙 일대는 진시황을 살해하고자 했던 형가부터 '연燕나라 사람 장익덕張翼德이 여기 있다'고 외친 장비張飛까지, 열성적인 의협지사들이 많은 곳이었다. 오한은 영웅을 많이 배출한 그 땅에서 쉽게 호협들과 교제하여 멀리까지 명성을 날렸으며, 영웅적 기개와 타고난 늠름한 기상을 길렀다. 그곳에서 보고 들은 경험들은 훗날 그가 전쟁을 할 때 큰 이점으로 작용했다. 갱시제는 황제로 칭한 뒤 하북 지역에 사자를 보내 순시하게 하였다. 그때 누군가 사자에게 오한이 기인이라고 추천하며 무슨 일이 있으면 그와 함께 의논하라고 제안했다. 사자는 오한을 불러 오랜 시간 이야기를 나누어보고 역시 듣던 명성과 다름없다고 여겼다. 그리고 오한을 현령으로 임명하였다.

얼마 뒤 왕랑이 전한 성제成帝의 후손이라고 자처하며 한단에서 황제로 칭하였다. 북방 각지 사람들은 어디로 귀의해야 할지 몰라 혼란에 빠졌다. 오한은 유수가 충직하고 온화하다는 명성을 듣고 그에게 귀의하고자 하였다. 그래서 어양 태수 팽총에게 말하기를 유수에게 의탁한 뒤 어양군과 상곡군上谷郡의 정예병을 모아 왕랑을 협공할 것을 제안했다. 팽총은 전부터 그럴 뜻을 가지고 있었지만 그의 수하 관리들이 왕랑에게 의탁하고자 해서 쉽게 결정을 내리지 못했다. 오한은 혼자서는 역부족임을 깨닫고 인사를 하고 나왔다. 그가 장정(長亭: 역사)에 앉아 어떤 기책으로 팽총을 설득할지

고민하고 있을 때, 우연히 지나가던 유생 차림의 젊은이를 보고 측은한 마음이 들어 그를 불러 식사를 대접하며 길에서 보고 들은 것에 대해 물었다. 유생은 유수의 대군이 도착한 군현마다 모두 귀의하였고, 한단의 왕랑은 유 씨 종친의 후예가 아니라는 사실을 알려주었다. 오한은 한 번의 자선을 베풀고 큰 고민거리를 해결하게 되어 매우 기뻤다. 그는 유수를 사칭하여 쓴 격문을 팽총에게 전해주고 길에서 보고 들은 일을 사실대로 알려주라고 유생에게 부탁했다. 그 후 오한이 다시 찾아가 설득하자 팽총은 드디어 결심을 하고 오한의 군사를 남쪽의 유수에게 보냈다. 가는 길에 오한은 계지를 격파하고 왕랑의 장수 조굉趙閎을 주살하였다. 광하廣河 일대에 도착한 오한은 유수에게 의탁하였다. 유수는 오한을 평장군에 임명하고 얼마 뒤 한단을 격파한 공을 인정해 건책후建策侯로 봉했다.

오한이 팽총을 속이기는 했지만 이규 같은 무리와는 달랐다. 위의 일로 미루어 오한이 현란한 말솜씨를 가졌으리라고 기대한다면 오산이다. 사실 그는 전형적인 무인으로 말주변이 없는 사람이었고, 종종 자신의 뜻을 잘 전달하지도 못했다. 그의 이런 단점은 오히려 그를 도왔다. 유학 경전을 배운 적이 있는 유수는 '의지가 굳고 소박하며 어눌하면 인仁에 가깝다', '교언영색巧言令色한 자 중 어진 자가 드물다'라는 공자의 말을 잘 알고 있었다.

오한과 비슷한 예는 선현 중에서도 찾아볼 수가 있다. 전한시대의 진평陳平은 지모에 능하고 세 치 혀를 잘 놀렸지만 유방에게 의심을 받았고, 주발周勃은 질박하고 충직하여 신임을 얻었다. 등우는 오한이 말을 잘하지는 못해도 속은 알찬 사람이란 것을 알고 여러 번 유수에게 추천하였다. 한 번은 유수가 유주幽州의 병사를 징발하기 위해 사람을 보내고자 하는데 누가 좋은지 등우에게 물었다. 등우는 이렇게 대답했다.

"제가 오한과 몇 번 이야기를 나눠봤는데 용맹하고 지략도 있는 사람입니다. 다른 장수들과 비교할 수 없지요."

이런 상황은 소하蕭何가 유방에게 한신을 추천했을 때와 비슷하다. 유수는 오한을 대장군으로 임명하고 부절을 들고 북지로 가서 각 군의 병마를 이끌고 오도록 하였다. 당시 유주목 묘증苗曾은 갱시제의 사람이었는데, 유수가 병력을 장악하고 있어서 쉽게 제압하지 못할 것을 걱정하여 중간에서 방해하여 각 군에 오한의 지시를 따르지 말라는 밀서를 보냈다. 묘증은 오한이 20명의 기마병만을 데리고 온 것을 보고 아무런 방비도 하지 않은 채 그를 접견하러 갔다. 영웅다운 담략을 지닌 오한은 묘증을 보자마자 없애버렸다. 먼저 대단한 기세로 위압하고 난 뒤 그의 군사를 탈취할 수 있었다. 유주 일대는 그 소식을 듣고 매우 놀랐다. 각 현에서는 그의 위풍을 듣고 복종하였다. 그리하여 오한은 순조롭게 말과 병사를 데리고 올 수 있었다. 장수들은 오한이 임무를 완수하고 돌아오자 하나같이 혀를 내두르며 감탄하였다.

"유주에서 자네에게 이리 쉽게 병사를 내어주다니!"

그리고 그가 데려온 군사를 배치할 때, 각 장수들이 다다익선이란 태도를 보이자 유수는 이를 비난하였다.

"일전에 유주에서 병사를 내주지 않을까봐 겁내던 자들이, 오늘은 왜 이렇게 많은 병사를 바란단 말이냐?"

장수들은 그 말을 듣고 부끄러워하였다.

왕랑이 거병하였을 때 갱시제가 보낸 상서령尚書令 사궁謝躬이 병사를 이끌고 토벌에 나섰지만 성공하지 못했다. 나중에 유수와 함께 협공한 뒤에야 한단을 평정할 수 있었다. 사궁이 업성鄴城에 주둔하며 수하 장수들을 방종하게 놔두어 약탈을 일삼자 유수는 불만을 품고 그를 없앨 뜻을 세웠다. 유수는 아무런 내색도 하지 않고 직무에 충실하다며 사궁의 칭찬을 늘어놓았다.

"상서야말로 진정한 관리입니다."

그렇기 때문에 사궁은 유수를 경계하지 않았다. 얼마 후 유수는 사궁에게 말했다.

"제가 청독군을 공격하여 승리를 한다면 우래군尤來軍이 산양山陽에서 분명 허겁지겁 도망칠 것입니다. 그때 장군이 즉시 그들을 잡으십시오."

사궁은 유수가 자신을 이용하여 이익을 취하려는 계책임을 알아채지 못하고, 도리어 자신을 돕는다고 여기며 좋다고 허락하였다. 얼마 후 우래군이 북쪽으로 도주하자 사궁은 병사들을 데리고 출병하였다. 성에는 태수 진강陳康이 남아 성을 지켰다. 궁지에 몰린 우래군이 결사전을 벌이자 사궁은 대패하였다. 유수는 사궁이 군사를 데리고 성을 비운 사이에 오한과 잠팽에게 업성을 함락시키라고 명하였다.

오한은 세객을 보내 진강을 설득하는데 성공하여 칼에 피 한 방울 묻히지 않고 업성을 점령하였다. 패배하고 돌아온 사궁은 업성이 오한에게 함락됐다는 사실을 모르고 성안으로 들어갔다가 결국 후한의 군대에게 잡혔고, 오한이 도착했을 때 업성은 잠팽 앞에서 무릎을 꿇고 살려달라고 애원했다. 오한은 귀찮다는 듯 말했다.

"곧 귀신이 될 놈과 떠들어서 뭐하겠느냐?"

불쌍하게도 사궁은 그의 칼에 맞아 저승으로 갔다. 후일 유수가 북쪽을 정벌할 때 오한은 5천 명의 기병과 함께 선봉대로 나서 적진 깊숙이 돌진하여 적을 함락시키며 많은 전공을 세웠다. 하북 지역을 평정한 후 제위에 오른 유수는 오한을 대사마, 무양후舞陽侯로 봉했다.

건무 2년(26년), 오한은 장수들—그중 유수의 처남을 제외한 나머지 8명은 후일 운대 이십팔장에 꼽혔다—을 거느리고 단향檀鄉 농민군을 업성 동쪽 장수漳水에서 대파하였다. 당시 투항한 자가 10만 명에 달하였다. 유수는 사람을 보내 오한을 광평후廣平侯에 봉하고 4개 현을 식읍으로 내렸다. 이후 그는 업성 서쪽의 도적을 격파하고, 남양, 진풍秦豐을 점령하였으며 장문張文을 격퇴하고 동마를 공격하였다. 오한이 파죽지세로 밀어닥치자 적들은 뿔뿔이 흩어져 패주하였다. 소무를 공격할 때 뜻밖의 사태만 발생하지 않았다면 막힘없이 순조롭게 승리를 얻을 수 있었다. 소무는 양지梁地에서 천자로 칭한 유영의 수하였다. 소무가 광락廣樂에서 오한에게 포위되자 유영은 수하 장수에게 10만 병사를 내주며 구원군으로 보냈다. 오한은 경기병을 이끌고 그들과 맞서 싸웠지만 형세가 불리하였다. 그가 말에서 떨어져 무릎에 상처를 입고 진영으로 돌아오자 장수들은 걱정을 나타냈다.

"장군님께서 적에게 부상을 입었으니 병사들이 동요할까 두렵습니다."

오한은 버럭 화를 내며 상처를 싸매고는 소를 잡아 3군을 포상하라고 명한 뒤 격려의 말을 건넸다.

"적군의 수가 많긴 하나 모두 오합지졸에 불과하다. 그들이 이긴다면 앞다퉈 약탈을 할 것이고, 진다면 서로 구해주지도 않을 것이다. 모두 절개도 의리도 없는 자들이다. 제후에 봉해지는 일이 멀지 않았으니 모두 수고하길 바란다."

전쟁이 임박하자 오한은 갑옷을 걸치고 미늘창을 들고 진영에 나가 전투를 독려하며 명을 내렸다.

"제군들은 북소리가 나면 큰소리로 외치며 전진하라. 뒤처지는 자는 참수한다!"

후한 군대는 물질적, 정신적 격려를 받고 투지에 불타 앞다투어 나가 싸웠으며 소무의 군대를 대파하였다. 그 후 오한은 군대를 이끌고 바로 유영의 근거지로 돌진하여 수양睢陽을 함락시켰다.

건무 4년(28년), 오한은 오교五校 농민군을 격파하고 오원군五原軍을 평정하였다. 격성鬲城의 5개 성 씨가 성을 근거지로 반란을 일으키자 장수들은 오한에게 공격할 것을 요청했다. 호전적으로 보였던 오한은 뜻밖에도 그 청을 거절하였다.

"격성에서 반란이 일어난 것은 전부 수령의 죄 때문이다. 다시 말해 관이 반란을 일으키도록 만든 것이다. 몰래 출병하는 자는 참수하겠다."

오한은 수령을 잡고 반란자들을 사면해주겠다는 격문을 성에 전달했다. 그러자 성안 사람들은 매우 기뻐하며 즉시 성문을 열고 투항하였다. 장수들은 이 일에 탄복하였다.

"전쟁을 하지 않고도 성을 함락시키다니 우리들은 절대로 할 수 없는 일이다!"

이 일화는 오한이 용맹하고 전쟁에 뛰어나지만 절대로 전쟁을 좋아하는 일개 무장이 아니라는 사실을 보여주고 있다. 그렇기 때문에 후일 오한이 성도에서 도륙을 저지르리라고는 전혀 예상하지 못했다.

이듬해, 오한은 군사를 이끌고 부평富平을 포위하였다. 획삭군獲索軍을 공격하였을 때 적군 3만여 명이 밤중에 후한 군영을 급습하였다. 진영이 소란스러웠지만 오한은 편안하게 누워 꼼짝도 하지 않고 태산이 무너지기 전까지는 안색 하나 변하지 않는다는 기개를 보였다. 총통솔자가 침착한 모습을 보이자 진영도 곧 안정을 되찾았다. 오한은 그날 밤 즉시 군대를 이끌고 반격하여 적군을 대파하였다. 그는 1년이란 시간을 들여 동헌董憲을 토벌한 뒤 동쪽의 전쟁을 마무리 지었다. 오한은 군대를 이끌고 낙양으로 개선하였다가 북서쪽의 외효가 반란을 일으켰다는 소식을 듣고 장안에 주둔했다. 이로써 그의 군사 행동도 잠시 일단락을 지었다.

건무 8년(32년), 오한은 다시 유수를 따라 서쪽의 외효 정벌에 나섰다. 외효가 서성에서 포위되었을 무렵 동쪽이 다시 소란스러워지자 유수는 먼저 황성으로 돌아갔다. 그는 황성으로 돌아가기 전 오한에게 당부하는 말을 남겼다.

"아직 각 군에서 징집해온 병사들이라 양식을 소모하기만 하고 군대 기강도 엄하지 못하다. 만약 도망자가 있다면 병사들이 동요할 수 있으니 일단은 해산시키도록 하라."

그러나 오한은 사람이 많으면 힘도 커진다는 순진한 생각으로 군사 수를 줄이려 하지 않았다. 그 결과 유수의 말대로 외효는 촉의 공손술이 보낸 구원병이 도착하여 후한의 군대를 대파하였다. 전쟁에서 후한의 승리가 거의 확실한 상태였는데 농서 각지를 다시 외효에게 빼앗기고 만 것이다.

그렇지만 북서 지역은 결국 평정되었다. 건무 11년(35년), 오한은 잠팽을 이끌고 남서쪽의 공손술 정벌에 나섰다. 광도廣都를 공격한 뒤 유수가 유시를 내렸다.

"성도 수비군이 10만에 달하니 절대로 적을 가볍게 봐서는 안
된다. 광도를 굳게 지키는데 신경 쓰고 힘을 비축하면서 적이 공격
하기를 기다려라. 먼저 교전할 필요는 없다. 만약 적이 공격하지
않는다면 병사를 보내 소동을 피워 적을 힘 빠지게 만든 후에 출병
하라."

오한은 일이 순조롭게 풀리자 공격을 멈출 수가 없었다. 그래서
2만 명의 병마를 이끌고 성도를 압박하였다. 그는 성에서 10여 리
떨어진 강북에 주둔하고 유상에게 1만여 명을 내주며 강남에 주둔
하도록 명했다. 두 진영이 서로 20여 리 떨어진 곳에 있었다. 유수
는 그 소식을 듣고 대경실색하며 조서를 내려 오한을 질책했다.

"자네에게 여러 차례 분명히 밝혀두었는데 일을 앞두고 어찌 이
리 혼란하게 만드는가? 적을 경시하고 깊숙이 돌진해 군대를 나누
어 주둔했으니, 돌발 상황이 발생한다면 서로 도와줄 수 없을 것이
며 결국에는 패할 것이 자명하다. 속히 병사를 데리고 광도로 회군
하라!"

이러한 불 보듯 뻔한 경고는 보통 급할 때 도움이 되지 않고, 그
저 뒷북치는 것에 불과했다. 유수의 조서가 도착하기도 전에 공손
술은 이미 부하 사풍謝豊에게 10여만 명의 군대를 내주며 오한을
공격할 것을 명했다. 그리고 군대를 나누어 유상을 포위하여 오한
을 돕지 못하게 막았다. 오한은 사풍과 하루 동안 전투를 벌였으나
전세는 오한에게 불리하게 돌아갔다. 오한의 진영은 포위되었다.

절망적인 상황에서 살기 위해 오한은 장수들을 불러 격려하였다.

"모두 1천 리를 전전하며 전쟁을 벌이다 적진까지 깊숙이 들어오게 되었다. 오늘 성을 코앞에 두고 두 곳에 나뉘어 있으니 서로 도울 수가 없다. 그래서 나는 몰래 강남 진영으로 갈 생각이다. 만약 유상과 합병한다면 승산이 있을 것이다. 그렇지 않으면 죽음뿐이다. 승패는 이번 행동에 달려 있다."

그리고 사흘간 진영에서 나오지 않고 사방에 깃발을 세워놓았다. 그리고 이목을 속이기 위해 곳곳에 연기를 피웠다. 밤이 되자 오한의 군대는 어느새 귀신처럼 진영을 빠져나와 유상의 군대와 회합하였다. 그 사실을 눈치채지 못한 사풍은 빈 진영을 포위하고 사전에 계획한 대로 병사를 데리고 유상을 공격했다. 그러나 이와 같이 적에 대한 예상이 빗나가면 공격했을 때 패할 수밖에 없다.

오한은 사풍을 대파하고 위기를 넘기자 상소를 올려 자신을 자책하며 사죄하였다. 유수는 과정은 예상했지만 결과까지는 예측하지 못했다. 그는 조서를 내려 온건하게 처리하여 죄를 추궁하지 않았다. 오한은 8전 8승을 거두고 성도를 포위하였다. 그 뒤에 한 번 패배를 맛보았는데, 그것은 동이 트기 전의 어둠 같은 것이었다. 결국 오한은 촉을 함락시켰다. 그러나 그는 바로 전 전쟁의 패배로 장수 내흡과 잠팽 두 장수를 공손술에게 잃고 말았는데 이 일로 그는 성도를 함락시킨 후 엄청난 도륙을 벌였다. 평소 그의 성정에 비추어보면 예상하기 힘든 일이었다.

오한은 일처리가 엄격하고 신속하였다. 유수를 따라 출정나갈 때마다 한시도 기다리지 못하고 서둘렀다. 보통 아침에 조서를 받으면 저녁에 병사를 이끌고 출발했다. 흔히 장수들이 패배하게 되면 당황하여 어쩔 줄 몰라 했지만, 오한은 침착하고 태연하게 무기를 점검하고 병사들을 격려하였다. 유수가 사자를 보내 살펴보라고 하면, 벌써 대사마가 무기를 점검하며 다시 전쟁할 준비를 하고 있다는 보고를 받을 때가 많았다. 유수는 그 말을 듣고 탄복했다.

"오한으로 인해 든든하구나(差强人意). 위엄이 한 나라를 대적할 만하다."

오한은 조심스럽게 행동하며 공로를 믿고 방자하게 굴지 않았다. 더욱 대단한 것은 그가 죽음을 두려워하지 않았고 재물도 좋아하지 않았다는 사실이다. 이런 장수는 남송 때의 무장 악무목(岳武穆, 악비)이 꿈에 그리던 문무 대신이었다. 한 번은 오한이 정벌전을 하러 나간 틈에 가족들이 그가 모르게 땅과 재산을 사들였다. 집으로 돌아온 오한은 그 사실을 알고 불호령을 내렸다.

"나라에서는 연일 병사를 일으키고 있어 재화가 부족한데 어찌 이렇게 많은 땅과 집을 사사로이 살 수 있단 말이야?"

그리고 전부 나누어주었다. 집을 수리할 때도 안쪽만 고치고 저택 외관은 손보지 않았다. 아내가 죽은 뒤에는 장례를 소박하게 치렀다. 사당도 세우지 않고 작은 묘만을 만들었다. 이런 예에서 오한의 소박한 모습을 살펴볼 수 있다. 그래서 오한은 조정에서도 명성이 높았고, 공명을 얻고 좋은 말년을 보낼 수 있었다.

건무 20년(44년), 오한이 중병에 걸리자 유수가 병문안을 와서 그에게 유언이 없느냐고 물었다. 오한은 이런 말을 남겼다.

"신이 어리석어 잘 모르겠지만 폐하께서 너무 쉽게 죄인을 사면해주지 않았으면 좋겠습니다."

그리고 얼마 뒤 오한은 병으로 세상을 떠났다. 그에게는 '충후忠侯'라는 시호가 내려졌다.

오한은 운대 이십팔장 중 사실상 정벌전에서 가장 큰 공로를 세웠다고 말할 수 있다. 범엽范曄은 그를 '실로 머리를 높이 쳐든 용과 같다. 나머지는 용맹한 매에 불과하다'고 평가하였다. 용과 매라니 참으로 확연히 큰 차이다.

《後漢書》 들여다보기

오한이 성도에서 도륙을 저질렀다는 소식을 듣고 유수는 매우 노하며 조서를 내려 그를 크게 꾸짖었다. 그리고 그의 부장수 유상까지도 힐문하였다.

"성을 함락한 지 사흘이 되어 관리와 백성이 모두 항복하였다. 노인과 아이들이 1만 명이나 된다. 병사를 방임하고 불을 지르니 고기 타는 냄새가 코를 찌르기에 족하다. 자네는 종실의 자제이고 일찍이 백성을 위하는 지방 장관이었거늘 어찌 그리 할 수 있는가?"

오한

오한이 병사를 풀어 흉폭한 행위를 저지른 일은 선례가 되었다.

건무 2년(26년), 유수는 오한을 남양에 보내 갱시제의 장수를 평정하도록 명했다. 당시 그의 군대는 성을 함락한 후 남양에서 약탈을 저질렀다. 유수의 파로장군인 등봉鄧奉은 오한이 그의 고향에서 약탈을 저지르자 노여움이 극에 달해 반란을 일으켰다. 나중에 등봉이 잡혔을 때 유수는 오한에게 잘못이 있기 때문에 등봉을 너그러이 용서해주었다. 성을 함락한 후 부하를 방임한 오한은 군기를 엄격하게 했던 등우와 확연한 차이를 보였다. 이런 이유 때문에 오한은 등우보다도 높은 공을 세웠으면서도 공신들 중 으뜸으로 꼽히지 못하였다.

● 주요 인물
  구순

● 주변 인물
  경황, 주유, 가복, 고준

● 키워드
  군수품을 조달하다, 지모에 뛰어나다, 청렴하고 자기단속이 철저하다

● 중대 사건
  하내에 주둔하여 지키다, 지략으로 고평을 함락시키다

● 고사
  태수를 빌려달라고 하다

● 이야기 출처
  『후한서』 「등구鄧寇열전」

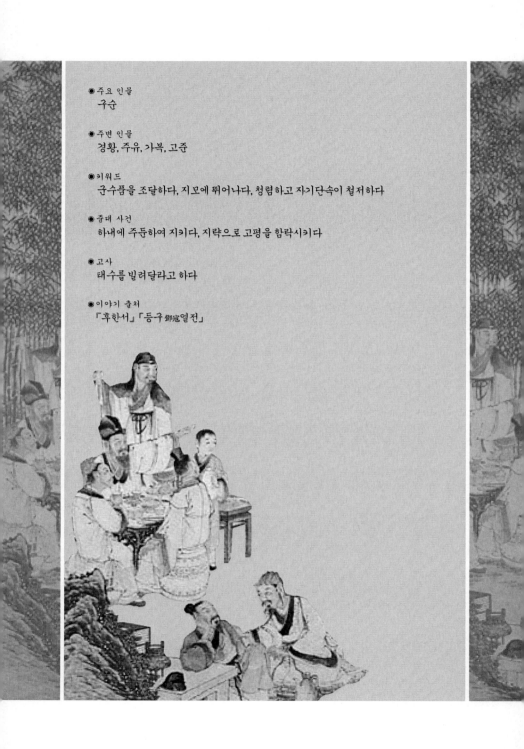

寇恂

구순 : 유수의 '소하'

전한을 세운 뒤 한 고조는 자신이 성공할 수 있었던 이유에 대해 다음과 같이 이야기했다.

"막사에서 계획을 짜는 것이 1천 리 밖의 승리를 결정하는데, 그런 면에서 나는 자방(子房, 장량)만 못하다. 나라를 안정시키고 백성을 위로하며 군수품을 공급하여 식량이 도중에 떨어지지 않게 해야 하는데, 그 점에 있어서 나는 소하만 못하다. 또한 백만 대군과 전쟁하여 승리하고 공격하여 탈취하는 일에서는 한신만 못하다."

장량, 소하, 한신은 이런 이유로 단연 한나라 초기의 삼걸三傑로 꼽혔다. 그중 소하가 초한전에서 후방을 안정적으로 지킴으로써 유방이 안심하고 전쟁을 할 수가 있었으니 으뜸가는 공신이라고 볼 수 있다. 후한시대 유수에게 소하와 같은 역할을 한 사람이 있는데, 그가 바로 구순寇恂이다.

구순(?~36년)은 자가 자익子翼으로 상곡군 창평현(昌平縣: 지금의 북경北京에 속함) 사람이다. 그의 집안은 대대로 내려오는 명문가였다. 왕망 정권 때 구순은 군에서 공조에 올라 군리의 임면과 정사를 담당하여 태수 경황에게 깊은 신임을 얻었다.

갱시제는 황제로 옹립된 뒤 상곡군에 사자를 보내 먼저 투항하는 자에게는 기존의 관작을 그대로 주겠다고 밝혔다. 구순은 태수 경황과 함께 군의 접경지까지 나가 사자를 맞이하며 귀의의 뜻으로 태수의 인수印綬를 건넸다. 이것은 예의상 취해지는 의식이었다. 그런데 사자는 진나라 왕이 인상여藺相如의 화씨벽(和氏璧: 춘추시대 초나라 변화卞和가 발견한 보옥)을 받았을 때처럼 관인을 받은 뒤 돌려줄 생각이 없었다. 구순은 저녁까지 아무런 낌새가 없자 참지 못하고, 다음 날 직접 병사를 이끌고 관인을 빼앗으러 갔다. 사자는 남의 근거지에서도 천자의 사신이라는 신분만 믿고 오만한 말투로 힐문했다.

"나는 천자의 사자이니라. 어찌하여 감히 공조 따위가 나를 위협하는 것이냐?"

구순은 담담하게 대답했다.

"위협이라니 감히 어찌 그러겠습니까? 지금 천하가 안정을 되찾은 지 얼마 되지 않아 조정의 신의가 아직 알려지지 않았습니다.

사군使君께서 명을 받아 사방을 순시하러 오셔서 군에서는 모두 귀의하기를 학수고대하고 있습니다. 그러나 사군께서 상곡군의 신임을 잃으면 사람들이 크게 실망할 것입니다. 그럼 어떻게 다른 군을 호령할 위신이 서겠습니까? 경 태수님께서는 상곡군에 부임한 지 오래라 사인들의 두터운 존경을 받고 있습니다. 그런데 갑자기 태수를 바꾼다면 변란이 일어날까 두렵습니다. 이는 다 사군을 위한 것입니다. 태수에게 인수를 돌려주고 백성들을 안심시키시는 것이 어떠신지요."

구순이 갖은 방법을 다 써서 사자의 손에 들어간 관인을 곱게 돌려받으려고 하였다. 그러나 그것은 야수에게 먹이를 빼앗는 것과 같았다. 사자가 인수를 내놓지 않자, 구순은 무력을 쓰는 수밖에 없었다.

그는 사자의 명을 사칭하여 경황을 불렀다. 그리고 사자의 손에서 억지로 관인을 빼앗아 경황에게 주었다. 강압적 수단으로 탈취하였으니 똑같이 힘으로 빼앗은 것뿐이었다. 사자는 구순이 기어코 가져갈 것을 알고 어쩔 수 없이 씁쓸함을 억누르며 갱시제를 대신하여 경황을 태수로 봉하였다.

상곡군은 군대가 뛰어나고 식량도 풍족한 데다 지리적으로도 중요한 위치에 있었다. 왕랑은 황제에 오른 뒤 전략가들이 탐내는 땅인 상곡군을 주시하였다. 그는 사자를 보내 귀의할 것을 권하며 구순에게 병사를 일으켜 도와줄 것을 요구했다. 경황이 머뭇거리며 결정하지 못하자 구순이 옆에서 충고를 했다.

"왕랑은 막 기병하여 절대로 믿을 수 없습니다. 왕망 정권 시기에 반란을 일으켰던 사람은 남양의 유연뿐이었습니다. 듣자하니 유연의 동생 대사마 유수가 현자에게 예를 다하여 대하니 사인들이 그에게 의탁하고 있다고 합니다. 태수님을 위한다면, 차라리 유수에게 귀의하는 것이 더 나을 듯합니다."

경황은 왕랑의 세력이 강성하여 대적하였다가 자신의 힘으로는 대항할 수 없을까 걱정하였다. 구순은 그 점을 예견하고 미리 대책을 마련해두었다. 그는 어양군 태수 팽총에게 연통하여 두 군이 같이 협력한다면 왕랑은 근심이 되지 않는다고 설득했다. 경황은 팽총과 결탁하기 위해 구순을 보냈다. 팽총 역시 그럴 뜻을 가지고 있던 터라 둘은 바로 연합을 맺을 수 있었다.

구순은 근심이 사라지자 상곡군으로 돌아와 병사를 일으켜 왕랑의 사자를 습격하고 그의 군대를 병탄하였다. 그리고 경황의 아들 경엄과 함께 남쪽으로 내려가 유수에게 의탁하였다. 당시 유수는 하북 일대에서 왕랑의 전령에게 잡혔다가 막 도망쳐 나와 한숨을 고르며 왕랑을 공격할 기회를 노리고 있었다. 때마침 유수는 공격할 세력이 부족한 것이 근심이었는데, 병마가 필요한 시점에 구순이 귀의해왔으니 유수에게는 큰 도움이 되었다. 그리하여 유수는 구순을 편장군으로 삼고 승의후承義侯로 봉한 뒤 왕랑을 격파하였다.

유수가 하내河內 지역을 평정하였을 무렵, 갱시제의 대사마 주유는 대군을 낙양에 주둔시키고 황하를 사이에 두고 하내를 예의주시하고 있었고, 또한 병주幷州도 아직 평정되지 않은 상황이라 안팎으로 근심거리가 있었다. 유수는 당시 하내를 지킬 적임자가 없어 걱정하며 심복인 등우에게 자문을 구했다. 등우는 일전에 구순과 함께 책략을 모의하면서 그의 재능에 탄복하여 가끔 술을 주고받을 정도로 깊은 교분을 맺고 있었다. 등우는 구순의 재능을 믿고 유수에게 그를 추천했다.

"옛날 한 고조가 소하에게 관중을 지키도록 명한 뒤에는 근심걱정 없이 동쪽의 전쟁에 전념할 수 있었습니다. 그리하여 결국 제업까지 이루게 되었지요. 하내는 물자가 풍부하고 살기 풍요로운 땅으로, 황하가 천연 요새 역할을 하며 북쪽으로는 상당上黨과 연결되어 있고 남쪽으로는 낙양을 압박할 수 있는 요충지입니다. 구순은 병법과 지략에 능한 장수감입니다. 하내를 지키는 중임을 맡기기엔 그가 제격이지요."

유수는 구순을 하내 태수, 대장군으로 삼고 단단히 일렀다.

"하내는 풍족한 곳으로 장차 이곳을 기반으로 대업을 이루고자 한다. 옛날 한 고조는 소하를 남겨 관중을 지키도록 하였다. 지금 하내를 지키는 중임을 자네에게 맡기겠다. 자네는 하내를 굳게 지키면서 남쪽의 주유가 하북으로 올라와 침입하는 것을 막고, 군량을 운송하고 군수품을 조달하는 중임을 맡아야 한다."

구순은 두 가지 임무를 혼자 감당해야 했다. 후일 유수가 북쪽의 연대(燕代: 하북성 북서쪽과 산시성 북동쪽) 지역을 토벌했을 때 구순은 기대를 저버리지 않고 병참 보급을 확실히 보장했다.

주유는 유수가 군대를 이끌고 북벌을 떠났다는 소문을 듣고 하내의 형세가 약해졌으니 기회가 왔다고 생각했다. 주유는 토난討難 장군 소무에게 3만 병사를 내주고 황하를 건너 하내 온지溫地를 공격하라고 명했다. 그 소식을 들은 구순은 즉시 군대를 이끌고 황급히 구원하러 떠나면서 각 현에서 병사를 일으켜 온지에 집결하여 소무에게 대항하라는 명을 내렸다. 사람들은 명을 듣고 간언을 올렸다.

"지금 낙양의 군대가 강을 건너 끊임없이 오고 있어 세력이 매우 강대하니, 다른 군대가 오기를 기다렸다 함께 맞서 싸웁시다."

그러나 구순은 단호했다.

"온지는 하내의 보호벽과 같은 곳으로 만약 함락된다면 군 전체를 지키기 어렵다. 그러므로 절대로 지체할 수 없다."

그리고는 군대를 이끌고 전력을 다해 달려가 다음 날 교전을 벌였다. 때마침 편장군 풍이가 보낸 구원군과 각 현에서 보낸 병력이 도착해 있었다. 군대의 위풍이 굉장했다. 구순은 대군과 함께 '유수의 군사가 도착했다!'라고 외쳤다. 소무의 군대는 그 소리를 듣고 두려워서 혼란에 휩싸였다. 구순은 그 틈을 타 공격하여 소무의 군대를 대파하고 황하 건너편 낙양성 아래까지 추격하였다. 그는 풍이와 함께 말을 타고 달려 낙양성을 가리키며 담소를 나눈 뒤 강을 건너 돌아왔다. 주유는 이 전쟁으로 인해 참담한 손실을 입었다. 황하에 빠진 병사가 1천 명에 달하며 포로로 잡힌 자는 수만 명에 달하였다.

그 후로 낙양성은 유수의 군대가 강을 건너 공격해올 것을 대비해 대낮에도 성문을 굳게 잠갔다. 북쪽에 있던 유수는 주유가 하내 각지를 공격했다는 소식을 듣고 매우 걱정하였으나, 얼마 뒤 유수는 구순에게 급보를 받고 크게 기뻐했다.

"구순이 중임을 해낼 줄 알고 있었다."

쇠뿔도 단김에 빼렸다고, 장수들은 희소식을 들은 김에 유수에게 제위에 오를 것을 권했다. 기쁜 일이 있으면 기분이 좋아진다. 전부터 제안을 계속 거절해왔던 유수는 그제야 황제의 자리에 오르기로 결심했다.

당시 유수가 사방에서 정벌전을 벌이느라 전쟁이 끊이지 않았고 그에 따른 군수품 소모도 많았다. 그때 관리를 담당하고 있었던 구순의 임무는 막중했다. 구순은 운수를 맡을 말이 부족하자 수레를 끄는 일에 백성들을 동원하여 공급이 끊이지 않도록 군량을 조달했다. 유수는 조서를 내려 구순을 위로하며 총애를 표하였다. 그때 친구 동숭董崇이 그에게 충고했다.

"황제께서 막 즉위하였으나 천하가 안정을 찾지 못했네. 자네는 대군을 손에 쥐고 중요한 군을 지키면서 민심을 얻었지. 얼마 전에는 소무를 격파하는 큰 공을 세워 이름을 날리지 않았나! 이런 때 자네를 헐뜯는 말이 생겨날 걸세. 전에 소하는 한 고조를 위해 한 중을 지켰지만, 한 고조는 안심하지 못하고 여러 차례 사자를 보내 위로하였다네. 소하가 포생鮑生의 의견을 받아들여 자신의 자제를 군에 인질로 보내자 한 고조는 그제야 매우 기뻐하였지. 헌데 지금 자네 수하의 장수들은 모두 일족들일세. 그러니 쉽게 의심을 불러 일으킬 테니 선인의 예를 거울로 삼게나."

구순은 그 일로 걱정이 되어 유수에게 병에 걸려 책임을 다할 수 없다는 상소를 올렸다. 그때 마침 유수가 낙양을 공격하기 위해 지나가다 하내를 지나게 되었다. 구순은 군대를 따라 정벌에 나가길 청하였지만 유수는 거절했다.

"하내에 자네가 없으면 안 되네."

구순은 수차례 그런 요청을 했지만 매번 거절당했다. 결국 그는 소하의 예를 따라 생질을 군으로 보냈다. 그 후 유수는 그를 더욱 후하게 대하였다.

하늘의 풍운을 예측할 수 없듯이 사람의 마음도 헤아리기 어렵다. 건무 2년(26년), 구순은 파직을 당했다. 어떤 일로 죄를 짓게 되었는지는 모른다. 정말로 법률을 어겨 마땅한 벌을 받은 것인지, 구순이 큰 공을 세워 명성을 날리면서 시기를 받아 중상모략을 당했는지는 알 수 없다.

그 후 얼마 뒤 영천潁川에서는 1만여 명의 도적떼가 반란을 일으켰다. 위급하면 훌륭한 장수를 찾게 되는 법, 구순은 곧 영천 태수에 임명되어 도적을 토벌하였다. 구순은 신속하게 도적을 토벌하는 데 성공하였고, 그로 인해 그는 옹노후雍奴侯로 봉해지고 식읍 1만 호를 하사받았다.

집금오執金吾 가복賈復의 수하 중 하나가 영천에서 살인 사건을 저질러 구순에게 잡혀 옥에 갇히게 되었다. 그 당시에는 나라를 세운 지 얼마 되지 않아, 법률이 완전하지 않았다. 따라서 군사들이 법을 어겨도 심하게 추궁하지 않는 경우가 많았다. 그러나 구순은 가복의 수하를 사람이 많은 거리에서 죽여버렸다. 개를 때릴 때도 주인이 누군지 보라고 하는 말이 있듯, 가복은 그 일을 매우 치욕스럽게 여기고 병사를 이끌고 영천으로 와 증오에 떨며 소리쳤다.

"나는 구순과 같은 열후인데 오늘 그가 나를 모욕하였으니, 대장부로서 어찌 그냥 넘어갈 수 있겠는가? 구순을 만나기만 하면 반드시 이 손으로 죽이고 말 것이다."

구순은 그 말을 듣고 가급적 가복과 만나지 않도록 피해 다녔다. 그러자 그의 생질이 분에 차서 나서며 구순에게 말했다.

"저도 어쨌든 장수입니다. 제가 칼을 들고 숙부 곁에 있는데 못할 일이 뭡니까?"

구순은 생질을 달랬다.

"전국시대 조나라의 인상여는 강대한 진나라도 겁내지 않았지만 염파 앞에서는 스스로 약한 척했다. 그것은 두려워서 그런 게 아니라 나라의 일을 중요하게 여겼기 때문이다. 옛날 사람들도 그러한데 내가 어찌 감정 싸움에 얽매이겠느냐?"

그리고 인편에 술과 고기를 보내 가복의 군사들을 위로하였다. 한 사람에게 두 사람의 몫이 지급되었다. 병사들에게 술과 음식을 배불리 먹인 뒤, 구순은 진영으로 가서 가복을 만나 예의를 차린 뒤 병을 핑계로 곧바로 돌아왔다. 가복은 병사들을 불러 그를 잡고자 하였지만 수하의 장수들은 이미 술에 취해 고주망태가 되어 있어 어쩔 수가 없었다.

그러나 구순의 이런 행동은 굉장히 위험했다. 당나라 때의 태위太尉 단수실段秀實은 곽희郭晞의 진영에 들어가 사죄하고 화해한 뒤 조용히 물러갔다. 그에 비해 구순은 홍문연(鴻門宴: 모해할 목적으로 차린 주연)에서 몰래 빠져나온 것과 같으니 다소 궁색해 보인다. 그러나 가복의 행동으로 미루어볼 때, 구순이 직접 위험한 소굴로 들어가 벗어난 것도 쉬운 일은 아니었을 것이다. 인상여처럼 하고 싶은 마음이 있어도 상대방이 염파와 같지 않은데, 구순이 일방적으로 화해를 청한다고 해결될 일이 아니었다. 구순은 유수에게 구체적인 상황을 적어 고하였다. 유수는 그 소식을 듣고 구순을 황궁으로 불러들였다. 구순이 입궁하였을 때 이미 가복을 불러놓고 있었다. 가복은 구순을 보고는 피하려고 하였지만 유수가 그렇게 하지 못하도록 했다.

"아직 천하를 평정하지 못하였는데 두 명의 장수가 이리 다퉈서

되겠는가? 오늘 짐이 두 사람 대신 원한을 풀어주마."

유수의 중재를 거쳐 두 사람은 화해를 했다. 황제의 체면 때문인지 두 사람은 웃고 이야기하는 사이 지나간 원한을 잊을 수 있었고 같이 수레를 타고 돌아갔다.

구순은 영천에서 태수로 지내는 동안 청렴하고 공정하게 다스려 그 지역에는 도적떼들이 감히 들어오지 못했다. 이를 높이 산 조정에서는 그를 도적이 들끓고 있던 여남汝南 태수로 임명하였다. 구순은 여남에 도착하여 소탕 작전과 구휼책을 동시에 썼다. 그 결과 도적떼가 사라졌고 군현도 태평을 되찾았다. 구순은 교화를 위해 향교鄕校를 세울 것을 명했다. 그로써 근본적인 문제를 해결하고 후일의 평화까지 도모하였다.

건무 8년(32년), 구순은 유수를 따라 서쪽의 외효 정벌에 나섰다. 승리를 코앞에 둔 시점에 영천에서 도적떼가 다시 들고 일어났다. 후방이 불안해지자 유수는 마음이 조급해졌다. 유수는 외효를 격파할 때까지 기다리지 못하고 군사를 돌려 도적떼를 평정하기 위해 구순에게 말했다.

"영천은 낙양과 인접한 지역으로 도적떼는 상당히 위협적이네. 그러니 반드시 빠른 시일 내에 평정해야 할 것이다. 이 임무는 자네가 맡지 않으면 안 되겠네."

구순은 황제의 대군이 왔다면 도적떼도 즉시 평정될 것이라고 장담하며 사양하지 않고 자진해서 선봉대로 나섰다. 다음 날 황제

도 어가를 타고 친정에 나섰다. 황제의 크나큰 복 때문인지 구순의
명성이 자자했기 때문인지 도적떼들은 대군이 도착하기도 전에 소
문을 듣고 투항하였다. 유수가 낙양으로 돌아가는 날 영천의 한 노
인이 어가를 막고 엎드려 청하였다.

"폐하, 구순 태수를 1년만 더 빌려주십시오."

관리된 자가 백성을 자식처럼 사랑한다고 말한 적은 있어도, 백
성이 자신의 아들처럼 지방관을 그리워하는 일은 드물었다. 사람
들의 소원대로 유수는 구순에게 영천에 남아서 후사를 처리하라고
명했다.

외효가 처음 봉기했을 때 그의 부하 고준高峻이 대군을 이끌고
고평高平의 요새를 점거하고 있었다. 유수는 마원을 보내 고준에게
투항을 권하도록 명했다. 그렇게 하여 섬서 지역으로 가는 길이 통
하게 되었다. 고준은 통로通路 장군에 올랐고 관내후關內侯에 봉해졌
다. 그러나 고준은 곧 형세를 보고 다시 원래 주인에게 돌아가 후
한 군대에 대항해 싸웠다. 얼마 뒤 외효는 불행히도 세상을 떠났
다. 고준은 이미 대세가 기울어졌다는 사실을 알았지만 주인을 바
꾼 일로 결국에는 주살될 것을 걱정하여 감히 유수에게 다시 투항
할 수가 없었다. 고준은 온 힘을 다해 고평을 굳게 지켰다. 유수는
고준을 토벌하기 위해 경엄을 보냈지만 1년이 되도록 함락시키지
못했다. 건무 10년(34년), 유수는 친정을 나갔다. 당시 곁에 있던
구순이 유수에게 간언을 올렸다.

"장안은 고평과 낙양의 중간에 위치하였으니 폐하께서 장안에 머무신다면 농서 각지를 위협할 수도 있고 낙양까지 돌볼 수 있습니다. 만약 깊은 곳까지 들어간다면 사람도 말도 다 기진맥진할 것입니다. 고평은 지세가 험하여 수비하긴 쉽지만 공격하기는 어렵습니다. 만약 오랫동안 공격해서 함락시키지 못한다면 분명 동쪽에서 반란이 일어날 것입니다. 그러니 폐하, 영천의 일을 교훈으로 삼으소서."

그렇지만 유수는 구순의 말을 듣지 않고 군대를 이끌고 더 깊숙한 지역까지 들어갔다. 고평은 정말 함락하기 어려웠다. 결국 유수는 구순을 적진에 보내 투항하도록 설득할 것을 명했다.

"전에 짐이 친정을 나가지 말라는 자네의 충고를 듣지 않았네. 번거롭겠지만 자네가 나를 대신하여 그곳에 한 번 갔다와주게나. 고준에게 속히 투항하지 않으면 대군을 보내 공격할 것이라고 전하게."

구순은 명을 받들고 적진으로 갔다. 고준은 책략가 황보문皇甫文을 보내 그를 접견하도록 했다. 황보문은 강경한 말투로 투항하겠다고 했으나 듣기에는 전혀 그럴 뜻이 없어 보였다. 구순은 크게 노했다. 일전에 갱시제가 보낸 사자에게 관인을 빼앗을 때는 환경 조건이 좋았다. 그러나 지금 구순은 적진에 있었다. 그는 그 사실을 무시하고 그 자리에서 황보문을 참수하려고 하였다. 그러자 장수들이 모두 나서서 말렸다.

"고준은 1만여 명의 정예병을 가지고 있어서 우리 군대는 한 해가 지나도 그곳을 함락하지 못하고 있습니다. 지금 그의 사자를 죽이려고 온 것이 아니라 투항을 권하러 온 것인데, 이래서야 되겠습니까?"

구순은 장수들의 말을 듣지 않고 황보문을 제거해버렸다. 그리고는 황보문의 수하에게 명했다.

"너는 돌아가 고준에게 전하라! 너의 참모가 무례하게 굴어 내가 없애버렸다고. 투항하려면 빨리 하고 그렇지 않으려면 더 굳게 지키라고 전하여라."

그 다음 날 고준은 성을 열고 투항하였다. 장수들은 적의 사자를 죽이고도 투항을 받아냈으니 어떻게 된 영문인지 알 수 없었다. 구순은 그들에게 설명해줬다.

"황보문은 고준의 심복으로 고준의 모든 계략은 황보문이 내놓은 것이다. 그가 명을 따르겠다고 하였으나 결연한 태도를 보니 절대로 투항할 의사가 없어 보였다. 그를 돌려보냈다가는 고준이 그의 말을 듣고 분명 투항하지 않았을 것이다. 그러나 황보문을 없앴으니 고준에게 지낭智囊이 사라진 셈이다. 그러니 투항해올 수밖에 없을 것이 아닌가."

장수들은 그의 설명을 듣고 탄복을 금치 못했다.

구순은 평생 수신하고 자기 단속을 철저히 하여 조정에서 명성이 높았다. 게다가 재물도 좋아하지 않아 봉록은 모두 친척, 친구,

전우들에게 나누어주었다. 구순은 종종 사람들에게 이런 말을 하곤 하였다고 한다.

"내가 오늘 이렇게 될 수 있었던 것은 모두 사대부의 본 모습을 유지하였기 때문이다. 그런데 어찌 혼자서 누릴 수 있겠는가?"

그래서 당시 사람들은 구순을 매우 존경하며 재상감이라고 여겼다. 건무 12년(36년), 구순은 세상을 떠났고 그에게는 위후威侯란 시호가 내려졌다.

後漢書 들여다보기

당나라 대종代宗 때, 곽희가 빈
주(邠州 : 섬서성 경내)에 주둔하
고 있었는데 그의 병사들이 포
악한 행위를 일삼았다. 그러나
곽희의 아버지가 '안사의 난'을
평정한 공을 세운 곽자의郭子儀
였기 때문에 지방 관아에서는
감히 그를 어찌 할 수 없었다.
경원涇原의 절도사節度使 단수실
은 그 소문을 듣고 빈주의 절도
사에게 대신 처리해주겠다고
청했다. 그리고 도성으로 들어
가 약탈하는 17명의 군사를 단
숨에 없애버렸다. 곽희의 군대
는 그 소문을 듣고 소란스러워
졌다.

곽자의

곽희

병사들은 무장을 하고 단수실을 죽이려고 벼르고 있었다. 단수실이 말 한 필과 절름발이 노인 하나만 데리고 군영으로 가 곽희를 뵙기를 청하자 병사들은 매우 놀랐다. 곽희는 그의 충심어린 충고를 듣고 반성하며 부하들을 질책하였다. 그리고 단수실을 존경하게 되었다. 단수실은 군영에서 식사를 한 뒤에 하룻밤을 묵고 다음 날 돌아갔다.

●주요 인물
  풍이

●주변 인물
  유수, 이일, 등우

●키워드
  겸손하다, 높은 공을 세우다, 지략이 뛰어나다

●중대 사건
  소무를 대파하다, 적미군을 물리치다, 순읍을 함락시키다

●고사
  대수장군, 실지동우 수지상유(처음에 실패했지만 마지막에 성공하다)

●이야기 출처
  『후한서』「풍잠가馮岑賈열전」

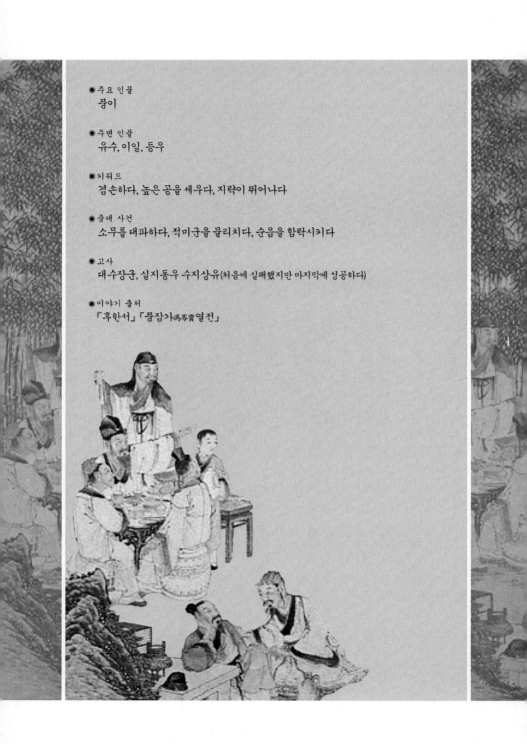

鴻 樹

풍이 : 큰나무와같은 장군

춘추시대 노魯나라와 제齊나라가 교전을 벌였는데, 결국 노나라
가 패하여 퇴각했다. 위급한 상황에서 노나라의 대부 맹지반孟
之反이란 자가 혼자 말을 타고 맨 뒤에서 행군하며 제나라 군대
의 추격을 막고 있었다. 모두가 맹지반의 용맹함에 감탄하고 있
을 때 맹지반은 말을 힘껏 채찍질하며 외쳤다.

　"내가 용감해서 맨 뒤에 있는 것이 아니라 말이 잘 달리지 못
해서 그렇다!"

　맹지반은 이 일화로 인해 겸손하고 자신의 공을 뽐내지 않는
전형적 인물이 되었다. 후한의 풍이 역시 그와 비교될 만한 사
람이다.

　풍이(?~34년)는 자가 공손公孫으로 하남 영천 부성(父城: 지금의

하남 보풍寶豐 동쪽) 사람이다. 어릴 적부터 글 읽기를 좋아했던 그는 『좌씨춘추左氏春秋』, 『손자병법孫子兵法』을 익혔다. 유수 형제가 기병하였을 때, 풍이는 군郡에서 독찰督察직을 맡고 부성의 수령 묘맹苗萌과 함께 성을 지키며 왕망 정권을 위해 후한 군대에 대항하고 있었다. 유수가 영천에 진격하였을 때 부성을 공격하였지만 함락할 수 없었다. 그는 도중에 평복을 하고 출행나온 풍이를 잡게 되었다. 당시 풍이가 잘 알고 있는 사람들이 유수의 군대에 있었다. 그들이 풍이를 적극 추천하자 유수는 그를 불러 이야기를 나눴다. 풍이는 유수에게 이렇게 말했다.

"저 한 사람만 가지고는 어림도 없습니다. 늙으신 어머님이 성안에 계시니 저는 성으로 돌아가고 싶습니다. 제가 돌아가게 되면 부성을 바쳐 저를 살려준 은혜에 보답하겠습니다."

유수는 그렇게 해주기로 약속했다. 풍이는 부성에 돌아온 뒤 묘맹을 설득했다.

"지금 반란을 일으킨 각지의 대군들은 대부분 잔혹한 행위를 일삼고 있습니다. 허나 유수 장군은 기율을 엄격하게 다스리고 있지요. 그 사람의 언행을 살펴보니 평범한 자가 아닙니다. 우리가 의탁해도 될 만한 자입니다."

묘맹은 풍이의 안목을 믿었다.

"자네와 나는 생사를 같이 하기로 하였으니, 자네의 의견에 따르겠네."

유수의 대군이 부성을 떠난 뒤 다른 군대가 부성을 10차례도 넘게 공격해왔다. 그러나 풍이는 성을 굳게 지키고 내주지 않았다. 나중에 사례 교위에 임명된 유수가 부성을 지나가다 풍이를 주부 主簿로 임명하였다. 그렇게 풍이는 유수의 곁에서 정벌전에 참여하게 되었다.

갱시제가 유수를 하북 지역으로 순시를 보내려고 하자, 수하의 많은 장수들이 반대했다. 군대를 소유한 유수가 백성들의 기대를 받고 있는 상태에서 그를 하북 지역으로 보낸다면 민심을 얻게 되므로 호랑이에게 날개를 달아주는 격이었던 것이다. 풍이는 상서 조후曹謏가 갱시제에게 신임을 받고 있다는 사실을 알고 유수에게 그와 교분을 맺으라고 권했다. 이는 옛날 오吳나라와 월越나라가 패권 전쟁을 벌일 때, 범려가 구천勾踐에게 오나라 왕의 총애를 받는 신하 백비伯嚭와 교분을 맺으라고 한 것과 비슷한 이치였다. 조정에 아는 자가 있으면 일처리가 쉬웠다. 조후는 갱시제에게 유수를 하북 지역에 보내는 일을 적극 추천하였고 결국 유수의 뜻대로 되었다.

형 유연이 갱시제에게 살해된 이후 유수는 너무 슬펐지만 겉으로는 전혀 내색하지 않았다. 그는 혼자 있을 때만 슬픔에 젖어 먹지도 못하고 몰래 울어야 했다. 풍이는 유수의 속내를 알고 뵙기를 청하며 그에게 슬픔을 견디라고 충고했다. 유수는 자신의 마음을 들키자 몹시 놀랐다.

"자네 쓸데없는 소리 하지 말게."

풍이는 그 기회에 진언을 올렸다.

"천하의 백성들이 왕망 정권의 고달픔을 견디지 못하고 한나라를 그리워한 지 오래됐습니다. 지금 갱시제가 마음대로 횡포를 부리고 방화, 약탈, 살인을 저지르고 있어 백성들은 크게 실망하고 있습니다. 주군에게는 지금이 기회입니다. 군현을 다스리는 관리를 많이 보내, 은혜를 널리 베풀어 민심을 얻어야 합니다."

유수는 풍이의 진심어린 충고를 받아들였다. 그는 한단에 도착한 뒤 각 군현을 순시하기 위해 풍이를 보냈다. 풍이는 회유 정책을 써서 난민들을 구제하고 범죄 사건은 철저히 조사하였다. 또한 도주 중인 죄인이 자수할 경우에는 그 죄를 면해주었다. 그리고 봉록 2천 석 이상 되는 관리를 몰래 조사하여 마음이 유수에게 있는지, 갱시제에게 있는지 일일이 기록해두었다가 유수에게 바쳤다. 유수는 그 후 그 명단에 따라 중임을 맡길지 제거할지를 결정했다.

유수가 하북 지역에 있을 때, 왕랑이 그를 체포하란 명령을 내려 밤을 틈타 도망쳤다. 유수 일행은 추위와 배고픔에 시달려 이루 말할 수 없는 고통을 겪고 있었다. 풍이는 그런 상황에서도 유수에게 콩죽 한 그릇을 구해다 바쳤다. 평소에 죽은 거들떠보지 않았던 유수도 그때만은 아주 귀한 음식처럼 여겼다. 다음 날 유수는 콩죽을 잊지 못하며 탄식했다.

"어제 풍이가 가져다준 콩죽을 먹었더니 배고픔도 추위도 가셨구나!"

유수의 일행은 길을 가다 폭우를 만나 옷이 다 젖어버렸다. 풍이는 땔감을 구해와 등우와 함께 유수의 옷을 말려주었다. 사람은 어려운 상황에 처할수록 남이 베푼 사소한 은혜에 쉽게 감격하기 마련이다. 춘추시대 진晉나라의 공자 중이(重耳, 문공文公)가 무리를 이끌고 사방을 유랑하며 19년 동안 망명의 고통을 맛보았다. 후일 그는 귀국하여 당시 자신과 환란을 같이 했던 사람들에게 중상을 내렸다. 아마도 죽 한 그릇이 풍이의 일생을 바꾸어놓았을지도 모른다. 위기를 넘긴 뒤 유수는 풍이를 편장군으로 삼았고 왕랑을 격파한 뒤에는 응후應侯에 봉했다.

풍이는 겸손하고 양보할 줄 아는 사람으로 행군할 때 전쟁을 하지 않으면 맨 뒤에 서서 갔다. 길에서 다른 장수를 만나면 먼저 가도록 한쪽으로 비켜섰다. 풍이의 부대는 기율이 엄격하여 진격하고 퇴각할 때 질서정연했다. 군대가 주둔하고 쉴 때 다른 장수들은 둘러앉아 자신의 공로를 자랑하는 것을 즐겼다. 그러나 풍이만은 나무 아래에 혼자 앉아서 그들 무리에 끼지 않았다. 그런 일이 자주 있자 군대에서는 그를 '대수大樹장군'이라고 높여 불렀다. 그의 명성이 퍼지면서 한단을 격파한 뒤 각 부대를 재편성할 때, 많은 사람이 '대수장군'을 따르고 싶다고 자원하였다고 한다. 유수는 이 사실을 듣고 풍이를 더욱 신임하게 되었다.

당시 갱시제는 무음왕舞陰王 이일李軼과 대사마 주유에게 30만 군

대를 내주며 하남 태수 무발武勃과 함께 낙양을 지킬 것을 명하였
다. 유수는 구순을 하내 태수로 임명하고 풍이를 맹진孟津장군으로
삼아 황하 연안에 주둔하여 대치하도록 하였다.

풍이는 적군을 와해시키기 위해 이일에게 형세를 잘 살펴보고
유수에게 투항하라는 서신을 보냈다. 이일은 원래 유수와 약속까
지 하고 좋은 관계를 유지하고 있었다. 그러나 후일 갱시제와 함께
유연을 주살하는데 참여하게 되었다. 이일은 갱시제가 언젠가는
패망한다는 사실을 알면서도 경솔하게 유수에게 투항할 수 없었
다. 그런데 마침 풍이가 투항을 권유했으니 이일은 당연히 귀의하
겠다고 회답을 보냈다. 그리하여 이일은 풍이와의 교전을 피할 수
있었다. 풍이는 이일의 세력을 확보한 뒤 다른 장수들을 공격하는
데 주력할 수 있었다.

그러나 무발이 공격받을 때 이일은 수수방관하며 도와주지 않았
다. 풍이는 이일에게 투항을 권유한 일을 유수에게 편지로 알렸다.
유수가 포용심이 넓다고는 하지만 그렇다고 형을 죽인 불구대천지
원수와 함께할 수는 없었다. 그는 풍이에게 편지를 보내 이일이 간
교하고 변덕스러우니 완전히 믿어서는 안 된다고 일렀다. 풍이는
이일이 투항한 서신을 일부러 외부로 유출하여 주유가 알도록 하
였다. 주유는 그 사실을 알고 크게 노하여 사람을 보내 이일을 없
애버렸고, 낙양성은 인심이 흉흉해지면서 혼란한 상황에 빠졌으
나, 풍이는 그냥 앉아서 기다렸다. 이익만 챙기면 그만이었다. 그

리고 적당한 기회를 틈타 황하를 건너 주유를 공격하였다. 주유를
낙양성에서 포위한 뒤 돌아가 유수에게 보고하였다. 승전보가 들
리자 각지의 장수들이 와서 유수를 축하하며 제위에 오르라고 권
유했다. 유수는 이 일에 대해 풍이에게 자문을 구했고 그에게 시
기가 무르익었다는 답을 듣자 제위에 오르기로 결심했다.

건무 2년(26년), 풍이는 양하후陽夏侯에 봉해졌다. 옛날 항우는
'부귀를 얻고도 고향에 돌아가지 않는 것은 비단옷을 입고 밤길을
가는 것과 같다'고 했다. 유방은『대풍가大風歌』에서 '온 천하를 호
령한 뒤에야 고향으로 돌아가겠다'고 읊었다. 그 말의 숨은 뜻은
인생의 즐거움이 공적을 쌓는 일 자체에 있는 것이 아니라, 공명을
이룬 뒤 사람들의 존경과 부러움을 받는 것에 있다는 말이기도 하
다. 풍이가 양적陽翟 농민군 엄종嚴終과 조근趙根을 격파한 뒤, 유수
는 그에게 성묘하러 집으로 돌아갈 것을 명하며 조정 관원에게 술
과 고기를 보내 축하연을 열어주었다. 그 자리에 2백 리 안에 있는
태수와 도위, 풍이의 친척들까지 모두 참석해 축하잔치가 더욱 성
대하고 떠들썩하였다.

당시 삼보 지역은 여전히 적미군과 연잠의 군대가 점령하고 있
었다. 게다가 그곳 군현의 호족들은 모두 병사를 보유하였으며 어
디에도 종속되지 않았다. 대사도 등우가 그들을 평정하지 못하자
유수는 대신 풍이를 보냈다. 유수는 직접 풍이를 황하 강가까지 배
웅하며 자신이 지니고 있던 검을 건네주며 당부했다.

"삼보 지역은 오랫동안 전란에 시달려 백성들이 심각한 재난으로 피해를 입었네. 지금 가서 토벌하려는 목적은 성을 공격해 땅을 약탈하기 위함이 아니라, 시국을 평정하고 백성을 위로하기 위함이라네. 다른 장수들은 용맹하기는 하나 약탈하기를 좋아하지. 자네에게 중임을 맡기는 것이니 자네가 병사들을 잘 단속하고 자네가 솔선수범을 보여야 백성들이 다시는 고통에 시달리지 않을 것이네."

풍이는 황공무지하여 엎드려 절을 하며 명을 받들고 서쪽으로 떠났다. 그는 가는 곳마다 위엄을 보이고 은혜를 베풀며 부하들이 소란을 피우지 않도록 단속하였다. 그래서 도적들조차 그를 장군이라 불렀다. 군대를 이끌고 투항한 자들도 10여 무리에 달했다.

그 후 풍이는 화음華陰 지역에서 적미군과 맞닥뜨리게 되었다. 양측 군대는 60여 일 동안 수십 차례 대결을 벌였다. 풍이가 우세를 점하자 5천여 명의 적미군이 투항하였다. 건무 3년(27년), 유수는 풍이를 정서대장군으로 삼았다. 그때 마침 등우가 관중 지역의 전세가 불리해지자 군대를 이끌고 동쪽으로 돌아왔다. 등우와 풍이는 적미군을 격파할 방법을 상의했다. 풍이는 두 달 동안 열심히 전쟁을 벌이며 적군의 상황을 파악하게 되었다.

"적미군이 좌절을 맛보긴 했지만 그들의 세력은 여전히 강력합니다. 천천히 공격해야지, 단번에 격파하기는 어려울 듯합니다."

풍이는 기회를 보아 동서쪽에서 협공하기를 제안했지만, 등우는 그의 말을 듣지 않고 부장副將 등홍鄧弘을 출병시켰다. 적미군은 패주하는 척하면서 군수품을 떨어뜨렸다. 수레에 진흙을 가득 실은 뒤 그 위를 콩으로 덮어서 내버려두었다. 오랫동안 전쟁을 하느라 굶주림에 시달렸던 등홍의 병사들은 앞다투어 수레로 달려갔다. 그때 적미군이 다시 돌격해와서 등홍의 군대를 괴멸시켰다. 그러나 다행히도 등우와 풍이가 도와주어서 적미군을 격퇴할 수 있었다. 풍이는 군사들이 피로에 지쳤으니 전쟁을 멈추고 휴식을 취해야 한다고 했지만, 등우는 또 그의 말을 듣지 않았다. 그리고 체면을 되찾겠다고 고집하며 출병하였다. 그 결과 등우는 의양에서 패주하였고, 풍이도 연루되어 황야로 도망쳐야 했다.

풍이는 다시 옛 군대를 모아서 정돈한 후 적미군에게 선전포고를 보내고 전쟁을 벌였다. 그리고 전쟁 전날 몰래 정예군에게 적미군의 군복을 입고 매복하라고 명했다. 그 다음 날 적미군은 전군을 총동원하여 공격해왔다. 풍이는 먼저 소규모 부대를 내보낸 뒤 나중에 다시 주력 부대를 출병시켰다. 양측은 해가 질 때까지 처참하게 싸웠다. 적미군의 사기가 떨어지자 풍이의 매복병들이 공격을 개시하였다. 적미군은 아군과 적을 구별하지 못하고 결국 대패하여 퇴각하였다. 그 전쟁으로 후한 군대는 혁혁한 전리품을 얻었다. 포로로 잡힌 적미군이 8만여 명에 달했다. 적미군의 패잔병 중 10만여 명이 동쪽의 의양으로 가서, 그곳의 후한 군대에게 투항했다. 전쟁이 끝나자 유수는 편지를 보내 풍이를 위로하며, 일전에는 날개를 늘어뜨렸다가 결국에는 날개를 퍼덕였다며, 처음에는 실패하였지만 결국에는 성공하였다고 그의 공을 논하여 상을 내렸다.

풍이는 적미군에게 대승을 거둔 뒤, 관중의 연잠을 격퇴하였다. 그 이듬해 공손술의 부하 정언程馬, 여유를 대파하였고 연이어 촉 군대의 진격을 격퇴하였다. 그는 군대의 기율을 엄정하게 하고 투항한 자들을 적절하게 처결하였다. 3년이 지난 뒤에 그가 주둔한 상림上林 지역은 도시로 번창하였다. 풍이는 오랫동안 군대를 이끌고 외지에 있으면 쉽게 모함이나 시기를 받을 수 있다는 사실을 알고 불안해했다. 풍이는 상소를 올려 조정으로 돌아가 황제 곁에서 일하고 싶다고 밝혔지만 유수가 허락하지 않았다. 그의 예상대로 누군가 상소를 올려 관동 지역에서 풍이의 권세가 나날이 늘어나면서 그가 전횡을 부리며 '함양왕咸陽王'이라 불린다고 고했다. 풍이는 유수에게 상소를 건네받아 읽은 후 매우 황공해하며 상소를 올려 사죄하였다. 유수는 넌지시 충고하는 상투적인 방법을 이용해 시간이 흐르면서 딴 마음을 품으면 안 된다고 경고한 것이다. 신하에게 겁을 주는 목적을 달성한 유수는 매우 흡족해하면서 조서를 내려 명백히 밝혔다.

"짐과 장군은 의義로 따지자면 군신이지만 은혜로 따지자면 부자와 같은데 어찌 의심하겠는가! 그러니 두려워할 필요 없다."

건무 6년(30년), 풍이는 수도로 돌아와 황제를 알현하였다. 그때 유수는 공경대신에게 그를 소개했다.

"이 사람은 짐이 기병하였을 때 주부를 맡았었다. 그가 나를 위해 어려움과 장애를 극복하였기에 관중을 평정할 수 있었다."

그리고 풍이에게 상을 내리며 옛날 죽 한 그릇의 은혜를 오래도록 보답하지 못해 매우 미안하다고 조서를 내려 지난날을 추억했다. 풍이는 고마움에 상소를 올려 지난날 자신을 살려준 은혜에 감사한다는 뜻을 전했다. 두 사람은 글을 주고받으며 더 깊은 신의와 존경심을 쌓았다. 그 후 유수는 여러 번 연회를 베풀고 풍이를 초대하여 촉을 토벌하는 일에 대해 상의했다. 그리고 출정 시 풍이가 가족을 데리고 갈 수 있도록 허락하였다. 일반적으로는 장수들의 가솔들은 원정가는 동안 낙양에 인질로 잡혀 있었다.

그 해 여름, 유수는 장수들을 보내 농서 지역을 공격하게 하였으나 매번 외효에게 패하고 돌아왔다. 결국 그는 풍이에게 농서 지역의 전략적 요충지인 순읍으로 진군하라는 조서를 내렸다. 외효는 풍이가 도착하기 전 군대를 보내 먼저 그곳에 주둔시키고자 하였다. 그러나 풍이는 병사들을 재촉하여 적보다 먼저 선점하기 위해 장수들을 격려했다.

"적군이 기세등등하고 최근 전쟁에서 이겼으니 교전을 벌이기 적합하지 않다. 그러니 먼저 주둔하는 것이 최선이다."

그 지역이 외효의 손에 들어가면 삼보 지역의 안전을 보장할 수 없었지만, 만약 선점한다면 힘을 비축하고 적들을 기다릴 수 있었다. 풍이는 군사를 이끌고 순읍에 먼저 도착하여 몰래 성안에 잠입

해 있었다. 적군들은 그 사실을 모르고 급히 순읍으로 향했다. 결국 적군은 풍이에게 불시의 공격을 당해 대패하고 돌아갔다. 풍이는 성실한 본성을 버리지 못하고 유수에게 상소를 올렸으나 자신의 공을 과시하지 않았다. 풍이가 겸손함을 보이자 다른 사람들은 그것은 다 운이었다며 서로 나서서 공을 깎아내리려고 하였다. 유수는 그 모습을 두고 보지 못하고 조서를 내려 확실하게 밝혔다.

"이번 전쟁에서는 정서장군의 공이 크다. 정서장군은 큰 공을 세웠지만 오히려 자신이 부족하였다고 했다. 자신의 공을 겸허하게 양보하는 미덕은 맹지반에 뒤지지 않는다. 그러니 모두들 공을 다투지 마라. 정서장군 수하의 많은 병사가 다치고 죽었으니, 모두 마땅히 가서 조문을 해라."

그리고 풍이를 북지군 태수로 삼았다.

풍이는 더욱 분발하여 계속 적을 격파하였고 그 뒤 안정 태수와 천수 태수에 올랐다. 후에 장수들은 기冀 지역을 협공하다 형세가 불리해지자 철군하고자 하였다. 그러나 풍이는 기 지역을 격파하지 못하면 돌아가지 않겠다고 맹세하고 선봉대에 나서서 싸웠다.

안타깝게도 풍이의 영웅다운 기개도 운명을 이겨내지는 못했다. 기 지역을 평정하기 전, 풍이는 병으로 세상을 떠났다. 유수는 그에게 절후란 시호를 내렸다. 물동이는 결국 우물에서 깨지게 돼 있고 장군은 전쟁터에서 전사하는 법. 풍이는 평생 정벌전을 벌이다 가치 있는 죽음을 맞았다. 후한의 개국공신들 중 혁혁한 무공을 세운 사람은 많다. 그러나 풍이는 공적을 세우고도 겸손한 모습을 보이는 미덕을 보였다. 그렇기 때문에 그가 사람들에게 사랑과 존경을 받을 수 있었다. 후일 남북조南北朝시대의 문학가 유신庾信은 『애강남부서哀江南賦序』에서 '장군이 세상을 떠나니 큰 나무의 잎이 우수수 떨어지는구나!'라고 읊으며 풍이의 비할 수 없는 숭고한 모습을 묘사하였다.

後漢書 들여다보기

외국에서도 지혜로운 자의 업적이 큰 나무 아래에서 이루어진 예가 많다. 석가모니가 보리수나무 아래에서 진심으로 수행하여 불교를 창시하였고, 뉴턴은 사과나무 아래에서 사색하다가 만유인력의 법칙을 발견하였다. 중국에서도 큰 나무는 현명한 자의 미덕을 상징한다. 풍이 이외에 주나라의 소공召公 역시 나무 아래에서 이름을 남겼다. 소공은 무왕의 남동생으로 현량하고 덕을 지닌 사람이었다. 그는 봉토를 잘 다스려 백성을 태평하게 하였다. 그가 남쪽에 순시를 갔을 때 팥배나무 아래에서 백성들의 억울함을 듣고 다스렸는데, 후세 사람들은 그 덕을 기려 그 나무를 벨 수가 없었다고 한다. 『시경』「소남召南」 감당甘棠에는 다음과 같은 기록이

시경

있다.

"팥배나무, 아주 무성하구나. 베지도 자르지도 마라, 소공이 전에 쉬던 곳이니라."

당나라 때 시인 이상은李商隱은 '큰 나무는 풍이를 그리워하고, 팥배나무는 소공을 추억한다'라는 시를 지었다.

소공 동상

● 주요 인물
　　가복

● 주변 인물
　　유가, 유수, 등우

● 키워드
　　장군의 상, 용맹하고 겸손하다, 유학儒學

● 중대 사건
　　청독군과 대적하다, 언지를 함락시키다

● 고사
　　가군지공, 아자지지(가복의 공은 내가 알고 있다), 지복혼指腹婚

● 이야기 출처
　　『후한서』「풍잠가馮岑賈열전」

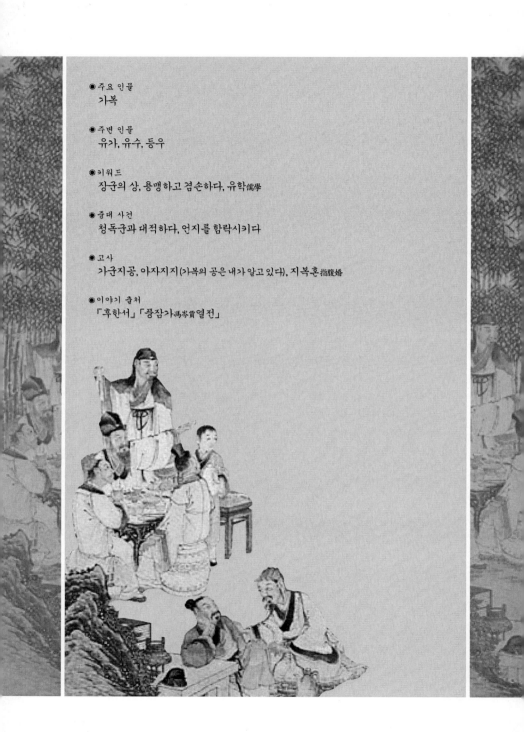

賈復

가복 : 호랑이처럼 용맹한 자

후한이 중흥을 맞이하고 유수가 천하를 얻은 데는 장수들의 힘이 컸다. 그들 중 용감하고 전쟁에 능한 자로는 오한이 있었고, 위풍당당한 위세를 과시한 자로는 잠팽이 있었으며, 인덕 있는 자로는 등우가 있었고, 겸손한 자로는 풍이가 있었다. 그중 전쟁에서 용맹함을 보인 사람이라면 단연 가복을 꼽을 수 있다.

가복(9~55년)은 자가 군문君文으로 남양 관군(冠軍: 지금의 하남성) 사람이다. 그는 어릴 적부터 학문을 좋아하여 『상서』에 대해 연구했고, 무음舞陰 사람 이생李生을 스승으로 삼았다. 이생은 가복의 남다른 재능을 발견하고 제자들에게 말했다.

"가군은 용모가 위엄이 있고 도량이 비범한데다 원대한 뜻을 세우고 학문에 정진하니 앞으로 장군이 될 재목이다."

왕망 정권 말년, 가복은 현의 관리로 있었다. 한 번은 하동으로 가서 소금을 운반하여 돌아오는 길에 도적을 만나게 되었다. 10여 명의 일행들은 소금을 버리고 도망쳤지만, 가복만이 직무를 충실하게 수행해 소금을 차질 없이 현까지 운송하였다. 그리하여 현 사람들은 그를 칭찬하였다.

유현과 유수·유연 형제가 기병하였을 무렵, 가복은 수백 명을 모아 우산羽山을 점거하고 장군으로 칭하였다. 유현이 갱시제로 제위에 오르자 가복은 무리를 이끌고 한중왕 유가에게 귀의하여 교위에 올랐다. 그러나 얼마 뒤 가복은 갱시제가 무능하고 일시적인 향락만 즐기는 자란 걸 간파했다. 윗사람이 맑아야 아랫사람도 맑은 법이다. 갱시제의 수하들 역시 나쁜 짓을 일삼았다. 가복은 매우 실망하여 유가에게 진언을 올렸다.

"요순과 같은 업적을 세우고자 했으나 이루지 못한 자로는 상나라 탕왕과 주나라 무왕이 있습니다. 상나라 탕왕과 주나라 무왕과 같은 공을 세우고자 했으나 이루지 못한 자로는 제齊나라 환공桓公과 진晉나라 문공文公이 있습니다. 그 후에는 더 나은 자가 없었지요. 지금 한나라 황실을 재건하기 위해 주군께서는 종친으로서 천하의 요직을 맡아야 할 것입니다. 그러나 아직 천하가 평안하지 않은데 주군은 자신의 안위만 지키고 있으니, 지금 지키고자 하는 것이 그럴 만한 가치가 있는지 생각해보십시오."

유가는 스스로도 자신을 잘 알고 있었다. 그는 작은 연못과 같은 자신이 교룡과 같은 가복을 수하로 둘 수 없음을 깨달았다.

"자네가 이루고자 하는 일이 너무 대단해서 내가 감당할 수가 없네. 대사마 유수가 지금 하북에 있는데 그는 자네를 받아줄 수 있을 것이야. 내 추천서를 가지고 그곳으로 가게나."

그렇게 유가를 떠난 가복은 황하를 건너 백인柏人 일대에서 유수의 부대를 따라갔다.

가복은 장수 등우의 소개로 유수를 만나게 되었다. 유수는 가복과 이야기를 나누어보고 그가 출중하며 비범한 인재임을 간파했다. 등우도 가복이 장수의 재목이라고 극찬하였다. 유수는 가복을 파로장군으로 삼고 주로 도적떼를 잡는 일을 맡겼다. 가복이 허약하고 볼품없는 말을 가지고 있자 유수는 자신의 수레를 끌던 말들 중 한 필을 내주었다. 이처럼 가복은 유수의 총애를 받았다. 유수 수하의 관원들은 가복이 나중에 들어온 신참내기임에도 불구하고 일을 할 때 고참들 앞에서 기죽지 않고 오히려 기세당당한 것을 못마땅하게 여겼다. 심지어는 동료에게 창피를 주기도 하였다. 결국 관원들은 의논을 통해 가복을 배척하며 호위都尉로 강등하기로 결정했다. 유수는 그 사실을 알고 말렸다.

"가복이 1천 리를 뒤덮을 만한 위엄을 가진 자이기에 내가 그를 그 직위에 앉힌 것이다. 그러니 너희들 맘대로 그를 파면해서는 안 된다."

그렇게 하여 가복은 군대에서 지위를 굳히고 사람들 앞에서 높은 위신을 세울 수 있었다. 가복은 한단을 함락시킨 뒤 도호장군으로 승진했다. 그 뒤에 가복은 유수를 따라 청독군 정벌에 나섰는데, 양측이 정오까지 치열한 접전을 벌였지만, 적은 여전히 진지를 굳게 지키고 있어 패주할 기미가 보이지 않았다. 그래서 유수가 가복에게 제안했다.

"병사들이 배가 고플 테니 우선 밥부터 먹이세."

그러나 가복은 단호한 말투로 거절했다.

"우선 적군을 격파한 뒤에 먹겠습니다."

이는 후일 삼국시대에 관우가 했던 '화웅華雄을 참수한 뒤에 와서 이 술을 마시지요'라는 말과 비슷하다. 가복은 그 길로 앞장서서 적진을 향해 돌격했다. 선두에 있는 자의 역할은 무엇보다 중요하다. 장수가 목숨을 걸고 용기 내서 돌진하는데 병사들이 어찌 가만히 있을 수 있겠는가! 적들은 목숨을 건 공격을 막아내지 못하고 곧 패주하였다. 가복은 군대에서 용맹함으로 이름을 떨쳤다. 그 후에도 가복은 오교 농민군을 진정眞定에서 대파하였고, 한 번은 그가 몸을 사리지 않고 적진 깊숙이 들어갔다가 중상을 입고 사경을 헤매는 지경에 이르렀다. 계지에서 전쟁을 하고 있던 유수는 그 소식을 듣고 놀랐다.

"내가 가복을 계속 전쟁터에 내보내지 않으려던 이유는 그가 바로 적을 안중에도 두지 않고 목숨 걸고 싸우기 때문이었다. 이제 정말로 장수 하나를 잃게 되겠구나. 가복의 처가 아이를 가졌다고

하던데, 만약 딸을 낳으면 며느리로 맞을 것이며, 아들을 낳으면 사위로 삼을 것이다. 그래야 가복이 걱정하지 않을 게다."

다행히도 가복은 목숨을 보전할 수 있었다. 그는 얼마 뒤 건강을 되찾고 유수를 만나러 갔다. 업성을 공격하려던 유수는 가복을 보고 기쁨을 금하지 않을 수 없었다. 그는 성대한 잔치를 베풀 것을 명하고 가복을 선봉대로 임명하였다. 가복은 전과 같은 용맹함으로 업성을 격파하였다.

유수가 제위에 오른 뒤 가복은 집금오—유수가 전에 오르고 싶어 했던 관직—에 올랐고, 관군후冠軍侯—한 무제가 곽거병霍去病에게 봉한 작위—에 봉해졌다. 그러나 아직도 천하를 평정하지 못한 상황이었다. 갱시제의 수하에 있던 언왕偃王 윤존尹尊을 비롯한 장수들이 황하 이남 일대에 주둔하며 귀의를 거부하고 있었다. 유수는 장수들을 불러 언지 공격에 대해 의논하였다. 그러나 대부분이 난색을 표하며 아무 말도 하지 않았다. 유수는 한참 동안 침묵하고 있다가 격문을 들고 문득 말문을 열었다.

"언지偃地는 최고의 지세로 완지가 그 다음이다. 누가 나에게 그곳을 얻어주겠는가?"

가복은 기개 있는 말투로 대답했다.

"신이 언지를 공격하겠습니다."

유수는 매우 기뻐하며 웃었다.

"집금오가 나를 위해 언지를 공격한다고 하니 짐이 걱정할 것이 뭐가 있겠는가!"

그리고 가복을 출정시켰다. 가복이 파죽지세로 밀어붙여 한 달 간 공격을 퍼붓자 윤존은 투항할 수밖에 없었고, 결국 언지는 평정되었다. 그 이듬해 가복은 좌장군에 올라 적미군을 대파하였다.

가복은 출정한 이래 한 번도 패배한 적이 없는 장군이었다. 다른 장수들이 포위되어 있을 때면 가복이 나서서 도와주었다. 그러는 동안 그는 수차례 중상을 입어 온몸이 상처투성이였다. 가복은 지나치게 용맹하여 항상 적진 깊숙이까지 들어갔다. 유수는 이 때문에 그를 데리고 원정가는 것을 삼갔다. 유수는 자신의 몸을 돌볼 줄 아는 장수들에게 임무를 맡기고 가복의 용맹함을 칭찬하면서도 자신의 곁에 두었다. 따라서 가복은 유명무실하게도 다른 장수들과 비교하여 많은 전공을 세우지는 못했다. 장수들이 자신의 공로를 자랑할 때 가복은 한쪽에 물러서서 한 마디도 하지 않았다. 유수는 그의 모습을 보고 억울할 것이라고 여겼다.

"가복의 공로는 짐이 다 알고 있다."

건무 13년(37년), 천하가 평정을 찾자 가복은 교동후膠東侯로 봉해지고 6개 현을 식읍으로 받았다. 유수는 이제 지쳐서 전쟁을 그만두고 문치에 힘쓰고자 하였다. 그는 공신들이 병사들과 낙양에 머물지 않기를 바랐다. 가복은 유수의 의중을 파악하고 고밀후, 등우와 함께 병권을 내놓고 유학에 힘썼다. 유수는 가복의 행동에 매우 흡족해하며 얼마 뒤 군사를 장악했던 좌우 장군의 직을 없애고 가복의 직위를 올려주었다.

가복은 정직하고 절개가 곧았다. 그는 집으로 돌아와 문을 닫고 덕을 수행하여 위엄을 기르며 외부 사람과 왕래를 자제하여 당시 사람들에게 존경을 받았다. 후일 주우朱祐 등이 상소를 올려 가복을 재상으로 추천하였다. 유수는 문관으로 천하를 다스리고자 하였기 때문에 무장 공신을 등용하는 경우가 드물었다. 그러나 등우와 이통, 가복 세 사람만은 예외였다. 그들은 공경백관들과 함께 국가 대사에 참여하며 극진한 대우를 받았다.

건무 31년(55년), 가복은 세상을 떠났다. 사후 그에게 강후剛侯라는 시호가 내려졌다. '강剛'이란 한 글자가 그의 모든 일생을 함축하고 있다.

後漢書 들여다보기

역사에서 전쟁을 먼저 끝낸 뒤 그 후에 식사를 한다는 이야기는 오래전부터 전해왔다. 다만, 이야기의 결말이 달랐을 뿐이다. 어떤 자는 호랑이 같은 용맹함을 과시했지만 어떤 자는 교만함을 부리다 패하고 말았다. 기원전 589년 제나라와 진晉나라가 안지(鞍地: 지금의 제남濟南 부근)에서 전쟁을 벌이게 되었다. 제나라 통솔자였던 경공頃公은 매우 호탕하게 '진나라 군을 멸한 뒤에 식사를 하겠다!'고 말하며 갑옷도 걸치지 않은 채 말을 타고 적진으로 돌진하였고, 진나라 통솔자였던 대부大夫 극극郤克은 화살에 맞아 상처를 입고 돌아가고자 하였다.

화부주산

"나는 다쳐서 안 되겠다."

그를 위해 수레를 몰던 해장解張이 그의 말을 듣고 나무랐다.

"전쟁이 시작됐을 때 저는 손에 맞은 화살이 팔꿈치까지 관통하여 수레바퀴를 물들일 만큼 피를 흘렸습니다. 그런데도 저는 화살을 부러뜨리고 계속 수레를 몰았지요. 헌데 그걸 상처라고 할 수 있습니까? 조

제 경공

금만 참으십시오. 전쟁의 승패는 통솔자 수레의 진퇴에 달려 있습니다. 전쟁터에 나올 때는 본래 죽을 각오를 해야 하거늘 지금 장군께선 조금 다쳤을 뿐입니다. 그러니 계속 힘내십시오."

그리고 북을 치며 계속 진격하였다. 말이 멈추지 않고 달리자 진나라 군대는 뒤를 따라 진격하여 제나라 군대를 격파했다. 진나라 군대가 제나라 군대를 쫓아 화부주산華不注山을 세 바퀴 돌고 난 뒤에야 제 경공을 생포하였다. 나중에 경공은 꾀를 써서 몰래 물을 길으러 가는 척하며 도망쳤다.

◉ 주요 인물
  마 황후

◉ 주변 인물
  명제, 장제, 마방

◉ 키워드
  현덕하다

◉ 줄거리 사건
  집안을 훈계하는 조서를 내리다, 외척으로 봉하기를 거절하다

◉ 고사
  거수마룡車水馬龍

◉ 이야기 출처
  『후한서』「황후기皇后紀-마 황후」

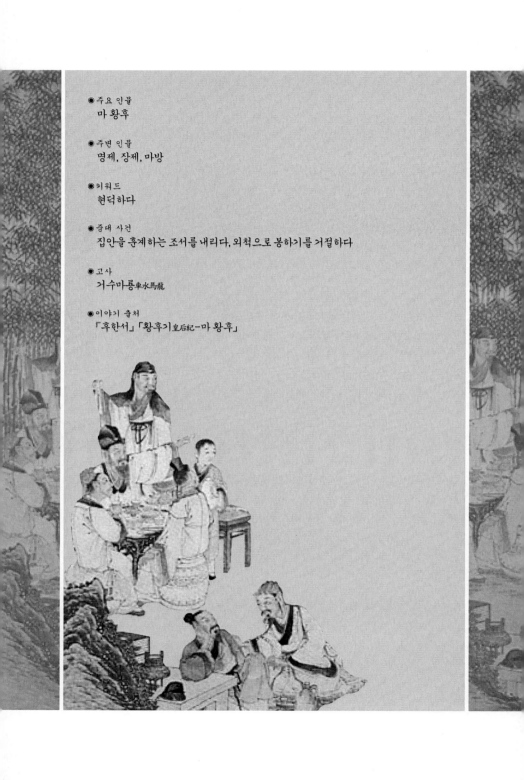

马皇后

마 황후 : 모범이 되는 황후

중국 역사상 유명한 마馬 황후皇后는 두 명이다. 하나는 명明나라 태조 주원장朱元璋의 비妃이고, 또 다른 하나는 후한 명제의 비妃이다. 명대의 마 황후는 큰 발로 날 듯 빠르게 걷는 것으로 유명했고, 후한의 마 황후는 현덕함으로 유명했다. 후한의 마 황후는 후한뿐만 아니라 중국 전체 역사에서 최고의 황후라고 손꼽힐 만큼 충분히 뛰어나다.

마 황후는 복파장군 마원의 셋째 딸로 이름은 전해지지 않는다. 마원은 남쪽 정벌을 갔다 전쟁터에서 병사한 뒤 원수에게 모함을 당했다. 결국 한창 번성하던 마 씨 가문은 순식간에 몰락하고 마원의 부인 인藺 씨는 그 일로 인해 정신이 흐릿해져서 집안일을 돌볼 수 없는 지경까지 이른다. 결국 나이 어린 셋째 딸이 집안을 책임져야 했다. 어린 나이임에도 마 씨가 어른스럽게 일손을 배분하고 안팎의 일을 처리하자 사람들은 매우 놀랐다. 그런데 어린 마 씨가 병에 걸려 오랫동안 호전되지 않자 조모는 길흉화복을 점치기 위해 점쟁이를 불렀다.

"이 아이는 장차 매우 부귀해질 것입니다. 후일 다시 만날 때는 분명 머리를 조아리고 신하로 칭해야 할 것입니다. 단, 귀해지기는 하나 아들이 없습니다. 그러나 만약 데려다 기른다면 친아들보다 더 잘 할 것입니다."

이 예언은 시간이 지나면서 사실로 드러났다.

장군이 세상을 떠나면 큰 나무의 잎도 다 떨어진다고, 마원이 죽은 뒤 마 씨 집안의 과부와 자식들은 당시 권세 있는 가문에 괴롭힘을 당했다. 마원의 조카 마엄馬嚴은 울분을 참을 수 없었다. 곤경을 헤쳐 나갈 방법은 조정에 사람을 들여보내는 길밖에 없다는 걸 알았으나 마 씨 집안의 재산이라고는 여식들이 전부였다. 그리하여 마엄은 조정에 상소를 올렸다.

"황실의 은혜를 입어 마원의 집안은 목숨을 부지하였으나 갚을 길이 없습니다. 살아 있는 한 복을 얻고자 하는 것이 인지상정입니다. 태자와 황자들이 아직 혼인을 하지 않았다고 들었습니다. 마원의 큰딸은 15세, 둘째 딸은 14세, 막내 딸은 13세로 모두 미모와 자태가 빼어나고 효성스럽고 신중한데다 얌전하고 예절까지 바릅니다. 그러니 후궁으로 들이기를 청합니다."

그렇게 하여 마원의 세 딸은 황궁으로 들어가게 되었다. 그중 가장 어리고 아름다웠던 셋째 딸은 태자궁에 들어갔다. 서양에서는 '13'이 불길한 숫자지만, 고대 중국의 황후들에게는 그렇지 않았다. 당나라의 장손長孫 황후 역시 13세에 이세민李世民에게 시집갔다. 수많은 황후들 중 장손 황후는 마 황후와 가장 비슷했다. 둘다 현숙하고 덕이 있는 황후였다. 마 씨는 궁으로 들어간 뒤 광무제의 음陰 황후 곁에서 시중을 들었는데, 어릴 적부터 받은 교육들이 궁에서 도움이 되었다. 음 황후는 미래의 며느리가 될 마 씨를 유난히 좋아하여 종일 붙어 다녔다. 이는 마 씨의 장래에 상당한 영향을 끼쳤다. 중국에서 고부간의 관계는 며느리의 일생을 좌우했다. 황궁에서는 더욱 그러하였다.

건무 중원中元 2년(57년), 광무제가 병으로 붕어하고 태자 유장劉莊이 명제로 즉위하였다. 명제의 총애를 받은 마비馬妃는 곧 귀인貴人에 봉해졌다. 마 귀인의 사촌누이동생 가賈 씨는 간택을 받고 입궁하여 후일 장제章帝가 되는 아들을 낳았다. 명제는 마 귀인에게 아들이 없자 장제를 데려다 기르도록 했다. 마 귀인은 아이 키우는 데에 최선을 다했다. 장제는 어릴 적부터 돈후하였다. 실제 모자지간은 아니었지만 어머니는 자식에게 자애를 베풀었고, 아들은 어머니에게 효성을 다했다. 이런 이유 때문에 장제가 즉위한 뒤에도 마 황후는 후한에서 비할 데 없는 존중을 받았다.

황실에서 자손이 많으면 황실의 흥성함을 상징하지만 가끔은 태자를 정하는데 문제를 야기할 수 있다. 또한 황자들이 다 별로라 괜찮은 후보를 찾을 수 없거나, 안타깝게도 그럭저럭한 황자조차 없을 때 어쩔 수 없이 태자를 방계(傍系)에서 고를 경우 많은 화근을 초래하기도 했다. 명제가 이런 위기를 맞이하자 마 귀인은 매우 근심하였다. 똑똑하고 현숙한 마 귀인은 자신이 사랑을 독차지하려 하지 않고, 명제를 위해 비(妃)를 간택하여 어떻게 하면 많은 후사를 얻을지 궁리하였다. 마 귀인은 나라를 위하는 사심이 없는 행동으로 점잖고 깐깐한 조정의 공경대신들에게도 호감을 샀다. 영평 3년(60년), 한 관원이 상소를 올려 마 귀인을 황후로 세울 것을 청하였다. 명제가 결정을 하지 못하자 음 태후가 허락을 독촉하는 의지(懿旨)를 내렸다.

"마 귀인은 후궁들 중에서도 가장 덕을 많이 쌓은 최고의 황후 감입니다."

모처럼 조정과 황실에서 의견일치하여 한 사람을 천거하니, 명제는 길일을 정해 마 귀인을 황후로 책봉했다. 좋은 일을 앞두고 길조가 나타나는 것은 당연하다. 역사 기록에 따르면 마 귀인은 책봉되기 며칠 전, 수많은 작은 벌레가 자신의 몸에 붙었다가 날아가는 꿈을 꾸었다고 한다.

마 황후의 아버지 마원은 높은 공을 세워 이름을 날렸지만 결국엔 모함을 당하였다. 마 황후는 평생 이 일을 명심하며 높은 신분에 올라서도 더 공손하게 행동하고 자기 단속을 철저히 했다. 가장

하고 갖은 잔꾀를 부릴수록 더 궁지에 빠진다고 하였으나, 마 황후의 행동은 가식이 아니라 그녀의 성품에서 진심으로 우러난 것이었다. 마 황후는 황궁에 있으면서도 여전히 글 읽기를 좋아했다. 『역경』을 줄줄이 외웠고 『춘추春秋』와 『초사楚辭』를 좋아했다. 특히 조정의 예법 제도에 대한 『주례』와 같은 경전을 즐겼다.

　마 황후는 아내로서 남편을 다정하고 세심하게 챙겨주었다. 명제가 궁을 떠나 나들이를 나갈 때면 마 황후는 풍한이 들지 않게 주의하고 옥체를 보존하라는 말을 건네며 챙기고 항상 살뜰히 보살폈다. 일국의 어머니로 마 황후는 천하의 귀감으로 소박한 옷차림을 하였다. 심지어는 거칠고 가장자리 장식이 없는 치마를 입어 다른 비들의 비웃음을 사기도 했다. 그러나 마 황후는 쉽게 염색할 수 있어서 그런 옷을 입은 것이라고 침착하게 대응해 6궁(六宮: 황후와 비가 사는 궁) 궁녀들의 감탄을 자아냈다. 마 황후는 놀며 즐기는 것을 좋아하지 않았다. 한 번은 명제가 황실 원림園林에서 여러 비빈들과 함께 노닐고 있었는데, 마 황후만 보이지가 않자 누군가 황후도 같이 할 것을 청했다. 그때 명제가 웃으며 말했다.

　"마 황후는 이런 데에는 뜻이 없으니 불러봤자 재미없어 할 것이다."

　전한시대의 조비연趙飛燕이나 당나라의 양귀비楊貴妃처럼 대부분의 후비들은 황제와 향락을 즐기며 총애를 얻었다. 마 황후는 명제와 관심사는 달라도 의기투합하였다. 이런 면에서 마 황후에 대한 존경심도 들지만 다른 한편으로는 명제가 고맙기도 하다. 광무제, 장제와 비교할 때 명제는 정치를 엄하게 한 것으로 유명하다. 그 점은 황자에게 봉토를 나눠주는 일에서 엿볼 수 있다. 명제는 황자들에게 봉토를 분봉할 때 한 사람에게 봉하는 토지의 크기를 예전의 절반으로 줄였다. 마 황후는 그 일을 알고 황자를 대신해 청을 올렸다.

"황자의 식읍이 몇 개의 현에 불과하다니 예법에 비추어 볼 때 너무 인색하신 것 아닙니까?"

황후의 말에 명제는 이렇게 답했다.

"우리 아들을 어찌 선대 황제의 아들과 비교할 수 있겠습니까? 매년 2천만 전錢이면 충분합니다."

영평 13년(70년)에 초왕楚王 유영劉英이 모반을 꾀하자 명제는 엄격하게 조사할 것을 명했다. 그 사건을 몇 년간 조사하여 연루되어 하옥된 자만 1천 명에 달하였다고 한다. 마 황후는 그 가운데 분명 무고하게 연루된 사람들이 많을 것을 걱정하여 기회를 보아 차마 그대로 두고 볼 수가 없다고 명제에게 충고했다. 명제는 황후의 말을 듣고 깊이 감동받아 밤잠도 자지 못하고 고민했다. 결국 황제는 관용을 베풀어 처리하기로 결정하고 많은 죄수를 석방시켜주었다.

마 황후는 덕에다 재능까지 겸비한 황후였다. 명제는 종종 조정에서 백관들과 토론하여 결정하지 못한 일을 들려준 뒤 황후의 분석을 들었다. 마 황후는 처리하기 곤란한 문제들을 바느질하듯 손쉽게 조목조목 분석하며 조리 있게 설명했다. 마 황후는 오랫동안 명제가 천하를 다스리는데 없어서는 안 될 현명한 조력자 역할을 하였다. 명제는 전한의 여후呂后가 정치에 간섭하여 일어난 화를 잘 알고 있었지만 그런 염려는 하지 않았다. 마 황후에 대한 신뢰가 있었기 때문이다. 마 황후는 본분을 지키며 자기 집안사람들이 권력을 도모하지 못하게 하였다. 후일 태후에 올라 조정에서 정치를 접한 이후에는 더 엄격하게 단속하였다. 그래서 마 황후는 명제에게 존중받았고 줄곧 총애를 얻었다. 이것은 '색色으로 남편을 섬기는' 비빈들은 할 수 없는 일이었다.

부부의 인연으로 18년을 함께 한 명제는 존경하고 사랑스러운 마 황후를 두고 먼저 세상을 떠났다. 17세의 장제가 즉위하면서 마 황후는 태후 자리에 올랐다. 명제의 비와 귀인들은 모두 거처를 남궁南宮으로 옮겼고, 사별에 슬퍼하는 마 태후에게는 여러 차례 하사품이 내려졌다. 이런 일은 지금 보기에는 인지상정 같지만, 총애를 받기 위해 독약과 사술, 모함이 난무하던 후일의 후한 후궁들과 비교한다면 상당한 의미가 있다. 마 태후는 후일 『명제기거주明帝起居注』를 저술하였는데, 저서에서 자신의 오라비인 마방馬防 등이 중병에 걸린 명제를 치료하는 과정에 참여한 사실은 빼버렸다. 남들은 공이 없어도 봉록을 바라는데 마 태후는 공을 세우고도 봉록을 사양한 셈이었다. 장제는 그렇게 하는 것에 반대했다.

"외숙부들께서 아침저녁으로 1년이 넘도록 곁을 지켰는데 표창

은커녕 기록도 남기지 않는다니 너무 합니다."

마 태후는 다른 의중을 내비쳤다.

"저는 후세 사람들이 선대 황제께서 외척과 가까이 했다는 것을 알게 하고 싶지 않습니다. 그렇기 때문에 그 일을 기록할 수 없습니다."

건초建初 원년(76년), 장제는 외숙부들께 작위를 봉하고자 하였지만 태후가 따르지 않았다. 이듬해 여름 가뭄이 들자 한 관원이 황제가 외척을 봉하지 않았기 때문이라는 상소를 올렸다. 참 재미있게도 수십 년 후 똑같은 일이 있었으나, 그때는 황제가 외척에게 지나친 작위를 봉하였기 때문이라는 상소가 빗발쳤다. 이처럼 천자는 쉬운 자리가 아니다. 이에 태후는 조서를 내려 하늘을 구실로 삼아 에둘러 아첨하고자 하는 작태를 날카롭게 비판하였다. 이와 같은 조서는 수많은 역사서에서 보기 드문 것으로 오늘날 읽어봐도 참 숙연해진다. 역대 황후와 태후들이 조금이라도 이런 정신을 본받았다면 후세에 그렇게 많은 궁정 야사野史와 피눈물나는 역사가 생겨나지 않았을 것이다. 태후가 내린 조서는 다음과 같다.

"황제의 외숙들에게 작위를 봉하라는 상소를 올린 자들은 전부 황제께 아첨하여 공과 복을 얻기 위한 무리이다. 전한 성제成帝 때 하루 동안 태후의 남동생 다섯을 제후로 봉하였는데, 하늘에서 비가 내리지 않고 요망스런 안개만이 가득하였다. 전한 때 외척이었던 문제文帝 때의 두영竇嬰, 경제景帝 때의 전분田蚡은 외척의 세력을 믿고 방자하게 전횡을 휘둘렀다. 그로 인해 후일 온 집안이 전멸하였던 사실은 세상 사람이 다 아는 일이다. 그러므로 선제께서 외척을 신중하게 경계하였고 요직을 맡기지 못하게 하였다. 또한 황자들에게 예전의 절반에 해당하는 봉토를 내리며 우리 아들들은 선대의 아들과 비교할 수 없다고 하시었다. 그런데 지금 어찌 우리 마 씨 집안을 음 황후와 비교할 수 있단 말인가? 나는 국모로서 의복은 소박하고 음식은 간소하게 하여 주위에 있는 사람들도 절약에 힘쓰도록 하였으며, 그리하여 천하의 귀감이 되고자 하였다. 일가에서 이를 보고 경계한다고 여겼는데, 그들이 태후가 천성적으로 검소하고 소박하다고 여기며 비웃을 줄 누가 알았겠는가! 일전에 친정을 지나다보니 문전성시를 이루고 수레와 말이 흐르는 물과 승천하는 용[車水馬龍]처럼 늘어서 있었다. 하인들마저도 나의 수레를 모는 사자보다 나았다. 내가 질책하지 않고 해마다 주는 하사품을 중단하는 것으로 후회하고 반성하기를 바랐는데, 그들은 여전히 나라를 걱정하지 않고 집안만을 걱정하였다. 군주보다 신하를 잘 아는 사람은 없다고 하였는데, 하물며 자기 집안사람은 어떠하겠는가? 내가 위로는 선제의 뜻을 저버리고 아래로는 선인의 덕을 저버리며, 전한 외척의 전철을 되밟아야 하겠는가?"

그 뒤로도 장제는 외숙들에게 작위를 내리기 위해 끊임없이 노력했지만, 마 태후가 마 씨 집안이 나라에 세운 공이 없다는 이유로 끝까지 뜻을 굽히지 않고 허락하지 않았다.

어느 날 신평新平 공주가 잘못하여 불이 나서 황궁 내전까지 불에 타는 사건이 일어났다. 실수로 인한 인재이지만 마 태후는 자신의 덕행이 부족하여 일어난 천재로 여겼다. 태후는 자신의 잘못이라고 자책하며 종일 근심하였다. 황릉에 제사를 드리러 가야 할 때가 되자, 부끄러워서 뵐 면목이 없다하여 일정을 취소하였다. 마 태후는 어머니가 세상을 떠난 뒤 묘를 높이 세운 것을 보고 예의에 맞지 않는다며 가족들에게 좀 낮출 것을 명하였다. 태후는 마 씨 일족의 자제들이 겸허하고 의를 행하면 사람을 보내 칭찬하며 상을 내렸고, 작은 잘못에도 조서를 내려 꾸짖었다. 만약 의복과 수레가 지나치게 화려하고 사치스러우면 관직을 박탈하여 고향으로 돌려보냈다. 이런 교화와 단속을 통해 마 씨 집안사람들은 조심스럽게 행동하여 법을 어기거나 기율을 어지럽히는 일이 드물었다. 후한에서 임조칭제(臨朝稱制: 황태후나 황후 등 여성이 황제를 대신해 정치를 돌봄)를 한 태후는 일곱 명이 있었는데, 그중 마 태후의 외척만이 정치에 간섭하지 않았다. 그래서 마 씨 집안은 멸문지화를 면할 수 있었다.

건초 4년(79년), 천하가 태평해지자 장제는 다시 세 명의 외숙부들을 열후로 봉하자는 의견을 거론했다. 마요馬廖 등은 몇 번 사양한 뒤에 관내후關內侯로 봉해졌다. 그러나 마 태후는 이것도 못마땅해 하며 그들을 질책하였다.

"신첩이 어렸을 때 시서詩書를 두루 읽기를 소망하였습니다. 예악으로 교화하기를 바라고 앞날의 부귀를 구하지는 않았습니다. 지금 나이가 들었지만 여전히 그것을 얻고자 하는 마음을 경계하기 위해, 지금도 밤낮으로 주의하고 몸가짐을 바르게 하며 편하게 머무르거나 음식을 배부르게 먹지도 않고 있습니다. 이를 통해 동기들을 교화할 수 있다면 죽어도 여한이 없습니다. 그런데 늙어서도 그 뜻을 이룰 수 없다니 죽어서도 한으로 남을 것 같습니다."

마방을 비롯한 외척은 태후의 말을 듣고 탄복하며 작위만 받고 관직에서 물러나 귀향하였다. 그 해에 마 태후는 병에 걸렸고, 무의巫醫를 믿지 않았던 태후는 쾌차를 기원하는 기도를 하지 못하도록 명을 내린 뒤 얼마 후 세상을 떠났다. 당시 마 태후는 마흔한 살로 명덕明德이라는 시호를 받았다.

안타깝게도 이후 중국 역사상에 이런 황후나 태후가 많지 않았고, 있다고 해도 단명하였으니 아쉬울 따름이다.

後漢書 들여다보기

명나라 태조 때의 마 황후 역시 현덕하기로 유명했다. 명나라가 세워진 뒤 마 황후는 황제에게 간언을 올리고 계책을 바치며 솔선수범을 보였다. 주원장이 자신을 당 태종의 장손 황후에 비교하자 마 황후는 이렇게 말했다.

"부부가 서로 보호하기는 쉬우나 군신은 보호하기 어렵다고 합니다. 폐하께서는 저와 함께한 빈한한 시절을 기억하듯이, 신하들과 함께한 어려운 시절도 잊지 않으시길 바랍니다. 그리고 신첩이 어찌 장손 황후와 비교가 되겠습니까?"

주원장은 어린 시절 부모를 잃은 마 황후를 위해 그의 친척들을

명나라 마 황후

주원장

불러 관직에 봉하고자 하였으나, 마 황후는 법도에 맞지 않는다며 사양하였다. 후일 마 황후가 병에 걸려 위독해지자 신하들은 황후를 위해 기도할 것을 청하였으나 이마저도 거절했다.

"생사는 운명에 달린 것인데 기도한들 무슨 소용이 있겠습니까? 제가 낫지 않는다 해도 어의를 탓하지 마시옵소서."

그리고 임종 전 이런 말을 남겼다.

"폐하께서 현인을 구하고 간언을 받아들여 시종일관 신중을 기하시길 바랍니다. 자손들이 모두 현명하고 신하와 백성이 잘 되기를 바랄 뿐입니다."

마 황후는 51세의 나이로 세상을 떠났다. 주원장은 마 황후의 현덕함에 감동하여 그 후 황후를 다시 세우지 않았다.

◉ 주요 인물
  종리의

◉ 주변 인물
  명제, 약승

◉ 키워드
  인애, 청렴하고 강직하다

◉ 중대 사전
  사사로이 죄인을 풀어주다, 싫어하는 걸 알면서도 간언하다, 노상魯相 지방관으로
  임명되다

◉ 고사
  종리발옹鍾離發甕

◉ 이야기 출처
  『후한서』 「제오종리송한第五鍾離宋寒열전」

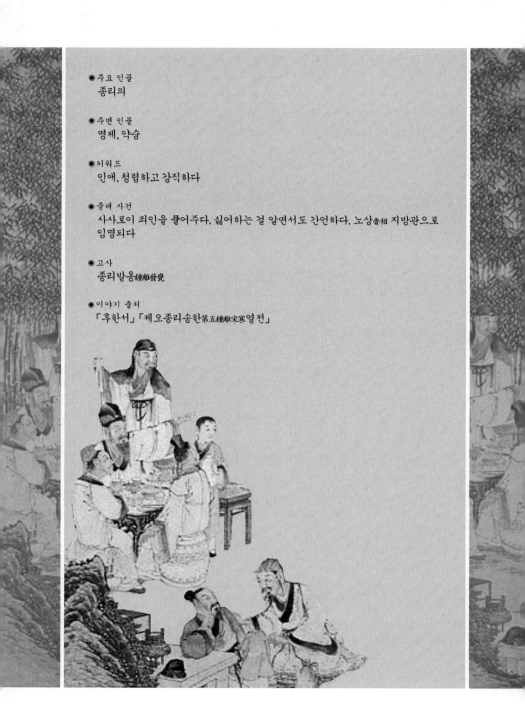

鍾離意

종리의 : 백성들에게 인애를 베푼 관리

종리의鍾離意는 자가 자아子阿로 회계會稽 산음(山陰: 지금의 절강성浙
江省 소흥紹興) 사람이다. 그는 젊었을 때 군에서 독우를 맡았었
다. 한 번은 현에 속한 한 정장亭長이 다른 사람에게 술대접을
받은 사건이 발생하자, 태수는 사람을 보내 그에 대해 조사하게
하였다. 그때 종리의가 태수에게 말했다.

"『춘추』에서는 먼저 안을 안정시킨 뒤에 밖을 다스리라 하였
고, 『시경』에서는 자신의 아내에게 모범을 보인 뒤에 형제에게
잘해야 나라를 잘 다스릴 수 있다고 하였습니다. 이처럼 정치의
근본은 작은 것에서 큰 것으로, 가까운 곳에서 먼 곳으로 행해
야 합니다. 태수께서 군현을 잘 다스리고 싶다면 먼저 관아부터
시작해야 할 것입니다. 그러니 아랫사람의 사소한 잘못을 조금

너그러이 용서하여 주시옵소서."

태수는 종리의의 현량함을 알고 그에게 현의 일을 관리하도록 맡겼다. 건무 14년(38년), 회계군에 전염병이 돌아 1만여 명이 목숨을 잃었다. 백성을 자식처럼 사랑하는 종리의는 직접 병든 자들을 위로하고 도와주며 약제를 내놓아 구휼하였다. 그리하여 수많은 백성이 혜택을 받았다.

얼마 뒤 종리의는 효렴孝廉으로 천거되어 대사도 후패의 속관으로 들어가게 되었다. 한 번은 죄인을 하내군까지 압송하라는 명을 받았다. 그때가 마침 겨울이라 죄인들이 병에 걸려 계속해서 길을 갈 수 없었다. 홍농군을 지날 때 종리의는 현의 관리에게 추위를 막기 위해 죄인들에게 겨울옷을 지어달라고 부탁하였다. 현령은 그러고 싶지 않았지만 종리의의 명령을 어길 수 없어 그렇게 해주었다. 그 뒤에 종리의는 아예 죄인의 족쇄와 수갑을 풀어주고 알아서 호송지까지 가게 하였다. 현령은 황제에 상소를 올려 그 일을 일러바쳤다. 그러자 종리의는 상주문을 올려 당시 상황을 자세히 설명했다. 광무제 유수는 그의 상주문을 읽어보고 후패에게 보여주며 말했다.

"자네 밑에 있는 관리는 매우 인자하더구나. 참으로 좋은 관리이다."

죄인을 압송하는 일에는 많은 고충이 따랐다. 만약 조금만 잘못되어도 호송하는 자가 벌을 받았다. 사적으로 죄인을 풀어준 것은 최고 죄에 해당했다. 그래서 죄인을 압송하는 자들은 모두 벌벌 떨면서 한 치의 빈틈도 없이 처리하고자 했다. 그렇지 않았다면 진승陳勝, 오광吳廣이 대택향大澤鄕에서 난을 일으키지 않았을 것이며, 옛날 전한의 고조가 죄인을 놓아주었던 것은 이미 반란을 꾀할 마음을 품었기 때문이다. 종리의가 죄인을 압송지까지 알아서 오도록 한 것은 자신의 앞날과 가족의 목숨을 죄인들에게 맡긴 것과 다름없었다. 그러나 왕법을 어긴 자들이라고 꼭 도덕이나 신의가 없는 것이 아니며, 법률로 다스릴 수 없는 자들이라고 꼭 몰인정한 것은 아니다. 죄인들 중 압송 기한을 어기거나 도망친 사람이 하나도 없었다.

종리의는 그 후에 연주兗州 하구瑕丘 현령으로 임명됐다. 어느 날 현 관아의 단건檀建이라는 말직 관리가 도둑질을 하는 사건이 발생하자, 종리의는 그를 불러 단독으로 심문했다. 단건이 머리를 조아리며 자백하자 종리의는 인자함을 베풀어 형을 가하지 않고 파직시킨 뒤 집으로 돌려보냈다. 단건의 아버지는 그 사실을 알고 가족보다는 나라의 대의를 위한다는 마음으로 아들을 위해 주연을 베풀고 말했다.

"무도한 군주는 칼로 사람을 죽이고 도를 갖춘 군자는 의로써 목숨을 버린다고 하였다. 네가 죄를 지은 건 네 운명이다."

그리고는 아들에게 독을 먹고 자진하도록 명했다.

건무 25년(49년), 종리의는 당읍堂邑 현령으로 가게 되었다. 현에

255

는 방광防廣이란 자가 아버지의 복수를 위해 사람을 죽인 죄로 옥살이를 하고 있었다. 그런데 어머니의 병환이 위중하다는 소식을 듣고서 식사도 하지 않고 울기만 하였다. 종리의는 가련한 마음에 어머니의 장례를 치를 수 있게 그를 놓아주라는 명을 내렸다. 살인범을 사사로이 놓아주는 것은 매우 위험한 일이었다. 현의 속관들이 하나같이 그렇게는 하지 못하겠다고 하자 종리의가 설득했다.

"위에서 죄를 묻는다면 자네들을 연루시키지 않고 모두 나 혼자 책임지겠네."

그리고 방광을 집으로 보내주었다. 방광은 어머니의 장례를 치른 뒤 도망가지 않고 다시 옥으로 돌아왔다. 종리의는 정의를 위해 목숨까지 버릴 각오로 이 일을 위에 알리고 그를 대신해 사정을 했다. 결국 방광은 사형을 면할 수 있었다.

명제가 즉위한 뒤 종리의는 상서에 올랐다. 당시 교지 태수 장회張恢가 횡령죄를 저질러 그가 부정하게 취한 재물을 몰수한 뒤 신하들에게 상으로 내렸다. 종리의는 명제가 내린 재물을 받기를 거부하였다. 명제가 이상하게 여기며 그 연유를 묻자, 종리의는 이렇게 답했다.

"옛날 공자님께서는 '도천(盜泉: 도둑 샘)'이라는 이름에 반감을 느끼고 목이 말라도 참고 물을 마시지 않으셨습니다. 또한 '승모(勝母: 어머니를 이긴다)'라는 마을 이름을 혐오하여 들어가지 않고 수레를 돌렸습니다. 법을 어겨서 모은 부정한 재물을 신은 감히 받을 수가 없습니다."

　명제는 그의 말을 듣고 국고에서 30만 전을 꺼내 그에게 상으로 내렸다. 청렴한 사람은 강직한 성품을 지니기 마련이다. 예부터 천자들은 사냥을 좋아하였는데 명제 역시 예외가 아니었다. 사냥을 좋아하는 군주가 있으면 충언을 올리기 좋아하는 신하가 있기 마련이다. 그런 신하가 바로 종리의다. 그는 몇 번이나 명제의 수레를 가로막고 사냥의 폐해에 대해 진언하였는데, 그의 말을 듣고 명제는 어쩔 수 없이 환궁하였다. 영평 3년(60년) 여름, 심한 가뭄이 들었음에도 명제가 북궁北宮을 짓고자 하였다. 그 사실을 알고 종리의는 황제에게 간언을 올렸다. 그는 굳은 의지를 표하기 위해 파직까지 각오하며 머리 위의 관모까지 벗어버렸다. 물론 명나라 때의 해서海瑞가 관을 들고 진언을 올린 일에 비하면 놀랄 일은 아니다. 종리의는 황제에게 고했다.

　"폐하께서 가뭄으로 인해 백성을 걱정하시고 자책하셨지만, 연일 검은 구름만 낄 뿐 비가 내리지 않고 있습니다. 이는 폐하께서 아직 완벽한 정치를 펴지 않으시기 때문입니다. 옛날 상나라 탕왕은 가뭄이 들자 6가지 일을 들어 스스로를 질책하였습니다. 지금 폐하께서 북궁을 짓고 계신데, 그것 역시 6가지 일에 포함되옵니다. 예부터 현명한 군주는 황궁이 좁은 것을 근심하지 않고 천하의 백성이 편안하지 않은 것만을 걱정했다고 합니다. 그러니 폐하께서는 궁의 건설을 멈추고 하늘의 마음을 얻으소서."

명제가 조서를 내려 공경들에게 사죄를 하고 북궁 공사를 멈추게 하자 하늘에서 큰비가 쏟아졌다고 한다.

한 번은 명제가 상서에게 귀순해온 오랑캐에게 비단과 명주를 내릴 것을 명하였는데, 담당 관리가 10을 100으로 착각하는 실수를 저질렀다. 명제는 그 사실을 알고 대노하며 담당 관리를 불러 채찍질을 하라고 명했다. 종리의는 그 소식을 듣고 입궁하여 명제에게 머리를 조아리며 청하였다.

"한 번의 실수는 모든 사람이 피할 수 없사옵니다. 직무를 소홀히 한 죄를 묻는다면 일을 담당한 자보다 신의 죄가 더 크옵니다. 죄를 물으시려면 먼저 신의 죄를 꾸짖으소서."

그리고 옷을 풀어헤치고 자신이 대신 형을 받았다. 명제는 노기를 가라앉히고 담당 관리를 사면하였다. 명제는 성격이 급하고 엄격하여 자주 사람들을 보내 대신들의 과실을 살피도록 하였다. 그로 인해 많은 사람이 모함을 당하기도 하였다. 명제는 상서 이하의 근신近臣들에게는 더욱 엄격하였다. 한 번은 명제가 대신 약송藥崧에게 화풀이를 하며 지팡이를 들고 그를 때리려고 하였다. 약송이 놀라 침대 밑으로 숨자 명제는 화가 가시지 않아 침대 앞에서 소리를 질렀다.

"어서 썩 나오지 못하겠느냐!"

약송은 이렇게 대꾸했다.

"천자가 위엄이 있으면 제후들이 흥성한다고 합니다. 군주가 스스로 대신을 때리다니 이런 얘기는 들어본 적이 없습니다."

명제는 군주로서 극성스럽고 엄격하였으므로, 대신들은 고통을 겪는 자들이 많음에도 불구하고 천자의 위엄이 두려워서 진언을 올리지 못하고 도리어 정치를 엄하게 할 것을 아뢰었다. 종리의만이 황제의 안색을 살피지 않고 여러 번 왕명을 거역하는 간언을 올렸고 명제가 신하를 벌하려고 하면 그가 나서서 말렸다. 한 번은 천재지변이 일어나자 종리의는 명제에게 상소를 올렸다.

"백성들은 덕으로 이길 수 있으나 힘으로 극복하기 어렵습니다. 폐하께서는 성덕을 널리 베풀고 생명을 소중하게 여기시어 형벌을 감면해주시옵소서."

명제는 그의 상소를 보고 불쾌하였다. 종리의가 충신이라는 사실은 알지만 항상 자신에게 맞서는 것이 불만이었다. 현명했던 군주 당나라 태종도 부득이하게 참지 못하고 위징을 죽이려고 한 적이 있었듯이, 후한의 두 번째 황제인 명제 역시 현군이기는 했지만 귀에 거슬리는 충언을 기꺼이 듣는 경지까지는 이르지 못했다. 결국 종리의는 노지魯地의 상相으로 강등되어 황제의 곁을 떠났지만, 명제의 마음속에는 그의 그림자가 남아 있었다. 덕행전德行殿이 완공되자 문무백관들이 축하하러 왔을 때, 명제는 북궁의 공사를 반대했던 종리의를 떠올리며 신하들에게 말했다.

"종 상서가 여기에 있었다면 덕행전은 분명 완성되지 못했을 것이네."

명제의 말 속에는 다행이라는 뜻과 동시에 그에 대한 감회가 들어 있었다. 종리의는 노지에 도착한 뒤 형벌을 내릴 때 신중했고 백성들을 자식처럼 아꼈다. 그가 막 현에 도착하였을 때 거리에 집이 없는 자가 많아 자신의 봉록을 내어주며 집을 짓도록 하였다. 그리고 난 뒤에 기도를 올렸다.

"강제 노역을 시킨 것은 현령인 저의 뜻이지 백성들은 무관합니다. 만약 화를 당해야 한다면 저 혼자 감당하겠습니다."

종리의의 말은 옛날 상나라 탕왕의 기도를 떠올리게 한다.

"저에게 죄가 있다면 사방 백성들에게 주시지 마시옵소서. 백성들에게 죄가 있다면 모두 군주인 저의 죄과입니다."

종리의는 노지에서 상相으로 5년을 머물며 백성들을 교화하고 다스렸다. 그리하여 백성들은 편안하게 살 수 있었다. 그 후 그는 병으로 세상을 떠났다. 종리의는 임종 전 변함없이 뜻한 대로 명제에게 상소를 올려 태평성세가 도래하였으니 정치를 너무 엄하게 하지 말고 유연하게 할 것을 당부하였다. 명제는 그의 상소에 감동하며 20만 전을 상으로 내려 위로하라는 조서를 내렸다.

노지에는 종리의와 관련된 전설이 전해진다. 공자의 고향 곡부曲阜에 도착한 종리의는 문화와 교육을 중시하였다. 그는 돈을 들여 공자의 수레를 수리하고 공자묘에 가서 위령제를 지내며 공자가 신었던 신발까지 직접 닦았다. 어느 날 장張 씨 성을 가진 남자가 풀을 매다가 땅에서 7개의 옥을 발견하게 되었다. 그중 1개는 자신이 갖고, 나머지 6개는 종리의에게 가져다주었다. 그 후 종리의가 우연히 공자의 침대 위에 걸려 있는 항아리 하나를 발견하고는 사람을 불러 그것에 대해 물었다. 그는 공자가 남긴 것이라며 붉은색 종이로 봉인되어 있는데 아무도 열어본 사람이 없다고 대답했다. 종리의는 그의 말을 듣고 이렇게 말했다.

"공자님은 성인이시니 항아리를 걸어 놓은 뜻은 후세에 남기고자 하신 것이다."

그리고는 항아리를 열어보았다. 그 안에는 비단이 하나 있었는데, 그 위에는 이런 글이 적혀 있었다.

"후세가 나의 책을 수정하니 그가 바로 동중서董仲舒란 자이다. 내 수레를 수리하고 내 신발을 닦고 내 대바구니를 손질하니, 그자는 바로 회계의 종리의다. 옥이 7개 있는데 장백張伯이 그중 1개를 숨겼다."

종리의는 장백을 불러 물으니 정말 그러하였다. 이 전설은 믿을 것은 못되지만 공자와 관련짓는 것으로 볼 때 사람들이 종리의를 존경하였음을 알 수 있다.

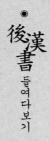

後漢書 들여다보기

사람을 죽이면 목숨으로 갚는 것은 오랜 관습이었다. 종리의는 후덕과 인정을 베풀어 죄인의 죽음을 면하게 해주었다. 그러나 대부분의 경우, 법 집행을 할 때 인정으로 봐주지는 않았다. 순제順帝 때 관구장毌丘長이란 자가 술에 취해 자신의 어머니를 모욕한 남자를 죽인 죄로 교동膠東의 국상國相 오우吳祐에게 잡혔다. 오우는 관구장에게 물었다.

"너는 어머니의 복수를 위해 대낮에 사람을 죽였다. 너를 놓아주면 법률에 맞지 않고 형벌을 가하자니 차마 그럴 수가 없는 일이니 이를 어찌하면 좋겠느냐?"

관구장이 대답했다.

"나라는 법으로 다스려야 합니다. 제가 직접 그것을 어겼으니 국상께서 저를 가련하게 여긴다고 해도 저를 구해주실 순 없습니다."

오우가 그에게 처자식이 있냐고 묻자, 그는 자식은 없고 처만 있다
고 답했다. 오우는 관구장의 아내를 불러 옥중에서 그와 합방하게
하여 자식 하나를 낳도록 해주었고, 관구장은 목을 베어 죽였다.

◉주요 인물
　경공

◉주변 인물
　포욱, 범강, 마방

◉키워드
　장군감, 소무를 초월하는 절개

◉중대 사건
　소륵을 굳게 지키다

◉고사
　소륵비천

◉이야기 출처
　『후한서』「경공열전」

耿恭

경공 : 전쟁의 신

당나라 때 시인 왕유王維의 「노장행老將行」에는 '맹세코 소륵성疏勒城에서 샘이 솟을 것이다'라는 구절이 있다. 단호하고 장렬한 각오가 느껴지는 이 구절에는 비장한 역사적 사실이 숨겨져 있다. 바로 후한의 '전쟁의 신' 경공耿恭에 관한 것이다.

경공은 자가 백종伯宗으로 후한 명제 때 장수 집안에서 태어났다. 그의 백부 경엄은 후한의 개국 공신이자 유수의 장수였다. 그의 사촌형 경병耿秉은 정서장군을 지냈는데 후에 대장군 두헌竇憲과 함께 북흉노를 대파하였다. 이렇게 쟁쟁한 집안에서 자란 경공은 어릴 적부터 기개 있고 책략에 능한 장군감이었다. 그러나 그는 유감스럽게도 어린 나이에 아버지를 여의었다.

경공은 영웅을 배출하는 시대를 만나게 되었다. 유수가 후한을 세운 뒤 전쟁을 끝내고 휴식기를 거치면서 전쟁으로 피폐해진 후한의 국력도 어느 정도 회복되었다. 옛날 한 무제가 '문경文景의 치'를 거쳐 '대한大漢 천자의 위엄을 범하는 자는 먼 곳에 있더라도 없애겠다'라는 패기로 흉노에게 칼을 들이댔다. 그처럼 명제도 통치 후반부터 흉노에 대해 점차 강경한 태도를 취하며 종종 군대를 파견하였다. 서역은 한나라와 흉노의 주요 전쟁터였다.

영평 17년(74년) 겨울, 후한의 군대가 차사국(車師國: 지금의 신장 위구르 자치구 투루판 분지)으로 출병하였다. 당시 경공은 군의 사마司馬로 출정에 참여했다. 차사국을 격파한 뒤 후한은 그 지역에 서역도호부西域都護府를 설치하여 서역을 관리하였다. 경공은 무기 교위戊己校尉를 맡고 차사국 후왕정後王庭의 금포성金蒲城에 주둔하였고, 알자謁者 관총關寵은 무기 교위를 맡고 전왕정前王庭의 유중성柳中城에 주둔하였다. 두 사람은 각자 수백 명을 거느리며 양립 형세를 이루고 차사국을 지켰다. 경공은 금포성에 주둔한 뒤 서역의 오손(烏孫: 지금의 이리하伊犁河 유역)이란 나라에 격문을 보내 한나라의 위엄과 덕을 널리 알렸다. 경공은 온건책과 강경책을 병행하여 서역 오손까지 후한의 속국으로 귀의시켰다.

서역은 줄곧 여러 민족들이 섞여 살았고 작은 나라들이 많아 정치적 입장이 확실하지 않았다. 한나라와 흉노 중 어디를 따를지는 시시각각 변했다. 한 무제가 장건張騫을 서역에 파견한 뒤 줄곧 서역에서는 흉노와 한나라 사이의 쟁탈전이 벌어졌다. 결국 이듬해 북흉노의 선우가 2만여 명의 병사를 보내 차사국을 공격했다. 경공은 적의 상황을 잘 알지 못하고 구원병을 2백여 명만 보냈다. 결국 사지에 들어가게 된 병사들은 도중에 모두 섬멸되었고 흉노는 국왕 안득安得을 죽이고 보호막인 경공이 주둔하고 있던 금포성까지 쳐들어왔다. 흉노는 승세를 틈타 많은 병사를 거느리고 대단한 기세로 밀어붙였다. 짧은 시간에 기책을 생각해내지 않으면 적을 물리칠 수 없었다. 경공은 직접 성루에 올라가 전쟁을 독려하며 병사들에게 화살에 독약을 묻히라고 명한 뒤 흉노를 향해 외쳤다.

"한나라 군대의 신묘한 화살에 맞으면, 이상한 일이 일어날 것이다."

그리고는 화살을 쏘았다. 화살에 맞은 흉노 병사들은 상처 부위가 짓물렀다. 순간 적들은 영문을 알지 못하고 당황했다. 때마침 하늘도 경공을 도와 광풍이 불고 폭우가 쏟아졌다. 경공은 그 틈에 군대를 이끌고 돌격하여 적을 대파하였다. 흉노는 하늘도 적을 도우니 매우 의아해했다.

"신이 한나라 군대를 돕고 있으니 정말로 두렵다!"

그리고는 포위를 풀고 달아났다. 경공은 흉노가 권토중래하면 금포성을 지키기 어려울 것이라고 예상하고 군대를 간수(澗水: 골짜기에서 흐르는 물)가 흐르는 소륵성으로 이동시켰다. 소륵성은 지금의 신장 위구르 자치구 카스 일대로 변경에서 3천 리 가량 떨어져 있다. 차사국을 빼앗으려면 우선 한나라 군대를 멸해야만 했기 때문에 흉노는 공경을 그냥 놔두지 않았다. 이듬해 7월, 흉노가 다시 발병하여 소륵성을 공격해오자 공경은 수천 명의 결사대를 모아 적진으로 돌진하여 흉노에 대항하였다. 흉노는 그들의 강력한 공세도 소용이 없자 소륵성을 포위한 뒤 산 위에 있는 간수의 수원을 막고 후한 군대가 투항하길 기다렸다. 후한 군대는 수원이 끊기자 성에서 우물을 파서 물을 얻어야만 했다. 그러나 아무리 땅을 깊게 파도 물이 나오지 않자 병사들은 매우 당황하며 두려워했다. 목마름을 견딜 수 없게 되자 말의 분뇨에서 나온 오물을 짜서 갈증을 해소할 지경에까지 이르렀다. 경공은 속이 타서 하늘을 쳐다보며 탄식하였다.

"옛날 한 무제 때 이사貳師장군 이광리李廣利가 대완국(大宛國, Fergana)을 토벌할 때 물이 부족하자 칼을 뽑아 산을 찔렀더니 샘물이 솟아났다고 합니다. 지금 한나라의 덕이 신명한데 저를 궁지로 몰아야 합니까?"

그리고는 옷을 단정히 하고 파낸 구덩이를 향해 절을 하며 물이 나오길 기도했다. 신기하게도 잠시 후 우물에서 샘물이 솟구쳐 올랐는데, 후한 병사들은 매우 기뻐하며 만세를 외쳤다. 경공은 물을 마시기 전에 성 아래로 물을 뿌리라고 명했다. 흉노 군사들은 물을 보고 매우 놀라며 천지신명이 다시 한 번 후한을 돌봐주고 있다고 여기고 포위를 풀고 달아났다. 사실 그 일은 신기해 보이지만 천지신명의 도움은 아니었다. 땅을 팠을 때 지하의 수맥과 닿아 있더라도 곧 바로 물이 나오는 것이 아니라 기압의 작용으로 다른 곳에서 물이 솟아오르기도 한다. 그래서 시간이 걸렸던 것이다. 이런 시간 상의 차이 때문에 후한의 군대조차 천지신명이 자신들을 돕고 있다고 믿게 된 것이다.

포위는 풀렸지만 위급한 상황이 완전히 해결되지는 않았다. 얼마 뒤 또다시 다급한 상황이 일어났다. 흉노에게 귀순한 서역국의 언기(焉耆, Kharashahr)와 귀자(龜玆, Kucha)가 도호부 주둔지를 공격하여 함락시키고 도호 진휴陳睦를 살해하였다. 관총의 군대도 유중성에서 흉노에게 포위되어 다른 곳을 돌볼 틈이 없었다. 정말 운이 나쁜지 이렇게 중요한 고비에 명제까지 붕어하여 조정이 혼란에 휩싸였다. 1천 리 밖의 고립된 성안에서 조정을 위해 목숨을 걸고 싸우는 장수들에게 신경 쓰는 사람은 없었다. 후한의 대군이 서쪽을 돌볼 수 없었기 때문에 차사국은 스스로를 지킬 힘이 없어 결국 흉노에게 투항하였으며 흉노와 함께 소륵성을 공격하여 왔다. 당시의 소륵성은 망망대해에 고립된 섬과 같았다. 경공은 후한 조정에 대한 충성심으로 장군들을 격려하며 목숨을 걸고 성을 지켰다. 한 가지 위로가 되는 것은 후왕後王 부인의 선조가 한나라 사람이란 사실뿐이었다. 그녀는 동족 사상에서 위험을 무릅쓰고 흉노군의 상황을 후한 군대에게 몰래 알려주기도 하고 위급한 상황에서 식량도 보내주었다. 그러나 그런 도움도 극히 제한적이어서 성안의 식량은 곧 바닥이 드러났다. 식량이 떨어지자 병사들은 피혁으로 만들어진 갑옷과 궁노를 삶아서 먹었다. 살아날 가망이 없다고 생각하자 오히려 생사와 상관없이 마지막까지 남은 한 사람이라도 성을 지키는 것이 모두의 신념이 되었으며, 마지막까지 성에 수십 명의 사람이 남더라도 합심하여 엄청난 위력을 발휘하겠다는 다짐을 했다. 흉노의 선우는 경공이 이미 막다른 궁지에 몰렸다는 사실을 알고는 투항을 받아낼 결심으로 사자를 보내 경공에게 투항을 권했다. 그렇게 한다면 그를 백옥왕白屋王으로 봉하고 아내까지 얻어준다고 약속했다. 경공은 그 제안에 마음이 움직여 상의하는 척하며 사자를 성안으로 데리고 갔다. 흉노인들은 성밖에서 매우 기뻐하며 회담 결과를 기다렸다. 그러나 경공은 성 꼭대기에서 사자를 죽인 뒤 불에 구워먹었다. 훗날 남송 때 악비岳飛가 이런 글을 남겼다.

'웅대한 뜻을 품고 배가 고프면 오랑캐 노예 고기를 먹고, 웃고 이야기 나누다 목이 마르면 흉노의 피를 마신다.'

경공의 일화는 이를 보여주는 생생한 예이다. 흉노의 관원들은 동족의 비참한 말로를 지켜보며 눈물을 흘리며 물러갔다. 선우는 그 사실을 듣고 대노하여 군대를 더 많이 보내 소륵성을 포위 공격하였지만 끝내 함락시키지 못했다. 경공은 피로에 지친 수십 명의 병사들과 꼭 뜻을 이루고 말겠다고 덤비는 흉노에 대항하여 싸웠으며 소륵성은 끝까지 함락되지 않았다. 이는 실로 기적이라고 밖에 할 수 없을 것이다. 지금 돌이켜보더라도 참으로 불가사의한 일이다.

경공과 부하들이 혈전을 펼치며 고군분투하고 있을 무렵, 조정에서는 그 일을 두고 격렬한 논쟁이 벌어졌다. 장제가 새 황제로 등극하여 혼란한 상황을 수습하면서 조정도 안정을 되찾았다. 그리고 북서쪽의 상황에 주목하기 시작했다. 관총이 이미 조정에 긴급 상소를 올려 지원군의 파병을 요청한 상태였다. 장제는 공경들을 불러 출병 문제에 대해 의논했다. 사공 제오륜第五倫은 성안의 수십여 명 때문에 군대까지 동원할 가치가 없으며, 서역은 산세도 험하고 황성과도 멀어 관할하기 어려우니 포기해야 한다고 주장했다. 그러자 사도 포욱鮑昱은 장제에게 상소를 올려 자신의 의견을 강력하게 피력했다.

"관리가 험난한 곳까지 들어가 고군분투하고 있는데 폐하께서 위급한 상황에서 포기하고 돌보지 않는다면, 아군은 두려움에 떨 것이고 적군은 기뻐할 것입니다. 만일에 후일 흉노가 변경을 다시 범한다면 누가 감히 폐하를 위해 목숨을 바치겠습니까? 경공과 관총은 각자 수십 명의 병사들로 흉노의 대군과 대항하며 굴복하지 않고 있으니, 그들의 충심을 알 수 있습니다. 폐하께서 주천酒泉과 돈황敦煌의 태수에게 각기 2천 명의 군대를 내주어 많은 깃발로 적군을 미혹하고 황급히 길을 재촉하여 지원군을 보내주십시오. 흉노군이 오랫동안 공격하여 성을 함락시키지 못했으니 분명 저항하지 못할 것입니다. 그럼 성공적으로 경공 일행을 구할 수 있을 것이옵니다."

장제는 포욱의 말에 일리가 있다고 여겨 주천군에 주둔하고 있는 경공의 사촌형 경병을 태수로 임명하고 출병하는 일을 맡겼다. 그리고 황제의 사자인 왕몽王蒙에게 7천여 명의 군대를 내주며 변방으로 가서 도울 것을 명했다. 봄이 되자 후한 군대는 옥문관玉門關의 서쪽으로 빠져나왔다.

건초 원년(76년), 후한 군대는 차사국으로 출격하여 교하성交河城을 함락시키고 3천8백여 명의 적군을 참수하였다. 흉노를 격퇴한 뒤 차사국은 다시 후한의 수중으로 들어갔다. 당시 유중성을 굳게 수비하고 있던 관총은 이미 전사한 상태였다. 그래서 왕몽은 소륵성의 경공도 이미 오래 전에 전사하였을 것이라 여겼다. 설령 아직까지 살아 있더라도 수십 명의 목숨을 위해 대군을 이끌고 먼 곳까지 서둘러 갈 필요는 없었다. 임무는 이미 완수했으니 행군한 보람이 있었다. 왕몽은 조정에 보고할 공적도 세웠으니 병사를 이끌고 낙양으로 회군할 생각이었다. 이때 일전에 경공의 명으로 수비군의 방한 군복을 가져가기 위해 돈황으로 돌아왔던 범강范羌이 우연히 왕몽의 대군을 만나게 되어 함께 변방까지 출정했다. 범강은 소륵성에서 자신과 동고동락하던 형제들이 걱정되어 계속해서 진군하자고 애원했다. 그러나 장수들이 단호하게 거절했다. 결국 그들은 범강에게 2천 명의 군사를 구원병으로 내어주는 절충안을 생각해냈다. 출발할 무렵 하늘에서 많은 눈이 내렸다. 병사들은 내리는 눈발을 맞으며 힘든 행군을 시작했다. 그리고 드디어 소륵성에 도착하였다.

소륵성은 아직도 후한 군대의 수중에 있었고, 물론 경공도 완강하게 살아서 버티고 있었다. 사람들은 한밤중에 성밖에서 사람 소리가 들려오자, 눈보라가 치는 틈에 흉노가 성을 공격해온다고 여기고 매우 놀라며 당황했다. 그러나 범강이 성밖에서 '한나라의 구원병이 왔다'고 외치는 소리를 듣고서야 성안의 사람들은 성문을 열어주었다. 구사일생으로 구원병을 만나자 병사들은 울먹이며 만세를 외쳤다. 다음 날 철병하는데, 흉노가 그 소식을 듣고 추격해왔다. 한나라 군대는 흉노를 막으면서 후퇴하였다. 소륵성을 지키고 있던 사람들의 대부분은 굶주림에 시달려 죽고 철군할 때에는 26명밖에 남아 있지 않았다. 철군하는 길에 또 사상자가 발생해 옥문관으로 돌아왔을 때는 초췌해진 몰골에 남루한 차림을 한 13명뿐이었다. 마중 나온 중랑장 정중鄭衆은 직접 그들을 씻겨주고 옷을 입혀주었다. 그리고 경공 등이 성을 지켜낸 공과 충심, 용맹함은 칭찬할 만하니 황제께서 후한 상을 내려 격려해야 한다는 내용의 상소도 올렸다. 포욱 역시 상소를 올려 경공의 절개가 소무를 능가한다고 칭찬하며 공을 치하했다. 조정에서는 경공을 기도위騎都尉에 임명하고 살아 돌아온 나머지 사람들에게도 각각 상과 작위를 내렸다. 경공의 어머니는 아들이 변방에서 나라를 위해 충심을 다하고 있을 때 이미 세상을 떠났다. 이에 조정에서는 경공에게 늦게나마 상복을 입고 상을 치르라는 명을 내렸다.

그 이듬해 금성金城, 농서 일대에서 강족이 반란을 일으키자, 경공은 상소를 올려 평정 계책을 바쳤다. 장제는 경공을 궁으로 불러 자문을 구하고, 거기車騎장군 마방을 도와 강족과 싸울 것을 명했다. 경공은 수십 명의 군사만으로도 흉노 대군에게 패배하지 않았기에 병사와 양식이 충분한 상황에서 싸우는 일은 식은 죽 먹기나 다름없었다. 그는 빛나는 전공을 세웠다. 그 다음 해에 강족 13만 명이 투항해왔다.

경공은 군주와 나라에 대한 충심과 변함없는 굳은 투지로 오지까지 돌진하여 싸우는 용기를 지니고 있었지만, 관료 사회에서의 모략에 대해서는 잘 몰랐다. 그가 농서 지역에 주둔하고 있을 때 조정에 이런 상소가 올라왔다.

"광무제 때 안풍후安豊侯 두융竇融이 서주西州에 오래 머물며 강족의 인심을 얻었습니다. 대홍려大鴻臚 두고竇固는 두융의 후예로, 일전에 백산白山에 출격하여 3군을 능가하는 공을 세웠습니다. 그러니 그를 보내 서량을 지키게 하고 거기장군 마방은 한양漢陽에 주둔하게 하시옵소서."

경공이 오직 사직을 위해 올린 상소로 인해 마방에게 원한을 사고 말았던 것이다. 마방은 낙양으로 돌아온 뒤 군대의 측근들을 시켜 경공이 직무를 소홀히 하고 군사를 걱정하지 않으며 마음속에 원망을 가득 품고 있다는 상소를 올렸다. 조정에서는 변방에서 홀로 목숨을 걸고 고군분투하며 충심을 바쳤던 무기 교위를 까마득하게 잊어버리고 눈앞에 있는 탄핵 상소만을 믿고, 경공에게 죄를 물었다. 결국 경공은 감옥에 갇혔고 파직을 당하고 말았다. 다행히도 황제가 넓은 은혜를 베풀어 목숨만은 건질 수 있었다. 경공은 군郡으로 돌아가 말년을 보냈다. 흉노인들의 간담을 서늘하게 만들고 눈물을 쏙 빼게 했던, 소무를 능가하는 절개를 보인 후한 전쟁의 신, 경공은 집에서 쓸쓸히 지내다 세상을 떠났다. 범엽은 『후한서』에서 경공에 대해 다음과 같은 평가를 내렸다.

"나는 처음에 「소무전蘇武傳」을 읽고 그의 비참하고 참담한 처지에 감동하여 한나라를 부끄럽다고 여겼다. 후에 소륵에서 경공의 일화를 읽고 나니 나도 모르게 눈물이 흘렀다. 아! 목숨보다 의를 중시한 자가 그렇게 되다니!"

경공은 목숨을 바쳐 충효를 다했음에도 불구하고 황제의 후한 은혜를 입지 못해 후세 사가들을 눈물짓게 만들었다.

後漢書 들여다보기

　장건은 서역에 사신으로 갔다 돌아와 한 무제에게 대완국의 이사
성(貳師城 : 지금의 투르크메니스탄 경내)에 보마寶馬가 있다고 보고했
다. 그 말은 피와 같은 은홍색 땀을 흘리며 하루에 1천 리를 간다
고 하였다. 한 무제는 사자에게 황금과 황금말을 주며 그것을 구해
오게 하였다. 그러나 대완국의 왕은 사자의 요구를 거절했다. 한나
라 사자는 그 자리에서 황금말을 망치로 두드려 깨버렸다. 그 후
사자는 돌아오는 길에 추격병에게 피살되었다. 한 무제는 그 사실
을 듣고 크게 노하며 처남 이광리를 이사장군으로 봉하고 이사성
을 정벌하라는 명을 내렸다. 이광리는 처음에 전세가 불리하여 돈

서유기

보마

황까지 후퇴하였는데, 한 무제는 사자에게 칼을 주며 옥문관을 지키고 있다가 조서를 전달하라고 하였다.

"옥문관으로 한 발짝이라도 들어오는 자는 참한다!"

후에 대군을 증병하여 이광리는 대완국을 격파하고 보마를 얻었다. 회군하는 도중, 돈황 삼위산(화염산火焰山이라고도 함. 『서유기西遊記』에 나오는 화염산의 유래가 됨.)을 지날 때, 찌는 듯 덥고 사방에는 물도 없어서 군사들은 참을 수 없는 갈증에 시달렸다. 이광리는 산신에게 기도를 한 뒤 칼을 꺼내 산을 찔렀다. 그러자 석벽에서 맑은 샘물이 흘러나왔다. 후세 사람들은 그 샘을 '이사천貳師泉'이라고 불렀다.

◉ 주요 인물
　두헌

◉ 주변 인물
　장제, 두태후, 화제

◉ 키워드
　외척, 부귀를 좋아하다, 오만하고 포악하다

◉ 중대 사건
　금미산 전투, 계락산 전투, 북 흉노를 멸망시키다

◉ 고사
　연연륵석, 부서(하찮은 것)

◉ 이야기 출처
　『후한서』「두융열전」

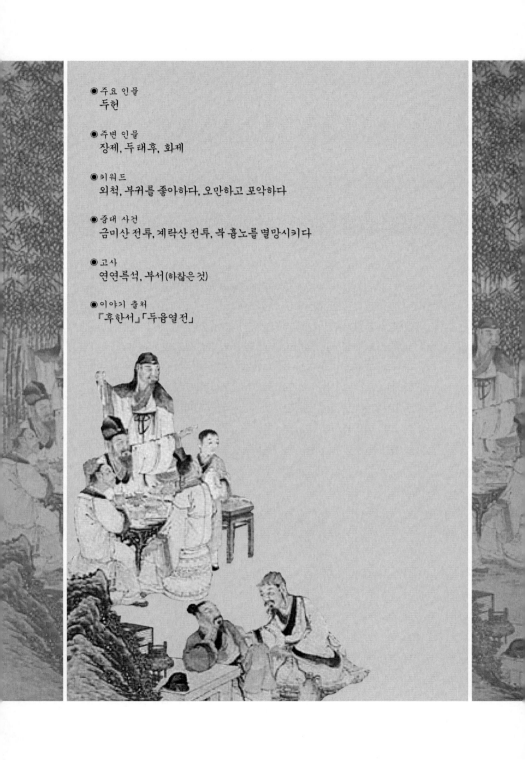

竇宪

두헌 : 연연산에 비문을 남기다

만약 흉노라는 유목 민족이 없었더라면 중국 역사와 문화는 좀 허전했을 것이다. 그들이 없었더라면 주나라 유왕幽王이 봉화를 올려 제후들을 희롱하며 미인의 웃음을 얻는 호탕한 행동도 하지 않았을 것이고, 세계 8대 기적 중의 하나인 '진시황 병마용'도 없었을 것이다. 또한 만리장성도 세워지지 않았을 것이고, 동서를 잇는 실크로드도 없었을지 모른다. 전한시대 곽거병霍去病은 나라를 위해 가정도 돌보지 않는 숭고한 이미지를 쌓지 못했을 것이고, 이광李廣이 높은 공을 세우고도 제후에 봉해지지 못한 비극이나 궁녀 왕소군王昭君이 변경까지 가는 비애도 없었을 것이다.

물론 제왕들은 이렇게 생각하지 않을 수도 있다. 그들에게는 제국의 운명이 더 중요했고, 흉노를 멸하지 않으면 제국은 안정을 찾을 수 없었을 것이다. 설사 흉노를 멸한다고 해서 더 살기 좋아지는 것이 아니라고 해도 말이다. 주나라 유왕 때부터 중원 지역은 기마 민족과 오랜 시간 동안 소모적인 전쟁을 벌여 왔다. 오랜 세월 생각만 해도 가슴이 뜨거워지는 수많은 사건과 인물이 등장했었다. 그런데 그 긴 전쟁을 끝낸 자는 우습게도 입에 올리기도 민망한 인물로, 이는 중국 역사상 가장 김새게 만드는 인물이 아닐까 싶다. 흥을 깬 인물은 바로 두헌이다.

두헌(?~92년)은 명문가에서 태어났다. 그의 증조부 두융은 후한의 개국공신으로 후한 초기에 하서 5개 군郡을 이끌고 조정에 투항하여 유수의 신임을 얻었다. 두 씨 집안은 전성기 때에는 공公이 1명, 후侯가 2명, 공주가 3명, 2천 석 이상의 관리 4명을 배출했으니 당시에는 그야말로 명성을 날렸다고 할 수 있다. 부귀해지면 방종하게 되고 자연히 법까지 어기게 마련이다. 두헌의 조부와 부친은 잘못을 저질러 옥사하였고, 두헌은 어린 나이에 고아가 되었다.

길흉은 예측하기 어렵고 미인이 화근이 된다는 말이 있지만 사실 여자가 복을 가져오는 경우도 있다. 건초 2년(77년), 두헌의 여동생이 장제의 황후로 봉해지면서 한때 몰락했던 두 씨 집안은 단번에 높은 지위에 오르게 된다. 두헌은 연신 승진을 거듭하였다. 처음에는 낭郎에 봉해졌다가 후일 시중侍中으로 올랐고, 얼마 후 호분 중랑장이 되었다. 그의 형제들은 각각 봉작과 상을 받고 조정에

서 나날이 높은 지위에 오르면서 더할 나위 없는 권세와 위풍을 과
시했다. 기존의 외척들은 새롭게 등장한 두 씨 가문을 두려워하며
피했다. 공주 역시 예외가 아니었다. 두헌은 명제의 딸 비수沘水 공
주의 집에 있는 원포園圃가 마음에 들어 강제적으로 헐값에 사들였
다. 공주는 속으로 화를 삭일 뿐 두헌에게 감히 따질 수도 없었다.
후일 장제가 그곳을 지나가다 그 일에 대해 묻자 두헌은 진상을 밝
히지 못하게 공주를 위협했다. 장제는 그 일을 알고 화를 내며 조
서를 내려 꾸짖었다.

"공주까지 함부로 못 살게 구니 일반 백성들은 안중에도 없겠구
나. 나라에서 자네 같은 자를 버리기란 죽은 생쥐를 버리는 것만큼
쉽다."

조서가 발표되자 두헌은 더 이상 오만방자하게 굴 수 없었다.
결국 그는 공주에게 원포를 다시 돌려주었다. 두 황후 역시 그 일
에 연루되어 어쩔 수 없이 의관을 흩뜨리고 사죄해야만 했다. 장제
는 두 황후를 보아 두헌의 죄를 끝까지 묻지는 않았지만 그를 매우
혐오하여 다시는 중용하지 않았다.

그러나 곧 두헌에게 행운이 찾아왔다. 얼마 뒤 장제가 붕어하고
화제和帝가 즉위하면서 두 황후가 태후에 올랐다. 자연스레 두헌
역시 황제의 외숙이 되었다. 화제가 10살이란 어린 나이에 즉위하
여 실질적인 조정의 권한은 두 태후에게 있었다. 한때 탄압받았던
두 씨 세력은 이를 계기로 다시 부흥하였다. 그들은 장제가 즉위했

을 때보다 훨씬 더 강력한 권한을 지니게 되었다.

두헌은 성미가 급하고 모질어서 사소한 원한이라도 꼭 복수를 해야만 직성이 풀렸다. 영평 연간에 두헌의 아버지 두훈竇勛은 옥 중에서 알자謁者 한우韓紆에게 심문을 당한 적이 있었다. 한우가 이미 세상을 떠나고 없자 두헌은 핑계를 만들어 그의 아들을 없앤 뒤 아버지의 무덤에 제사를 지냈다.

도향후都鄕侯 유창劉暢이 멋스럽고 소탈하여 두 태후의 총애를 받았다. 그리고 가끔 궁에 들어가 태후를 만나기까지 하였다. 두헌은 유창이 궁중에서 자신의 은총과 직권을 위협할까봐 불안하고 걱정되어 사람을 보내 그를 없애버렸다. 그리고 그 죄를 유창의 동생 유강劉剛에게 뒤집어 씌우고는 거드름을 피우며 사람을 보내 진상을 조사하도록 하였다. 그러나 불행히도 두헌이 일을 제대로 처리하지 못하는 바람에 사실이 밝혀지고 말았다. 두 태후는 사실을 듣고 노하여 남매간의 정도 무시하고 두헌을 내궁內宮에 금고禁錮 하였다. 두헌은 태후가 자신을 죽일 것을 두려워하여 전쟁에 나아가 흉노를 격퇴하여 공을 세워 죄를 씻게 해달라고 사정했다.

때마침 후한으로 귀순한 남흉노가 북흉노를 물리쳐달라고 요청한 상태였다. 두 태후는 조정 대신들에게 의견을 구했다. 격렬한 논쟁을 거친 끝에 태후는 그렇게 하기로 결정했다. 조정에서는 두헌을 거기장군으로 봉하고 집금오 경병을 부장으로 삼고 12개 군의 병사에 강족, 호족 병사까지 동원하여 북흉노 정벌에 나섰다.

영원永元 원년(89년), 두헌의 수만 대군은 계락산(稽落山: 지금의 몽골한호혁汗呼赫 산맥)에서 흉노와 전쟁을 벌였다. 당시 흉노는 전한시대 몇 차례의 대규모 토벌을 겪고 남흉노가 떨어져 나간 뒤였다. 따라서 한 고조를 백등성白登城에서 포위하였을 때만큼의 세력을 과시하지 못했다. 수비를 중심으로 후한 군대에 대항하였지만 역시 역부족이었다. 결국 흉노는 한나라 군대에 패하였다. 북흉노의 선우가 잔병들을 이끌고 도망치자 두헌은 군대를 이끌고 바짝 추격하여 흉노의 군대를 대파하였다. 전한시대 곽거병이 전쟁에서 패하였을 때 비통한 마음에 이렇게 노래했었다.

"내가 기련산祁連山을 잃으니 나의 육축(六畜: 6가지 가축)이 번식할 수 없게 되었고, 내가 연지산燕支山을 잃으니 나의 아내가 안색을 잃었구나."

이번에는 가축과 연지讌脂만의 문제가 아니었다. 후한 군대는 흉노 1만3천여 명을 주살하고 말, 소, 양 등 가축 1백만여 마리를 포획하였다. 그리고 변경 밖에서 후한에게 투항한 부락이 81개로 20만 명에 달했다. 몇 번의 심각한 타격을 받은 북흉노는 세력을 거의 잃었고, 후한 군대는 흉노에게 결정적인 승리를 얻었다. 흉노는 그 후로 다시는 한나라에 대항할 힘이 없었다. 만리장성 이북은 이제 더 이상 그들이 유목하는 낙원이 아니었다. 북흉노 선우는 어쩔 수 없이 군대를 이끌고 서쪽으로 갔다.

두헌은 흉노 토벌전에서 거둔 승리의 의미를 충분히 알고 있었다. 전쟁이 끝난 뒤 그는 국경 요새에서 3천 리 떨어진 연연산(燕然山: 지금 몽골의 항애산杭愛山)에 올랐다. 이는 전무후무한 일이었다. 위청衛靑, 곽거병, 이광이 천하에 이름을 날린들 어떻단 말인가? 아무리 혁혁한 군공을 세웠다고 하더라도 화친을 위해 한나라의 아녀자를 변방으로 보내기는 마찬가지 아니었는가! 결국 흉노를 자신들의 손으로 끝장내지는 못하지 않았는가! 두헌은 영원히 남을 만한 불세출의 공적을 기릴 필요가 있다고 생각했다. 그는 문재에 뛰어난 서기 반고班固에게 글을 지어 돌에 새길 것을 명했다. 그것이 바로 그 유명한 '봉연연산명封燕然山銘'이다. 비문에는 두헌이 그곳에 왔다갔다는 사실 외에 그를 칭찬하는 내용이 담겼다.

"두헌이 매처럼 날쌔고 호랑이처럼 용감한 병사들 1만3천여 명과 호족, 강족 기마병 3만을 이끌고 왔다. 그의 검은 갑옷은 햇빛에 빛났고, 촘촘한 붉은 깃발은 하늘을 진홍색으로 물들였다. 두헌은 고비사막 북쪽을 소탕하여 1만 리를 스산하게 만들고 침략자를 없앴다. 위로는 한나라 고조와 문제文帝의 숙원을 풀어주었고, 아래로는 한나라 천자의 소리가 진동했다. 한 번의 수고로 영원한 안식을 얻고 잠깐 힘을 들여 영원한 안녕을 얻게 하였다."

연연산의 비문은 이정표가 되었다. 이제 제왕의 분노, 신하의 치욕, 장수의 비분강개, 공주의 애환은 마침표를 찍었다. 연연산의 비문은 후세 문무 관리들에게 길이 남을 만한 성대한 업적임이 분명했다. 그러나 아쉽게도 그 비문을 만든 자들은 후세 사람에게 존경받는 영웅이 되지는 못했다. 두헌은 출정 목적부터가 불순했다. 그는 화를 피하기 위해 출정을 나온 것이었으며, 그렇게 얻은 승리이기 때문에 장렬함도 느낄 수 없다. 어떻게 하다가 운 좋게 얻은 승리라는 느낌을 벗어날 수가 없었다.

비석을 세워 공적을 새긴 뒤, 두헌은 군사마軍司馬 오사吳汜에게 황금과 비단을 가져가 북흉노 선우에게 투항하도록 권유할 것을 명하고 자신은 군대를 이끌고 조정으로 돌아갔다. 황제는 사람을 보내 오원五原에서 두헌을 대장군으로 삼고 무양후武陽侯로 봉한 뒤 식읍 2만 호를 내렸다. 그러나 두헌은 사양하며 받지 않았는데, 대장군이란 직위는 삼공(三公: 태위, 사도, 사공)보다 못한 것이었다. 두헌은 태후의 오라비로 조정에서 지위가 높았다. 따라서 백관 대신들은 두헌을 삼공보다 높고 명목상 태부太傅보다 낮은 직에 봉하자는 상소를 황제에게 올렸다. 두 씨 집안의 명성은 나날이 더욱 높아져갔고, 외척들은 각자 앞다투어 최고의 자재를 쓰고 기술자를 불러 저택을 짓고 집안을 장식했다. 다음 해에 조정에서는 두헌이 높은 공을 세웠는데 작위를 봉하지 않을 수 없다며 관군후關軍侯로 봉하는 조서를 내렸다. 그리고 그의 형제들도 각각 제후에 봉해졌다. 그러나 두헌은 다시 사양하여 받들지 않고 병사를 이끌고 양주梁州에 주둔하였다.

오사는 북흉노의 선우를 추격하였다. 전쟁의 패배로 혼란해진 상황에서 후한에서 항복을 받으러 왔다는 소식을 듣자, 북흉노 선우는 오히려 기뻐하며 부락을 이끌고 오사와 함께 돌아왔다. 당시 후한 군대가 이미 변방에 들어와 있어 북흉노의 선우는 감히 경솔하게 후한 땅에 들어갈 수 없었다. 그래서 동생을 낙양으로 보내 내막을 알아보도록 시켰다. 두헌은 북흉노 선우가 직접 오지 않은 것을 불쾌하게 여기며 그의 동생을 돌려보냈다.

선우는 조정에서 그가 예의를 차리지 않은 것을 문제 삼자, 한 나라와 흉노의 변경 지역인 거연새(居延塞: 거연택居延澤에 지은 장성)로 가서 직접 입조하여 알현하기로 하였다. 두헌은 중호군中護軍 반고를 보내 그를 맞이하도록 하였다. 남흉노는 북흉노가 귀순한 뒤 자신들과 경쟁자가 될 것을 걱정하였다. 남흉노가 후한에게 두터운 신임을 받고 있는 이유는 북흉노라는 공통된 적이 있었기 때문이었다. 그런데 북흉노가 투항하고 나면 자신들은 보잘것없는 존재로 전락할 것이었다. 따라서 북흉노와 후한의 관계 회복을 막는 것이 급선무였다. 결국 북흉노 선우의 군대는 남흉노의 습격을 받고 자취도 남기지 않은 채 흩어지고 말았다. 그들을 영접하러 나간 반고는 변경을 나가 2천 리를 갔지만, 북흉노를 찾을 수 없어 결국 그냥 돌아왔다.

두헌은 북흉노의 세력이 쇠락하여 더 이상 살필 필요도 없게 되자 철저히 그들을 뿌리 뽑기로 결심했다. 영원 3년(91년), 두헌은 좌교위左校尉 경기耿夔를 보냈다. 경기는 군대를 이끌고 변방에서 5천여 리 떨어진 금미산(金微山: 지금의 알타이산)에서 북흉노를 대파하였다. 북흉노는 그 뒤, 중국 역사에서 조용히 사라지고 말았다. 기원전 209년 한 고조가 백등산白登山에서 포위되었을 때부터 서기 91년 후한 군대가 흉노와의 전쟁에서 최후의 승리를 거둔 금미산 전투까지 한나라는 흉노와 장장 300년 동안의 전쟁을 치루었던 것이다.

후한 군대가 추격해오자 흉노 사람들은 고향을 등지고 계속 서쪽으로 이동했다. 흉노 사람들이 다뉴브 강까지 도망갔다는 설이 있다. 또는 그들이 황색 피부와 검은 눈동자를 가진 사람이 전혀 없는 곳까지 이동하여 그곳에 헝가리라는 나라를 세웠다는 설도 있다.

흉노를 소탕한 뒤 두헌의 명성은 더욱 높아졌다. 수하 장수들도 관직과 작위를 받고 그의 측근이 되었다. 전국의 자사와 군수들도 그에게 의탁하였고, 그의 뜻을 거역한 자는 잇달아 자결을 강요받았다. 조정의 주요 관직을 두 씨 집안사람들이 장악하면서 조정도 두 씨 수중에 들어갔다. 그들은 권세를 믿고 마음대로 낙양 경내를 종횡무진하였다. 그중 두헌의 동생 두경竇景은 백성들을 유린하고 남의 처와 여식까지 빼앗았다. 사람들은 도적 보듯 그를 피해 다녔으나 후환이 두려워 감히 아무도 상소를 올리지도 못하였으며, 두헌은 대권을 장악하고 조정을 마음대로 주물렀다.

뭐든지 극에 달하면 쇠락하는 법, 이것은 절대 불변의 진리이다. 무한 권세를 휘두르던 두 씨 가문도 전성기에서 막장으로 치달았다. 두 씨의 도당 등첩鄧疊과 곽거郭擧 등이 두 태후의 총애를 받아 반란을 꾀하였다. 화제는 그 사실을 알고 그들을 주살할 결심을 했다. 조정에는 두 씨 집안사람들뿐이었으므로 화제는 자신의 곁에 있는 환관들에게 의지하는 수밖에 없었다. 환관의 우두머리는 정중鄭衆이었다. 화제는 병사를 이끌고 외지에 있는 두헌이 병란을 일으킬까봐 함부로 손을 쓰지 못하고 있었다.

영원 4년(92년), 두헌이 등첩과 낙양으로 돌아오자, 화제는 드디어 일을 감행하기로 하였다. 환관의 도움으로 화제는 북궁北宮에 앉아서 군대에 황궁을 지키라는 조서를 내린 뒤, 성문을 닫고 등첩, 곽거 등 두 씨 일당을 단번에 붙잡았다. 그리고 사람을 보내 두헌에게 대장군의 인수를 회수하도록 명했다.

화제는 태후의 체면을 봐서 그들을 즉시 주살하지는 못하고, 두씨 형제를 각자의 봉토로 돌려보냈다가, 얼마 뒤 두헌 형제에게 자진을 명하였다. 이렇게 하여 후한 역사상 처음으로 조정에서 전횡을 일삼은 외척이 제거되었다. 그러나 이는 환관 집권의 시작이기도 하였으니, 이후 후한 정치는 외척과 환관 사이의 투쟁의 역사로 변모하였다.

전한시대 문인 동방삭東方朔은 『답객난答客難』에서 '그것을 이용하는 자는 호랑이가 되고 그것을 이용하지 않는 자는 쥐가 된다'고 하였다. 전쟁에서 1만 리를 삼킨 위청과 곽거병은 원래 노예의 신분에 불과하였다. 만약 위청의 누이 위자부衛子夫가 한 무제의 총애를 얻지 않았다면 두 사람은 평생 비천하게 살아가야만 했을 것이고, 두헌도 여동생이 없었다면 연연산에 비문을 새기는 위대한 공적을 세울 수는 없었을 것이다. 위청과 곽거병은 대대로 명예로운 이름을 남겼지만, 두헌은 '부패한 생쥐'처럼 하찮은 인물로 그 오명을 오래도록 남겼다. 이는 공을 세우는 것보다 덕을 쌓는 것이 더 중요하다는 사실을 잘 보여주고 있다.

後漢書 들여다보기

외척이 오만방자하게 굴어 화를 부른 사례가 전한 무제 때에 있었다. 당시의 사건은 두헌과 매우 유사하다. 한 문제 때 두 황후의 오라비는 두헌의 조상이다. 두 황후 사촌의 아들 두영은 경제 때 '오초칠국의 난'을 평정한 공으로 위기후魏其侯에 봉해진 뒤 외척이라는 지위를 믿고 오만하게 굴었다. 조정에서 대사를 의논할 때 다른 제후들은 그와 감히 동등한 지위를 누릴 수도 없었다. 후일 두영은 경제 때 왕 황후의 외가인 무안후武安侯 전분田蚡과 총애와 권세를 두고 서로 다투었다. 그리고 결국 전분에 대항하지 못하고 한 무제 초에 거리에서 참형에 처해지고 말았다. 다행히도 전분은 적당한

두헌

무안후 전분

때에 죽어 화를 면했으나 한 무제는 그의 범법 행위에 대해 듣고
서 이렇게 말했다.

"무안후가 지금까지 살아 있었다면 멸문지화를 면하지 못하였을
것이다."

● 주요 인물
반고

● 주변 인물
반표, 반초, 장제, 두헌

● 키워드
겸허하고 스스로를 지킬 줄 안다, 너그럽고 온화하며 포용력 있다, 박학다식

● 중대 사건
한서를 저술하다, 백호관 회의, 북 흉노를 정벌하다

● 고사
반마, 연연명석

● 이야기 출처
『후한서』「반표열전」

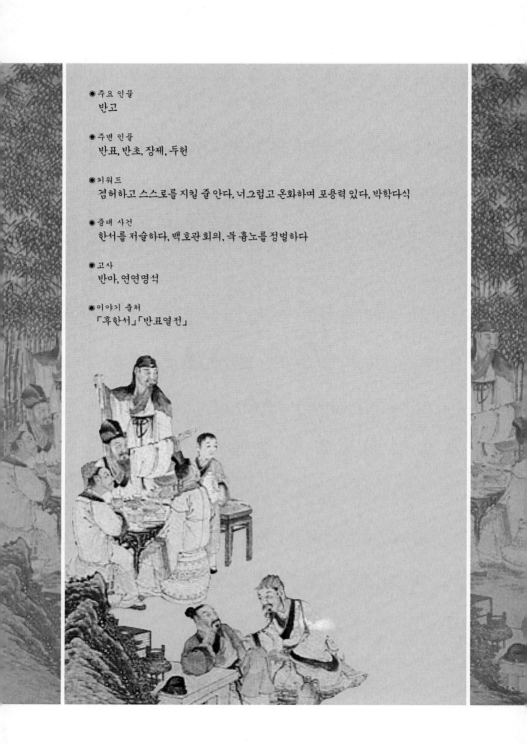

班固

반고 : 역사계의 거목

반고가 역사에 이름을 남긴 것은 그가 『한서漢書』를 편찬했기 때
문이다. 『한서』와 『사기史記』는 중국 사학계의 걸작이라고 할 수
있다. 이 역사서의 저자 반고와 사마천司馬遷은 '반마班馬'라고
함께 불린다. 『사기』는 기전체紀傳體 통사通史의 효시가 되었고,
『한서』는 단대사의 시조가 되었다. 기전체 통사로는 『사기』가
홀로 이름을 날리고 있으며, 『한서』와 같은 단대사 역사서는 후
대에 끊이지 않고 등장했으며, 역대 관찬官撰 역사서는 대부분
이 단대사이다. 이러한 연유로 『사기』에 대해 계속해서 찬사가
이어지고 있지만, 『한서』를 잊어서도 안 될 일이다. 고서를 우
러러보고 감탄을 하는 것도, 자신을 키워준 현재에 감사하는 일
도 모두 소중히 여길 일이다.

반고(32~92년)는 자가 맹견孟堅으로 섬서陝西 부풍(扶風: 지금의 섬서성 함양咸陽 북동쪽) 사람이다. 그의 아버지 반표班彪는 문학가로 하서 태수 두융의 수하에서 일했다. 광무제는 반표의 문학적 재능을 알아보고 후한 조정의 관원으로 임명하였던 것이다. 반고는 어렸을 때부터 남달리 총명하였는데, 9세 때 시를 읊고 부賦와 글을 지었을 정도였다. 한 번은 대학자 왕충王充이 13세가 된 반고를 보고 그의 머리를 쓰다듬으며 이런 말을 했다고 한다.

"이 아이는 장차 한나라 역사를 기록할 책을 쓰게 될 것입니다."

왕충의 이 말은 믿을 만한 것은 아니라고 해도, 어리고 똑똑한 반고에게 신비감을 더해주었다. 사실 당시 왕충의 나이 겨우 18세에 불과하여 남을 평가하기보다는 남에게 칭찬받는 쪽이 더 어울리는 나이였으니, 왕충의 예측이 신통하다고 하기보다는 젊은 사람 나름의 선견지명이라고 할 수 있다.

반고는 글 읽기를 좋아하여 어린 나이에도 제자백가의 서적을 두루 읽고 각종 유파의 설을 섭렵하였다. 그러나 후세의 도연명陶淵明은, 그가 '책 읽기를 즐겼으나 깊이 이해를 구하지는 않았다'고 하였다. 또한 역사서에는 그가 '장구章句를 분석하지 않고 대강을 이해했을 따름이다'라고 적고 있다. 그러나 『시경』과 『서경』의 영향을 받은 탓인지 반고는 재능을 믿고 자만하지 않았으며, 겸허하게 본분을 지킬 줄 알았는데, 성품은 관대하고 온화하며 포용심이 있었다. 학문과 성품 모두 당대 학자들의 존경을 받을 만했다. 그는 물론 자신의 아들에게도 너그러웠는데, 후일 아들로 인해 목숨을 잃었다.

영평 원년(58년), 동평왕東平王 유창劉蒼은 황제의 동생으로 정치를 보좌하며 천하에 널리 인재를 구했는데, 반고는 그러한 유창에게 추천되어 현량으로 임용되었다. 그는 당시 20대 초반으로 벼슬길에 오르게 되었으나, 얼마 뒤 아버지 반표가 세상을 떠나자 상을 치르기 위해 집으로 돌아왔다. 그때 반고는 다른 일에 신경 쓸 필요가 없는 시간을 이용하여 『한서』를 저술하기 시작했다. 사마천은 한 무제 때 사람이었고 『사기』는 한 무제 때까지만 기록하고 있다. 사마천이 신이 아닌 이상 그 후의 일을 예측할 수 없는 일이었으리라.

반고가 살던 시기는 사마천이 살던 한 무제 때로부터 200년이 흐른 뒤였다. 200여 년 동안에 왕조가 두 번 바뀌었고 기록할 만한 사건도 많았다. 따라서 역사서 형식으로 그동안의 일들을 기록할 필요가 있었다. 그 사이에 『사기』의 뒤를 이은 역사서가 시대적 흐름에 맞춰 등장하기는 하였지만 모두 잡다하고 조잡하였다. 반고의 아버지 반표의 눈에는 그러한 서적들은 『사기』를 모방한 하찮은 저작에 불과했다. 따라서 반표는 시대를 초월해 『사기』와 같은 수준의 역사서를 저작할 뜻을 세웠다. 그는 대량의 자료를 수집했지만 일부분밖에 쓰지 못하는 한을 품고 세상을 떠나고 말았다. 그리하여 역사서 편찬의 임무는 아들 반고에게로 돌아갔다. 그는

『한서』를 저술할 때 아버지가 모아 놓은 자료를 이용했다. 공교롭게도 사마천 역시 사관이었던 아버지 사마담司馬談의 숙원을 이어 『사기』를 편찬했던 것과도 같았다.

사마천은 『사기』를 편찬할 때 이릉李陵 사건으로 인해 궁형(宮刑: 생식기에 가하는 형벌)을 당하기도 했는데, 반고 역시 『한서』를 저술할 때 재난을 겪었으며, 『한서』를 완성하기도 전에 화를 당하기도 했다. 누군가 명제에게 반고가 무슨 꿍꿍이인지 집에서 사사로이 국사國史를 편찬한다고 고발하였다. 그것은 참수를 당할 수도 있는 대역죄였으며, 후한 초기에는 문화와 사상에 대한 통제가 비교적 엄격한 때여서, 그 전에도 부풍 사람이었던 소랑蘇朗은 도참을 거짓 유포한 일로 목숨을 잃었다. 결국 반고는 붙잡혀 낙양의 감옥에 갇혔고 조정에서는 그가 쓴 역사서를 심의하기 위해 일부를 베껴 가지고 갔다. 원대한 뜻이 무너지고 반고의 목까지 날아갈 수 있는 아주 위험한 순간이었다. 반고의 동생 반초班超는 형이 고문을 당하면서도 자신을 변호하지 못할 것을 걱정하며 급히 낙양으로 향했다. 반초는 황제에게 반고가 역사서를 편찬하려는 의도를 사력을 다하여 설명했으며, 반고의 목숨이 길어서인지 『한서』가 큰 복을 가져온 것인지 명제는 반고가 쓴 내용을 보고 큰 관심을 가졌다. 그리고 반고에게 황실의 장서실藏書室에서 일하면서 다른 사람들과 함께 역사서를 쓰도록 명을 내렸다. 이것은 물고기를 물속에 넣어준 것과 같으니, 반고가 그 기회를 잘 이용할 수 있는가를 기다리기만 하면 되었다.

그 일에 반고보다 더 적합한 사람은 없었고, 반고에겐 여러 가지 일 중에서도 그 일이 가장 잘 어울렸다. 반고는 명제에게 뛰어난 성과를 인정받고 역사서를 계속 편찬하도록 허락받았다. 이리하여 아버지의 뜻을 이어받아 시작하게 된 일이었지만 황제의 명을 받든 역사서 편찬으로 발전하였다. 즉, 개인의 저술에서 관찬 역사서로 변모하였던 것이다. 이런 점은 『한서』가 사상적인 면에서 어용의 낙인이 찍힐 소지가 다분하고, 『사기』와 견주어 가장 큰 차이점이기도 하다. 반고는 이러한 이유 때문에 역사에서 비난을 받기도 했는데, 『사기』가 『홍루몽紅樓夢』에 나오는 임대옥林黛玉으로, 『한서』가 설보채薛寶釵로 비유되는 것을 보면, 두 사서에 대한 중국인들의 생각을 알 수 있을 것이다.

『한서』는 약 25년(58~82년)만에 완성되었다. 그중 「팔표八表」와 「천문지天文志」는 반고의 여동생 반소班昭가 완성하였다. 『한서』는 2대에 걸쳐 3명이 심혈을 기울여 저술하고 완성해낸 결정체이고, 그중 반고가 중심 인물이다. 책이 완성되자 세인들의 주목을 받았을 뿐만 아니라 학자들 중 암송하지 않는 자가 없었다고 한다. 당나라 전까지 『한서』는 『사기』 이상의 영향을 끼쳤다.

반고는 역사서 편찬뿐 아니라 문학사에서도 업적을 남겼다. 전한시대 제영緹縈이 아버지를 구한 이야기를 소재로 한 그의 시는 다소 문장이 조잡하여 남조시대의 종영鍾嶸이 『시품詩品』에서 '소박하여 세련됨은 없다'고 평가하였지만, 중국에 현존하는 최초의 문인 오언시이다. 그의 「양도부兩都賦」와 장형張衡의 「이경부二京賦」는 후한시대의 2대 시로, 한나라 부賦의 절창이라고 할 수 있다. 반고가 심혈을 기울여 쓴 부는 사회적 배경을 반영하는 시대적 의미가 있는 작품이다.

전한시대의 황궁은 장안이었으나 후한시대는 낙양이었다. 당시 장안 사람들은 천자가 머물던 좋은 시절을 그리워하며 황궁을 다시 장안으로 옮겨오기를 희망했다. 반고는 이런 지역 이기주의 사고방식에 반박하기 위해 특별히 「양도부兩都賦」를 지었다. 그는 부에서 장안의 주인과 낙양의 주인이 서로 번화하고 부유한 황궁의 모습을 두고 다투는데, 결국 낙양이 이기므로 황궁을 옮길 필요가 없다고 말한다. 물론 「양도부」가 사상이 담긴 거작이지만 현대인이 보기에는 문장의 길이와 기개를 제외하면 다른 장점을 찾을 수가 없다.

그의 문장은 사물을 나열하며 화려한 수식을 쓰고 있는데, 오래 전에 사라진 한자를 모두 아는 사람에게도 상당히 어렵게 느껴질 정도다. 아마도 희귀한 동·식물을 기록한 문헌으로 본다면 더 괜찮은 글이라 할 수도 있을 것이다. 명제가 인재를 알아볼 줄 알았고, 그의 뒤를 이은 장제는 고아한 문장을 좋아해 반고에게 후한 상을 내리기는 했지만, 그를 그냥 문학을 잘하는 신하로만 대하고 정치적으로는 중용하지 않았다. 즉 한 무제 때의 동방삭이나 당나

라 현종玄宗 때의 이백李白과 같았다. 옛날 사람들은 '배우고 여유
가 있으면 벼슬길에 오른다'고 하였다. 그런데 반고는 재능이 뛰어
났지만 일개 낭郞에 불과했고, 그는 재능이 있는데도 기회를 만나
지 못해 울분을 품고 있었다. 이런 감정은 그가 쓴 「답빈희答賓戲」
와 「유거부幽居賦」에서 자세히 드러나고 있다.

정객이 뜻을 이룬 문인이라면, 문인은 실의에 빠진 정객이다.
역설적으로 반고는 정객으로는 불행했지만 문인으로는 운이 좋았
다. 그는 걸작으로 자부할 만한 『한서』를 편찬하였고, 후한 왕조의
문화적·군사적으로 가장 유명한 두 가지 사건을 직접 겪기도 하
였다. 반고가 『한서』를 집필하지 않았다 하더라도 두 가지 사건으
로도 능히 역사에 이름을 남겼을 것이다.

건초 4년(79년), 장제는 왕망 시기부터 시작된 고문古文과 금문今
文의 모순을 해결하기 위해 특별히 유생과 학자들을 백호관白虎觀
으로 불러 경학 토론회를 열었다. 그것은 전한 선제宣帝가 석거각石
渠閣에서 유사한 모임을 연 이래, 중국 문화 역사상 전에 없는 성대
한 행사였다. 수개월 동안의 격렬한 토론과 논쟁을 거치고 황제의
중재를 통해 참가자들은 오경에 대한 불일치점에 대해 대체적인
합의점을 이끌어냈는데, 후한 통치자들이 좋아하던 참위설과 고
문·금문 경학을 최대한 조합하여 정통성 있는 황실의 사상으로
삼았다. 반고는 비서의 자격으로 토론회를 기록하고 그것을 정리
하여 책으로 만들었다. 그것이 바로 『백호통의白虎通義』다. 이 책은

후세 유학사상에서 법전과도 같은 지위를 누리면서 유학사상의 발전에 중대한 영향을 끼쳤다.

역사에 남을 만한 또 다른 사건은 영원 원년(89년)에 일어났다. 반고는 거기장군 두헌을 따라 북흉노 정벌에 참가했다. 정벌전은 뜻밖에도 성공적이었고 계락산 전쟁에서 두헌은 중국을 수백 년 동안 괴롭혀온 흉노를 완전히 소탕하였다. 두헌은 천고에 빛날 만한 업적을 기념하고 칭송하고자 하였는데, 군 서기였던 반고가 기념사를 지어 연연산의 비석에 새겼던 것이다. 그 일로 반고는 역사책에 이름을 남겼다.

기쁨을 함께 누렸다면 어려움도 같이 나눠야 하는 법. 반고는 오랫동안 두헌을 따라다니며 두 씨 정권의 그늘에 있었다. 대장군 두헌은 당시 높은 권세를 누렸는데, 그의 누이동생 두 태후가 정권을 잡고 있었기 때문이었다. 반고는 높은 자리에는 오르지 못했지만 두헌처럼 든든한 버팀목에 기대어 적어도 풍파는 피할 수 있었다. 그러나 아무리 튼튼한 버팀목이라도 언젠가는 쓰러지기 마련이다. 얼마 뒤 두헌은 자신의 공을 믿고 방자하게 굴다 화제에게 제거당했고, 반고 역시 두 씨의 여당으로 옥에 갇혔다. 사실 감옥에 갇혔더라도 죽음만은 면할 수 있는 상황이었으나, 지나치게 너그럽고 온화한 반고의 성격 탓에 그의 아들들은 제멋대로 말썽을 일으키고 법률을 자주 어겼으므로, 관아에서는 그들을 아주 못마땅하게 여겼다. 또한 반고 밑에 있던 한 노복이 길을 가다 종경種競

의 수레에 부딪혀 처벌받았는데, 반고의 노복이 술을 잔뜩 마시고 오히려 주정을 하며 욕을 퍼부었다. 낙양 현령 종경은 화가 났지만 두헌이 두려워서 마음속에 묻어두는 수밖에 없었다. 그것이 복수의 씨앗이 되었다. 두헌이 주살되자 조정에서는 두 씨의 여당을 잡아들이라는 명이 내려졌다. 종경이 반고를 가만히 놔둘 리가 없었다. 그는 사적인 원한을 담아 그에게 엄형을 가하고 고문을 가했다. 당시 반고는 이미 61세의 노인이었는데 결국 옥사를 당하고 말았다. 황제가 그의 죽음을 석연찮게 여기고 그 일을 조사하여 당사자를 처결하였으나 반고는 이미 죽고 없었다.

역사를 읽으면 오늘의 일을 예측할 수 있다고 한다. 반고가 사마천이 이릉의 문제로 옥에 갇혀 궁형을 받은 이야기를 읽고 '지혜로도 형을 면할 수 없다'고 한탄하였다. 그러나 정작 자신이 감옥에 갇혀서 소인배의 손에 목숨을 잃게 될 줄은 예상치 못했을 것이다. 더 재미있는 일은 반고의 말로를 안타까워하던 역사가 범엽 역시 똑같은 재난을 면치 못했다는 사실이다. 범엽은 모반죄로 잡혀 옥사하였다. 이렇듯 한 시대를 기록한 역사가들도 스스로의 일은 직접 겪지 않으면 그 어려움을 알 수 없다는 반증일까?

後漢書 들여다보기

범엽(398~445년)은 자가 위종蔚宗으로 동진東晋시대 사족士族 가문에서 태어났다. 어릴 적부터 가학家學을 이어받아 경사經史를 두루 섭렵했고 글쓰기에 능했다. 그는 송宋 무제武帝의 아들 팽성왕彭城王 유의강劉義康 수하에서 참군參軍을 지냈다. 범엽은 팽성왕이 모친상을 당했을 때 사람들을 불러 술을 마시며 만가(輓歌, 상엿소리)를 듣고 흥을 돋우다가 선성宣城 태수로 강등되었다. 그때부터 『후한서』 편찬을 시작했다. 범엽은 후일 다시 강남으로 돌아왔지만 송 문제를 위해 비파 연주를 거부했고, 조정의 신하와 잘 지내지 못하고 그들을 풍자하는 글을 써서 군신들에게 원한을 샀다.

범엽

후한서

팽성왕은 권력을 쥐고 있어 송 문제의 시기를 받았다. 결국 팽성왕은 반란을 모의하기 위해 금군의 병권을 쥐고 있던 범엽을 끌어들였다. 범엽은 처음에는 그의 제안을 거절했지만 결국은 자신의 처지를 고려하여 동의했고 반란을 위한 초안을 작성했는데, 후에 그들의 음모가 발각되어 실패하자 범엽도 주모자로 주살되었다. 그가 세상을 떠날 때까지 『후한서』는 10기紀와 80열전列傳만 완성한 상태였다. 그가 계획했던 10지志는 완성하지 못하였다.

● 주요 인물
반초

● 주변 인물
화제, 이읍, 임상

● 키워드
용기와 지략을 겸비하다, 뛰어난 공로를 세우다, 서역을 통일하다

● 중대 사건
흉노 사자를 죽이다, 소륵 반란을 평정하다, 서역을 통일하다

● 고사
투필종융, 호랑이 굴로 들어가지 않으면 호랑이를 잡을 수 없다[不入虎穴不得虎子]
생입옥문관

● 이야기 출처
『후한서』「반양班梁열전」

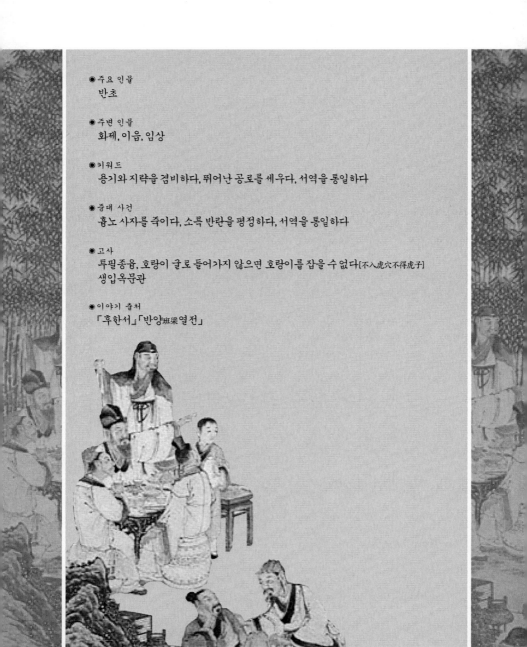

班超

반초 : 서역을 다스리다

전쟁은 정의를 위해서든 불의를 위해서든 고난의 원천이지만 영웅적 전기의 소재가 된다. 그렇기 때문에 '일개 서생보다 차라리 백부(百夫: 군대)의 우두머리가 낫다'는 말이 있다. 그 일례로 가장 대표적인 인물이 후한시대의 반초班超이다.

반초(32~102년)는 자가 중승仲升이다. 그의 가족들은 중국 역사에서 이름을 날린 인재 중의 인재들이다. 그의 아버지 반표는 사학자였고, 형 반고는 사학자 겸 문학가였다. 그의 누이동생 반소 역시 중국 아녀자들의 행실준칙을 저술하였다. 유전적 요소나 후천적 환경의 영향을 고려한다면, 반초가 뛰어난 문인이라고 짐작할 수도 있고, 사실 반초에게 그런 가능성이 전혀 없지도 않았다. 역사서에 따르면 그는 어릴 적부터 '언변에 능하고 서적을 두루 섭렵하였다'고 하니, 아버지와 형의 뒤를 이어 중국 문화사에 공헌할 수도 있었다. 만약 그랬다면 중국 문화사의 미담으로 전해졌을 것이다.

영평 5년(62년), 반초의 형 반고가 교서랑校書郎으로 임용되어 낙양으로 갔다. 반초도 어머니와 함께 형을 따라서 낙양으로 향했다. 반초는 어려운 집안 형편 때문에 어쩔 수 없이 말직 문관이 되어 관아에서 문서를 베껴 쓰는 일로 입에 풀칠을 해야 했다. 궁하면 변하고, 변하면 통한다고 하였다. 반초는 어린 시절부터 부지런하며 고생을 잘 참아왔지만 잡다한 문서 쓰는 일은 견딜 수가 없었다. 결국 그는 화를 참지 못하고 붓을 내던지며 외쳤다.

"사내대장부로서 어찌 웅대한 뜻을 품지 않을 수 있을까? 부개자傅介子, 장건 같은 인물은 타향에서 공을 세웠는데 난 어째서 매일 붓과 벼루와 씨름만 할 수 있겠는가!"

그가 붓을 던져버린 일은 '붓을 던지고 종군하다'라는 뜻의 성어인 '투필종융投筆從戎'을 만들었고, 역대 수많은 병사들을 양산하기도 했다. 사람들은 뜻밖의 호언장담을 듣고 처음에는 괜히 해보는 말에 불과하다고 여겼다. 반초는 그 말로 인해 사람들에게 비웃음을 샀지만, 그는 '소인배가 어찌 사내대장부의 뜻을 알겠는가!'라는 말로 넘겨버렸다. 또한 옛날 진승이 '만약 부귀해지면 우릴 잊지 마라'는 사람들의 비웃음에 '참새가 어찌 봉황의 뜻을 알겠는가!'라고 대구하였던 것을 기억한다면, 반초를 비웃었던 사람들의 후일을 예상할 수 있을 것이다. 그 후 반초를 본 관상가는 이런 말을 남겼다.

"자네는 제비의 입과 호랑이의 목을 가지고 있어 날아서 고기를 잡아먹을 형상이니 먼 곳의 제후가 될 상이다."

그것은 반초의 일생을 한 마디로 종합하고 있다. 영평 16년(73년), 봉거 도위奉車都尉 두고가 북에서 흉노를 격퇴하였다. 반초는 가사마(假司馬 : 사마를 보좌)로 두고와 동행하였다가 전공을 세우고 그의 신임을 얻어 종사從事 곽순郭恂과 함께 서역의 사자로 파견되었다. 반초가 선선국鄯善國에 도착했을 때 국왕 광廣은 예의를 갖춰 잘 대해주었지만 점차 시간이 흐르면서 냉담하게 대하였다. 반초는 수하에게 물었으나 답을 들을 수가 없었다.

'분명 흉노의 사자가 와서 선선국의 국왕이 누구에게 의탁할지 몰라 망설이고 있기 때문이다'라고 넘겨짚고는, 사실을 알고 있는 척하며 시중드는 사람에게 호통을 쳤다.

"흉노의 사자가 온 지 얼마나 되었나? 지금 어디에 있지?"

반초의 말에 넘어간 시중은 매우 당황하며 사실대로 고했다. 반초는 같이 온 36명을 모아놓고 술을 마시다가 적당히 취하자 격려의 말로 고무하였다.

"여러분이 이곳 타향까지 나와 함께 온 것은 큰 공을 세워 부귀영화를 얻기 위함일 것이오. 지금 흉노의 사자가 도착한 지 얼마 되지 않았는데 선선국의 왕은 우리를 본척만척하고 있소. 만약 저들이 우리를 흉노에게 선물로 내준다면 죽어서도 뼈조차 묻을 수 없을 것이오."

술은 영웅들의 혈기와 같다고, 술기운이 올라 용기백배한 사람들은 이구동성으로 외쳤다.

"가사마님 명대로 따르겠습니다."

반초는 즉시 명했다.

"호랑이 굴로 들어가지 않고 어찌 호랑이를 잡겠느냐? 적의 수가 많으니 지금 쓸 수 있는 계책은 불 공격뿐이다."

반초는 문관인 곽순이 겁이 많으므로 사실을 알고 기밀을 누설할 것을 염려하였는데, 그에게는 아예 비밀로 했다. 바람이 불고 날이 어두워지자, 반초 일행은 흉노의 사자가 있는 진영으로 가서 불을 지른 뒤 소리를 질러 상대를 혼란에 빠뜨렸다. 흉노의 사자는 후한 병사가 얼마나 왔는지도 모르고 우왕좌왕 당황하다가 결국 모두 주살되었다. 일을 마친 뒤 반초는 내분을 막기 위해 곽순에게 사실대로 말하며 공을 함께 나누고 싶다는 뜻을 은근히 내비쳤는데 곽순은 그 말을 듣고 아주 기뻐했다. 반초는 선선왕을 불러 흉노 사자의 목을 보여주었다. 선선왕은 매우 놀라며 후한에 귀의할 뜻을 밝혔다.

반초는 선선국에서 돌아와 두고에게 상서를 올렸다. 두고는 기뻐하며 황제에게 반초의 공로를 치하하며 별도로 서역에 사자를 보낼 것을 요청하였다. 그러자 명제가 대답했다.

"반초가 있는데 어찌 다른 사람으로 바꿀 필요가 있는가? 그를 군사마軍司馬로 임명하고 서역에 보내 더욱 분발하라고 하여라."

반초는 다시 한 번 명을 받들고 서역으로 가게 되었고, 두고는 반초의 수하가 몇 되지 않자 걱정하며 사람을 더 내주려고 하였으나 반초는 거절했다.

"저는 지금 있는 자들이면 충분합니다. 예측불허의 상황이 발생했을 때 사람이 많으면 오히려 짐이 됩니다."

당시 우전(于闐: 신장 위구르 호탄和田)왕이 사차국(莎車國: Yarkand)을 격파하자 흉노도 우전국과 결맹을 맺기 위해 사자를 보냈다. 반초가 우전에 도착하였을 때 국왕 광덕廣德은 막강한 세력을 믿고 그를 안중에도 두지 않았다. 우전왕은 무당에게 반초가 준마駿馬를 가졌다는 얘기를 듣고 말을 내놓으라고 요구하였다. 반초는 그러겠다고 우선 답하고 무당에게 와서 말을 가져가라고 전했다. 그리고 무당의 목을 잘라 광덕에게 보내며 엄하게 질책하였다. 광덕은 반초가 선선국에서 흉노의 사자를 죽인 이야기를 알고 있었다. 직접 만나 반초가 듣던 명성 그대로인 것을 확인하자 광덕은 매우 두려워하며 흉노의 사자를 죽이고 후한에 투항하였다. 당시 흉노를 위시한 귀차국은 소륵국을 공격하여 귀차 사람 두제兜題를 소륵왕으로 삼았다. 반초는 수하 전려田慮를 소륵국에 보내 투항을 권유하도록 하였다. 두제는 전려가 몇 사람밖에 데리고 오지 않았으므로 신경을 쓰지 않았다. 그것은 전려가 이미 예상했던 태도였고,

309

두제를 불시에 인질로 삼았다. 전려의 뒤를 따라온 반초는 소륵국의 관원들을 불러들인 뒤 귀차국의 죄를 열거하며, 전 소륵국 왕의 조카 충忠을 새 왕으로 세웠다. 소륵국의 백성들은 기뻐하며 후한에 귀순하였다. 충과 소륵의 관원들은 두제를 죽이자고 청했지만 반초는 동의하지 않았다. 그는 특별히 두제를 살려줌으로써 한나라의 위엄과 덕을 과시하였다.

영평 18년(75년), 명제가 붕어하자 귀차국 등이 그 기회를 틈타 소륵국을 공격했다. 반초와 소륵국 사람들은 미약한 세력이지만 일심단결하여 1년을 굳게 지켜냈다. 그 결과 소륵국은 후한의 수중에 남을 수 있었다. 장제는 즉위한 뒤 반초가 오래 버티지 못할 것을 걱정하여 그에게 조서를 내려 귀국을 명했다. 반초 일행의 거취에 한 나라의 생존이 달려 있었다. 그들이 떠나려고 하자 소륵국은 두려움에 휩싸였다. 그러자 도위 여엄黎弇이 간청했다.

"한나라 사신이 떠난다면 우리는 귀차국에 함락당할 것입니다. 그러니 한나라 사자가 떠나게 내버려둘 수 없습니다."

그리고는 칼을 들어 자신의 목을 베었다. 우전국에 도착했을 때 사람들이 또 반초를 붙잡았다. 그가 탄 말의 머리를 붙잡고 가지 말라고 애원했다. 반초는 귀국하는 일이 쉽지 않았고, 자신이 세운 원대한 뜻도 아직 다 이루어진 것이 아니었으므로 남기로 결정을 하고, 다시 소륵국으로 돌아갔다. 그가 다시 돌아갔을 때는 상황이 완전히 달라져 소륵국은 이미 귀차국의 속국이 되어 있었다. 소륵국에 대한 귀속 문제는 한 차례 전쟁을 통해 해결해야 했는데, 반초는 6백 명을 죽이고 소륵국을 되찾았다.

건초 3년(78년), 반초는 오랑캐로 오랑캐를 제압하는 '이이제이以夷制夷' 정책을 썼다. 그는 소륵국, 우전국 등지에서 병사를 징발해 고묵국姑墨國 석성石城을 공격했다. 첫 전투에서 승리하자 반초의 기세가 등등했다. 2년 뒤 반초는 굳은 믿음을 갖고 장제에게 서역의 나라들을 평정하자는 요청을 하였다. 장제는 그의 청을 받아들이고 폐품을 재활용하는 마음으로 1천 명이 넘는 사형수들을 지원병으로 보냈다.

당시 사차국은 한나라가 출병하지 않을 것이라고 여겨 다시 흉노에게 의탁한 상태였고, 이어서 소륵국의 일부 지역에서도 반란이 일어났다. 후한 지원군의 도움을 받아 반초는 소륵국의 반란을 평정하였다. 그 후 흉노와 친구이자 후한의 적인 귀차국을 공격할 예정이었다. 반초는 장제에게 오손국이 강대하여 함락하기가 힘드니, 사자에게 조서를 보내 오손국과 관계를 회복한 뒤 같이 협력하여 귀차국을 공격하자는 제안을 하도록 청하였다. 장제는 반초의 의견을 받아들이고, 건초 8년(83년) 위후衛侯 이읍李邑에게 사자를 호송하라고 명했다. 이읍이 우전국에 도착했을 때 마침 귀차국이 소륵국을 공격하고 있었다. 이에 놀라서 더 이상 전진할 수 없었던 이읍은, 장제에게 상서를 올려 '서역을 평정하는 일은 지나치게 야심찬 일이라 성공하기 어렵고, 반초도 이곳에서 처자식과 지내는 재미에 빠져서 한나라는 잊어버렸다'고 모략하였다. 반초는 그 사실을 알고 처자식을 한나라로 돌려보내 자신의 뜻을 분명히 표했다. 다행히도 현명한 군주 장제는 조서를 내려 이읍을 질책했다.

"반초가 그렇다 한들 그와 함께 있는 1천여 명의 사람들 역시 그와 같은 마음이겠느냐?"

그리고 이읍에게 계속 길을 재촉해서 반초의 처분을 기다리라고 명했다. 후일 반초가 이읍에게 오손의 인질을 수도까지 호송하라고 명하자 누군가 이렇게 물었다.

"이읍은 일전에 사마님을 비방하여 대사를 그르칠 뻔했는데, 어찌하여 지금 이 기회에 그를 구류하지 않는 것입니까?"

반초가 대답했다

"무슨 말이냐? 그자가 나를 비방하였기로 그와 함께 일할 생각이 없다니. 양심에 부끄러운 일이 없다면 남이 흉을 봐도 두려울 게 없다. 사사로운 원한을 갚고자 마음대로 그자를 붙잡아둔다면 어찌 충신이라 하겠는가!"

원화元和 원년(84년), 반초는 소륵국의 병사를 일으켜 사차국을 공격하였다. 그런데 소륵국의 왕 충이 사차국으로부터 몰래 뇌물을 건네받고 후한을 배신하고 서쪽의 오즉성烏卽城을 지켰다. 반초는 잠시 사차국 공격을 멈추고 소륵국을 공격했지만 강거국康居國이 정예병을 지원군으로 보내는 바람에 반년이 지나도록 함락할 수가 없었다. 반초는 강거국이 월지국月氏國과 통혼한 사실을 알고는 적들이 썼던 방법을 모방해 발원본색에 나섰다. 월지국 왕에게 사람을 보내 후한 선물을 건네며 강거국 왕이 철병하도록 설득해 달라고 부탁했다. 그 방법은 효과가 있어 오즉성을 함락시킬 수가 있었다.

장화章和 2년(88년), 소륵국 왕 충이 귀차 사람과 모의하여 반초에게 거짓 투항서를 보내왔다. 반초는 숨은 계략을 알아차리고 그것을 받아들였다. 충은 뜻밖의 승낙에 기뻐하며 경기병을 데리고 반초에게 갔다. 반초는 병사들을 몰래 매복시킨 뒤 주연을 베풀면서 충을 잡아 죽이라고 명했다. 그리고 그 사이에 출병하여 남은 잔당을 격파하였다. 이로써 관내(關內: 함곡관 이서 지역)에서 서역으로 통하는 길이 열리게 되었다.

소륵국을 완전히 평정한 뒤 반초는 2만5천여 명의 군사를 동원해 사차국을 공격했고, 귀차국은 5만 명의 군사를 보내 지원하였다. 반초는 일부러 허장성세를 부리며 가짜 군사정보를 누설하며 포로들을 도망치도록 놓아주었다가, 허를 찌르는 공격을 펼쳐 적군을 대파하였다. 결국 사차국은 후한에 투항하였다. 전에 반초를 도와 싸움에서 공로를 세웠던 월지국은 전한시대 공주 유세군劉細君을 오손국으로 시집보낸 이야기를 떠올리며, 반초에게 후한의 공주를 달라고 청하였다가 거절당했다. 월지국 왕은 수치스럽고 분하여 7만 명의 군사를 일으켜 반초를 공격해왔다. 당시 병력이 부족하였던 반초의 군대는 당황하며 매우 놀랐다. 이때 반초가 말했다.

"월지국의 병력이 많기는 하나 먼 길을 오느라 피로에 지치고 군량도 부족할 터이니 그리 걱정할 필요가 없다. 우리가 진영을 굳게 지키기만 한다면 열흘도 되지 않아 적국은 굴복할 것이다."

과연 월지국은 반초를 함락시키지 못했다. 반초는 월지국이 식량이 다하면 귀차국에 도움을 청할 것이라고 예상하고 그들이 반드시 지나야 하는 길목에 병사를 매복시켜두었다. 귀차국에 식량을 요청하러 가던 월지국 병사들은 후한 군사들에게 습격당했고, 그들의 수급은 월지국 진영으로 보냈다. 월지에서는 그것을 보고 매우 놀랐다. 반초는 그 기세를 타 월지국을 평정하였다.

영원 3년(91년), 고립되어버린 귀차국 역시 평정되었다. 서역에는 이제 언기(焉耆. 카라샤르), 위수危須, 위리尉犁 만이 후한의 판도 밖에 있었다. 서역을 평정한 공으로 반초는 서역도호로 봉해졌다.

영원 6년(94년), 반초는 귀차국 등에서 징집한 7만여 명의 군사를 동원해 언기 토벌에 나섰다. 공격에 앞서 사자를 통해 조서를 보냈다.

"도호가 너희 세 나라를 안정시키고 각기 상을 내리려고 하니 어서 나와서 맞이하여라."

언기왕이 사자를 보내왔을 때, 누군가 반초에게 사자를 없애버리자는 제안을 했다. 반초는 사자를 죽이면 상대방이 의심하고 더욱 경계할 것이라고 여기고 사자에게 상을 내려 돌려보냈다. 언기왕은 더 이상 의심하지 않고 직접 나와 반초를 맞이하는 척한 후, 요해지의 갈대다리를 불살라가며 한나라 군대가 언기로 들어오지 못하도록 막았다. 상대방이 길을 태워버리자 반초는 양동작전을 썼다. 급히 군사를 지름길로 보내 언기성에서 20여 리 떨어진 곳에 주둔하여 위협하라고 명했다. 언기왕은 매우 놀라서 사람들을 이끌고 산으로 깊이 들어가 완강히 대항하고자 하였으나, 그의 수하 하나가 반초에게 와서 그 사실을 누설했다. 반초는 오히려 그자를 없애버리고 언기왕의 신임을 얻은 뒤 황제가 후한 상을 내렸다며 와서 상을 받으라고 세 나라 왕들을 불러모았다. 언기왕과 위리왕은 약속대로 왔지만, 위수왕은 아예 오지를 않았다. 그리고 위리왕 국상國相은 심상치 않은 기미를 눈치채고 몰래 도망쳐버렸다. 반초는 그들을 없앨 명분이 없어 고민하고 있던 중에, 그를 핑계로 삼아 환영 연회에 온 자들을 모조리 없애버린 후, 세 나라를 파죽지세로 공격하여 평정하였다. 그 후 짧은 기간 동안 명목상이긴 하지만 서역 50여 개국이 후한 조정에 귀의해왔다.

영원 7년(95년), 화제는 반초가 서역을 평정한 공을 높이 평가하며 그를 정원후定遠侯로 봉했다. 관상가의 예언대로 '만리후'가 된 것이다.

영원 12년(100년), 칠순에 가까운 반초는 오랫동안 타향에 머물다보니 고향 생각이 간절했다. 그는 황제에게 조정으로 돌아갈 것을 청하는 상서를 올렸다.

"소무가 오랑캐 땅에서 19년 동안 양을 쳤듯이 신도 서역에서 오래 머물렀습니다. 신은 주천군酒泉郡을 바라보길 바라지 않습니다. 그저 살아서 옥문관玉門關에 들어가 중원의 땅을 보고 싶을 뿐입니다."

상서를 올린 지 3년이 지나도록 감감무소식이었다. 여동생 반소는 오빠가 노약하여 타향에 오래 머물기가 힘들다는 사실을 알고 상서를 올려 간청했다. 반소의 비통한 글에 감동한 화제는 반초를 조정으로 불러들였다.

반초가 조정으로 돌아왔을 때, 그의 뒤를 이을 후임자인 임상任尚이 그에게 서역을 안정시키는 방책을 물었다. 그러자 반초는 이렇게 답했다.

"변방의 관리들 대부분은 죄를 짓고 변경으로 이주한 자들이고, 중원 밖 사람들은 아직 교화되지 않아서 위로하기 어렵고 반란을 일으키기가 쉽다네. 자네는 성격이 지나치게 성급하고 모질다는 단점이 있네. 물이 너무 맑으면 물고기도 살지 못하듯 사람도 지나치게 살피면 오히려 실정失政하기 쉬운 법이라네. 사소한 잘못에는 관용을 베풀고 전반적인 것만 잘 이끌어주면 될 걸세."

반초가 자리를 뜬 뒤 임상이 비아냥거렸다.

"나는 또 반초 어르신에게 무슨 기책이라도 있다고! 그냥 평범한 이야기에 불과하잖아."

그는 그 평범한 이야기가 30년의 세월이 흘러 쌓여진 경험에서 우러나왔다는 사실을 깨닫지 못하고 귀담아듣지도 않았다. 후일 서역에서 반란이 일어났고 임상은 결국 그로 인해 치죄를 받았다.

영원 14년(102년), 반초는 30년간 떠나 있던 고향으로 다시 돌아왔다. 낙양으로 돌아와 사성射聲 교위로 임명되었지만, 그는 병이 들어 있었다. 그는 돌아온 지 한 달 만에 병으로 세상을 떠났는데, 그의 나이 71세였다. 조정에서는 사자를 보내 조문하며 후한 상을 내렸다.

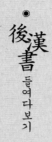

後漢書 들여다보기

서역은 좁은 의미의 서역과 넓은 의미의
서역으로 나뉜다. 좁은 의미의 서역은 일
반적으로 옥문관 이서以西, 총령慈嶺 이동
以東 지역의 천산天山 남북쪽의 광활한 땅
을 말한다. 넓은 의미의 서역은 옥문관을
지나 서쪽으로 가면 도착할 수 있는 모든
지역을 말한다.

전한 선제

옥문관

한나라를 비롯해 그 후에 각 왕조가 공격하고 다스린 지역은 일반적으로 좁은 의미의 서역을 가리킨다. 기원전 138년, 전한 무제가 장건을 서역에 사신으로 보내면서 한나라와 서역 간에 교류가 시작되었다. 기원전 60년, 전한의 선제宣帝는 시랑侍郎 정길鄭吉을 보내 흉노를 투항하도록 하였고 서역에 서역도호부를 설치했다. 그 후 서역이 정식으로 한나라 중앙정권의 통치권에 들게 되었다. 서역은 중원에서 멀리 떨어져 있을 뿐만 아니라 다양한 민족이 살고 있었기 때문에 반란이 잦아 다스리기가 쉽지 않았다. 결국 왕망의 신 왕조 때는 도호부를 폐지하였고, 후한 때에도 설치와 폐지를 반복하였다. 그러다 후한 안제安帝 영초永初 원년(107년)에 최종적으로 폐지되었다.

●주요 인물
　등황후

●주변 인물
　화제, 음황후, 두근

●키워드
　임조칭제, 깨끗한 정치를 하다

●중대 사건
　황제를 두 번 세우다, 두근 사건

●고사
　인사수유대두근恐死須史待杜根

●이야기 출처
　『후한서』「황후기皇后紀－등 황후」

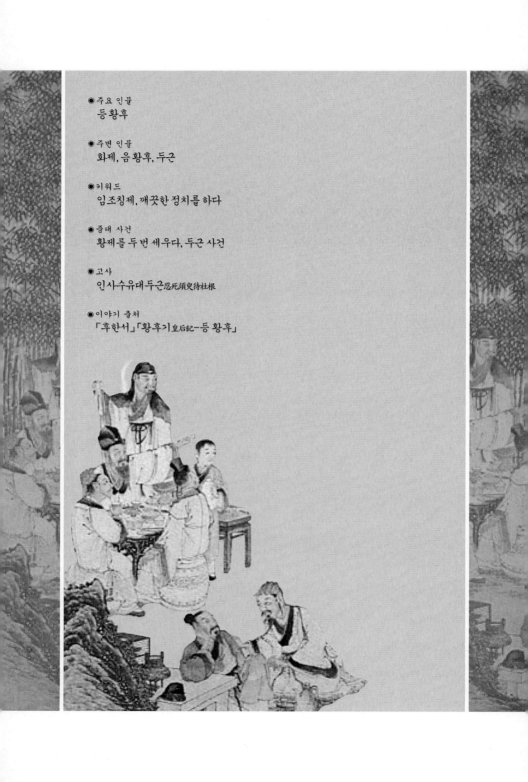

邓皇后

등황후 : 평생 섭정하다

후한시대 '임조칭제'를 한 태후는 7명이 있다. 명제의 마 황후, 장제의 두 황후, 화제의 등 황후, 안제의 염閻 황후, 순제의 양梁 황후, 환제桓帝의 두 황후, 영제靈帝의 하何 황후다. 이중에 현덕하기로 치자면 마 황후를 손꼽을 수 있고, 업적으로 치자면 등 황후가 으뜸이다. 등 황후는 죽을 때까지 줄곧 권력에 대한 열정을 보였기 때문에 후세 사람들로부터 많은 비난을 받았다. 그러나 등 황후가 임조칭제를 하는 16년간 후한 조정은 안정적인 발전을 구가하였다. 공과를 따져보자면 공이 더 많다고 할 수 있고, 성패론의 입장에서 인물을 논하자면 등 황후는 중국 역사상 최고로 현명한 황후였다고 할 수 있다.

등 황후(80~120년)는 이름이 수綏로 명문가에서 태어났다. 그의 조부 등우는 후한 개국공신의 수장이었다. 부친 등훈鄧訓은 오환烏桓 교위, 장액張掖 태수, 호강護羌 교위에 올라 변경을 지키면서 은혜를 베풀어 백성들의 추대를 받았다. 어머니 음陰 씨는 광무제 음 황후의 조카딸이다. 이렇게 쟁쟁한 가문에서 태어난 덕분에 등수는 비범한 황후가 될 수 있었다.

전한의 제왕들은 후궁을 들일 때 단순한 간택 절차를 거쳤기 때문에, 맹자의 말처럼 누구나 요순의 비가 되는 시기였다. 웬만한 자색을 갖춘 그 당시 젊은 여자들은 모두 '요순의 비'—역대 제왕들은 모두 스스로를 요순이라고 칭했다—가 될 수 있었다. 따라서 대부분의 황후와 비들은 출신이 비천했다. 한 무제의 위衛 황후와 한 성제成帝의 조비연은 가희歌姬 출신이었다.

그에 반해 후한의 후궁은 달랐다. 시대가 발전하면서 황후에 대한 요구사항도 점차 많아졌다. 조정은 '간택' 제도를 실시하고 일정한 기준과 규정에 따라 황제나 태자를 위한 후궁 후보자를 물색하였다. 간택 시에는 '문당호대門堂戶對', 즉 집안을 중시하였기 때문에 당연히 빈한한 집안의 여식에게는 자격이 없었다. 형식상으로는 '덕과 재를 겸비해야 한다'는 요구가 있긴 했지만, 그것도 사실은 대갓집 규수들에게만 해당되는 사항이었다. 여기서 '덕德'이란 상류사회의 생활방식과 예법 제도에 대해 밝아야 한다는 것이었고, '재才'란 유교 경전을 읽을 줄 알아야 한다는 것이었다. 부귀한 집안의 여식이라면 이런 조건들은 기본적으로 다 갖추고 있었다. 따라서 후한시대 광무제부터 환제에 이르기까지 11명의 황후 중 아홉이 음, 마, 두, 등, 양 씨 가문에서 배출되었다.

역사서의 기록을 종합해보면 등 황후 등수를 형용하기에 가장 적절한 말은 '덕과 재의 겸비'이다. 물론 그것은 타고났다기보다는 어릴 적부터 배우고 익힌 것이었다. 등수가 5살 때의 일이다. 등수의 할머니는 나이가 들어 눈이 침침한데도 어린 손녀를 매우 아껴서 머리를 직접 다듬어주었다. 할머니가 머리를 다듬어주다가 실수로 등수의 살까지 베었지만, 등수는 아픔을 참고 아무 소리도 내지 않았다. 그 광경을 보고 이상하게 여기며 그 이유를 묻자 등수가 대답했다.

"물론 아픕니다. 그러나 할머니께서 저를 아끼는 마음에 머리를 다듬어주셨는데 그 사실을 아신다면 마음이 상하실 것입니다. 그래서 참았습니다."

등수는 6세에 『좌전』과 『상서』를 읽었고, 12세에는 『시경』과 『논어』에 정통하게 되었다. '『논어』의 절반을 이해하면 천하를 다스릴 수 있다'는 말을 상기해본다면, 등수가 앞으로 보이는 강렬한 권력욕은 물론이거니와 현명하게 나라를 다스린 일은 절대로 뜻밖의 일이 아니다. 등수는 학문을 좋아했지만 결과적으로 여자로서 마땅히 배워야 할 가사에는 관심이 없었다. 등수의 어머니는 '여자에게는 재능이 없는 것이 덕이다'란 말을 굳게 신봉했다. 그렇기 때문에 가사에는 관심이 없고 다른 데에 관심을 보이는 딸을 불만스럽게 생각했다.

"아녀자의 본분은 배우지 않고 책만 읽고 있으니 앞으로 학자라도 될 셈이냐?"

등수는 어머니의 뜻을 감히 거역하지 못하고 낮에는 가사를 배웠고 밤에는 독서에 몰두했다. 이런 이유로 집안사람들은 등수를 '여학생'이라고 불렀다. 어릴 적부터 등수가 남자의 일에 관심을 보였는데, 아버지만은 딸을 이해해주었다. 등훈은 딸이 남다르다는 사실을 알고 딸과 대소사를 의논하였다.

영원 4년(92년)은 등수에게 매우 의미 깊은 한 해였다. 후한 황실에 있어서는 외척 두 씨 집안에 좌지우지되던 화제가 제위에 오른지 4년이 되는 해였다. 화제는 친정을 하기 위해 여전히 너무나 건강한 태후가 세상을 떠날 때까지 기다릴 수가 없었다. 결국 화제는 환관들과 손을 잡고 정변을 일으켜 성공했다. 당시 화제는 이미 13세로 황비를 간택할 나이가 되었다. 따라서 간택령을 내렸다. 막 성년이 된 등 씨 집안의 여식은 규방에서 자랐지만 전부터 이름이 나 있었다. 등수도 자연히 간택 대상이 되었다. 그런데 공교롭게도 그 해 겨울 등훈이 세상을 떠났다. 고대 중국은 예법을 중시하던 나라였다. 그중 부모에 대한 효도가 특히 중요했다. 천자가 배필을 구한다고 해도 입궁 시기를 늦추고 아버지의 상을 치르는 게 마땅한 도리였다.

등수는 매우 슬퍼하며 3년 동안 소금이 든 음식을 삼갔다. 그 때문에 그녀는 친척들이 알아보지 못할 정도로 초췌하게 변했다. 어느 날 등수는 손으로 드넓은 푸른 하늘을 만지다 종유(鐘乳: 종유석)를 따먹는 꿈을 꾸었다. 해몽가는 옛날 요임금과 상나라 탕왕이 황제가 되기 전에 그런 기이한 꿈을 꿨다고 풀이하였다. 또한, 관상가는 등수의 얼굴상과 골격이 상나라 탕왕과 매우 흡사하다고 말했다. 모든 징조가 앞으로 등수는 아주 귀한 인물이 될 것이며, 등씨 집안에도 역사상 가장 찬란한 시대가 올 것임을 암시하고 있었다. 당시 등수의 숙부가 이런 말을 했었다.

"1천 명을 살린 자의 자손은 귀해진다는 말을 들었다. 형님이 전에 조정의 사자로 강의 수리水利를 맡았을 때 수천 명의 목숨을 구했다고 하였는데 보아하니 하늘의 이치를 믿을 수 있구나. 우리 집안에 복이 오겠구나."

그 말대로라면 그 예언은 분명 등수의 부친에게 일어나야 했다. 옛날에 등우는 이런 말을 한 적이 있었다.

"내가 1만 병사를 이끌고 전쟁에 나갔지만 한 사람도 억울하게 죽게 하지 않았다. 그러니 반드시 후세가 흥성할 것이다."

어린 등수는 당당하게 그 사명을 짊어지게 되었다. 3년 전에 예행연습을 마친 뒤였고, 등수는 탈상하고 다시 입궁하였다. 그녀와 함께 많은 사람이 간택되어 입궁했다. 이들 중 후한의 역사를 바꿀 사람은 단 한 사람, 등수뿐이었다.

늘씬한 몸매에 수려한 자색을 갖춘 등수는 뛰어난 미모만으로

도 화제의 환심을 얻을 수 있었다. 입궁한 이듬해, 16세가 된 등수는 귀비貴妃로 책봉되었다. 역사서 등을 섭렵한 귀비는 천자가 사는 황궁이 장엄하고 호사스러워 보여도 사실은 귀신 집처럼 음산하고 위험해서 자칫 잘못했다가는 총애를 잃고 목숨까지 위태로울 수 있다는 사실을 너무나 잘 알고 있었다. 전 왕조의 여후는 척戚부인을 사람 꼴이 아니게 만들기도 했고, 전한 성제 때의 조비연 자매는 합심하여 수많은 미인들을 독살하였다. 이러한 예는 후한 황실에서도 있었다. 광무제의 본처 곽 황후는 음려화로 인해 총애를 잃고 폐위되었고, 장제 때 두 황후는 아들을 낳지 못하자 황자를 생산한 송宋 귀인貴人을 사술로 미혹하였다고 무고하여 자진하도록 하였다. 심지어는 태자—후일의 화제—를 낳은 양梁 귀인도 화를 면하지 못했다. 양 귀인은 두 황후에게 모함을 당해 총애를 잃고 우울한 나날을 보내다 세상을 떠났다. 등수는 이러한 전철들을 거울삼아 궁중에서 매우 자중했다. 등수는 자신을 낮추고 언행을 단속하고 아랫사람에게 아량을 베풀어 화제에게 총애를 받았다. 화제는 그녀가 병에 걸리자 특별히 은혜를 베풀어 가족들이 입궁하여 병문안을 하도록 허락했다. 게다가 궁에 머무는 시간도 제한하지 않았다. 그러나 등수는 도리어 이렇게 말했다.

"황궁처럼 범상치 않은 곳에 외척이 오래 머문다면 남들에게 괜한 구실만 잡히고, 폐하의 총애를 받는다고 비난하며 신첩의 부족함을 질책할 것입니다. 저는 그리고 싶지 않습니다."

화제는 등 귀비의 말을 듣고 탄복했다.

"다른 사람들은 입궁한 것을 영광으로 생각하는데, 귀비는 도리어 근심으로 여기니 남들이 도달하기 어려운 경지가 아니오."

다른 귀인들은 연회가 있을 때마다 화장하고 아름답게 꾸미고 미색을 겨루며 총애를 얻기 위해 힘을 쏟았다. 그러나 등수만은 꾸미지 않은 소박한 옷차림으로 참석하였다. 당시 음陰 황후는 등수와 한 집안 사람이었다. 둘 다 광무제 때 음 황후의 외척 일가였으나, 음 황후는 작고 왜소한 몸집 때문에 예의나 몸가짐을 제대로 갖추어도 시종들에게조차 비웃음을 샀다. 그러나 등수는 부화뇌동하지 않고 오히려 자신의 잘못처럼 근심하며, 자신의 옷차림이 음 황후와 비슷하면 바로 가서 갈아입었다. 화제가 하문을 하면 음 황후보다 먼저 나서서 대답하지 않고, 음 황후와 단 둘이 있을 때는 최대한 자신을 낮추며 겸손하게 굴었다. 이 모든 것이 화를 피하고자 함이었다.

명성을 멀리하고자 하면 저절로 명성이 따르고 화를 피하고자 하면 화가 저절로 따른다. 등수가 자중하며 자신을 감추려고 할수록 의도와는 반대로 도리어 주목을 받았다. 화제가 등수를 총애하자 음 황후는 시기하며 두려워했다. 심지어는 무술巫術을 이용해 등 귀비를 제거하려고 하였다. 후일 화제가 병에 걸려 병세가 위독해지자 음 황후는 속으로 기뻐하며 주변 사람들에게 말했다.

"만일 내가 권세를 얻는다면 반드시 등 씨 집안사람들은 하나도 살려두지 않을 것이다."

등수는 그 소문을 듣고 통곡을 했다.

"내가 황후를 진심으로 대했는데 끝까지 관용을 베풀지 않으시는구나. 예부터 아녀자가 따라 죽어야 한다는 규정은 없지만, 주공周公은 주나라 무왕武王이 세상을 떠나자 자신이 대신 죽기를 청했고, 초楚나라 소왕昭王이 병이 들자 그의 비가 대신 죽기를 바랐다고 한다. 가문을 멸하는 화를 피하기 위해서 지금 내가 죽는 수밖에 없겠구나."

그리고 약을 삼키고 자진하려고 하였다. 곁에 있던 궁녀는 주인을 살리기 위한 다급한 마음에 화제의 병이 다 나았다고 거짓말을 했다. 그때서야 등수는 자진을 멈추었는데, 귀신이 곡을 한 듯 다음 날 화제는 정말로 완쾌되었다. 등수는 그제야 살길을 찾았다고 여겼다.

큰 재난에서도 살아남으면 복이 따른다고 한다. 영원 14년(102년), 음 황후가 무술을 행한 사실이 발각되었는데, 등수는 음 황후를 대신해 사정했지만 화제는 용서하지 않았다. 결국 음 황후는 폐위되었다. 그 뒤에 황후란 매우 중요한 자리이니 뛰어난 덕을 가진 등 귀인만이 그 자리에 오를 수 있다는 조서를 내렸다. 등수는 세 번 사양한 뒤 영광스럽게 황후의 자리에 올랐다.

등수는 황후에 오른 뒤에도 계속해서 신중하게 자신을 단속하고 사치를 경계하고 검소함을 실천하였다. 화제는 여러 번 등 씨 일가에 작위를 내리고자 하였지만 그때마다 등 황후가 간곡하게 청하여 만류하였다. 그래서 화제가 살아 있는 동안에 황후의 오라비인 등즐鄧騭의 관직은 겨우 호분중랑장을 맡고 있었다. 당시 각지의 제후들은 조정에 잘 보이기 위해 앞다투어 진귀한 노리개를 공물로 바쳤다. 황후에 오른 등수는 이런 종류의 공물을 전부 없애고 종이와 먹만을 올리라는 명을 내렸는데, 이것은 매우 중요한 의미가 있다.

이쯤에서 우리는 책 읽는 즐거움을 누리고 있는 것에 대해 등 황후에게 감사해야 한다. 당시의 종이는 지금 우리가 흔히 보는 종이와는 달랐다. 등 황후는 어릴 적부터 글을 쓰는 취미를 가지고 있었다. 이 때문에 측근에 있던 환관 채륜蔡倫은 제지술을 개선하기 위해 힘을 기울였고, 결국엔 지금처럼 우리가 널리 사용하고 있는 종이와 근접한 종이가 만들어졌다. 그러므로 지금 글을 쓰는 종이가 탄생하게 된 데에는 등 황후의 공로도 무시할 수가 없다.

원흥元興 원년(105년), 화제가 붕어하였다. 그는 죽음으로써 모든 세상사를 마쳤지만 나라에 큰 후환이 될 만한 난제—후계자 문제—를 남겼다. 화제는 쓸데없이 비빈들만 많았는데, 아마도 그렇기 때문에 26세의 젊은 나이에 세상을 떠났는지도 모른다. 그래서 자식은 많지 않았고, 요절한 황자만 10여 명에 달했다. 나중에는 어쩔 수 없이 황자를 궁 밖으로 내보내 길렀다. 이것은 민간에서 아이들에게 '묘(猫, 고양이)', '구(狗, 강아지)'라는 속된 아명을 붙여주며 별탈 없이 자라기를 바라는 마음과 같은 이치였다. 등 태후는 민간에 있던 황자 둘을 불러들였다. 장자인 평원왕平原王 유승劉勝은 병마에 시달렸다. 그래서 태어난 지 백일 정도밖에 되지 않은 유륭劉隆을 황제로 세웠는데, 그는 중국 역사상 가장 어린 나이에 즉위한 황제다. 어린 황제는 당연히 그의 소임을 감당할 수 없었다. 결국 25세의 미망인인 등수가 나라 일을 맡아보게 되었다.

등 태후는 임조칭제를 시작하자마자 지혜와 총명함을 보였다. 황실에서 큰 상을 당하자 누군가 그 틈에 진주 한 상자를 훔쳤다. 등 태후는 형을 가해 고문을 하면 무고한 사람이 해를 당해 자백할 수도 있기 때문에 그 사건을 조사할 필요가 없다는 명을 내렸다. 그리고 사람을 시켜 몰래 상황을 관찰하도록 하였다. 그 결과 금방 범인을 찾아낼 수 있었다. 한 번은 누군가 화제를 모시던 궁인 길성吉成이 주술을 행해 황제를 저주했다고 고하였다. 길성이 붙잡혀 심문을 당했는데 그렇다는 자백을 했다는 것이다. 그러나 등 황후는 그 사건에 의혹을 품었다. 길성은 화제가 살아 있을 때 충성을 다했는데 죽은 뒤에 배반을 하다니 앞뒤가 맞지 않았다. 결국 직접 사건을 재심리하여 시종 길성이 무고를 당한 것임이 드러났다. 등 태후는 집권하는 동안에 절약을 실천하여 최대한 궁정의 비용을 줄였다. 황릉과 태묘(太廟, 종묘)에 바치는 경우를 제외하고 쌀과 식사는 최상급 쌀을 사용하지 못하도록 명하였다. 궁중 사람들은 하루에 한 끼만 고기를 먹어야 했다. 등 태후는 전에 궁전에서 지출

됐던 2억 전의 비용을 1천만 전으로 대폭 줄였다. 황실의 여가 장소인 상림원에서 화제가 사냥할 때 사용했던 매와 개도 전부 팔아버렸다. 또한 황실에 남아도는 궁인들은 출궁시켰다. 각지에 있는 행궁과 별궁의 지출도 감축하고, 각 군국郡國에서 조정에 바치는 공물도 절반으로 줄이라는 명을 내렸다. 등 황후는 윗사람이 모범을 보여 아랫사람도 따르는 건전한 사회 기풍을 가진 후한 황실을 만들려고 노력하였다.

유륭이란 이름은 황제에게 행운을 가져다주지 못하여, 강보에 싸여 80일 정도 제위에 있었던 상제가 세상을 떠났다. 이로써 상제는 가장 일찍 세상을 떠난 황제로 기록되었다. 그러자 등 태후는 청하왕淸河王 유호劉祜를 안제安帝로 세웠다. 안제는 즉위 당시 13세에 불과했기 때문에 등 태후가 임조칭제할 필요가 있었다. 등 태후는 외척들이 득세하는 것을 막기 위해 법 집행 관리들에게 조서를 내려 거기장군 등즐이 조심하며 법을 지키고는 있지만 일가가 많은데다 인척, 빈객들 중 간악하고 교활한 무리가 많으니 법령을 어길 시 절대로 감싸주지 말 것을 명했다. 이어서 금고되어 있는 전대의 외척인 마馬 씨, 두 씨 가문을 풀어주라는 조서를 내렸다. 등 태후는 지난 원한을 따지지 않고 무술을 이용한 사건으로 유배당한 음 황후의 집안사람들을 고향으로 돌려보냈다.

영초 2년(108년), 낙양에 심한 가뭄이 들었다. 등 태후는 그것이 억울한 옥사와 관계가 있다고 여겨 낙양사洛陽寺 감옥에 가서 친히 사건을 처리하였다. 고문을 당해 억지로 자백한 사형수가 태후에게 억울함을 호소하고자 했지만 옆에서 지켜보고 있는 옥리獄吏가 두려워 말을 할 수 없었다. 등 태후는 수상한 낌새를 눈치채고 자세한 정황을 물은 뒤 사건을 재조사하였다. 그 결과 억울하게 잘못 판결된 사건임이 드러났다. 등 태후는 그 죄를 물어 낙양령洛陽令을 옥에 가뒀다. 등 태후의 이러한 조처는 민심뿐만 아니라 하늘까지 후련하게 통할 정도였다. 등 태후가 황궁으로 돌아오기도 전에 하늘에서는 큰 비가 내렸다. 다음 해에도 가뭄이 들자 등 태후는 낙양사 감옥에서 1백여 명의 죄수를 석방해주었다.

등 태후는 어릴 적부터 경서 읽기를 즐겼으며, 태후가 된 후에도 변함없이 학문에 정진했다. 당대 유명한 여류학자 반소를 종종 궁으로 불러들여 경서와 천문, 역법에 대해 배웠다. 그뿐만 아니라 등 태후는 주위 사람들에게도 함께 배우고 아침저녁으로 글 읽기를 권했다. 후한 중기 유학은 난잡해져서 경전의 문장도 이치에 맞지 않는 것이 많았다. 등 태후는 대대적인 교감校勘 작업을 벌였다. 유학자 유진劉珍 등에게 동관東觀에서 서적을 교정하도록 명했다. 이것은 전한시대 유향劉向, 유흠劉歆 부자가 선진先秦시대의 서적을 정리한 이후에 중국 지식인들에게 있어 환영할 만한 경사라고 할 수 있었다. 등 태후는 역대 황실의 자제들이 종일 먹고 놀며 아무 일에도 힘쓰지 않는다고 여기고, 5살 이상의 황실 자제와 등 씨 자제들을 가르치기 위한 학당을 세우라는 명을 내리고 직접 시험을 감독하기도 하였다.

등 태후는 자신의 권세와 지위를 굳건하게 하기 위해 외척을 봉하지 않는다는 태도를 바꾸어 조정에 등 씨 일가를 중용하기 시작했다. 태후의 오라비 등즐은 대장군에 올라 높은 권세를 누렸다. 태후가 외척을 엄격하게 단속하여 함부로 법을 어기는 일을 막긴 하였지만, 외척을 높은 지위에 봉한 사실 자체가 덕행이 부족하다고 질책받기에 충분했다. 그러나 등 태후가 좋은 황후로 뽑히는 이유는 현덕함 때문이 아니라 그녀의 탁월한 능력 때문이었다.

등 태후가 수렴청정할 당시 천하는 태평하지 않았다. 당시 등 태후가 당면한 문제는 선대보다 더하면 더했지 나을 것이 없었다. 10여 년 동안 홍수와 가뭄이 끊이지 않았는데, 천재는 인재를 불러왔다. 백성들은 집을 잃고 떠돌았고 도적떼들이 들끓었으며, 내우와 외환이 동시에 닥쳐 변경 사방에서 반란이 일어나 조용한 날이 없었다. 조정에서는 강족, 오환, 선비족의 할거 지역에 많은 병사를 보내야만 했다. 또한 등 태후는 외척과 점차 커지기 시작하는 환관 사이의 미묘한 균형을 조절해야 했다. 이런 것들은 아무리 정력이 충만한 황제라 해도 골치가 아플 수밖에 없는 문제들이었으나, 등 태후가 여러 날 밤을 새가며 나라를 다스리는데 힘쓴 결과, 후한 중기에 태평성세가 도래했다. 그렇기 때문에 등 태후는 명제의 마 황후와 함께 후한 왕조에서 가장 뛰어난 황후로 손꼽힐 수 있었던 것이다.

유학적 전통 사상의 영향이 깊은 민족에게 아녀자의 정치 간섭은 성현의 경전에 위배되는 일이었다. 『상서』에는 '암탉은 새벽을 알리지 못한다'고 했고, 『시경』에서는 '지모 있는 남자는 성을 쌓고 슬기로운 여자는 성을 무너뜨린다'고 하였다. 따라서 아무리 뛰어난 정치적 업적을 남겼다 하더라도 여자의 정치 참여는 이민족의 통치와 함께 가장 꺼리는 정치적 사건으로 꼽혔다. 따라서 등 태후는 집정 기간 동안 내내 도발적 제재를 받았다. 태후가 자리에서 물러나고 황제가 친정해야 한다고 요구를 하는 자들이 끊임없이 등장했다. 그중 가장 영향을 크게 받았던 것으로는 주장周章 사건과 두근杜根 사건을 들 수 있다.

화제가 붕어했을 당시, 등 태후는 대권을 장악하기 위해 병약하다는 이유로 나이가 있는 평원왕을 세우지 않고 강보에 쌓여 있던 상제를 세웠다. 그래서 당시 많은 사람이 불만을 제기했다. 상제가 죽은 뒤 평원왕은 화제의 유일한 후사였으나, 등 태후는 일전에 제위에 세우지 않았던 평원왕이 황제가 된다면 화근이 될 것을 염려했다. 그래서 결국 상규를 어기고 화제의 조카인 청하왕 유호를 제위에 올렸다. 그로 인해 많은 대신이 강한 불만을 터뜨렸으며, 당시 사공이었던 주장은 외척 등 씨 집안을 주살하고 태후를 폐한 뒤 평원왕을 세우는 반란을 모의하였으나, 도중에 계획이 누설되어 자결하였다. 그 전에 등 태후는 대신들이 올린 퇴위를 요구하는 상주문을 무시하고 넘어갔지만, 그 사건 이후에는 비슷한 요청을 제기하면 너그럽게 그냥 넘어가지 않았다. 그 후 대신 두근이 똑같은 일로 귀찮게 하자, 등 태후는 매우 노하며 두근을 체포해 자루에 넣어 대전에서 굴려죽이라는 명을 내렸다. 형 집행자는 두근의 사람됨을 존경하여 형 집행을 할 때 보기에는 그럴 듯하나 강도가 강하지 않아 두근은 겨우 목숨을 부지했다. 그러나 똑똑한 등 태후는 그 점을 염려하며 그를 성밖에 버린 뒤 사람을 보내 확인하도록 하였다. 두근은 사흘 동안 죽은 척하여, 눈에 구더기까지 생길 정도가 되었으므로 사자는 속아 넘어갔다. 그렇게 하여 두근은 목숨을 부지하였다. 이 일로 등 태후는 후세 사람들에게 비난을 받았다. 누군가 소를 끌고 남의 밭을 짓밟아 놓았다면 그것은 잘못된 일이다. 그럼에도 불구하고 그 사람의 소까지 빼앗아 가는 것은 더욱 지나친 것이다.

조정 안팎에서만 황후를 괴롭히는 것이 아니었다. 태후의 사촌 등강鄧康 역시 여러 차례 상소를 올려 태후가 오랫동안 임조칭제하였고, 등 씨 외척의 권세가 지나치게 높아졌으니 자제하고 삼가야 한다고 밝혔다. 등 태후가 그 청을 거절하자 등강은 병을 핑계로 조정에 나가지 않았다. 그러자 등 태후가 사람을 보내 병세를 물었는데, 명을 받은 궁녀는 전에 등강의 집에서 일하던 하녀였다. 궁녀는 전과 다른 신분으로 예전에 있던 곳을 방문해 스스로 '중대인中大人'이라 칭하였다. 등강은 그 사실에 대노하며 궁녀에게 욕을 퍼부었다. '중대인'은 환궁하여 등강이 불손한 언행을 했다고 등 태후에게 고했다. 태후는 그 말을 듣고 화를 내며 등강을 파직시킨 뒤 봉작지로 돌려보내고 그의 족적族籍을 삭제하였다. 이렇게 등 태후는 화제가 세상을 떠난 뒤 줄곧 대권을 쥐고 있었다.

영녕永寧 2년(121년), 등 태후는 병으로 세상을 떠났다. 황후에 오른 지 20년 되던 해로 그녀의 나이 41세였다. 등 태후는 죽기 전 조서를 내려 자신이 부덕하여 어머니의 사랑으로 백성들을 아꼈지만 지존으로 즐거워하지 못했고 백성들을 구제하여 유 씨 천하를 편안하게 할 뜻이었다고 속마음을 밝혔으나, 이러한 조서도 '평생 임조칭제를 하고 천하를 호령한' 등 태후에 대한 불만을 잠재울 수는 없었다.

태후에게는 황제의 어머니라 죄를 묻기가 힘들었지만 나머지 자들에게는 거침이 없었다. 등 태후가 죽은 지 얼마 뒤에 그녀에게 벌을 받았던 궁인들이 태후의 오라비인 등리鄧悝 무리가 평원왕 유득劉得을 황제로 옹립할 계획을 모의하였다며 모함하였는데, 역대 제왕들에게 그보다 더 괘씸한 죄는 없었다. 안제는 매우 화를 내며 조정에서 관원으로 있는 등 씨 일가를 모두 고향으로 돌려보냈다. 그 사건과 관계없었던 등즐도 그 사건에 연루되어 유배당했고 결국은 자살하였다. 순제가 즉위한 후 등 태후의 은혜를 그리워하며 무고하게 죽은 등즐 등을 가엾게 여기고 조서를 내려 억울함을 바로잡아주었는데, 외척들 중에서 등 씨 집안은 그나마 본분을 잘 지킨 셈이었지만 결과적으로는 큰 화를 피할 수는 없었다.

후한에서는 그래도 등 태후의 통치 기간이 깨끗한 정치가 이루어진 마지막 시기로, 태후의 죽음은 후한 정치상 선악의 경계선과 같다고 할 수 있다. 그 전에는 '광무중흥', '명장의 치'라 불리는 시기였으나, 그 후에는 '발호(跋扈: 횡포를 부린다)장군', '환제, 영제 시기', '당고의 옥', '황건적의 난' 등 어지럽고 우울한 시기가 등장한다. 다시 말해, 중국 역사상 가장 어둡고 혼란한 시대가 시작된 것이다.

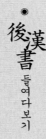

後漢書 들여다보기

'임조칭제'를 한 7명의 태후 중, 마 태후 외에 6명은 외척이 정권을 잡고 정치에 간섭하는 국면을 맞았다. 등 태후의 통치 기간 동안 등 씨 가문은 6명의 황후 외척들 중 비교적 본분을 지킨 편에 속한다. 그러나 몇 대에 걸친 외척의 정치 간섭은 불을 향해 돌진하는 나방처럼 무모하여 갖가지 희생을 감수해야 했다. 결국 모두 천편일률적으로 황후의 아버지와 형제들이 주살되는 비운을 맞고 말았다.

등 태후

후한시대 태후의 섭정은 후한 200년의 역사 중에서 86년을 차지하고 있다. 1대의 광무제, 2대 명제, 3대 장제를 제외하고 4대에서 9대에 걸쳐 태후의 섭정이 이어졌으니, 후한의 황제권은 그만큼 불안정하였다. 또한 황위 결정권을 태후가 행사하였고, 섭정 기간의 황제들 중 황태자로 책봉된 후 즉위한 황제는 화제뿐이었다. 임조칭제한 태후는 선황제의 적처로서 황제와 동격으로 지위를 보장받았고, 오히려 황제보다 상석에 앉아 황제보다 존귀하게 받들여졌으며 황제 대신 막강한 권력을 휘둘러, 외척의 피해가 극심하였고 황제권은 더욱 약화되었다.

●주요 인물
　양진

●주변 인물
　왕밀, 안제, 번풍

●키워드
　글을 가르치다, 청렴하고 정직하다, 직언하다

●중대 사건
　왕밀이 준 금을 거절하다, 환관을 탄핵하다

●고사
　결초보은, 관서의 공자, 사지 선생

●이야기 출처
　『후한서』「양진열전」

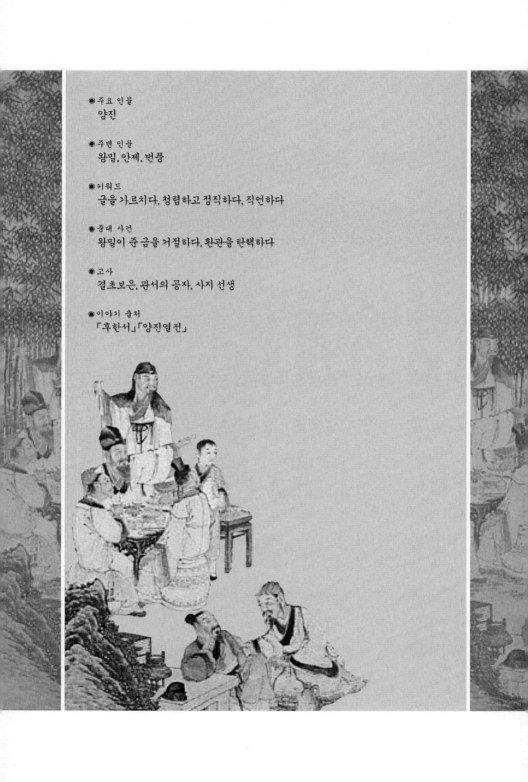

楊震

양진 : 청백리

극히 작은 짚신벌레라도 현미경에 놓고 관찰하길 바라는 사람이 있다. 후한시대 영제는—자신은 우리가 그렇게 생각하는 것을 싫어하겠지만—극히 좋은 예이다. 한 번은 영제가 시중 양목楊牧과 한담을 나누다가 문득 기발한 질문이 떠올랐다.

"짐이 선황인 환제와 비교하면 어떤가?"

당시 환제는 우매하기로 이름난 황제였다. 영제는 그런 점에서 선황과 비교했을 때 우열을 가리기 어려웠다. 양목은 본심에 어긋나는 말은 하고 싶지 않았고, 그렇다고 솔직하게 밝힐 수도 없었다.

"폐하를 선황과 비교한다면 요임금과 순임금에 비할 수 있겠지요."

영제는 그 말을 듣고 매우 화를 내며 불쾌한 뜻을 내비쳤다.

"자네 참 딱하게 구는군. 역시 양진의 자손답네. 죽은 뒤에 큰 새가 자네 무덤 위로 날아가겠어."

영제가 후한시대 손꼽히는 우매한 황제이긴 했지만, 자신을 요순과 비교하는 것이 태양을 쫓는 과보처럼 터무니없다는 사실을 모르지는 않았다. 영제는 양목이 자신을 순임금에 비유해서 불만을 가진 것이 아니라 자신을 우매한 환제와 같은 부류로 놓고 봤다는 사실이 못마땅했다. 제왕을 요순과 비교하는 일은 공식화된 거짓말이었다. 요임금 다음 순임금이 등장했다는 것이 문제의 핵심이었다. 환제와 영제, 두 황제의 우열을 비교하는 일은 정말로 어려웠다. 그렇다고 양목처럼 요순에 비교할 바는 아니었다. 이럴 때는 이런 말이 매우 유용하다.

"광주리 안에 있는 복숭아는 모두 썩은 것들뿐이라 고르고 말고 할 것이 없다."

여기서 두 사람을 중재하고자 하는 것은 아니고, 중요한 것은 영제의 대답이다. 영제가 말한 양진은 대체 누구이며, 무덤 위로 새가 날아간다는 것은 무슨 뜻일까?

전한 말기 홍농군弘農郡 화음(華陰: 지금의 섬서성)에는 양보楊寶라는 자가 살았다. 어렸을 때 양보는 산에서 꾀꼬리와 부엉이가 적수가 되지도 않는 싸움을 벌이는 광경을 보았다. 결국 꾀꼬리는 상처를 입고 바닥에 떨어져 개미떼에게 둘러싸였다. 양보는 꾀꼬리를 집으로 데리고 가 상처를 치료해주며 돌봐주었다. 그리고 1백여 일이 지난 뒤 꾀꼬리를 다시 날려주었다. 그날 밤 양보는 꿈속에서 황색 옷을 입은 동자를 만났다. 동자는 자신이 서왕모(西王母: 곤륜산에 산다는 신인神人)의 사자라고 밝히며 일전에 부엉이와 싸움을 벌이다 땅에 떨어졌을 때 구해줘서 고맙다는 말을 하며 옥환玉環 4개를 주었다. 그리고 양보의 후손이 분명 고귀한 삼공의 자리에까지 오를 것이며 옥환처럼 청백한 관리가 될 것이라고 덧붙였다.

양보는 자신의 선행으로 '천하의 양 씨는 홍농에서 나왔다'라는 말이 생길 줄을 알지 못했을 것이다. 후일 양보는 은거하여 글방을 열고 학생을 가르치는데 힘쓰며 평생 벼슬길에 나가지 않았다.

양진(?~124년)은 양보의 아들이다. 양보가 일찍 세상을 떠났기 때문에 양진은 어릴 적에 어머니의 손에서 자랐다. 아버지 없이 홀어머니 밑에서 자라 당연히 가정형편이 좋지 못했다. 그래서 양진은 밭에다 농작물을 심어 생계를 꾸려야 했다. 양진은 어린 시절부터 양 씨 집안에 옥과 같이 청백한 관리가 나온다는 동자의 예언이 사실임을 보여줬다. 어느 날 누군가 양진을 도와 쪽(잎을 파란색 염료로 쓰는 식물)을 심어주었는데, 양진은 그것을 전부 뽑아버렸다. 그는 스스로의 힘으로 생계를 해결하겠다는 것이었다.

양진은 아버지의 영향을 받아 어릴 적부터 경서를 두루 섭렵하였다. 그는 글을 자세하고 깊이 있게 연구하여 멀리까지 이름을 날렸다. 군의 유생들은 그를 '관서關西의 공자 양백기(양진의 자)'라고 불렀다. 어른이 된 후 양진은 아버지와 마찬가지로 시서를 가르치는 일을 업으로 삼아, 20년 넘게 글을 가르쳤다. 그동안 주군에서는 그의 명성을 흠모하여 번거로움도 마다하지 않고 그를 찾아와 벼슬길에 오르길 청했다. 그러나 양진은 병을 구실 삼아 사양하였다. 사람들은 그가 말년까지 그럴듯한 성과를 내지 못했다고 생각했지만 그래도 그는 절대로 동요하지 않고 자신의 직업을 고수하며 맡은 바 임무를 다했다. 그의 의지는 나이가 들수록 더욱 강해졌다.

유가에서는 '군자는 때를 알고 움직여야 한다'는 말을 중요시했다. 그때가 드디어 왔다. 양진이 수업을 하고 있는데, 황새가 드렁허리 3마리를 입에 물고 양진의 서당 앞으로 지나갔다. 사람들은 그 광경을 보고 말했다.

"드렁허리는 공경사대부를 상징합니다. 3마리이니 선생님께서 삼부三府에까지 오를 것을 의미합니다. 선생님, 곧 높은 자리에 오르시겠습니다."

양진은 하늘의 뜻에 순응하여 벼슬길에 올랐다. 그때 그의 나이는 50세가 다되었다. 그야말로 대기만성이라고 할 수 있다.

그 당시는 안제 초기로 대장군 등즐이 조정을 장악하고 있었다. 오래전부터 양진의 명성을 들어온 등즐은 그를 불러 형주荊州 자사로 임명하였다. 그리고 뒤이어 동래東萊 태수로 삼았다. 양진이 부임하러 가는 길에 창읍(昌邑: 지금의 산동성)을 지나게 되었다. 이곳의 현령 왕밀王密은 양진이 형주에서 자사로 있을 때 추천한 사람이었다. 왕밀은 지난 날의 은혜를 잊지 않고 한밤중에 10근의 금을 챙겨와서 양진에게 보답하고자 하였다. 그러자 양진이 조용히 타일렀다.

"내가 자네를 알아보고 천거한 것인데 자네는 나를 전혀 알지 못하는군. 이는 무엇 때문인가?"

왕밀은 요행을 바라는 마음을 품고 있었다.

"날이 어두우니 아무도 알지 못할 것입니다."

양진은 정색을 하며 엄하게 꾸짖었다.

"하늘이 알고 신이 알고, 자네가 알고 내가 아네. 그런데 어찌 아무도 모른단 말인가?"

어둠 속의 빛과 같고, 사사로운 이익 앞에서도 공명정대한 사람이 있다. '하늘이 알고 신이 알고 자네가 알고 내가 안다'는 말은 고금을 통틀어 얼마나 많은 사람을 부끄럽게 만들었을까? 왕밀은 부끄러워하며 물러갔다. 양진이 남긴 '하늘이 알고 신이 알고 네가 알고 내가 안다'는 말은 세상의 그 어떤 아름다운 미사여구보다도 천지간에 영원히 남을 말이고, 또 이러한 양진의 '사지四知'는 명나라 때 우겸于謙의 '양수청풍(兩袖淸風: 두 옷깃에는 맑은 바람뿐이다)'과 함께 중국 역사에서 청렴과 관련된 대표적인 일화로 남았다. 그 후 사람들은 양진을 '사지 선생'이라고 불렀다. 이러한 청렴함은 신선의 옥과 예언 때문이 아니라 글을 읽으며 닦은 고상한 인품과

345

절개 때문이었을 것이다. 양진은 후에 다시 탁군涿郡 태수로 임명 되었다. 그는 항상 청렴함을 지키고 남에게 선물을 받지 않아 자손 들이 고생했다. 식탁에는 계속 나물 반찬이 올랐고 출타할 때는 수 레를 타는 대신 걸어가야 했다. 어느 날 양진은 누군가로부터 가산 을 챙겨 자손들에게 유산으로 남겨주라는 말을 듣고 이렇게 대답 했다.

"청백리의 자손으로 남게 해준 것이야말로 가장 큰 재산이 아닐 까 합니다."

양진의 영향을 받아 그의 후손들은 바르게 자랐다. 아들 양병楊 秉, 손자 양사楊賜, 증손자 양표楊彪가 모두 태위까지 올랐으며, 양 씨 집안은 당시 낙양에서 손꼽히는 명문가가 되었다. 더 중요한 것 은 모두 공정하고 청렴하기로 이름났었다는 사실이다. 양병이 자 사로 있을 때 누군가 1백만 전을 보내온 적이 있었다. 그때 양병은 문을 굳게 걸어 잠그고 받지 않았다.

"나는 술, 색, 재물 3가지에 현혹되지 않는다."

양병의 3가지 불혹不惑은 아버지 양진의 사지四知와 더불어 대대 로 전해오는 훈훈한 미담이다.

양진은 '관서 공자'라고 불릴 정도로 박학다식하고 '사지 선생' 이라 불릴 만큼 청렴하여 사람들에게 널리 알려졌다. 그는 글 읽는 선비의 굳센 기개를 가진 사람으로 정치에서도 똑같이 반듯한 모 습을 보여 오랜 세월 경모를 받았다.

원초元初 4년(117년), 양진은 태복太僕에 올랐고 그 후 다시 태상太常으로 승급하였다. 당시 박사를 천거하는 과정에서는 많은 속임수와 비리가 난무했다. 따라서 세상을 속이고 명성을 얻은 자들이 많았으나, 양진이 천거한 양륜楊倫 등 5명의 명사는 사람들에게 칭송을 받았다. 양진은 널리 명성을 떨치면서 거듭하여 높은 자리에 올라 영녕永寧 원년(120년)에는 사도에 올랐으니, 사도는 재상과 맞먹는 지위였다.

그 다음해에 등 태후가 세상을 떠났다. 등 태후가 임조칭제하는 동안 천하에서는 온갖 의론이 분분했다. 많은 사람들은 등 태후가 조정을 안제에게 돌려주기를 바랐던 것이다. 태후가 세상을 떠나면서 사람들이 고대하던 시대가 드디어 왔다. 그러나 명분은 바로 섰지만 조정은 실망스럽게도 혼란에 빠지고 말았다.

안제의 행동은 의분에 가득 차, 황제의 친정을 외치던 신하들이 지하에 있는 등 태후를 볼 면목조차 없을 지경이었다. 안제 때부터 후한시대 조정의 부패가 시작되었다는 것은 과언이 아니었다. 안제는 제위 기간 동안에 측근을 지나치게 총애하여 정치적으로 혼란을 초래했다.

그의 유모 왕성王聖은 젖을 먹인 공을 높이 평가해 총애를 받았고, 왕성의 딸 백영伯榮 역시 어머니의 세력에 기대어 궁을 마음대로 드나들면서, 간악한 소인배들과 결탁하여 궁 밖에서 나쁜 짓을 일삼았다. 양진은 그에 불만을 품고 상소를 올렸다.

"나라를 다스릴 때엔 현량을 근본으로 삼아야 하고 간사한 무리를 없애는 것을 임무로 삼아야 합니다. 그런데 폐하께서는 아직 덕행도 세우지 못하였는데 아녀자를 총애하며 지나치게 신임하고 있습니다. 유모가 길러준 공이 있다고는 하나 이미 상을 내려 충분히 보답하였습니다. 헌데 유모는 끝없는 욕심을 부리며 제멋대로 나쁜 짓을 일삼고 천하를 혼란하게 하고 있사오니, 폐하께서는 속히 유모를 궁 밖으로 내치시고 왕래를 끊게 하시옵소서."

안제는 '유모였던 왕성을 쫓아내고 측근을 깨끗이 하라'는 양진의 요구를 거들떠보지 않고 그 상소문을 왕성에게 읽어주었다. 결국 양진은 왕성 무리의 원수가 되었고, 백영에 대한 안제의 비호는 나날이 커져만 갔다. 간악한 유환劉環은 백영을 아내로 맞고 처가 덕분에 관직과 작위까지 수여받았다. 양진은 그 사실에 가슴 아파하며 다시 안제에게 상소를 올렸다.

"한 고조께서는 공신이 아니면 제후에 봉하지 않겠다고 대신들과 약속하셨습니다. 유환은 공도 없고 덕도 없는데 백영을 취한 덕분에 관직에 오르고 제후에 봉해졌습니다. 이는 예의 제도에 맞지 않습니다. 폐하께서는 응당 제도에 따라 처결해야 할 것입니다."

안제는 상소문을 보고도 못 본 척 무시해버렸다.

연광延光 2년(123년), 양진은 지방 장관과 사도를 거쳐 태위로 임명되었다. 안제의 숙부 경보耿寶가 환관 이윤李閏의 형을 관리로 천거했지만 양진은 이를 허락하지 않았다. 그러자 경보가 양진을 설득했다.

"이 상시常侍는 조정의 중신입니다. 제가 그의 형을 관리로 천거한 것은 황제 폐하의 뜻에 따른 것입니다."

양진에게 이러한 위협은 소귀에 경 읽기와 같았다.

"조정에서 그자를 천거하고자 한다면 반드시 상서가 명문明文으로 전달해야 할 것이오."

그리고 단호하게 천거를 반대했다. 황후의 오라비 염현閻顯 역시 양진에게 친척을 관리로 천거했다가 거절을 당했다. 그러나 사공 유수劉授가 경보와 염현의 청을 모두 받아들여 관리로 임명했다. 결국 양진만 뭇사람들의 비난의 대상이 되었다.

많은 사람에게 손가락질을 받으면 병이 없어도 죽는다는 말이 있다. 양진은 강직하고 올곧은 사람이었다. 그는 성현의 가르침과 자신의 원칙을 고수하기 위해 천하의 사람들이 자신을 적으로 삼는다 해도 절대로 물러서지 않았다. 안제가 왕성에게 대저택을 지어주라는 명을 내리자 그 기회를 틈타 환관 번풍樊豊, 주광周廣까지 소란을 피웠다. 양진은 다시 상소를 올려 간언했다.

"지금 조정의 재정은 부족합니다. 백성들도 가난한데 국가의 재산을 낭비해서는 안 됩니다. 주광 등은 간악하고 아첨하는 무리에 빌붙어 권세를 부리고 조정을 혼란하게 만들어 시비를 흐리고 있습니다. 그러니 폐하께서는 유념하시옵소서."

안제는 예전처럼 그의 상소를 무시해버렸다. 번풍은 양진이 상소를 올려도 소용이 없자 더욱 거리낌 없이 대담하게 행동했다. 심지어는 가짜 성지聖旨를 만들어 국고의 재물을 자신의 대저택을 짓는데 사용하기까지 했다. 얼마 뒤 낙양 경내에 대지진이 일어났다. 양진은 그것이 하늘의 징조라고 간주하고 그 기회에 다시 상소를 올려, 황제가 아녀자를 총애하고 환관을 가까이 하여 땅과 산이 요동한 것이라고 주장했다. 여기에는 하늘과 땅의 변고를 경고로 삼아 소인배를 쫓아내고 조정의 기강을 바로 잡아야 한다는 뜻이 숨어 있었다.

거듭해서 상소를 올리자 번풍 등 환관들은 이를 갈며 양진을 증오했고 안제 역시 크게 화를 냈다. 그러나 양진의 명성이 너무 높았기 때문에 감히 죄를 물을 수가 없었다.

그렇지만 양진보다 명성이 못한 다른 인사들의 사정은 봐주지 않았다. 하간河間 사람 조승趙勝은 조정이 혼란하다고 여기고 상소를 올렸다. 안제는 그의 상소를 보고 불같이 화를 내며 군주를 속인다는 대역무도한 죄를 물어 감옥에 집어넣었다. 그러자 양진은 그에게 죄를 묻는 것은 부당한 처사라고 밝히며 고금을 돌아볼 때 '간언하는 자는 죄가 없다' 하였다고 상소를 올렸다. 또한 조승은 조정을 논할 때 격하고 부적절한 단어를 썼을 뿐, 사람을 찔러 죽인 살인범과는 죄질이 다르므로 폐하께서 은혜를 베풀어 조승을 풀어주길 바란다고 덧붙였다. 그러나 황제는 원래 조승을 본보기로 일벌백계할 심산이었다. 양진의 요구는 조승을 죽이고자 하는 황제의 결심을 더욱 굳게 했을 뿐 실제로는 별 도움이 되지 않았다. 결국 조승은 시가에서 참수되었다.

연광 3년(124년), 안제는 황궁을 떠나 태산泰山으로 겨울 순시를 떠났다. 번풍 무리는 그 기회를 놓치지 않고 낙양에 경쟁적으로 호화저택을 지었다. 양진의 속관 고서高舒가 사람을 보내 자세히 조사해본 결과, 번풍 등이 황제의 명령을 가장해 사사로이 토목공사를 벌인 것이 사실임이 확인되었다. 고서는 자재 목록을 낱낱이 작성하여 안제가 돌아오면 그들을 탄핵할 작정이었다.

번풍 등은 양진이 자신의 죄에 대한 증거를 포착했다는 것을 알고 하루 종일 안절부절하고 있었다. 엎친데 덮친 격으로 태사(太史: 사서 편찬, 천문, 역법, 제사 등을 관장)가 별의 모양이 혼잡하다고 고해왔다. 결국 번풍 무리는 선수를 치기로 결정했다. 안제에게 사람을 보내 양진이 조승의 죽음에 대해 증오심을 품고 있으며, 옛날 등태후의 여당이 황제에게 불충하다고 고했다. 안제는 이번에는 '과감한' 모습을 보였다. 황궁으로 돌아온 날 안제는 태학에서 환궁하기 좋은 길시吉時를 기다리다가 결국은 참지 못하고 태위 양진의 인수를 몰수하라는 명을 내렸다. 그 후 양진은 문을 닫고 손님을 사절하며 다시는 외부와 교류하지 않았다. 쇠뿔도 단김에 빼랬다고 번풍 무리는 음모에 성공한 뒤 다시 상소를 올려, 양진이 죄에 승복하지 못하고 원망하는 마음을 품고 있는데 이는 조정에 대항하는 것이라고 고했다. 안제는 또 그들의 간언을 순순히 받아들이고 즉시 양진을 고향으로 쫓아버렸다.

양진은 도성 서쪽의 석양정夕陽亭에 도착하였을 때 송별 나온 사람들에게 비분한 마음으로 입을 열었다.

"죽음은 독서인의 본분이지요. 저는 운이 좋게 높은 관직에 오를 수 있었습니다. 가슴 아픈 것은 간악하고 아첨하는 무리를 없애고 사직을 바로잡지 못했다는 것입니다. 그러니 제가 무슨 면목으로 살아가겠습니까? 제가 죽으면 잡목으로 관을 만들고 덮개로 몸을 가리기만 하면 족합니다. 소가 끄는 수레로 저를 끌고 갈 것이며 조상의 무덤 옆에 묻지도 말고 제사도 지내지 마십시오."

말을 마친 양진은 독주를 마시고 자진하였다. 70세가 넘은 나이였다. 양진에 대한 번풍 무리의 증오는 죽었다고 멈추지 않았다. 죽은 뒤에도 미워하는 마음이 남아 홍농군 태수를 보내 양진의 영구를 막고 시신을 길가의 사람들에게 내보였다. 그리고 양진의 자제를 역참으로 보내 서신을 전하는 심부름꾼으로 부렸다. 사람들은 위풍당당했던 태위 양진과 그의 후손들이 그러한 말로를 맞게 되자 안타까워하며 모두 눈물지었다.

1년 뒤 순제順帝가 즉위하였다. 번풍 무리가 주살되자 양진의 문하생들은 상소를 올려 스승의 억울함을 호소했다. 조정의 관원들은 양진의 충심을 칭송했다. 조정에서는 결국 예의를 갖춰 양진의 묘를 이장해주었다. 관을 이장하는 날, 사방에서 사람들이 모여들어 영구를 전송했다.

　이장하기 10일 전 무렵에 큰새 한 마리가 양진의 영구로 날아와 땅을 적실 정도로 슬프게 눈물을 흘리다 매장이 끝난 뒤에야 날아 갔다고 한다. 순제는 그 이야기를 듣고 양진의 죽음이 억울하다고 여기며 그의 공덕을 칭송하며 억울함을 풀어주었다. 결국 정의가 승리하였다. 그러나 아쉽게도 너무 늦었다.

後漢書 들여다보기

명나라 때 우겸은 하남 순시를 마치고 낙양으로 돌아가 업무를 보고하려고 했다. 그때 어떤 자가 그에게 현지의 버섯과 선향線香 등 하남 지방의 갖가지 특산품을 뇌물로 바치며 그것을 가지고 황궁으로 돌아가 조정 대신과 관원들을 대접하라고 권했다.
우겸은 웃으며 말했다.
"저는 양 옷깃에 맑은 바람만 가지고 가면 됩니다."
그리고 시 한 수를 지었다.

우겸

양진

손수건, 버섯, 선향 등은 원래 백성들이 누려야 하거늘,
관리들이 수탈하니 오히려 화가 됐구나.
맑은 바람 양 옷깃에 담아 천자를 뵈오면,
백성들이 공론은 면하겠구나.

양진은 뇌물을 받지 않아서, 우겸은 뇌물을 보내지 않아서 천고의
미담을 남겼다.
우겸은 후일 해를 당해 재산을 몰수당했으나, 그가 가진 가산은 거
의 없었다고 한다. 그는 세상에서 청백하게 남고자 하는 소원 하나
는 이룬 셈이다.

● 주요 인물
우후

● 주변 인물
등즐, 순제, 장방, 손정

● 키워드
남다른 지혜와 용기, 강직

● 중대 사건
조가朝歌에서 도적떼를 평정하다, 무도에서 강족을 대파하다, 장방을 탄핵하다

● 고사
반근착절盤根錯節, 우후가 부뚜막을 늘리다

● 이야기 출처
『후한서』「우부개장虞傅蓋臧열전」

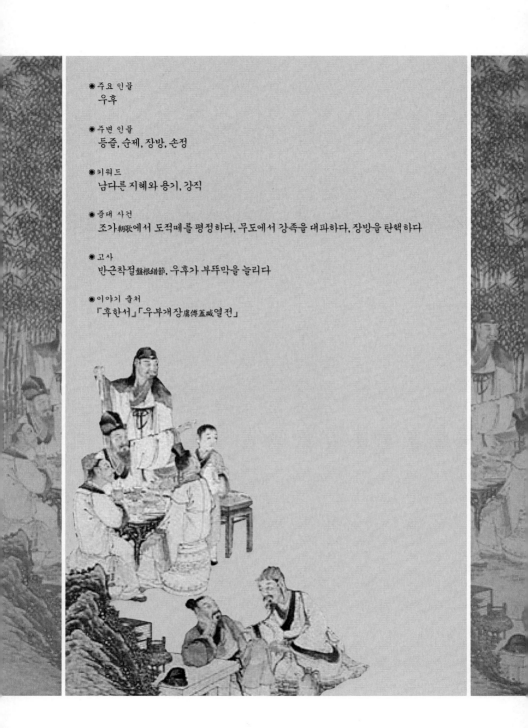

虞诩

우후 : 지혜와 용기를 겸비한 자

전국시대 마릉馬陵 전투는 중국 역사상 가장 뛰어난 전투 중 하나로 소수가 대군을 물리친 사건으로 기록된다. 마릉 전투의 최대 볼거리는 '손빈孫臏이 부뚜막 수를 줄이다'란 일화다. 위魏나라가 한韓나라를 공격하자 제齊나라가 돕기 위해 출병하였다. 제나라 군의 책사 손빈은 위나라를 포위하여 한나라를 구하는 계책을 바쳤다. 제나라 군대는 군용이 방대한 위나라와 한 차례 전쟁을 하다가 패한 척하며 물러났다. 위나라 군대의 통솔자 방연龐涓은 10만 군대를 이끌고 돌아와 공격해왔다. 손빈은 철군하면서 첫째 날에는 10만 명분의 밥을 짓는 부뚜막을 만들고 둘째 날에는 그 수를 5만 명으로, 셋째 날에는 3만 명으로 줄이라는 명령을 내렸다. 그 뒤를 추격해온 방연은 부뚜막 수를 세어

보고 제나라 군대에서 겁을 먹고 도망친 병사가 많다고 여겨 경기병만 데리고 추격을 했다. 결국 방연은 제나라의 군대에 섬멸당했다. 제나라의 승리는 부뚜막 수를 줄이는 손빈의 묘책 덕분이었다. 후세에 손빈의 계책을 반대로 사용하는 기책으로 승리를 거둔 자가 있었다. 그 사람은 바로 후한 중엽의 우후虞詡다. 그는 진국陳國무평(武平: 지금의 하남성 경내) 사람으로, 조부 우경虞經은 현의 옥리로서, 사건을 조사하고 옥사를 처리할 때 인자함을 근본으로 관용을베풀었다. 우경은 이런 말을 한 적이 있다.

"옛날 동해 사람 우공于公이 옥리가 되었다. 어느 날 우공이 자신의 집을 짓는 사람에게 이렇게 당부했다. '제가 오랫동안 소송을 심리하는 동안 음덕을 쌓아 한 번도 억울함을 호소한 자가 없었습니다. 그래서 후손들이 흥성할 것이니 담과 문을 좀 크고 높게해주십시오. 말 4필이 끄는 큰 수레도 지날 수 있도록 말입니다.'후일 그의 자손들은 정말로 높은 관직에 올랐다. 지금 내가 사건을심리한 지 6, 7년이 지났고, 우공에 비할 수는 없겠지만 근접하다고 말할 수 있다. 그러니 삼공구경에 오르는 자손이 없겠는가?"

사람들은 모두 자신들의 자손이 훌륭한 인물이 되길 바란다. 우경은 자손이 뛰어난 인재가 되길 바라며 손자 우후에게 '승경昇卿'이란 자를 지어줬다.

우후는 총명하여 12세에 『상서』에 통달하였고, 부모를 일찍 여의었기 때문에 할머니에게 의지하며 살았다. 할머니에 대한 우후의 효성은 멀리까지 이름을 떨쳤다. 우후는 자라서 향리에서 '순손順孫'으로 천거되었다. 국상은 그의 덕행을 듣고 탄복하며 자신의 밑에서 일해주기를 청했다. 유교에서는 '부모가 있으면 멀리 떠나지 않는다'는 것을 중시하였는데, 우후는 할머니를 걱정하며 국상의 호의를 거절했다.

"저희 할머니는 이미 90세가 다 되셨는데, 제가 떠난다면 돌봐드릴 사람이 없습니다."

우후는 할머니가 세상을 떠난 뒤에야 태위 이수李修의 부름에 응해 그 밑에서 낭중郎中을 맡았다.

영초 4년(110년), 북서쪽의 강족이 반란을 일으키고 병주와 양주凉州 등지를 수차례 침범하였다. 당시 조정을 장악하고 있던 대장군 등즐은 북방에 병력이 집중되어 있고, 군비 지출도 부족하여 서북부 변방까지 돌볼 여력이 없다고 여겼다. 그래서 공경대부들을 불러 말했다.

"지금 변방의 형세는 터진 옷과 같다. 한 벌을 희생하여 다른 한 벌을 기워야 하나의 완전한 옷을 얻을 수가 있다. 그렇지 않다면 두 벌 모두 쓸 수 없게 된다."

당시 대장군 등즐의 누이 등 태후가 임조청제를 할 때라 대신들은 그의 뜻을 거역하지 못했다. 우후는 그 소식을 듣고 잘못됐다고 여기며 이수를 설득했다.

"듣자하니 조정에서 양주 일대를 포기하고자 한답니다. 그런다고 무슨 이익이 있겠습니까? 조상들은 갖은 고생을 하며 변경을 개척하여 지금의 천하를 얻었는데, 사소한 비용 때문에 양주를 버린다면, 변방은 삼보 일대까지 축소되고 맙니다. 그러면 한나라 조상들의 황릉 역시 위태로운 상황에 놓이게 됩니다. 관서에서는 장군이 나오고, 관동에서는 재상이 나온다는 말이 있습니다. 양주 일대의 군대는 다른 지역들보다 훨씬 막강합니다. 그렇기 때문에 강족도 삼보 일대를 감히 침범할 수 없었고, 변방을 막을 수 있었던 것입니다. 양주 사람들이 조정에 충성심을 가지고 있는데 그냥 버려둔다면 분명 딴 마음을 품게 되고 끝내 조정과 대항하게 된다면 그들을 제압할 수 없을 것입니다. 조정에서는 옷 한 벌을 희생해야 다른 한 벌을 완전히 기울 수 있다고 했는데, 제가 볼 때 그곳 형세는 악성 종기와 같습니다. 일단 재발하면 다시는 어찌할 수 없을 것입니다."

이수는 우후의 말에 일리가 있다며 어떻게 하면 좋은지 물었다. 우후는 이렇게 대답했다.

"지금 양주 지역의 민심이 술렁거려 언제든 변고가 발생할 수 있습니다. 현재 최선책은 주군 목과 태수의 자제를 낙양으로 보내 관리로 임명한다면, 관원들이 최선을 다해 변경을 지킬 것이고 반란도 막을 수 있습니다."

이수는 조정에 상소를 올려 등 태후의 허락을 받았다. 그리하여 양주를 지키고 회유 정책으로 변경을 안정시켰다.

등즐 형제는 우후가 공공연하게 자신의 뜻에 반기를 들자 앙심을 품고 온갖 방법을 동원해 그를 폄하시켰다. 후일 조가(朝歌: 지금의 하남성 경내) 일대에서 수천 명의 도적떼가 현지 관원을 죽이고 집단 반란을 일으켰는데, 주군에서는 몇 년이 지나도록 그들을 토벌하지 못했다. 등즐은 그 난제를 우후에게 떠넘겼다. 그를 조가령朝歌令으로 임명해 도적떼를 평정하도록 명했다. 우후가 실패한다면 순조롭게 제거할 수 있었다. 친구들은 우후를 걱정하며 송별연에서 탄식을 늘어놓았다.

"이번에 조가로 가게 되다니 정말로 운도 없구먼."

이 대목에서 진시황을 암살하러 가는 형가를 역수易水에서 송별할 때와 비슷한 비장한 분위기가 풍긴다. 그러나 우후는 웃으며 이야기했다.

"쉬운 뜻을 구하지 않고 어려운 일을 피하지 않는 것이 신하된 자의 본분이네. 반근착절〔盤根錯節: 얽힌 뿌리와 울퉁불퉁한 마디, 즉 해결되기 곤란한 일〕을 만나지 않으면 어찌 예리한 칼인지 알 수 있겠는가!"

우후는 조가에 도착한 뒤 현지의 태수 마릉馬棱을 찾아갔다. 마릉 역시 그를 안타까워했다.

"자네 같은 유학자는 조정의 관료로 일해야 하거늘, 어찌 조가 같은 곳까지 오게 되었는가?"

우후가 대답했다.

"제가 떠나기 전 낙양의 사대부들 역시 저를 보고 그렇게 탄식하였지요. 허나 제가 보기에는 도적떼의 반란이 커지지 않을 것입니다. 조가는 태행산太行山을 등지고 황하를 바라보며 오창敖倉으로부터 겨우 1백여 리 떨어져 있습니다. 지금 청주靑州와 기주冀州 일대에서 유랑하는 무리가 수만 명에 달하지만, 도적떼는 식량 창고를 열어 유랑민을 모은 뒤 요해지를 굳게 지킬 생각을 할 줄 모르며, 보시다시피 모두 오합지졸에 불과하기 때문에 근심할 바가 못됩니다. 그렇지만 지금은 그들의 명성이 쟁쟁하여 그들과 전쟁을 벌이기엔 적합하지 않습니다. 전투에서는 기만술을 쓸 수도 있지요. 그러니 제가 하는 것을 두고 보십시오."

마릉은 그러겠다고 약속했다. 우후는 상식을 벗어난 방법을 이용했다. 먼저 그는 '삼과三科'란 관리 등용제를 실시했다. 그것은 글 읽는 선비가 아닌 장사壯士를 모으기 위함이었다. '삼과'의 등급은 일반인의 상상을 벗어난 것으로, 일등은 살인하고 재물을 약탈하는 사람, 이등은 도둑, 삼등은 빈둥거리는 사람이었다. 그렇게 1백여 명을 모집한 뒤 그들의 죄과를 면해주고 그들을 도둑의 소굴로 보내 도적떼들을 약탈하도록 부추겼다. 그 후에 우후는 미리 복병을 매복시켜두었다가 도적떼가 밖으로 나왔을 때 일거에 붙잡았다. 또 그가 쓴 두 번째 방법은 가난한 바늘장이들을 도적떼 소굴로 보내 그들의 옷을 만들 때 옷에 표시를 해놓도록 하였다. 그들이 시가지에 나타나면 관병들이 그 표시를 보고 붙잡아갔다. 어찌된 영문인지 알지 못하는 도적들은 신이 우후를 돕고 있다고 여기고는 놀라서 얼마 뒤 뿔뿔이 흩어져버렸다. 우후는 성공적으로 도적떼를 토벌하고 돌아온 덕분에 목숨도 부지하였고 더 큰 명성을 날렸다.

원초 2년(115년), 강족이 무도(지금의 감숙성 경내)를 침범해왔지만 조정에는 그들을 평정할 만한 자가 없었다. 등 태후는 우후가 책략을 겸비한 장수라는 말을 듣고 그를 무도 태수로 임명하고 변경 일을 맡겼다. 무도로 떠나기 전 등 태후는 우후를 대전으로 불러 접견하고 후하게 상을 내리며 그에 대한 신임을 표했다. 우후가 병사를 이끌고 출발하자, 강족은 수천 명을 이끌고 효산 일대에서 기다렸다가 적을 저지하고자 하였다. 우후는 군대를 멈추고 일부러 이렇게 말했다.

"적의 기세가 대단하니 조정에 구원을 요청한다. 구원병이 도착하면 다시 전진한다."

강족은 그 소문을 믿고 군사를 나눠 다른 지역으로 보냈다. 우후는 상대방의 병력이 분산된 틈을 타 밤낮을 가리지 않고 급히 행군하면서, 한 병사에게 2명 분의 부뚜막을 만들고 점차 그 수를 늘려가라고 명했다. 강족은 부뚜막 수를 보고는 감히 근접해오지 못했다. 어떤 자가 우후에게 물었다.

"손빈은 부뚜막 수를 줄여 결국 대승을 거두었습니다. 헌데 장군께선 반대로 부뚜막 수를 늘이고 있습니다. 병법에서도 하루에 30리를 넘게 행군해서는 안 된다고 했는데 우리는 매일 2백 리씩 행군하고 있습니다. 그 이유가 무엇입니까?"

우후가 대답했다.

"적의 병사 수가 많고 우리는 적기 때문에 천천히 가다가는 쉽게 따라잡힐 수 있다. 빠르게 진군하는 이유는 그들이 따라잡지 못하게 하기 위함이다. 또한 적군은 우리의 부뚜막 수가 늘어난 것을 보고 구원병이 도착했다고 여길 것이다. 병사 수도 많은데다 행군 속도까지 빠르니 적이 함부로 추격해오지 못할 것이다. 손빈은 부뚜막 수를 줄여 세력이 약한 척했지만, 나는 반대로 강한 척하고 있는데 이는 그때와는 상황이 다르기 때문이다."

삼국시대 제갈량은 4번째 북벌에서 실패하고 철수할 때 우후와 같은 방법으로 영원한 맞수 사마의司馬懿를 놀라게 하여 무사히 철군하였다. 사마의는 나중에 자신이 속았다는 사실을 알고는 탄식했다.

"제갈공명이 우후가 썼던 계책을 따라해 나를 속였구나!"

오는 길이 순조롭지는 않았지만 바람처럼 무도에 도착할 수 있었다. 우후는 태후가 자신을 접견한 이유가 있음을 깨달았다. 그의 병력은 3천도 되지 않았지만 강족은 수만 명에 달했다. 강족은 우후의 군대를 겹겹이 둘러싸고 10여 일간 잇달아 공격했다. 우후는 군사들에게 쇠뇌로 만든 강한 활을 쏘지 말고 힘이 약한 작은 활만 사용하라고 명했다. 강족은 한나라 군대의 활이 보잘것없어서 멀리까지 발사할 수 없다고 여기며 협공을 취했다. 우후는 적들이 가까이 다가올 때까지 기다렸다가 큰 활을 발사했다. 한 번에 20개의 활이 한 사람에게 집중되니 빗나갈 수가 없었다. 강족은 놀라서 참담한 손실을 입고 퇴각했다. 우후는 승세를 이어 출병하여 수많은 적을 없앴으나 강족이 수적인 우세를 믿고 전쟁을 그만두지 않을 것이라는 사실을 알고 있었다. 다음 날 우후는 성안의 모든 병사를 불러 동문으로 나갔다가 북문으로 들어와서, 다시 옷을 갈아입고 동문으로 나갔다가 북문으로 들어오는 일을 여러 차례 반복하라고 명했다. 강족은 우후가 전군을 모두 동원했다는 사실도, 그의 군사력이 대폭 줄었다는 사실도 알 수가 없었다. 그들은 오히려 우후의 병력이 강대해졌다고 여겼다. 그 때문에 점차 군심이 동요하자 강족은 결국 철병하기로 결정했다. 강족의 철수를 예상했던 우후는 5백 명을 퇴로에 매복시켜두었다가, 강족이 퇴각하자 복병들을 출격시켰다. 이제는 사소한 일에도 크게 놀라게 된 강족은 순식간에 괴멸하여 대승을 거둘 수 있었다. 그 과정을 삼국시대 제갈량의 공성계空城計와 비교한다면, 전반부는 방법만 다를 뿐 결과가 같고 후반부는 거의 비슷하였다. 우후는 강족을 격퇴한 뒤 군영을 정돈하고 유민들을 정착시키고 가난한 사람들을 구휼했다. 그 후 무도는 평안해졌다.

　무도군은 외진데다 가는 길도 험난하고 불편했다. 당나귀와 말로 양식을 운송할 때, 5필의 말 중 1필만 목적지에 도달하고 나머지는 모두 골짜기로 떨어졌다. 현지에는 수로가 있었지만, 거대한

365

돌이 수로의 중간을 가로막고 있어 통행을 방해하여 배가 한 척도 지나가기 어려웠다. 우후는 사람들을 데리고 가서 나무를 베어 바위 위에 쌓아놓고 불을 붙였다. 그 다음 다시 바위에 차가운 물을 뿌렸다. 바위는 반복되는 뜨거움과 차가움을 견디지 못해 쩍쩍 갈라져버렸고 결국 조각이 되어 사라졌다. 그 후 배가 장애 없이 수로를 지날 수 있게 되었다.

뱃길이 열리자 현지로 물건을 운송하기가 훨씬 편해졌고 무도도 풍요로워졌다. 우후가 처음 무도에 왔을 때에는 가구 수가 1만3천 호에 불과했고 소금 가격은 한 석에 8천 문文이었으나, 3년이 지난 뒤에는 군의 가구 수가 4만여 호로 늘었고 소금 가격도 한 석에 4천 문으로 내렸다. 백성들이 풍족해지자 군은 무사태평해졌다. 부유해지려면 먼저 길을 뚫어야 한다는 사실이 이처럼 옛날부터 이어져 내려오고 있다. 우후는 후일 사건에 휘말려 파면되었는데 구체적으로 무슨 일인지는 알 수 없다.

우후가 다시 등장했을 때는 천하도 천자도 바뀐 뒤였다. 안제의 뒤를 이어 순제가 제위에 올랐다. 영건永建 원년(126년), 순제는 우후를 사례 교위로 임명하고 관리와 낙양 인근의 범법 행위를 감찰하는 임무를 맡겼다. 우후는 사례 교위에 오른 뒤 몇 달 동안 태부太傅 풍석馮石, 태위 유희劉熹, 환관 정황程璜 등 많은 사람을 탄핵했다. 백관들은 그에게 불만을 품고 지나치게 가혹하고 엄격하다고 질책했다. 삼공도 '함부로 무고한 사람들을 체포하여 백성들의 피해가 심각하다'며 우후를 탄핵했다. 우후는 상소를 올려 자기변호를 했다.

"사회에서 형법은 강물 위의 제방과 같은 것으로 만약 느슨해지면 쉽게 화를 초래할 수 있습니다. 지금 주군 각급의 관리들이 제대로 일처리를 하지 않고 아랫사람들에게 미루고만 있어 백성들의 원성이 자자합니다. 백성들은 억울한 일이 있어도 하소연할 곳이 없습니다. 사람들은 터무니없이 관용을 베풀면 어질다고 하고 절개를 지키면 어리석다고 합니다. 제가 아뢴 상주문에 이름이 오른 자는 모두 중죄인입니다. 춘추시대 위衛나라의 대부 사어史魚는 죽기 전 자신의 아들에게 이렇게 말하였습니다. '내가 거백옥遽伯玉이 현량하다고 여러 번 천거하였으나 군주께서는 그를 등용하지 않으셨고, 미자하彌子瑕가 불효자라고 간언했지만 그를 물리치지 않으셨다. 신하된 자로 현량을 천거하지 못하고 불효자를 물리칠 수 없으니 죽은 뒤에 정당正堂에서 납관할 자격이 없다. 그러니 나를 그냥 방에다 두어라.' 위나라 군주는 그 이야기를 듣고 거백옥을 등용하고 미자하를 물리쳤다고 합니다. 지금 저는 사어를 따를 작정으로 목숨을 걸고 간언을 올립니다."

순제는 상소를 보고 그의 진심에 감동을 받아 사공 도돈陶敦을 파직시키라는 명을 내렸다. 그러나 순제는 후한시대의 어질고 현명한 군주로 꼽히지 못했다. 기껏해야 환제와 영제보다 좀 나았을 뿐이었다. 환관 장방張防은 순제의 총애를 믿고 조정에서 나쁜 짓을 일삼았다. 우후가 올린 상소는 매번 그에게 압수당하고 말았다. 우후는 분을 참지 못하고 스스로를 묶고 감옥에 들어가서 상소를 올렸다.

"선황인 안제께서는 환관 번풍을 등용하여 조정을 혼란하게 만들고 망국의 지경까지 이르게 했습니다. 지금 장방이 권력을 잡고 조정을 우롱하니 곧 큰 화가 닥칠 것입니다. 신은 장방과 같은 조정에 있을 수 없으므로, 전대의 양진이 번풍에게 모함을 당해 죽음에 이른 전철을 밟지 않기 위해, 먼저 감옥으로 들어왔습니다."

장방은 상소를 듣고 순제 앞에서 통곡하며 억울함을 호소했다. 결국 우후는 투옥되어 형을 받았다. 장방은 우후를 없애야만 직성이 풀릴 것 같았다. 이틀 동안 4차례나 형을 가하였으니 옥리는 차마 볼 수가 없어 차라리 자진하여 학대를 피하라고 권유했지만 우후는 거절하였다.

"나는 형구에 목이 베어져 거리에 버려질지라도, 천하의 사람들에게 진실을 알리겠소. 자결해보았자 무슨 소용이 있겠소?"

환관 손정孫程의 무리는 우후가 충심 때문에 죄를 받고 있다는 사실을 알고 순제에게 그를 사면하고 장방을 체포할 것을 간청했다. 순제는 본시 손정 무리가 옹립하여 제위에 올랐으므로 그의 말을 무시할 수 없었다. 결국 순제는 상서에게 의견을 구했다. 상서 가랑賈朗은 원래부터 장방과 사이가 좋았던 터라 우후에게 죄가 있다고 단호하게 밝혔다. 그의 말을 듣고 더 혼란스러워진 순제는 손정에게 명했다.

"짐이 생각 좀 하도록 먼저 나가 있게."

생각해본다는 말은 종종 생각하기도 싫다는 핑계에 불과했다. 우후의 아들과 문하생 수백 명은 환관 고범高梵의 수레를 막고 머리에 피가 나도록 머리를 조아리며 억울함을 호소했다. 고범은 순제에게 진언을 올렸다. 순제는 결국 장방을 변경으로 보내고 우후를 방면했다. 환관의 손에서 사람을 구한 일은 호랑이 입에서 음식을 빼앗는 것과 같아 이 일은 환관과의 싸움에서 우위를 점했음을 뜻했다. 후한 말기 정치에서 이런 일은 손꼽힐 만큼 드물었다. 그후 손정은 우후가 큰 공을 세웠다고 상소를 올렸다. 순제는 우후를 의랑議郎으로 봉했다.

한 번은 영양潯陽의 주부(主簿: 문서를 담당하는 관리)가 입조하여 영양 현령이 관료의 신분으로 불법을 저질렀다고 고해바친 적이 있었다. 그러나 6, 7년이 지나도록 처리되지 않고 있었다. 주부는 분해서 상소를 올렸다.

"신은 폐하의 자식이고 폐하는 신들의 아버지입니다. 신이 수백 번 상소를 올렸으나 답변을 들을 수 없으니, 저에게 북쪽 흉노의 선우에게 억울함을 호소하라는 것이옵니까?"

순제는 상소를 보고 크게 노하며 상소를 상서에게 주며 처리하도록 명했다. 상서는 주부를 대역무도죄로 치죄해야 한다고 상소를 올렸다. 그때 우후가 주부를 대신하여 사정했다.

"주부의 상소에 원망스런 언사를 담고 있지만 군신, 부자의 도리를 위배하진 않았습니다. 연신 상소를 올려도 전달되지 않았으니 이는 분명 사법관원의 과실입니다. 어찌되었든 어리석은 사람을 죽여봤자 이로울 것이 없사옵니다."

순제는 우후의 충고로 주부를 죽이지 않고 몇 대 때리는 것으로 마무리 지었다. 우후는 다시 상서들에게 말했다.

"백성이 억울하여 1천 리 길을 달려와 소송을 제기하였는데 아무도 신경 쓰지 않았다. 그런데 어찌 신하된 자로 책무를 다했다고 할 수 있는가? 자네들은 고발당한 사람과 친척 관계인가, 아니면 그자에게 무슨 원한이라도 있는가?"

상서들은 모두 부끄러워했다. 우후는 성품이 강직하고 핵심을 꼬집어 탄핵하기를 좋아했다. 힘세고 포악한 무리라도 피하지 않고 온갖 방법으로 부귀한 권세가와 맞섰다. 그래서 9번이나 책문을 당했고 3차례 형벌을 받았지만, 강직한 성품은 죽을 때까지 변치 않았다. 후일 상서령에 올랐으나 다시 파직되었다. 다시 관직이 내려졌을 때는 우후가 중병으로 세상을 떠난 뒤였다. 임종 전 우후는 아들에게 이런 말을 남겼다.

"나는 정직하게 군주를 모셨고 모든 일을 행함에 있어 양심에 부끄러움이 없었다. 유일하게 후회되는 일을 꼽자면 조가에 있을 때 도적떼 수백 명을 죽인 것이다. 그중 어찌 억울한 자가 없을 수 있겠느냐! 그 후로 20년이 흘렀는데 집안에 식구가 하나도 늘지 않았으니, 아마도 내가 하늘에 죄를 지었기 때문인가 보다."

쉬운 뜻을 구하지 않고 어려운 일을 피하지 않는 것이 신하된 자의 본분이다. 역사상 몇 명이나 그렇게 호탕할 수 있겠는가? 군주를 섬기는 자로 정도를 걷고 행함에 부끄러움이 없다. 몇 명이나 이 말을 실천할 수 있겠는가? 자손은 많을 필요 없이 하나면 가문을 잇기에 족하다. 만약 자신이 불의를 행하였는데도 자손이 번성하였다면 다른 사람에게 칼의 예리함을 시험할 기회를 준 것에 불과하다. 역사서의 기록에 따르면, 우후의 아들 우공虞恭은 '용모가 수려하고 재능을 갖춰 상군 태수까지 올랐다'고 한다.

우후가 무도에서 적을 현혹시킨 방법은 후한 초 '운대 이십팔장'
중 하나인 장궁臧宮이 써먹었던 것이다. 건무 11년(35년), 장궁은
군대를 낙월駱越인이 머물고 있는 호북湖北 양번襄樊 일대에 주둔시
켰다. 당시 정남장군 잠팽이 공손술의 장수 전융과 형문荊門에서
전쟁을 벌여 패하고 말았다. 낙월인은 결국 한나라를 배반하고 공
손술에게 귀순하였다. 장궁은 가진 병력이 부족하여 형세를 어찌
해볼 도리가 없었다.

잠팽

우후

마침 저녁 무렵 현 소유의 운반 수레 수백 대가 도착하였다. 장궁은 사람을 보내 성문의 문턱을 톱으로 잘라 없앤 후 수레를 끌고 성문을 반복해서 나갔다 들어갔다 하라고 시켰다. 덜커덩거리는 수레바퀴 소리가 밤새도록 성안에 울려퍼졌다. 낙월인이 보낸 염탐꾼은 밤새 계속되는 수레 소리를 들었고, 성문의 문턱까지 닳아서 없어진 것을 보고, 한나라의 대군이 이미 도착했다고 보고했다. 그 후 낙월인은 다시는 반란을 일으키지 않았다.

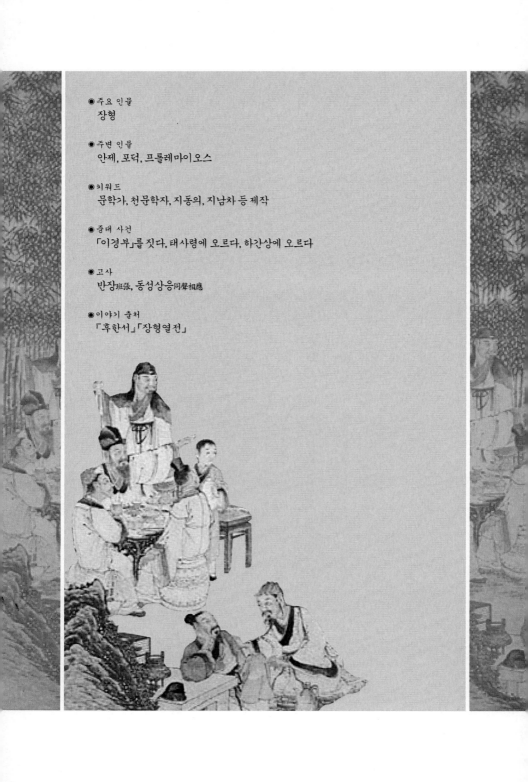

● 주요 인물
　장형

● 주변 인물
　안제, 포덕, 프톨레마이오스

● 키워드
　문학가, 천문학자, 지동의, 지남차 등 제작

● 중대 사건
　「이경부」를 짓다, 태사령에 오르다, 하간상에 오르다

● 고사
　반장班張, 동성상응同聲相應

● 이야기 출처
　『후한서』「장형열전」

張衡

장형 : 백과사전형 인물

후한시대의 인물 중 세계에 가장 큰 영향을 준 사람은 아마도 제지술을 발명한 채륜일 것이다. 그러나 가장 높은 명성을 날린 인물을 꼽자면 장형을 빼놓을 수 없다. 장형의 이름은 다른 나라는 물론 심지어 우주까지 진출했다. 아무리 명성이 높다 해도 그 이름이 다른 나라에까지 알려진다는 것은 대단한 일인데, 장형은 지구 밖까지 이름을 떨쳤다.

장형(張衡, 78~139년)은 자가 평자平子로 남양 서악(西鄂: 지금의 하남성 남양 석교진石橋鎭) 사람으로 관리의 집안에서 태어났다. 조부 장감張堪은 광무제 때 촉군 태수를 지냈는데, 대사마 오한에게 계책을 바쳐 공손술을 공격한 적도 있다. 장감은 청렴결백하고 공무에 힘썼다. 공손술을 격파했을 당시 촉에는 금은보화가

산더미처럼 쌓여 있었다. 그러나 장감은 그곳을 떠날 때 옷 보따리 짐만 들고 낡은 수레를 타고 갔다고 한다. 후일 어양 태수로 임명된 후에는 정무에 힘쓰고 백성들을 아껴 백성들이 편안하게 살도록 했다. 그래서 당시 그 지역에는 '장군張君이 다스리니 즐겁지 아니한가'란 노래도 있었다고 한다. 조부의 이런 품행과 업적은 장형의 인품과 행동에 깊은 영향을 주었다. 역사서에 장형의 아버지가 보이지 않는 것으로 보아 그는 별다른 업적을 남기지 못한 듯하다. 장형 대에 이르러서는 장 씨 집안은 몰락한 세도가에 불과했다.

장형은 이런 집안에서 태어나 고생을 참고 견딜 수 있는 강인한 품성을 길렀다. 다른 한편으로 장형은 어릴 적부터 유달리 총명하고 글 읽기를 좋아했는데, 동시대의 학자 최원崔瑗은 '천부적으로 영민하고 글 읽기를 좋아하여 하천이 흐르는 듯 밤낮으로 멈추지 않았다'고 그를 평가했다. 또한 장형은 문학적 재능도 풍부해서 글솜씨도 뛰어났다.

영원 5년(93년), 16세의 장형은 '1만 권의 책을 읽고 1만 리 길을 간다'는 웅대한 포부를 품고 고향을 떠나 삼보 지역으로 들어가 장안 일대에서 2년간 유력했다. 그동안 그는 명산과 강을 두루 돌아다니며 천하의 진기한 것들을 포부 속에 담았다.

관중의 명승고적과 풍속, 사람에 대해 견문을 넓힌 뒤, 장형은 낙양의 태학에 들어가 5년 동안 글공부를 했다. 낙양에 머문 시간은 훗날 장형의 업적에 깊은 영향을 끼쳤다. 역사서에 따르면 장형이 '오경을 통달하고 6가지 기예에 정통했다'고 한다. 그는 낙양에 있을 당시 유명한 학자인 가규賈逵, 최원, 마융, 왕부王符 등을 만나게 되었다. 장형은 그들과 함께 학문을 토론, 연구하면서 박학다식한 학문을 쌓기 위한 건실한 기초를 다졌다.

영원 12년(100년), 장형은 남양 태수 포덕鮑德의 부름을 받았다. 그는 포덕 밑에서 9년간 주부로 일했다. 장형은 「이경부二京賦」의 대부분을 이때 완성하였다. 후일 포덕이 대사농으로 임명되어 낙양으로 관직을 옮기면서 장형은 관직에서 물러났고 그때 고향으로 돌아가 2년 동안 글을 읽었다. 장형의 명성은 자자했다. 안제는 장형의 학식이 뛰어나다는 풍문을 듣고 특별히 수레를 보내 마중하며 낭중으로 임명하였다. 장형은 그 후 25년 동안 조정에서 일하게 된다. 당시 그의 나이 34세였다.

원초 2년(115년), 장형은 태사령太史令에 올라 천문, 역법, 기상 등의 일을 전담하게 되었다. 명제가 반고를 난대령사蘭臺令史로 임명한 것과 마찬가지로, 안제가 장형을 태사령으로 임명한 것은 그다지 영명하지 못했던 안제가 한 일 중 가장 현명한 결정이었다. 그것은 중국 민족의 문화와 문명에 깊은 영향을 주었다. 안제가 장형을 등용하여 그가 관직에 있는 동안 많은 성과를 낼 수 있었다는 사실에 우리는 고마워해야 한다.

장형은 태사령으로 장장 14년 동안(그중 5년은 공거사마령公車司馬令으로 있었다) 있었다. 양가陽嘉 2년(133년), 장형은 의랑議郞, 시중侍中

377

에 올랐고, 3년 뒤에는 하간상河間相으로 임명됐다. 하간을 3년간 다스린 뒤 장형은 나이가 들었으니 고향으로 돌아가고 싶다고 청하였으나 조정에서 불허하며 그를 상서로 삼았다. 영화永和 4년(139년), 장형은 상서로 재임 중에 62세의 나이로 세상을 떠났다. 장형의 일생을 돌아보면 정신이 없을 정도로 너무 많은 성과를 이루었고, 감탄스러울 만큼 위대한 업적을 남겼다. 부문별로 나누어 살펴보자.

우선 장형은 후한 중기의 뛰어난 문학가였다. 그는 시, 부賦, 명(銘: 금석문), 뇌(誄: 죽은 자의 사적을 기리는 글) 등 다양한 문장에 능했는데 그중에서도 시와 부 작품을 많이 남겼다. 그는 중국 문학사에서 무시할 수 없는 위치에 있다. 유명한 장형의 시 중에는 오언시 「동성가同聲歌」와 칠언시 「사수시四愁詩」가 있다. 「동성가」는 장형이 젊은 시절 남양에서 주부로 있었을 때 지은 시이다. 장형은 현지에서 덕망이 높기로 유명한 포덕 밑에서 일할 수 있다는 것을 기뻐하며 「동성가」를 지었다. 『주역周易』의 '같은 소리는 서로 응하고, 같은 기질의 사람은 서로 구한다[同聲相應, 同氣相求]'는 구절에서 시의 제목을 지은 사실을 미루어본다면 쉽게 그 내용을 짐작할 수 있다. 장형이 「동성가」에서 취한 형식은 상당히 특별하다. 그 때문에 혹자는 이 시를 색정시色情詩의 기원으로 보기도 한다. 장형은 시 속에서 신혼 초야의 즐거운 신부의 마음으로 자신이 포덕 밑에서 일하게 된 기쁨을 표현하였고, 남편에게 온 힘을 바치겠다는 아녀자의 결심으로 태수를 도와 군현을 잘 다스리겠다는 뜻과 희망을 전하고 있다. 오언시가 아직 형식을 이루지 않은 시기에, 장형의 「동성가」는 상당히 성숙한 구성을 보여주며 진솔한 감정 표현과 독특한 문학 형식으로 후세 문인들로부터 격찬을 받았다. 「사수시」는 중국 시가 역사상 현존하는 최초의 온전한 칠언시로, 장형이 말년에 하간상으로 있을 때 소인배가 조정의 정권을 잡은 어두운 현실을 보고 자신의 포부와 뜻을 실현할 수 없는 울적한 마음에 지은 작품이다. 「동성가」와 「사수시」는 장형의 정치에 대한 심리 변화를 간단하게 반영하고 있다. 「동성가」에서는 '붓 아래 1천 자가 있고, 마음속에 1만 가지 말이 있어도, 요순 같은 군주라면 어찌 말하기가 어렵겠는가!'라며 포덕에 대한 무안한 동경과 믿음을 보여주고 있다. 「사수시」에서는 '어쩔 수 없이 꽃은 지는구나!', '산에 비가 오려는지 바람이 망루에 가득하다'와 같은 표현으로 정치적 실의와 울분을 담고 있다.

문학적 성과 면에서 사람들에게 가장 많이 알려진 장형의 작품은 바로 「이경부」이다. 전한시대에는 '문장 하면 전한의 양대 사마'라는 말이 있다. 양대 사마란 사마천과 사마상여司馬相如를 말한다. 후한 문학사에서는 '반장班張'이 유명한데, 반고와 장형을 일컫는 말이다. 반고와 장형을 함께 언급하는 이유는 그들이 지은 부의 제목 때문이다. 부는 한나라 때 가장 유행하던 문학 형식으로, 이후의 당시唐詩, 송사宋詞, 원곡元曲 등과 같이 한 시대를 대표하는 문학 장르다. 전한 무제 때 전에 없이 국력이 강성해지면서 문인들도 기세등등하고 자부심이 강했다. 그래서 사마상여의 「자허부子虛賦」, 「상림부上林賦」 등 대표적인 장편 대작이 등장했었다.

『한서』에 따르면 사마상여가 「대인부大人賦」를 올리자 큰일을 벌이고 공을 세우기 좋아했던 무제가 보고 '기세가 하늘을 높이 나는 듯하다'고 칭찬했다고 한다. 전한시대보다 후한시대에 경제, 문화, 과학 수준이 한층 더 발전하긴 했지만, 환관과 외척이 득세하는 바람에 국력이 오랫동안 쇠락하고 부진했다. 따라서 후한시대에는 천하를 호령하던 전한시대와 같은 웅장한 기상을 찾아볼 수는 없었다. 이러한 점은 문학에도 반영되어, 장편의 부賦 저작이 점차 쇠퇴하였다. 이것은 부유해야 기도 펼 수 있다는 도리와 일맥상통할 수 있다.

그러나 예외는 있다. 반고와 장형 두 사람은 천명에 대항한 인물이다. 반고의 「양도부」는 전한시대의 대부大賦를 추종했다. 장형은 「이경부」를 지을 때 일부러 양적인 면에서 반고의 「양도부」를 뛰어넘고자 하였다. 젊은 시절 풍부한 유력을 경험한데다 뛰어난 문학적 소질까지 가지고 있던 장형은 그 뜻을 이룰 수 있었다. 비록 그렇다고 하더라도 장형은 「이경부」에 막대한 심혈을 기울인 것을 엿볼 수 있다. 그가 19세부터 초고를 시작하여 꼼꼼히 사고하고 문장을 다듬느라 10년이 지난 후에야 완성할 수 있었다. 수많은 작품이 10년이란 세월과 알 수 없는 인연을 맺고 있음을 살펴보면, 명문장으로 낙양의 종이 값을 폭등하게 만든 좌사左思의 「삼도부三都賦」 역시 구상하는 데 10년이 걸렸고, 오랫동안 읽히고 있는 『홍루몽』도 '10년간 책을 읽고 5차례 첨삭을 거쳤다'고 밝혔다. 깊게 생각하고 구상하였기 때문인지 「이경부」는 한나라 부 중에서 제일로 꼽힌다. 그러나 내용이 없다거나 내용은 충실하더라도 사상이 없는 한나라 대부大賦의 단점을 피하지는 못했다.

장형은 「이경부」를 통해 '천하태평이 오래되면 황후 이하 모두가 지나치게 사치스러워진다'는 교훈을 주며 넌지시 충고하고자 했다. 「이경부」는 언뜻 보면 서도西都 장안의 사치와 동도東都 낙양의 검소함을 묘사하고 있는 듯하지만, 사실은 당시 통치계급의 사치와 교만으로 망국에 이르는 것을 피해야 한다고 경고하고 있다. 장형은 부에서 '무릇 물은 배를 띄울 수 있듯이 배를 뒤집을 수도 있다'란 유명한 구절을 통해 통치자의 잔혹한 약탈과 방탕한 향락을 겨냥했다. 후일 당나라 태종은 이 구절을 '표절'하였다. 「이경부」는 화려하고 섬세한 필체로 자세하게 동도 낙양의 풍경을 묘사하여 한 시대의 사회상을 반영하고 있다. 그런 점에서 볼 때 북송 때의 그림 「청명상하도淸明上河圖」와 형식은 다르지만 결국은 똑같은 효과를 내고 있다고 할 수 있다. 전대의 부를 본받아 발전시킨 문장가 장형의 「이경부」는 한나라 대부의 절창絶唱이다. 「귀전부歸田賦」의 경우는 후한 말기 서정적인 소부小賦의 앞길을 열었다고 볼 수 있다. 「귀전부」는 훗날 두보가 시를 논할 때 언급했던 '고래가 푸른 바다에 있다'거나 '물총새가 난초에 앉았다'는 구절에 비유할 수 있다. 장형의 부 작품은 세상으로부터 인정을 받았는데, 남북조 시대의 부의 대가인 유신庾信은 명저 『애강남부哀江南賦』의 서문에서 겸손하게 다음과 같이 적고 있다.

"장평자(장형)가 내 글을 읽고 비루하다고 생각하더라도 이상할 것이 없다."

장형은 문학사상의 업적만으로도 족히 천고에 이름을 남길 만하고, 천문학과 지진학에서 그가 남긴 업적은 매우 커서 고금에 빛날 만하다. 천문학 분야에서 장형은 고대 그리스의 프톨레마이오스(Klaudios Ptolemaeos)와 함께 2세기 세계에서 가장 위대한 천문학자로 꼽힌다. 프톨레마이오스는 길을 걸을 때조차 하늘을 쳐다봤는데, 한 번은 길을 걷다 구덩이에 빠졌다. 그를 구해준 사람이 하늘은 알면서 땅 위에 있는 것은 보지 못하느냐고 비웃자, 그는 이렇게 답했다.

"땅 위에만 관심을 가져서야 어찌 하늘을 알겠습니까?"

장형 역시 어릴 적부터 머리 위에 있는 하늘에 대해 큰 관심을 보였다. 밤이 되면 자주 높은 곳에 올라 별을 셌다고 한다. 아마도 그렇기 때문에 두 사람이 천문학 분야에서 이름을 남길 수 있었을 것이다. 장형은 천문학 분야에서 2가지 업적을 이루었는데, 하나는 천문학 사상이고 또 하나는 '혼천의渾天儀' 제작이다.

천문학 사상 분야에서 장형은 우주와 천지를 나누어 생각했다.

전국시대 유명한 정치가 상앙商鞅의 스승 시교尸佼는 시간과 공간 2
가지 측면에서 우주를 정의 내린 바 있다.

"사방 상하는 우宇라고 하고 고금 왕래는 주宙라고 한다."

이것을 기초로 장형은 자신의 천문학 저서 『영헌靈憲』에서 유명
한 논점을 제기했다.

"우의 표면은 무극이고 주의 끝은 무궁하다."

우주의 공간과 시간이 모두 무궁무진하다는 예리한 지적은 오
늘날까지도 흠잡을 데가 없다. 장형은 천지가 우주의 일부분이라
고 보았다. 천지는 우주 사이의 실물로 일월성신日月星辰과 같은 천
체이다. 천지의 구조에 대한 중국의 전통 관념은 '개천설蓋天說'이
다. 즉, 네모지고 바둑판처럼 평탄한 대지를 솥처럼 둥근 하늘이
덮고 있다는 것이다. 일월성신은 하늘의 표면에 붙어 있어서 그를
따라서 운행한다. '천원지방天圓地方설'은 특징적인 형상과 직관성
을 가지고 있기 때문에 세계 각지에서 널리 받아들여졌다. 인도의
천지관은 좀더 복잡하다. 인도인들은 4마리의 코끼리가 대지를 등
에 짊어지고 있는데, 코끼리는 바다거북을 밟고 있다고 생각했다.
바다거북은 바다 위에 떠있다. 바다 밑에는 무엇이 있는지 관심을
갖지 않았다. 나중에 사람들은 별을 관찰하면서 풍부한 천문학 지
식을 쌓아갔고, 눈으로 보이는 것이 천지의 전부가 아니라 머리로
다시 사고해봐야 한다는 사실을 깨달았다. 시간이 흐르면서 '혼천
설渾天說'이 '개천설'을 대신하게 되었고, 장형에 이르러 거의 완벽

해졌다. 장형의 '혼천설'은 천지가 하나의 계란과 같다고 봤다. 하늘은 계란의 껍데기에 해당하며 지구는 노른자와 같아서 하늘에 둘러싸여 있다고 생각했다. 현재의 관점에서 보면 물론 정확하지 않은 학설이지만, 그 시대에서는 기념비적 의미를 지녔다. 다시 말해 지구가 사각형이 아니라 둥글다고 여기기 시작한 것이다. 사람들은 한 방향으로 걸어가다 대지의 끝에 다다르면 미지의 깊은 못으로 빠질 것이라고 걱정하지 않아도 되었다.

장형은 혼천설 이론과 자신이 관찰한 천문 현상을 근거로 원초 4년(117년), 천체 운행을 표본화한 대형 천문 기구 혼천의를 만들었다. 혼천의의 몸체는 정교한 동으로 만든 구형으로 천구를 상징한다. 천구는 천축을 중심으로 돌 수 있고, 구의 표면에는 28수宿와 다른 항성이 배열되어 있으며, 천구 밖에는 지평권地平圈이 있다. 천축이 받치고 있는 천구는 적루호滴漏壺에서 흘러나온 물이 톱니바퀴를 돌리면서 움직이게 된다. 적루호로는 시간을 계산할 수 있다. 천구가 한 바퀴 도는 시간은 지구가 태양을 한 바퀴 도는 시간과 같다. 장형 역시 지구에 사는 우월감에서 천동설을 믿었기 때문에 천구가 지구를 돈다고 생각했다. 이러한 천구에서 별의 운행은 실제 천문 현상의 변화를 보여주었다. 장형은 혼천의를 밀실에 놓고 그 안에서 혼천의 위 별의 움직임을 관찰해 보고하라고 시킨 뒤 밖의 실제 별자리 변화와 대조하였다. 그 결과 둘이 상당히 일치했다. 후한시대의 대학자 채옹蔡邕은 혼천의를 본 뒤 격찬을 하며 평생 혼천의 안에 누워서 살고 싶다고 말했다고 한다. 혼천의는 당시 선진적인 천문 지식을 모두 동원해 제작되었다. 혼천의는 당시 중국의 천문학 수준이 세계의 선두를 차지하고 있다는 사실을 보여주었다.

장형의 천문학적 성과는 그것에 그치지 않는다. 그는 천문학 저서『영헌』에서 자신이 연구한 별의 운행 규칙을 기록하고, 별의 운행 속도는 지구와의 거리에 따라 결정된다고 주장하였다. 지구와 가까우면 늦게 돌고 지구와 멀면 빠르게 돈다고 여겼던 것이다. 이것은 후일 독일의 요하네스 케플러(Johannes Kepler)가 제기한 별 운동 법칙보다 1500년 가량 앞선 것이다. 또한 장형은 달이 태양빛의 반사로 빛을 낸다고 제시하여 월식의 출현을 논리적으로 설명하였다. 장형은 깊이 있고 구체적인 천문학 사상을 제시하고 뛰어난 성과를 내어 중국, 더 나아가서는 세계에서 가장 위대한 천문학자가 되었다. 지금 달에는 그의 이름으로 명명된 크레이터(Crater, 표면의 구멍)가 있다. 그리고 장형이라 명명된 소행성이 드넓은 우주에서 움직이고 있다. 장형은 그야말로 진정으로 천지와 함께 공존하고 일월과 함께 빛난다고 할 수 있다.

옛날 사람들은 '위로는 천문을 알고 아래로는 진리를 안다'라는 말로 한 사람의 박학다식함을 표현했다. 이런 영광의 월계관이 한 사람에게만 주어진다면 그 사람은 당연히 장형일 것이다. 장형에게 천문학자라는 칭호가 따르지만 사람들이 그와 함께 가장 먼저 떠올리는 것은 지동의地動儀이다.

『회남자淮南子』에는 이런 기록이 있다.

"아주 먼 옛날, 사극四極이 무너지고 구주九州가 갈라지며, 하늘이 두루 덮어 씌워지지 않고 땅은 만물을 담지 못했다. 쉬지 않고 화염이 불타고, 물이 끝없이 흘러내렸으며, 맹수가 어리석은 백성을 잡아먹고, 맹금猛禽이 늙고 약한 자들을 낚아채갔다."

이것은 옛날 사람이 대자연의 피해를 입은 선조들의 비참한 모습을 묘사한 것으로 마치 악몽을 꾸는 듯하다. 불행하게도 후한시대에 한 차례 악몽이 다시 찾아왔다. 후한시대의 역사서를 읽으면 지진이 많이 일어났다는 인상을 지울 수가 없다. 산이 무너지고 땅이 갈라지는 일이 빈번했는데, 매번 큰 피해를 입었던 것으로 보인다. 그로 인해 사상당한 백성의 수가 셀 수도 없었다. 그저 사람은 땅에 운명을 맡겨야 했고, 천자 역시 근심할 뿐 어찌할 방도가 없었다. 장형의 지동의는 자연에 대한 사람들의 원성이 자자했던 사회적 배경이 낳은 산물이다. 장형이 집중 연구해 만든 지동의는 그가 두 번째로 태사령에 올랐을 때인 양가 원년(132년)에 제작되었다. 지동의를 만든 재료는 정제된 동으로 몸체는 직경이 약 8척尺으로 허리가 돌출한 속이 빈 술통과 같다. 장형은 무궁무진한 대자연의 오묘함을 부각시키기 위해 지동의 외부 표면에 전자篆字로 쓴 글과 거북이, 새, 짐승 등 장식물을 새겼다. 이런 장식들은 신비한 색채를 더했다. 외벽에는 8마리의 용이 붙어 있다. 용은 입에 동으로 만든 환丸을 물고 있다. 지동의 밑받침 둘레에는 두꺼비가 용을 올려다보며 마주하고 앉아 있다. 지동의 내부에는 정밀한 기관이 설치되어 있다. 지진이 발생하면 기구 내부의 기관이 감지하여 기계를 작동시키고, 해당 방향의 용의 입을 벌려 동으로 만든 환이 두꺼비 입 안으로 떨어지도록 한다. 관찰자는 그것을 보고 지진이 일어난 방향을 판단할 수 있다. 지동의가 선진적이라고 하는 이유는 기구의 민감성 때문이다. 다시 말해 수천 리 밖에서 일어난 미세한 진동에도 반응을 하고 또한 정확성도 뛰어나다. 지진이 일어났는데 용이 반응을 보이지 않는다거나 모든 용이 구슬을 전부 떨어뜨려서는 안 된다. 당시 서적에는 유사한 기구에 관한 기록이 없었기 때문에 사람들은 지동의가 제작된 뒤 그 효과를 상당히 기대했다. 6년 뒤인 138년, 지동의가 세상에 등장한 이후 처음으로 북서쪽에 있는 용이 놀랍게도 구슬을 토해냈다. 그러나 어느 곳에서도 지진은 없었다. 사람들은 희비가 교차했다. 낙양의 학자들은 지동의의 정확성에 의문을 표하며 질책했다. 그러나 며칠 뒤 농서에서 지진이 있었다는 보고가 낙양에 전해지면서 지동의는 세인들의 인정을 받게 되었다. 장형은 지진학계의 선구자로 권위를 인정받았다. 그의 지동의가 역사책 표지를 장식하면서, 원주율의 소수점 일곱 자리까지 정확하게 계산해낸 조충지祖沖之만큼 사람들에게 존경을 받았다. 이제 지동의는 중국 과학기술의 뛰어난 성과를 상징하게 되었다. 유럽에서는 1700년대에 이르러서야 유사한 기계가 등장했기 때문이다.

장형은 문학, 천문학 분야에서 뛰어난 업적을 남겼을 뿐만 아니라 수학, 기계, 회화 등 다른 영역에서도 특별한 재능을 보였다. 역사서에 따르면 '장형은 기지 있고 솜씨가 절묘했는데 특히 천문, 음양陰陽, 역법, 산수에 전념했다'고 한다. 장형은 수학 분야의 저서 『산망론算罔論』을 저술하였는데, 거기서 원주율(π)의 값을 10의 제곱근으로 계산해 약 3.16이란 결과를 얻었다. 또한 수학적 지식을 이용해 상당히 정확한 역법을 제시하였다. 장형은 기계 분야에서 『응간應間』을 편찬해 '삼륜은 스스로 돌아갈 수 있고, 나무 조각은 스스로 날 수 있다'고 적고 있다. 여기서 '삼륜이 스스로 돌아간다'는 것은 그가 발명한 방향을 가리키는 '지남차指南車'와 10리를 가면 자동으로 북을 치는 '기리고차記里鼓車'를 말한다. 그리고 '나무 조각이 스스로 날 수 있다'는 것은 그가 발명한 것으로 홀로 몇 리를 비행할 수 있는 목조木雕를 말한다.

상고시대에 황제黃帝가 풍후風后를 시켜 지남차를 만들어서 안개를 빠져나가 치우(蚩尤: 전설 속 전쟁의 신)를 물리칠 수 있다는 전설이 있다. 춘추전국시대의 노반魯班은 나무 연鳶을 발명하여 하늘을 날아 송나라를 염탐할 수 있었고, 묵자墨子도 하루를 날 수 있는 나무 연을 만들었다고 하나 이런 이야기들은 근거가 없다. 그에 반해 과학 정신을 가진 학자로 자부하던 장형의 글은 신뢰할 수 있으며, 그는 삼국시대의 마균馬均과 함께 후세 사람들에게 '목성木聖'이라

고 불리었다. 그러나 안타깝게도 이러한 기구들의 제작법은 전해
내려오지 않는다. 후일 조충지가 만들었다는 하루에 1백 리를 가
는 '천리선千里船'과 마찬가지로, 사람들은 상상으로만 그 기구의
신기함을 느낄 수 있을 뿐이다.

　당나라 때 장언원張彦遠은 『역대명화기歷代名畵記』에서 장형을 후
한시대의 명화가 6인 중 최고로 꼽았다. 장형이 지형도를 만들었
는데 전해지지 않았고 당나라 때도 현존하지 않았다고 한다. 따라
서 그를 화가로서 솜씨를 평가할 만한 작품이 존재하지 않기 때문
에 전해지는 이야기로 추측할 수밖에 없다. 『역대명화기』의 기록
에 따르면, 장형은 고향 인근의 깊은 못에서 출몰하는 괴물을 그리
고 싶어했다고 한다. 그러나 붓을 움직이기 시작하면 괴물이 매번
못 속으로 사라지고 말았다. 나중에 장형은 괴물이 사람을 두려워
하지는 않으나 그의 모습을 그리는 것을 좋아하지 않는다는 소문
을 들었다. 그래서 그는 종이와 붓을 지니지 않고 다시 찾아갔다.
그는 아무런 기적을 하지 않고 괴물을 관찰하면서 발가락으로 바
닥에 그림을 그렸다고 한다. 발가락으로 그림을 그렸다는 얘기는
15세기 일본의 이야기 속에도 등장한다. 셋슈雪舟라는 젊은 사미沙
彌가 그림 그리는 것을 너무 좋아하자, 그의 스승은 그를 사당에
묶어두었다. 셋슈는 그림을 그릴 수 없는 슬픔을 참지 못하고 눈물
을 흘렸다. 그러나 셋슈는 그림 그리는 버릇을 버리지 못하고 발가
락으로 눈물을 찍어 바닥에 쥐 한 마리를 그렸는데, 그의 스승은

389

그림을 보고 진짜 쥐로 착각하고 쫓아내려고 하였다고 한다. 셋슈는 후일 일본의 유명한 화가가 되었다. 신화와 전설은 믿을 것은 못되더라도 두 민족은 1천 년의 시차를 두고 약속이라도 한 듯 발가락으로 그림을 그린 이야기로 화가의 뛰어난 솜씨를 부각시키고 있다. 두 이야기가 가르쳐주는 분명한 사실은 발가락으로 그림을 그릴 정도라면 화가의 그림 솜씨가 매우 대단하다는 것이다.

철학자 칸트는 이런 명언을 남겼다.

"내 마음을 경외감으로 충만시켜주는 것이 2가지 있다. 내 머리 위의 별이 뜬 하늘과 내 마음속의 도덕법칙이 그것이다."

장형은 칸트보다 1600년이나 먼저 태어났지만 이 격언과 부합하는 가장 대표적 인물일 것이다. 장형은 과학자로 천문학 분야에서 성과를 냈을 뿐만 아니라 학자와 사상가, 정치가로 뛰어난 인품과 정신, 신념을 보여주었다.

장형은 태학에서 공부할 때 '세상을 능가할 만큼 재능이 뛰어났지만 자만하지 않았고, 항상 침착하고 조용하여 속인俗人과는 사귀기 힘들었다'고 한다. 태사령에 오른 뒤에 장형은 명리를 구하지 않고 자신의 학술 연구에만 몰두했다. 그래서 관직에 오랫동안 있었지만 승급하지 못했다. 사람들이 그런 그를 비웃자, 장형이 대답했다.

"군자는 지위가 높지 않은 것을 염려하지 않고, 덕이 숭고하지 않은 것을 걱정합니다. 또한 녹봉이 적은 것을 수치스럽게 여기지 않지만 지혜가 부족한 것을 수치로 생각하지요."

후한시대에는 도참설이 횡행하여 화가 미치는 지경에 이르렀고, 학자와 유생 모두 도참을 믿었다. 그러나 장형은 순제에게 '도참 근절을 간하는 상소'를 올렸다. 상소에서 장형은 사실을 열거하며 도참이 딴 속셈을 가진 자들이 만든 것일 뿐 절대로 성인의 경전이 아니라고 설명했다. 그는 생생한 예를 제시하였다. 화가가 개와 말 따위를 그리는 것을 싫어하고 귀매(鬼魅: 귀신과 도깨비)를 그리기를 즐기는데, 그 이유는 평소 볼 수 있는 개와 말을 모두가 인정할 만큼 잘 그릴 수 없기 때문이며, 귀매는 아무도 본 적이 없기 때문에 화가가 아무렇게나 그려도 알 수 없기 때문이라고 하였다. 장형은 순제에게 도참은 귀매를 그리는 것처럼 근거가 없는 허황된 말을 그럴 듯하게 꾸미는 것으로 도참을 소장하는 일을 금해야 한다고 아뢰었다. 장형의 이런 상소는 천하의 큰 화를 무릅쓴 일이었다. 후한 초기의 학자 환담이 유수 앞에서 도참을 믿지 않는다고 말해 황제에게 목이 날아갈 뻔하였다. 장형이 상소를 올려 직언을 했다는 사실은 그가 권력을 두려워하지 않고 과학과 진리를 추구하는 학자 정신을 견지했다는 것을 보여준다.

장형이 벼슬길에서 승급에 신경을 쓰지 않은 것은 정치를 혐오하여 학술에만 전념했기 때문이 아니라 관직에서 공명을 취하는데 무심했던 것이다. 사실 장형은 정치적 사상과 포부를 가지고 평생 나쁜 무리를 혐오하며 조정과 사회에 존재하는 검은 세력들과 단호하게 투쟁을 벌였다. 「이경부」를 완성했을 당시 장형은 크게 명성을 떨치고 있었다. 조정의 대권을 잡고 있던 대장군 등즐은 여러 차례 그를 불러 등용하고자 했지만, 장형은 외척의 신분으로 전횡하는 등즐에게 불만을 품고 있어서 거듭되는 부름에도 응하지 않았다. 순제 시기의 조정은 상당히 암울했다. 당시 정치 상황은 점점 악화되었고 권력은 황제가 아닌 아랫사람에게 넘어갔다. 다시 말하면 환관이 점차 득세하기 시작했고, 장형은 이런 세태를 매우 증오했다. 그가 시중으로 황제의 고급 고문을 맡고 있었을 때, 순제에게 '진정사소陳政事疏'를 올려 환관의 전횡은 나라와 백성에 해를 끼치니 현량한 자를 등용하여 정치를 혁신할 것을 청하였다. 그로 인해 환관들의 질시와 배척을 받아, 영화 원년(136년)에는 하남의 하간상으로 강등되었다. 하간왕 유정劉政은 장제의 손자로 황족임을 내세우며 왕법을 지키지 않았다. 윗물이 맑아야 아랫물이 맑은 법이니, 현지의 많은 호족도 불법을 일삼았기 때문에 하간 지역을 다스리기란 쉽지 않았다. 그러나 장형은 부임한 뒤 엄정하게 법으로 다스렸다. 그가 암암리에 간악한 무리의 이름을 조사한 뒤 모두 잡아들이자, 한때 전군이 숙연해졌다고 한다. 그로써 하간군의 정치를 바로잡을 수 있었다. 이런 면에서 장형은 뛰어난 정치가이기도 했다. 장형이 죽은 뒤 그의 친구 최원이 그를 위해 비문을 지었는데 그중에는 이런 구절이 있다. 그는 장형이 추앙받는 정확한 4가지 이유를 꼭 집어내고 있다.

"도덕이 가득차서 넘쳐흐르고, 문장은 하늘에 뜬 구름과 같고, 수학과 기술은 천지처럼 무한하며, 제작 솜씨는 조화를 부린 것과 같다."

전체적으로 장형을 평가하려면 특별한 방식이 필요하다. 절세 미인의 아름다움을 직접적으로 형언할 수 없듯이, 장형과 같은 백과사전적 인물은 어떤 구체적인 평가도 부족함을 느낀다. 극작가 겸 사학자인 곽말약郭沫若(1892~1978)도 그를 이렇게 숭앙하였다.

"세계 역사에서도 전천후로 뛰어난 인물은 찾아보기 힘들다. 사람들은 오랜 세월 그를 기리며 경모景慕할 것이다."

後漢書
들여다보기

프톨레마이오스(영어명은 톨레미Ptolemy, 90~168년)는 코페르니쿠스 이전 유럽에서 가장 큰 영향력을 발휘했던 고대 그리스 천문학자로 천동설을 집대성하고 최종으로 완성한 사람이다. 프톨레마이오스는 단순한 원칙을 제시했지만 그의 천동설은 상당히 복잡하다. 지금 생각해보면 그 이유는 간단하게도 그의 이론이 틀렸기 때문이다. 그는 결점을 보충하기 위해 부득이하게 여러 차례 자신의 주전원(epicycle) 운항표에 원을 추가시켜서 자신의 주장을 합리화시켰는데, 그렇게 추가한 원이 80개도 넘는다. 다시 말해 80

천동설

개의 천체가 재탄생된 것이다. 그 이전까지의 천동설은 지구가 움직이지 않는다는 안정감과 지구가 우주의 중심이라는 자부심을 사람들에게 심어주었고 기독교의 교의도 만족시켰기 때문에, 지동설이 등장하기 전까지 유럽에서 1500년 동안이나 지배적인 사상으로 자리잡고 있었다.

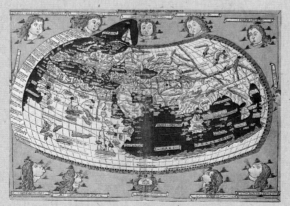

프톨레마이오스가 파악한 세계지도(15세기)

● 주요 인물
마융

● 주변 인물
등즐, 등태후, 양기

● 키워드
재주가 많고 박학하다, 인품이 고귀하지 못하다, 고문경학의 대가

● 중대 사건
출사에 응하다, 이고를 모함하다

● 고사
강장絳帳

● 이야기 출처
『후한서』「마융열전」

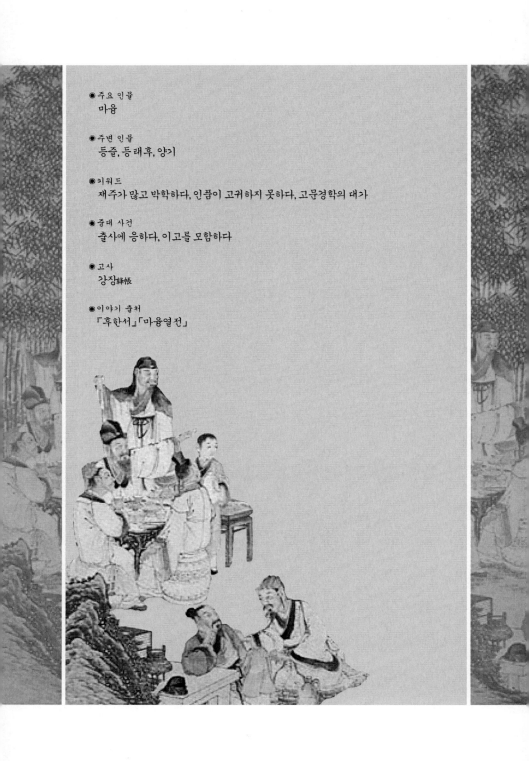

马融

마융 : 고귀한 인품을 가지지 못한 대유학자

천재는 99퍼센트의 노력과 1퍼센트의 영감으로 이루어진다고들 한다. 옛날에는 그보다 더 절묘하게 천재를 표현했다. 그중 가장 유명한 예는 2자루의 붓과 관계가 있다.

당나라 시인 이백은 어느 날 자신의 붓에 꽃이 피는 꿈을 꾸고 난 뒤에, 넘치는 재능을 발휘해 유명한 대문호가 되었다고 한다. 그의 이야기는 뛰어난 글솜씨를 가리키는 '묘필생화妙筆生花'란 성어를 낳았다.

또 남북조시대 문학가 강엄江淹은 꿈속에서 누군가에게 오색 선필仙筆을 받고 난 뒤에, 섬세한 창작력과 문학적 재능을 세상에 널리 알리고 유명해졌다.

그러나 이들보다 앞서 힘들이지 않고 성과를 거둔 이야기가 이미 세상에 알려져 있었다.

후한의 마융 역시 하늘의 보살핌을 받은 사람이다. 어느 날 마융은 꽃나무 숲으로 들어가 꽃을 따먹는 꿈을 꾼 뒤 천하의 문장을 읽고 통달하여 순식간에 박학다식해졌다고 한다. 한때 문장에 능한 '수낭繡囊'이라고 불렸던 마융은 후한시대의 대유학자가 되었으나, 후세 사람들에게 존경을 받기는커녕 비난을 받았다. 그 이유는 무엇일까?

마융(79~166년)은 자가 계장季長으로 부풍 무릉(지금의 섬서성 흥평 북동쪽) 사람이다. 그는 당대 쟁쟁한 명문가에서 태어났다. 그의 작은할아버지는 후한시대 이름을 떨쳤던 복파장군 마원이다. 그의 아버지 마엄馬嚴은 장작대장(將作大匠: 조정에서 공사와 건설을 관할하는 직)까지 올랐었다.

역사서의 기록에 따르면, 마융은 젊은 시절 외모가 준수하고 재주가 뛰어났으며 당대의 대유학자로 이름을 떨친 지순摯恂에게 사사받아 경서와 서적에 박통했다고 한다. 지순은 마융의 출중한 재능을 알아보고 학식을 전수하였으며, 자신의 딸과도 맺어주었다.

안제 영초 2년(108년), 대장군 등즐은 천하에서 인재를 초빙했다. 현량을 구하는 조서는 마융이 있는 곳까지 내려왔다. 당시 이립而立이었던 마융은 글을 읽는 사람으로서의 청렴함을 가지고 있었다. 그는 벼슬길에 나가 사인士人의 고결함에 오점을 남기고 싶지 않았다. 결국 마융은 그의 부름에 응하지 않고 양주凉州 일대에서 머물렀다. 그러나 당시 마음이 머물고 있던 변경 지역은 소요로 인해 불안한 상황이었고, 강족들이 종종 반란을 일으켜 잇달아 전쟁이 벌어지는 바람에 백성들이 편히 살 수가 없었다. 섬서 일대의 쌀값은 폭등하고 아사한 사람이 천지에 널려 있었다. 이런 혼란한 상황은 안빈낙도安貧樂道하고자 했던 마음의 신념마저 꺾고 말았다. 그는 부름에 응하지 않았던 것을 후회하면서 친구에게 이렇게 말했다.

"옛말에 이르기를, 왼손에는 천하의 지도를 들고서 오른손에는 칼을 뽑아 스스로 자신의 목을 베는 짓은 어리석은 자도 하지 않는다고 하였으니 이 말은 즉 천하에서 생명이 가장 소중하다는 뜻이지. 지금 자신의 뜻을 낮추고 자신을 굽혀 벼슬길에 나가는 것을 부끄러워하여 그냥 굶어죽으려고 한다면 이는 참으로 의미가 없는 것이네."

곤란한 상황에서 혹자는 '한 그릇의 밥과 한 바가지의 물, 누추한 골목에 머물 곳만 있다면 근심할 바가 없고 과거로 돌아간다 해도 그 즐거움과 바꾸지 않겠다'고 했지만, 의를 버리고 목숨을 택하는 사람도 있다. 마음은 그 후자에 속한다.

그는 등용에 응하여 대장군 등즐 밑에서 막료로 일했다. 벼슬아치의 집은 깊은 바다와도 같아, 기세가 드높은 관료 사회는 거친 파도와 같은 위험한 일이 참으로 많이 일어난다. 그 후로 마음의 인생 비극의 막이 열렸다.

마융은 대장군 밑에서 2년간 막료로 있은 뒤, 교서낭중校書郎中에 올라 동관東觀에서 황실의 서적을 교감하고 밀장密藏하는 일을 맡았다. 당시 조정에서는 등 태후가 임조칭제하고 대장군 등즐이 정권을 보좌하고 있었다. 천하가 오랫동안 태평하자 사람들은 문덕文德을 장려하고 군비軍備를 폐해야 한다고 생각했다. 그런데 그 기회를 틈타 교활하고 간사한 무리가 반란을 일으켰다. 마융은 등 태후에게 「광성송廣成頌」이란 상소를 올려 '태평할 때는 위급할 때를 잊어서는 아니 되며 나라를 다스리며 혼란한 시기를 잊어서는 안 된다'고 간언했다. 조정이 한쪽으로 치우침 없이 문무를 모두 중시하기를 바라는 마음이 담긴 상소였는데, 한편으로 그는 감정적으로 상소를 올려 사람들의 이목을 끌고 조정이 자신의 뜻을 중용해주기를 바라는 마음도 있었다. 그러나 마융의 관점은 쉽지 않은 논조였으며, 황제의 의중은 아무도 이해할 수 없었으니, 마융의 「광성송」은 그의 재능과 존재감을 과시하지 못했을 뿐만 아니라 오히려 벼슬길에 방해가 되었다.

마융은 원래 조정에서 후한 대접을 받지 못했는데, 조정의 의견에 반하면서 더욱 푸대접을 받았다. 그는 폭넓고 해박한 학식에도 불구하고 동관에서 10여 년이 넘도록 승급하지 못했다. 마융은 뜻을 이루지 못한 우울함을 마음속 가득 담고 있었다. 그런데 마침 조카가 자신의 집에서 병으로 세상을 떠나자, 조카의 죽음을 핑계로 사직하고 집으로 돌아왔다.

등 태후의 영민함은 군신 모두 두말할 필요도 없이 다 알고 있었다. 본시 조정에서는 말 못할 여러 가지 일들이 빈번하게 일어났지만, 대부분의 경우 보고도 못 본 척 지나치고 홀가분하게 지낸다. 그러나 마융은 운이 나빴다. 등 태후는 그를 푸대접했으면서도 잊지는 않고 있었다. 오랫동안 모르는 척 담아두었다가 책임을 추궁할 때 지난 원한까지 다시 들먹인다면 사소한 일도 커지는 법이다. 조정은 단호하게 법을 거론하며 조서를 내려 그를 질책했다.

"마융은 조정 관원으로 있지 않고 군현으로 도망가 직무를 맡고 있으니, 이는 분명 조서를 경시하고 황은을 무시하는 처사가 아니더냐?"

그 후 마융은 6년간 금고를 당했다. 그는 생의 5분의 1의 세월을 이렇게 허비했다. 그러나 그것은 중국 문화사에 있어서는 매우 좋은 일―그 이유는 곧 알 수 있다―이었지만, 마융 본인에게는 달갑지 않은 일이었다. 세상에 많은 일이 그러하듯 뛰어난 업적은 당사자가 무심결에 어쩔 수 없는 상황에서 얻은 의외의 수확인 경우가 종종 있다.

그는 등 태후가 세상을 떠난 뒤에야 금고에서 풀려났다. 적의 적은 동지라고 했다. 안제는 본래부터 등 태후에게 불만을 품어왔다. 그에게는 그만한 이유가 있다. 등 태후가 임조칭제를 하는 바람에 안제는 성인이 되어서도 오랜 세월 친정을 하지 못하고 허송세월을 보냈는데, 태후가 세상을 떠나고 4년 후, 제위에 대한 미련을 남기고 붕어하고 말았다.

등 태후는 마융을 관직에서 쫓아냈지만, 안제는 그와 반대로 그를 불러 등용했다. 그러나 그를 발탁 임용한 일은 규칙에 따라 행해진 공무에 불과할 뿐, 천자가 그의 재능을 높이 샀기 때문이 아니었다. 마융은 다시 조정으로 돌아와 원래의 관직을 되찾았지만 얼마 후 하간왕의 장사長史로 강등됐다. 안제가 어가를 타고 태산으로 겨울 순시를 나왔을 때, 마융은 흥을 돋우기 위해「동순송東巡頌」을 지었다. 안제는 그제야 그의 재능을 높이 평가하며 그를 낭중으로 임명했다. 그런데 안타깝게도 그런 안제가 곧 붕어하고 말았으니 마융은 다시 군으로 돌아와 공조가 되었다.

양가 2년(133년), 순제가 조정을 맡았을 때 대장군 양상梁商이 정권을 쥐고 천하의 현량을 구했다. 그때 마융은 의랑으로 천거되었다가 얼마 후 무도(지금의 감숙성 경내) 태수로 임명되었다. 당시 서쪽의 강족이 반란을 일으키자 조정에서는 정서장군 마현馬賢을 보내 토벌을 명했다. 마현은 정벌이 순조롭지 않자 군사를 멈추고 나아가지 않았다. 마융은 마현이 분명 패할 것을 알고 조정에 상소를 올려 마현을 탄핵하며 자신에게 병사 5천을 내주면 한 달도 되지 않아 강족을 평정할 수 있다고 밝혔다.

"신이 어릴 적부터 학문만 알고 군사에 대해서는 모르기 때문에 큰 소리를 치면 분명 누군가에게 비웃음을 살 것입니다. 그러나 전국시대의 모수毛遂가 자신을 추천했을 때도 사람들에게 비웃음을

샀습니다. 그러나 후일 그는 대전에서 천금과 같이 값진 한 마디를 하지 않았습니까?'

조정에서 그의 의견을 받아들이지 않자, 마융은 농서의 강족과 북쪽의 오환이 후일 반란을 일으킬 것이라고 예언했다. 마융이 정말 나름대로 계획을 가지고 있어서 한 달 안에 적을 평정하겠다는 말을 했는지 아니면 서생으로 큰소리를 친 것에 불과한지는 알 수 없다. 그렇지만 그의 예언은 후에 현실로 나타났다.

환제가 즉위한 뒤 마융은 남군南郡 태수로 임명되었다. 당시 양상은 이미 죽고 조정의 대권은 대장군 양기梁冀가 장악하고 있었다. 마융은 외척인 등 씨가 정권을 잡고 있는 동안 많은 고생을 했다. 그래서 큰 위세를 떨치고 있는 양 씨 집안을 거역하지 않고 일심으로 양기를 좇았다. 양기는 조정의 중신이자 자신의 맞수인 이고李固를 제거하기 위해 마융에게 그를 무고하는 상소를 올리라는 명을 내렸다.

이때 나쁜 세력의 앞잡이로 나선 일은 그의 생애에서 가장 큰 오점으로 남았다. 그 뒤 마융은 대장군 양기에게 아첨하고 아부하기 위해 「서제송西第頌」을 지었고, 부귀영화를 탐해 횡령, 뇌물수수까지 저질렀다. 이런 행적 때문에 마융은 수많은 질책을 받았다. 장사 오우는 이고의 무고에 대해 설득하려고 양기의 저택으로 갔다가 마융이 그곳에서 무고 상소를 날조하고 있음을 목격하고 노하여 질책했다.

"이공의 죄는 자네의 손에서 나온 것이군. 그를 주살한다면 자네는 무슨 면목으로 천하 사람들을 대면하려 하오?"

당시 조기趙岐라는 명사가 마융 형의 딸을 며느리로 맞았다. 그러니 조기는 마융과 한 집안 사람인 셈이었다. 그러나 조카사위는 그의 사람됨을 치욕스럽게 여기고 그와 만나기를 거절하며 이렇게 말했다.

"마융은 명성이 있기는 하나 사인의 몸가짐을 갖추고 있지 않아, 삼보 지역의 유명 인사들 중 그와 왕래하길 원하는 자가 없을 것이다."

마융이 사람들에게 멸시를 받게 되면서 시집간 그의 딸도 영향을 받았다. 신혼 초야에 마융의 딸은 남편에게 이런 질문을 받았다.

"장인은 어찌 높은 지위에 있으면서도 재물을 탐하여 천하 사람들에게 비난을 산답니까?"

마융이 최선을 다해 양기를 섬겼지만 결국에는 버림받고 말았는데, 그 이유는 마융이 부귀권세에 아첨하다가 오해를 사게 되었기 때문이다. 마융은 양기에게 잘 보이기 위해 양기의 동생 양불의梁不疑를 만났던 일이 뜻밖에도 화근이 되었다.

양기는 의심이 많아 가까운 친척도 아는 척하지 않았으며, 심지어 동생까지도 철저히 경계하고 있었다. 그는 동생의 집에 미행을 붙여놓고 동생과 왕래하는 사람의 이름을 일일이 적어두라고 명했다. 마융은 괜한 수고로 양기에게 노여움만 불러일으켰다. 양기는 사람을 시켜 마융을 횡령죄로 탄핵하여 파직시켜버렸다. 그리고 마융의 머리를 삭발한 뒤 삭방(朔方: 지금의 몽골 경내)으로 귀양을 보내버렸다.

불쌍하게도 마융은 친척들조차 등을 돌리는 지경에 이르렀으니, 그는 가는 길에 차라리 목숨을 끊어 모든 일을 끝내기로 마음먹었다. 그러나 무슨 이유 때문인지 미수에 그쳐 그는 다시 목숨을 이어가야 했다. 그 후 사면을 받고 다시 조정으로 돌아와 어두컴컴한 동관 장서실에서 일했다. 얼마 뒤 마융은 병을 이유로 관직에서 물러나 집에서 글방을 열고 후학을 가르쳤다.

그의 인격과 정치적인 행동을 제쳐두고 본다면, 마융은 중국문화사에서 무시할 수 없는 대유학자라고 할 수 있다. 역사서에서는 그를 '재주가 뛰어나고 박학다식하며 각종 경전에 통달한 학자'라고 평가하고 있다.

마융은 다재다능하였다. 북과 금도 잘 다뤘고 피리도 잘 불었으며, 「위기부圍棋賦」와 「장적부長笛賦」도 남겼다. 그의 문하생은 수천 명에 달했는데 유명한 제자로는 노식盧植과 청출어람인 정현鄭玄이 있다.

정치적인 좌절을 맛보아서인지, 마융은 대범하게 제멋대로 행동하며 예의에 구속받지 않았다. 고금을 통틀어 유일무이한 그의 독특한 교육 방식은 지금까지도 사람들의 입에 오르내린다. 그는 혼자 글방의 상석에 앉아서 제자들을 가르치며, 글방 뒤에 진홍빛

휘장을 쳐놓고 가희에게 노래하고 춤추도록 시켰다고 한다. 이것 이야말로 명실상부 즐겁게 교육하는 일을 몸소 실천한 일일 것이다. 마융에게서는 후일 세속에 속박되지 않았던 위진시대 명사들의 모습을 엿볼 수 있다. 그 점에서 마융은 자유분방했던 명사들의 시조와 같다고 할 수 있다.

마융은 눈부신 학술적 성과를 냈는데, 그중 경학 분야에서 두드러진 업적을 쌓았다. 그는 고문경학古文經學의 대가로, 『효경孝經』, 『논어論語』, 『시경』, 『역경』, 『예기禮記』, 『상서』, 『열녀전列女傳』, 『노자老子』, 『회남자』, 『이소離騷』 등의 경서에 주해를 달았다.

그는 비록 정치무대에서 좌절을 겪긴 했지만 학문은 매우 엄숙하고 매우 진지하게 대했다. 마융은 원래 『좌씨춘추左氏春秋』에 주석을 달고자 하였다. 그런데 어느 날 그는 가규와 정중鄭衆이 단 주석를 보게 되었다.

마융이 탄복하며 말했다.

"가규의 책은 넓지 못하나 자세하고, 정중의 책은 세세하지 못하나 두루 미치는구나. 두 사람이 이미 이렇게 잘 하였는데 내가 주를 달아서 무엇하겠는가!"

이렇게 감탄하고 결국 『좌씨춘추』에 주석다는 일을 그만두었다. 마융이 고문경학자로 경학 연구에 막대한 업적을 이루었기 때문에 고문경학이 점차 금문경학을 압도할 수 있었다. 그리고 그의 제자 정현이 마침내 고문경학의 쾌거를 이루어냈다.

연희延熹 9년(166년), 마융은 88세의 나이로 세상을 떠났다. 그가 죽은 뒤 수천 년 동안 그의 학술적 성과는 후세 사람들의 존경을 받았지만 그의 사람됨은 비난을 받았다.

그는 절개 없는 문인의 대표주자로 남았다. 그가 형국을 살핀 후 대장군의 수하로 들어가기로 결심했을 때에는 아마도 이런 결과를 예상하지 못했을 것이다.

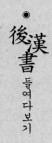

後漢書 들여다보기

마음이 출사하기로 결심한 근거는 『장자莊子』에서 기원한다. 『장자』「양왕讓王」편에는 다음과 같은 이야기가 있다.

전국시대에 한韓나라와 위魏나라 양국은 자주 영토를 두고 전쟁을 벌였다. 위나라의 현사 자화자子華子는 한나라 국왕 소희후昭僖侯를 찾아갔다. 소희후가 근심 가득한 얼굴을 하고 있자 자화자가 입을 열었다.

"지금 천하의 사람들이 대왕 앞에서 서약서를 썼다고 가정해보겠습니다. 서약서에는 '왼손에 이것을 들면 오른손이 잘릴 것이고, 오른손에 이것을 들면 왼손이 잘릴 것입니다. 그러나 이것을 들기

장자

만 하면 천하를 얻을 수 있습니다'라고 적혀 있습니다. 대왕께서는
서약서를 갖겠습니까?"

소희후가 갖지 않겠다고 대답했다.

"좋습니다. 보아하니 폐하는 천하보다 양 팔이 더 중요한 것 같군
요. 그렇다면 양 팔보다 온몸은 더 중요하겠죠. 한韓나라는 천하보
다 훨씬 경미하고, 또한 다투고 있는 영토는 한나라보다도 더 사소
한 것입니다. 그런데 어찌 군왕께서는 그러한 근심 때문에 옥체를
상하게 하십니까?"

소희후는 그의 말을 듣고서 몸과 마음이 훨씬 가뿐해졌다.

"나에게 충고를 한 사람은 많았지만, 이렇게 절묘한 논리는 처음
이오."

● 주요 인물
　정현

● 주변 인물
　두밀, 마융, 공융, 원소

● 키워드
　고문경학의 대가, 경서에 주를 달다

● 중대 사건
　관서에서 학문을 구하다, 당고의 옥

● 고사
　입실조과入室操戈

● 이야기 출처
　『후한서』「장조정張曹鄭열전」

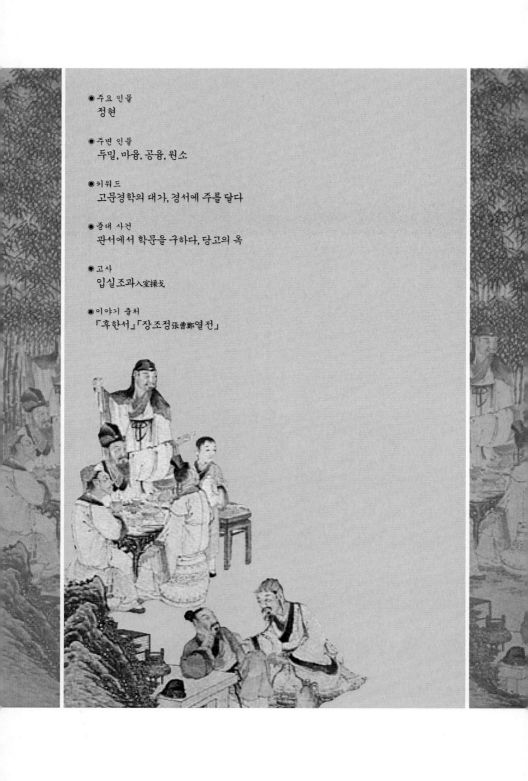

鄭玄

정현 : 경학의 집대성자

정현에 대해 이해하려면 먼저 중국 유가 사상사에서 많은 영향력을 발휘하며 오랜 세월 동안 벌어졌던 고문경학과 금문경학 간의 논쟁에 대해 알아야 한다.

진시황은 일일이 거론할 수 없을 만큼의 죄업을 저질렀다. 고문경학과 금문경학간 논쟁의 원흉도 진시황이다. 진시황은 기원전 213년과 212년 두 차례에 걸쳐 분서갱유焚書坑儒를 일으켜, 의약, 복서(卜筮: 점술서적), 종수(種樹: 농업서) 관련 서적을 제외한 유교경전을 모두 불태워 불길이 하늘에 닿을 듯하였고, 460여 명의 경륜이 풍부한 유생들이 흙속에 파묻혔다. 8년 뒤에도 글을 읽지 않은 항우가 함양에 불을 질러 관아에서 소장한 많은 서적들이 불타고 말았다. 이러한 화마는 10년간의 트로이 전쟁을 일으켰던 그리스 신화 속 황금사과처럼 후세 학자들 간에 끊임없는 고문경학과 금문경학의 팽팽한 논쟁을 야기했다.

경서가 불탔기 때문에 경서의 내용은 구전을 통해서 전해질 수밖에 없었다. 그러나 아무리 기억력이 좋다고 해도 붓으로 한 기록에 비할 수는 없다. 유가의 학설이 근거를 잃게 되면서 1천 명의 학자마다 다른 '공자'의 사상을 내놓았다. 사람들은 자신들의 관점에 따라 유가 경전을 해석하고 유가 정신을 설명했다. 그러던 중 추진력 있는 한 무제의 지지를 받은 유가의 대가 동중서가 왕조의 필요에 따라 천하의 사상을 통일했다. 학자들의 입에서 입으로 전해지다가 동중서의 수정을 거친 유가사상이 바로 금문경학이었다. 그 후 학자들은 대부분 금문경학자가 되었다.

그냥 그것으로 끝났다면 천하가 태평했을지 모른다. 그런데 한 무제 말년, 노魯나라의 제후 공왕恭王이 자신의 궁을 증축하기 위해 공자의 고거故居를 부수다가 벽 사이에서 『상서』를 비롯한 대량의 장서를 발견하였다. 그 장서들은 전국시대 육국六國의 과두문자蝌蚪文字로 적혀 있었기 때문에 알아보는 자가 없었다. 따라서 당시에는 큰 반향을 일으키지 않았다. 장서는 황실의 도서관에 보관되었다가, 전한 말기에 학자 유흠이 아버지 유향을 도와 황실의 서적을 정리하다가 옛날 경서를 발견하였다. 두 부자는 조정에 고문경전을 유가의 정통으로 정하자는 간청을 올렸다. 그것은 금문경학자들에게는 학술적으로나 정치적으로 입지를 잃게 된다는 것을 의미했다. 따라서 유향, 유흠 부자의 주장은 강경한 반대에 부딪혔다.

유흠의 첫 번째 상소는 결국 실패로 끝났지만 그로 인해 중국에서는 근 2천 년 동안 고문경학과 금문경학간의 논쟁이 시작되었다. 전한 평제平帝 때에는 이미 고문경학박사까지 설치하였고, 신정권을 세운 유생 출신의 정치가 왕망은—일반적으로 정객이라한다—복고를 기치로 내걸고 상고시대 주공과 공자의 정통 사상에 따라 천하를 다스렸다. 따라서 고문경학자가 환영받았고 유리한 위치에 놓였다.

이러한 논쟁은 문자의 주해와 경전의 의미에 대한 이해의 차이에서 비롯되었다. 고문경학자들은 문자의 훈고訓詁에 치중하는 반면 금문경학자들은 '간단한 말 속의 심오한 대의'를 중시하여 한글자, 한 구절을 가지고 수십만 자의 논저를 써낼 수 있었다. 금문경학은 본시 정치적 산물이었기 때문에 통치자의 구미에 맞춰야했다. 그러다 보니 경전을 해석할 때 종종 당시 가장 유행하던 참위 미신이 덧붙여졌다. 따라서 도참에 기대어 후한이 세워진 뒤에는 금문경전이 짧은 기간의 쇠퇴기를 마치고 다시 성행하기 시작했다. 그러나 통치자의 적극적인 지지가 있었음에도 불구하고 금문경전 자체의 한계성은 여전히 극복할 수가 없었다. 금문경전 중에는 억지로 끌어다 붙인 현혹적 성격의 도참을 빼버리면 어떤 때는 논리적인 주장을 펴기조차 어려웠고, 금문경학이 잡다하고 장황하다는 특성은 치명적인 약점이었다. 그것에 대해 특별한 애정을 가진 소수를 제외하고는, 끝없이 음미할 수 있을 듯 보이나 실상은 공허한 장편을 논하는 데 정력을 허비할 사람은 없었다. 경전을 끊임없이 연구하는 일은 말은 쉬워도 노인이 될 때까지 실천하기는 어려웠다. 이런 상황에서 고문경학이 갑자기 세상에 등장했으니, 당연히 금문경학은 고문경학에 압도당할 수밖에 없었다. 정현은 고문경학자 중에서도 특별히 뛰어났다.

정현(127~200년)은 자가 강성康成으로 북해北海 고밀(高密: 산동성 경내) 사람이다. 어린 나이에 향에서 소송과 부세를 관리하는 색부嗇夫에 올라, 당시 명사들과 북해상 두밀杜密에게 높은 평가를 받았다. 두밀은 정현이 남다른 청년임을 알아채고 그를 군으로 불러 등용하고자 했다. 배우고 남음이 있으면 출사한다고 하였다. 그러나 정현은 그와 반대로 행동했다. 그는 관직을 그만두고 집으로 돌아와 군에 있는 학궁(學宮: 교육기관)에 들어가 학문에 전념했다. 아버지는 자식이 바른 길로 가지 않는다고 화를 내며 여러 차례 아들을 나무랐으나, 정현은 자신의 행동이 잘못됐다고 생각하지 않았다.

한 번은 정현이 어머니와 함께 외가댁으로 가게 되어 마을에서 열리는 납회(臘會: 음력 12월 제사모임)에 참석하게 되었다. 그 자리에 온 다른 소년들은 화려한 옷차림을 하고 호탕하게 이야기를 나누었다. 그러나 정현만은 목석처럼 한쪽에 앉아서 아무 말도 하지 않고 가만히 있었다. 어머니는 그런 자식을 부끄럽게 여기며, 정현에게 좀 나서서 자신을 과시하라고 부추겼다. 그러자 정현은 이렇게 답했다.

"저는 그런 일에는 뜻이 없습니다."

그리고 다시는 신경 쓰지 않았다. 그 후 정현은 낙양의 태학에 들어가서 수학하였다. 유명한 학자 제오원선第五元先에게 사사를 받고『역경』,『춘추』,『구장산술九章算術』을 배웠다. 그 후에는 장공조張恭祖에게『주관周官』,『예기』,『좌씨춘추』,『시경』,『고문상서古文尚書』등 경전들을 익혔다. 정현은 어린 나이였지만 태학에서 공부를 마친 뒤 어느 정도 결실을 얻고 있었다. 그는 효산 이동以東 지역에는 자신의 스승이 될 만한 인재가 없다고 판단하였으나 아직도 자신의 학문이 부족하다고 느꼈다. 그는 산의 반대쪽에 더 심오한 학문과 더 고명한 학자가 있을 것이라고 믿고 천하를 주유하며 공부하기로 결정했다. 정현은 낙양을 떠나 장안으로 갔다. 그곳에서 탁군 노식의 소개로 부풍 사람 마융의 문하로 들어갔다.

마융은 관서 지역의 대학자로 문하생이 4백여 명에 달했는데, 그중 글방에 들어가서 그에게 직접 가르침을 사사받을 수 있는 사람은 겨우 50여 명에 불과했다. 정현은 서쪽까지 먼 길을 왔지만 마융은 그의 이름을 들어본 적이 없다며 신경 쓰지 않았다. 그리고 자신의 수제자에게 정현을 가르치도록 분부했다. 정현은 3년 동안 마융의 얼굴을 한 번도 보지 못했지만, 개의치 않고 밤낮으로 쉬지 않고 공부에 매진했다. 그는 수많은 사인들 중 아주 평범해서 눈에 띄지도 않았다. 그가 스승과 맞먹는 학문을 갖추었고, 앞으로 중국 문화사에서 매우 중요한 위치를 차지할 인재가 될 것이라는 사실은 아무도 예상하지 못했다. 그러나 금은 언젠가는 빛을 발하기 마련이다. 정현이 소탈하여 남에게 자신을 드러내지 않는다고 하여도 그의 재능을 감출 수 있는 것도 아니었다.

어느 날 마융은 도참을 연산하다가 계속 맞지가 않아 수하 제자들에게 계산해보라고 하였는데, 아무도 풀지를 못했다. 그때 누군가 정현이 그 방면에 재주가 있다고 하자, 결국 마융은 정현을 불러 풀도록 하였다. 정현이 금세 계산해내자 마융과 수하 제자들은 모두 놀랐다. 정현은 3년 동안 이날만을 기다려왔다. 그는 평소 공부하다가 이해할 수 없었던 의문점에 대해 마융에게 가르침을 청했다. 정현은 의문이 다 풀리자 마융에게 배울 것은 다 배웠으니 더 이상 머물 필요가 없다며 동쪽으로 돌아갔다. 마융은 정현이 앞으로 큰 인재가 될 것임을 깨닫고 탄복했다.

"정현이 가면 이제 나의 도가 동쪽에 전해지겠구나!"

재능 있는 제자를 두려워하는 마융의 마음과 정현의 총명함을 보여주는 진기한 이야기가 있다. 정현은 공부를 마친 뒤 스승에게 작별인사를 하고 동쪽으로 돌아갔다. 마융은 정현에게 앙심을 품고 사람을 데리고 그를 쫓아가 없애버리고자 했다. 정현은 마융이 그렇게 할 것을 예상하고 다리 밑에 앉아서 나막신을 신은 채 발을 물 위에 대고 있었다. 마융은 괘卦로 정현이 간 방향을 점쳐서 알아내고 쫓아갔다. 그는 정현의 행동을 보고 아랫사람에게 말했다.

"정현이 땅 아래 물 위에 나무를 대고 있다. 이는 관을 상징하니 죽을 것이 분명하지 않은가?"

그리고는 정현을 죽이지 않고 그냥 가버렸다. 정현은 그렇게 하여 재난을 피할 수 있었다.

정현은 10년간 떠났던 고향으로 돌아갔다. 그의 학식은 매우 풍부해졌지만 가세는 기울어져 있었다. 수많은 예에서도 학문과 가정형편은 인과관계를 갖는다. 그러나 군자는 가난을 근심하지 않고 도를 근심한다고 했다. 정현은 동래에서 직접 농사를 지었다. 세상만사에 관심을 두지 않고 먹고 살기 위해 땅을 갈고 김을 매며 자신의 학문에 정진했다. 안빈낙도해야 큰 학문을 할 수 있다. 이런 시절이 있었기에 정현은 당대 문학의 대가가 될 수 있었으며, 300년 후 동쪽 울타리 아래서 국화를 따던 도연명 역시 한 시대의 문호가 될 수 있었다.

얼마 뒤 지식인의 입을 단속하기 위한 '당고黨錮의 옥'이 천하를 휩쓸었다. 정현은 머리에 든 지식은 많았지만, 언변에는 서툴렀는데도 화를 피할 수 없었다. 그는 같은 군의 40여 명과 함께 금고를 당했다. 원래 활동적인 사람에게 금고는 자연히 큰 재난과도 같았다. 그러나 정현은 '당고의 옥'을 전혀 개의치 않았다. 옛날 한 농부가 '해가 뜨면 밭에 나가 일하고 해가 지면 쉬면 되는데, 황제가 나를 어찌하겠느냐?'라고 말했다고 한다. 정현은 같은 맥락으로 이렇게 말했을지도 모른다.

"학문에 뜻을 두었는데 당고의 옥이 나를 어찌하겠느냐?"

당고의 옥으로 인해 금고되었던 14년은 정현에게 상당히 중요했다. 이 시기에 그의 경학사상은 더욱 성숙하여 결실을 얻었고, 당시 금문경학의 대가 하휴何休는 공양학(公羊學: 구경 중 공양춘추전을 연구) 연구에 집중하며, 심혈을 기울여 『공양묵수公羊墨守』, 『좌씨고황左氏膏肓』, 『곡량폐질穀梁廢疾』을 저술했는데, 정현은 그의 저서를 모두 읽고 일일이 반박을 했다. 하휴는 정현의 글을 읽고 매우 감탄했다.

"정현이 내 방에 들어와, 내 창을 들고 나를 공격하는구나![入室 操戈]"

'하휴를 세상에 태어나게 했으면서 어찌 정현까지 세상에 나오게 했는가!'라는 말을 전하지 못했을 뿐이었다. 하휴에 대한 정현의 논박은 한나라 때 고문경학과 금문경학 간의 마지막 논쟁이었다. 그 후 고문경학이 주류가 되면서 후일 학자들에게 정통 유가로 인정받았다.

영제 말년, '당고의 옥'이 끝났다. 대장군 하진何進은 오래 전부터 정현의 명성을 듣고 그를 등용하고자 했다. 정현은 출사하기를 원치 않았지만 하진의 권세에 겁먹은 지방관리가 대장군의 심기를 건드릴까 염려하여 정현에게 관직에 나가라고 협박하였다. 정현은 어쩔 수 없이 하진을 알현했다. 하진은 예를 갖추어 현사들을 대접했다. 당연히 정현에게는 더욱 예를 갖췄다. 정현은 이런 갑작스런 환대에 당황하지도 않았다. 그는 하진이 보낸 조복朝服 대신 두건을 두르고 편안한 옷차림으로 하진을 만나러 갔다. 정현은 결국 적응하지 못하고 그곳에서 하룻밤을 머문 뒤 서둘러 집으로 돌아와 학문에 매진했다. 당시 그의 나이는 60세였다. 그의 명성을 듣고 가르침을 청하러 온 학생 수가 수천 명에 달했다.

후일 장군 원외袁隗가 그를 시중으로 천거하였지만 아버지의 상을 이유로 거절하였다. 국상 공융은 정현을 매우 존경해서 신발도 제대로 신지 못한 채 만나러 왔고 고밀 현령에게 특별히 그를 위한 향鄕을 짓도록 지시했다.

"옛날 제齊나라에서는 '사향士鄕'을 정하였고 월越나라에서도 '군자군君子軍'을 만들었다고 하네. 이는 모두 남다름을 과시하기 위해 일부러 설치한 것이라네. 정현 선생은 학문을 좋아하고 덕도 갖췄으니 비록 경상卿相은 아니지만 '공公'이라고 칭할 만하네. 그러니 '정공향鄭公鄕'이라 부르세. 옛날 동해의 우공于公이 소송사건을 판결하여 공을 세우자, 사람들은 그를 위해 크게 사문을 세웠다네. 지금 정현 선생의 덕행이라면 커다란 말이 지날 수 있을 정도로 문 앞의 길을 넓혀야 하네. 그 문은 '통덕문通德門'이라고 하세."

정현의 명성은 녹림호걸들 사이에서도 매우 유명했다. 후한 말기 황건적의 난이 일어나자 정현은 서주徐州까지 피난을 갔다. 서주목 도겸陶謙은 그를 스승의 예로써 대접했다. 나중에 정현이 서주에서 고밀로 돌아가는 길에 황건적을 만나게 되었으나, 수만 명의 황건적은 그에게 절을 올리며 이후 정현이 머무는 현에서는 소동을 일으키지 않겠다는 약속까지 했다. 학자가 조정에서 신임을 얻기란 어렵지 않지만, 녹림호걸들에게까지 존경을 받기는 어려운 일이다. 이것은 당시 정현의 도덕과 학문이 사람들에게 얼마나 깊은 영향을 주었는지 잘 보여주는 예이다.

정현은 서주에서 돌아온 뒤 큰 병에 걸렸다. 그는 자신이 얼마 살지 못할 것을 예감하고 아들에게 유서를 남겼다. 그것은 정현이 자신의 일생을 총괄하고 평가하는 동시에 아들을 훈계하는 글이었다. 유서에서 정현은 자신의 집안이 빈한하여 부모형제가 여유가 없고 여기저기 유력하며 학문을 구한 일을 이야기하며, 자신과 함께 천거되었던 사람들은 이미 재상의 지위에 올랐지만 자신은 명리를 좇지 않고 경학을 정리하는 업적을 이루는 것에만 뜻이 있었음을 밝혔다. 그리고 나이를 먹도록 배운 것을 전해줄 사람이 없음을 탄식하며, 특별히 아들에게는 근검절약하여 뜻을 세우고 덕을 닦으라고 훈계하였다. 정현의 아들은 아버지의 학문을 이어받지는 않았지만 아버지의 가르침을 따라 의로운 사람이 되었다. 정현의 아들은 공융이 북해에서 반란군에게 포위되자 도우러 나갔다가 목숨을 잃었으므로 살신성인의 정신을 보여주었다고 할 수 있다. 후에 정현이 지하에서 그 사실을 알았다면 자신이 자식을 제대로 가르쳤다고 안심했을 것이다.

그런데 얼마 후 정현은 큰 병을 털고 일어났다. 어느 날 대장군 원소袁紹가 기주冀州에서 빈객들을 모아 대회를 열며, 사람을 보내 정현을 모셔오라고 하였다. 정현은 그 자리에서 상석에 모셔졌다. 대회에 참석한 수많은 인사들은 당대의 준걸들이었다. 그들은 수려한 눈썹에 기골이 장대한 정현을 보았으나 그가 별 볼 일 없는 엉터리 서생에 불과하다고 여겼다. 사람들은 이야기를 나누는 도중에 이단사설異端邪說을 들먹이며 그에게 곤란한 질문을 던지곤 했는데, 그것은 공자 앞에서 문자 쓰는 격이었다. 정현은 경전을 근거로 들며 침착하게 하나씩 답했다. 사람들은 들어본 적도 없었던 그의 말을 듣고 놀라서 할 말을 잊고 쳐다보며 감탄해 마지않았다. 당시 여남 사람 응소應劭는 원소에게 귀의해 있었다. 그는 그 기회에 정현 앞에서 자신을 과시하고자 했다.

"전 태산 태수 응소가 선생 문하의 제자로 들어가고 싶어 하는데 어떻습니까?"

응소는 정현이 겸손한 태도를 보일 것이라고 기대했다. 그러나 정현은 웃으며 뜻밖의 답변을 했다.

"공자의 제자들은 덕행, 정사, 문학, 언담言談 4가지를 논하였지요. 그의 제자 안회顏回와 단목사(端木賜, 자공子貢) 등은 한 번도 관직을 언급하며 자신을 칭하지 않았습니다."

응소는 자승자박에 빠졌다는 사실을 깨닫고 부끄러워하며 물러갔다. 원소는 정현을 무재茂才로 천거하며 중랑장으로 추천하는 상주를 올리고자 했다. 그러나 정현은 그 청을 모두 거절했다. 조정

421

에서는 그를 대사농으로 임용하기 위해 그에게 수레 1대를 내리고 관리를 보내 그를 마중하라고 명했다. 당시 지식인들에 대한 조정의 관심이 얼마나 컸었는지를 볼 수 있는 대목이다. 그렇지만 정현은 꿈쩍하지 않고 병을 핑계로 고향으로 돌아갔다.

옛날 공자가 슬프게 탄식했다.

"오랫동안 꿈에서 주공을 보지 못하였구나."

그런데 어느 날 꿈에서 주공을 보고 자신이 죽을 날이 멀지 않았음을 예감했다. 공자의 학술을 배운 정현은 그의 우상과 일맥상통하는 꿈을 꾸었다. 건안建安 5년(200년) 봄, 정현은 공자가 자신에게 참언讖言을 남기는 꿈을 꾸고 자신이 곧 죽을 것임을 예상했다. 얼마 뒤, 그는 정말 병으로 쓰러졌다. 그때 마침 조조와 관도官渡에서 전쟁을 벌이고 있던 원소는 책략을 세우기 위해 정현을 부르고자 했다. 원소가 사람을 보내 강제로 그를 진영으로 데리고 갔다. 정현은 어쩔 수 없이 따라가야 했는데, 안타깝게도 한 시대 경학의 대가는 가는 도중에 병사하고 말았다. 그의 나이 74세였다. 임종 전 그는 간소하게 장례를 치러달라고 당부했다. 그에게 가르침을 받은 태수 이하의 제자 1천여 명이 스승의 상을 치르기 위해 달려왔다.

정현은 평생 끊임없이 학문에 힘썼다. 사학자들은 그를 '대전(大典: 중요한 전적典籍)을 포괄하고 제자백가를 망라했다'고 평가하고 있다. 그는 오랜 세월 후세들에게 진정한 대학자임을 평가하는 잣대가 되었다. 그의 남다른 점은 고문경학자에 속하면서도 고문경학의 관점만을 고집하지 않고 금문경학의 시각도 받아들였다는 것이다. 이것은 다른 유학자들이 할 수 없는 일이었다. 그렇기 때문에 정현은 경학의 집대성자라고 할 수 있으며, 유가경전을 대대적으로 정리, 종합하고 주석을 다는 학술적 업적을 남겼다. 그는 『주역』, 『상서』, 『모시毛詩』, 『의례儀禮』, 『예기』, 『논어』, 『효경』 등 다수의 경전에 주석을 달았고, 경전을 정리하는데 막대한 공헌을 했다. 이후 대부분의 유학자들은 그가 주를 단 경서—중국의 운명에 많은 영향을 끼쳤다—를 통해 유가 정신을 깨달았다. 혹자는 공자의 제자들 중에는 정현을 초월하는 자가 없다고 그의 학술적 업적을 칭송하기도 하였다. 중국의 학자로 이러한 칭찬은 더할 나위 없는 영광이 아닐 수 없다.

後漢書 들여다보기

정현 이후 고문경학이 압도적인 우위를 점하기는 했지만 고문경학과 금문경학 간의 논쟁은 끊이지 않고 근대까지 계속되었다. 무술변법戊戌變法 당시 금문경학자 강유위康有爲 는『신학위경고新學僞經考』와『공자개제고孔子改制考』를 썼다.『신학위경고』에서 그는 선조들이 존중해온 대부분의 '고문경전'은 유흠이 위조한 것이라고 주장했다. 또한『공자개제고』에서는 원래 고문경은 진정 고인이 저작한 것이 아니며, 금문경은 공자가 옛것에 의지해 제도를 고친 '탁고개제托古改制'한 것이라고 주장했다. 그 결과 전에 없이 격렬한 '고문경전 의심 사조'가 일었다. 그리고 사람들은 '공자에서

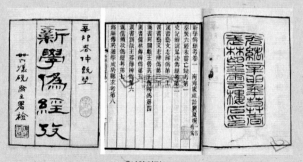

『신학위경고』

유흠까지 소수의 학자들만 날조를 하지 않았다'고 믿게 되었다. 만약 청淸나라가 망하여 경서가 설 입지를 잃지 않았다면, 아마 고문경학과 금문경학 간 논쟁의 최종 결과를 알 수 없었을 것이다.

강유위의 고가

◉ 주요 인물
  이고

◉ 주변 인물
  양기, 호광, 두교

◉ 키워드
  열심히 학문을 익히다, 정직하고 공정하다, 살신성인

◉ 중대 사건
  순제에게 상소를 올리다, 청하왕을 세울 것을 주장하다

◉ 고사
  이두李杜

◉ 이야기 출처
  『후한서』「이두李杜열전」

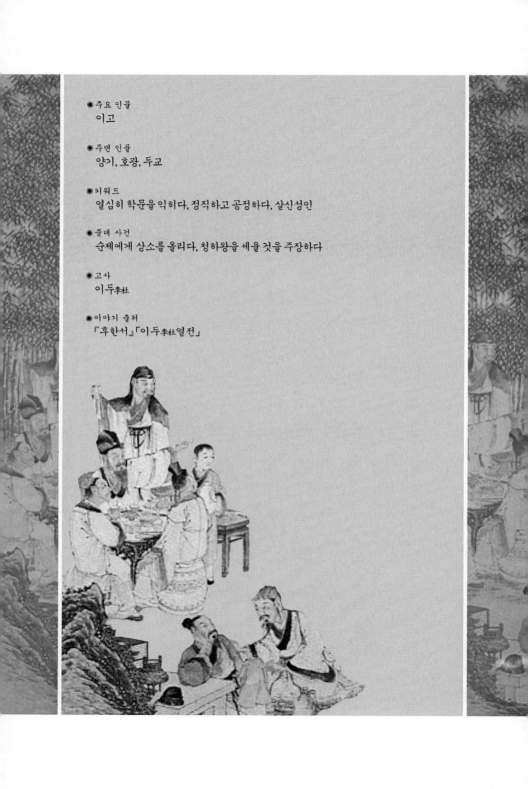

李固

이고 : 목숨을 버리고 의를 택한 자

'이두李杜'라고 하면 가장 먼저 당나라 때 큰 명성을 날렸던 2명의 시인이 떠오른다. 그러나 당나라 이전부터 이미 영광스럽게도 '이두'로 불린 사람들이 있었다. 그들은 바로 후한시대의 이고와 두밀이다. 당나라의 이백과 두보杜甫는 시인으로 이름을 날렸지만, 후한의 이고와 두밀은 정치가로 명성이 높았다. 특히 이고는 후한 말기 정치에서 큰 영향을 발휘했다.

이고(94~147년)는 자가 자견子堅으로 한중 남정(南鄭: 지금의 섬서성 한중) 사람이다. 그의 아버지 사도 이합李郃은 오경을 통달하였고 방술方術도 잘 알고 있었다. 이합은 사람됨이 질박하고 꾸밈이 없어 그의 재능을 알아주는 사람이 없었으나, 이고는 어린 시절 모습부터 남달랐다. 역사서에 따르면 '이마의 삼골三骨이 튀어나왔고 족리足履가 귀문龜文 같았다'고 한다. 그것이 사실이라면 그의 정수리가 무소의 뿔처럼 불뚝 튀어나왔고, 발바닥에는 거북이 등껍데기 같은 무늬가 있었다는 말이다. 그것은 귀인상이었다. 이고는 어릴 적부터 학문에 힘썼다. 그는 1천 리도 마다하지 않고 스승을 찾아다녔고, 서적을 두루 읽고 영웅호걸들과 교분을 맺었다. 1만 권의 책을 읽고 1만 리의 길을 갔으니 학문과 견문이 당연히 남달랐다.

사방에서 그의 이름을 듣고 찾아와 스승으로 모시며 가르침을 청했다. 사람들은 모두 그의 아버지가 환생했다고 감탄했다. 군에서 그를 효렴으로 천거하자 조정에서는 그를 사공의 속관으로 등용하고자 했다. 그러나 이고는 모두 사양하며 관직에 나가지 않았다. 그것은 벼슬에 뜻이 없기 때문이 아니라 당시 명사들이 자신의 가치를 올리기 위한 일종의 수단이기도 했다.

양가 2년(133년), 천하에서 재난이 계속해서 일어났다. 곳곳에서 지진이 일어나고 화재도 끊이지 않았다. 조정에서는 천재를 사람의 탓으로 돌리고 덕행이 부족하여 정치를 제대로 하지 못해 그런 것이라고 여겼다. 그래서 조서를 내려 널리 좋은 계책을 구했다. 그때 공경이 이고를 천거하는 상소를 올렸다. 선황제 안제가 제위에 있을 당시, 안제의 유모 왕성이 궁중 내 권세를 독차지하기 위해 환관 강경江京, 번풍과 결탁하여, 태자 유보劉保의 유모 무리를 모함했다. 그 뒤에는 황후 염희閻姬와 영합하여 안제에게 태자를 폐하고 제음왕濟陰王으로 삼자고 충동질했다. 안제가 붕어한 뒤 조정은 염 씨 외척의 수중으로 들어갔다.

유보는 손정 등 환관의 도움으로 병변을 일으켜 염 씨 세력을 제거하고 제위에 오를 수 있었다. 유보가 바로 순제다. 순제는 환관들에 의지해 제위에 오를 수 있었기 때문에 환관을 매우 신임하였다. 순제의 유모 송아宋娥 역시 정변에 참여한 공으로 산양군山陽君에 봉해졌다. 순제는 귀인 양납梁妠을 황후로 삼고 양 씨 집안에 특별한 은혜를 베풀었다. 양 황후의 아버지 양상은 특별히 진급하여 어전조회 시 삼공 밑에 제후의 윗자리에 섰다. 황후의 오라비 양기 역시 제후로 봉해졌다. 이고는 유모 송 씨를 제후로 봉하고 외척과 환관을 중용한 것으로 인해 그 피해가 심각하다며 순제에게 불만을 표하였다.

"안제 때 전례를 무시하고 유모에게 작위를 봉하여 결국에는 화를 불러일으켰습니다. 폐하께서도 궁지에 빠져 폐태자가 되어 왕으로 전락하지 않았습니까! 유모가 젖을 먹여 키운 공이 있으나 이미 상을 내려 그 공에 보답했으니 분봉지를 내리고 제후에 봉해서는 안 됩니다. 외척의 권세를 빼앗고 환관을 물리쳐 국가의 정치를 바로 잡으소서."

순제는 그의 상소를 보고 마음에 들어 이고의 제안을 대부분 받아들였다. 그리하여 유모 송 씨를 고향으로 돌려보내고 평소 권세를 부리던 환관에게 고개 숙이며 사죄토록 하였다. 이런 조처에 놀

429

란 조정은 위에서 아래까지 숙연해졌다. 그로 인해 이고는 의랑議郎에 올라 간언을 담당하고 감독하는 일을 맡았다. 유모 송 씨와 환관들은 당연 실각을 달가워하지 않아 익명으로 이고를 모함하는 편지를 썼으며, 결국 이고는 파직당하였다. 그러나 다행히도 대사농 황상黃尙이 대장군 양상에게 사정하여 다시 관직에 오를 수 있었으나, 이고는 사천四川 광한廣漢 현령으로 좌천되었다. 이고는 분개하며 부임길에 인수를 거부하고 고향 한중으로 돌아가버렸다. 고향에 도착한 이고는 손님을 사절하고 세상일에 신경 쓰지 않았다. 그는 안전하면서도 처지에 맞는 방식으로 조정의 무도함에 항의했다. 개인의 명성에 따라 현사를 구하는 시대에 이런 식의 항의는 매우 효과가 있었다.

얼마 뒤 황후 아버지의 신분으로 정권을 잡게 된 대장군 양상은 이고를 불러 종사중랑從事中郎에 임명했다. 이고는 관직에 오른 뒤 지나치게 우유부단한 양상의 정치적 태도를 불만스럽게 여겼는데, 그는 항상 미적지근하게 조정 일을 처리했다. 이고는 양상에게 기강을 엄숙하게 하고 부도덕한 자를 물리치라는 상소를 올렸다. 양상은 보수적으로 정치를 하며 공을 세우지 못하더라도 실수는 하지 말자는 태도를 취하고 있었는데, 만약 그가 이고의 제안을 받아들인다면 조정에 또다시 풍파가 일어나는 것은 뻔한 일이었다. 결국 양상은 이고의 제안을 거절했다.

영화 연간(136~141년), 형주에서 기근이 발생하고 도적떼가 기승을 부렸는데, 몇 년이 지나도록 평정하지 못했다. 조정에서는 도적떼 토벌을 위해 이고를 형주 자사로 보냈다. 이고는 형주에 가서 먼저 백성들의 구휼에 힘쓰며 지난 잘못은 추궁하지 않는다는 명을 내렸다. 도적떼들은 이고의 높은 명성을 듣고 두려워하면서도 관대하게 처리한다는 소식을 듣고 스스로 포박하여 투항했다. 이고는 그들의 죄를 사면하고 석방해주며 돌아가서 잔당들이 투항하도록 설득할 것을 명했다. 그는 이런 방식으로 반 년 만에 도적떼를 평정하였다.

　얼마 뒤 이고는 남양 태수 고사高賜 등이 뇌물을 받고 법을 어겼다고 상주문을 올렸다. 고사는 위엄 있는 이고를 두려워하며 벌벌 떨었다. 고사는 대장군 양기에게 뇌물을 주며 자신을 비호해달라고 간청했다. 양기는 격문을 보내 이고에게 그 일을 추궁하지 말라고 지시했다. 그러나 이고는 꿈쩍도 하지 않고 계속해서 그 일을 조사하였다. 당시 양상은 이미 세상을 떠난 뒤로, 양기가 조정의 권세를 잡고 백성의 이목을 가리고 있었다. 양기는 이고가 자신의 뜻을 어기자 화가 나서 그를 태산 태수로 강등시켜버렸다. 태산은 오래 전부터 도적떼의 소굴로 유명했다. 군 관아의 병력은 1천여 명 정도였지만 그 힘이 미약해서 도저히 도적떼를 평정할 수가 없었다. 이고는 태산에 부임한 뒤 상식에 반하는 조치를 취했다. 그는 관원을 늘리지 않고 그와 반대로 줄였다. 그는 형식적으로 1백여 명 정도만 남기고 나머지는 해산시켜 농사일에 종사하도록 하였는데, 이고의 무기는 무력이 아니라 은혜와 신뢰였다. 병법에 따르면 '마음을 공격하는 것이 상책이다'라고 했다. 이고는 그것을 정치에 응용하여 좋은 효과를 보았다. 이고의 귀순 정책과 교화로 인해 1년도 되지 않아 도적떼가 전부 해산되었다. 조정의 명을 받고 온 순찰자 두밀은 그 일을 고하며 이고가 천하제일의 업적을 이루었다고 상소를 올렸다. 그 후 이고는 장작대장에 올랐다. 이고는 조정에 상소를 올려 '나라를 평안히 하는 자는 현량함을 쌓는 것을 도로 삼는다'는 도리를 밝히고 널리 현량을 구할 것을 간청하며 직접 인재 몇 명을 천거하였다. 그가 추천한 사람들 중 황경黃瓊, 주거周擧 등은 후일 조정을 어지럽히고 전횡을 부리는 자들에 대항하는 주도 세력을 이루었다. 조정에서는 이고의 의견을 받아들이고 그를 대사농으로 승급시켰다.

순제는 주거 등 8명을 사자로 보내 천하를 순시하고 각 군 관리의 덕행과 업적을 시찰하라고 명했다. 그 결과 수많은 환관의 친척들이 탄핵을 받았다. 환관들이 사정을 하자 순제는 다시 추궁하지 않겠다는 명을 내렸다. 당시 조정에서 인재를 선발할 때 시험을 봐서 합격시키는 방식이 아닌 특별히 천거해 임용하는 방식을 썼다. 이고는 8명의 사자가 탄핵한 사람들을 제멋대로 놔두지 말고 확실하게 체벌해야 하며, 관리를 뽑는 일은 관련 기관에 맡겨 규정대로 처리하도록 해야 한다는 상소를 올렸다. 순제는 이고의 제안을 모두 받아들여 한때 선정을 베풀었다.

얼마 뒤 순제가 붕어하고 강보에 싸인 2살짜리 충제沖帝가 제위에 올랐다. 양 태후는 어린 황제를 대신해 임조칭제를 했다. 양 태후는 이고를 태위로 임명하고 대장군 양기와 함께 정치를 보좌하도록 하였다. 그 이듬해(145년), 충제가 요람 속에서 근심걱정 없는 저 세상으로 떠났다. 양 태후는 서주, 양주 일대에서 반란이 일어났는데 바로 상을 치른다면 더 큰 혼란이 벌어질까봐 걱정했다. 양 태후는 각지 속국의 왕들이 도착한 뒤에 상을 치르고자 이고와 상의를 했다. 그러나 이고는 태후의 의견에 반대했다.

"옛날 진시황이 사구沙丘에서 병사했는데도 호해胡亥와 조고趙高는 바로 부고를 보내지 않고 그 사실을 은폐하며 장자 부소扶蘇를 없애버렸습니다. 그 결과 곧 진나라는 멸망했지요. 전대에 북향후(北鄕侯, 소제少帝)가 죽었는데도 염 태후의 형제와 강경이 그 사실을 감추었다가 결국 손정에게 주살당하고 말았습니다. 이처럼 천하의 금기를 절대로 행해서는 안 되옵니다."

양 태후는 이고의 의견을 받아들여 즉시 상을 치르고 충제를 편안하게 묻어주었다. 황제가 붕어하자 최대 과제는 그 자리에 다른 황제를 세우는 일이었다. 만약 사전에 그 일을 제대로 처리하지 못한다면 싸움과 유혈 분쟁을 통해 새로운 군주가 탄생하게 되고, 그 후에도 호시탐탐 때를 노리는 무리들로 인해 더 큰 후유증을 낳을 수 있었다.

이고는 나이도 많고 덕도 겸비한 청하왕淸河王 유산劉蒜을 황제로 세우고자 했다. 그는 양기와 그 일을 상의했다. 이고는 한나라 주발이 한 문제를 세우고 곽광이 한 선제를 세운 성공적 선례를 본받고, 등즐과 염현이 어린 황제를 세워 큰 화를 초래한 일을 경계하라고 밝혔다.

그러나 양기는 그의 의견을 듣지 않고 8세인 유찬劉纘을 질제質帝로 세웠다. 당시 황제가 상을 당하고 천하의 인심이 불안했기 때문에 태후는 이고를 중용했다. 이고는 조정의 기강을 바로잡고 환관을 쫓아냈으며 직무에 소홀한 관리 1백여 명을 파직시켰다. 그로 인해 이고에게 원한을 품은 자들은 양기에게 기대를 걸고 합심하여 이고를 무고하였다. 비방서는 곧 양기에게 전해졌다. 양기는 태후에게 비방서를 올리며 이고를 파직시킬 것을 요구했다. 양 태후는 이고를 매우 신임하고 있었기 때문에 양기는 뜻을 이룰 수가 없었다.

양기가 유산을 택하지 않고 유찬을 제위에 올린 이유는 나이가 어려 조정하기 쉽기 때문이었으니 그 점에서 그는 태후와 인식을 같이 했다. 그러나 세상일은 모두 사람 뜻대로 되지 않아서, 유찬이 어리기는 했지만 양기의 바람과는 달리 매우 영리했다. 어린 황제가 고양이 새끼라고 생각했는데 자세히 보니 호랑이 새끼였던 것이다. 양기는 후환을 피하기 위해 사람을 보내 독이 든 떡을 어린 황제에게 먹였다. 어린 황제가 아무리 똑똑하다고 하지만 사소한 일까지 살필 정도는 아니었다. 황제는 독이 든 떡을 먹고 갑자

기 속이 불편해지자 이고를 불러들였다. 이고가 정황을 묻자 질제
가 대답했다.

"구운 떡을 먹었더니 배가 아프다. 물을 마시면 금방 나을 것 같
구나."

이때 옆에 있던 양기가 끼어들었다.

"토할 수도 있으니 물을 마시면 안 됩니다."

질제는 곧 세상을 떠났다. 이고는 황제의 시체를 부둥켜안고 통
곡하며 태의와 시종들을 불러 자세한 원인을 물었다. 도둑이 제 발
저리다고 양기는 이고의 이러한 대처에 놀라 그를 더욱 증오하게
되었다.

다시 황제를 세우기 위해 백관들은 조정 회의를 열었다. 이고와
사도 호광胡廣, 사공 조계趙戒, 대홍려 두교杜喬는 청하왕 유산이 현
명하고 덕을 갖추었으며 혈연관계도 가장 가까우니 황제로 제일
적합하다고 주장했다. 그 당시 여오후蠡吾侯 유지劉志는 양기의 여
동생을 취하고자 하였다. 양기는 황후의 형제가 될 기회를 놓치지
않기 위해 유지를 세울 것을 주장했다. 양측은 첨예하게 대립했다.
그날 저녁 환관 조등曹騰은 양기를 만나서 그를 일깨워주었다.

"대장군 수하의 빈객들이 평소 자주 법을 어기고 질서를 문란하
게 했습니다. 청하왕은 엄정하기로 정평이 나있으니 그가 제위에
오른다면 대장군은 화를 면치 못할 것이옵니다."

그 말을 듣고 양기는 유지를 황제로 세울 결심을 굳혔다. 다음

날 공경들과 다시 회의를 할 때 양기는 기세등등하게 배수진을 쳤다. 호광 무리는 원래 하자는 대로 순종하는 부류였다. 당시 '만사를 백시(伯始, 호광의 자)에게 묻지 마라. 천하의 중용은 호공에게 있다'라는 말이 있었다. 그렇기 때문에 호광은 안제부터 영제까지 평안무사하게 6대 왕을 모실 수 있었다. 양기가 강경한 태도를 보이자 호광은 시세에 영합하며 외쳤다.

"대장군의 명이라면 다 따르겠습니다."

그러나 이고와 두교는 자신의 의견을 견지했다. 양기는 귀찮은 듯 성을 냈다.

"회의를 마칩니다."

이고는 회의가 끝난 뒤에는 희망을 품고 상서를 올려 설득하려 했지만 양기는 더 노하기만 했다. 양기는 태후를 설득한 뒤에 이고를 파직시키고 여오후를 환제로 세웠다. 양기는 그때도 자신이 절치부심하여 내린 결정이 스스로 파멸을 초래하는 일임을 전혀 예감하지 못했다.

1년 뒤(147년), 감릉甘陵 사람 유문劉文과 위군魏郡 사람 유유劉鮪가 유산을 천자로 세울 계획을 모의하다 발각되고 말았다. 양기는 그 기회를 이용해 이고가 그 사건에 연루되었다고 무고하여 옥에 집어넣었다. 이고의 문하생은 스스로 족쇄를 차고 상소를 올리며 스승을 대신해 억울함을 호소하였다. 양 태후는 이고를 신임하였기 때문에 그를 사면해주었다. 출옥하던 날 낙양에서는 우레와 같은 환호성이 들려왔는데, 백성들이 일제히 만세를 불렀던 것이다. 그러나 그런 상황은 도리어 이고에게 화를 초래하고 말았다. 양기는 그 소식을 듣고 이고의 높은 덕망과 명성이 나중에 우환이 될 것이라고 걱정했다. 그래서 그는 전에 이고가 유산을 옹립하려던 일을 죄로 꼽으며 상소를 올려 그를 다시 옥에 집어넣었다. 양기는 이고가 살아 있는 한 시간이 갈수록 더 큰 문제를 초래할 것으로 생각해 바로 이고를 없애버렸다. 후한 말기의 대신은 결국 이렇게 세상을 떠났다. 그의 나이 54세였다. 임종 전 이고는 호광과 조계에게 편지를 보냈다.

"저는 나라의 은혜를 입어 충심을 다하여 양기가 나라와 백성에게 화를 입히지 않도록 조정을 일으켜보려고 하였습니다. 그런데 두 분은 나라의 녹을 먹으면서도 돕기는커녕, 이리저리 흔들리며 도리어 나쁜 무리에 아부하고 굴복하면서 나쁜 짓을 하도록 돕고 있으니, 이제 한나라 황실도 쇠퇴할 것입니다. 후세 사가들은 분명 꾸밈없이 사실대로 기록할 것입니다. 저는 죽지만 의를 얻었으니 어찌 더 할 말이 있겠습니까?"

호광은 편지를 읽고 부끄러워하며 눈물을 흘리며 탄식하였다. 이고가 세상을 떠난 뒤 양기는 호광과 조계에게 상을 내렸다. 그리고 이고의 시체를 거리에 내버려두고 감히 와서 제를 올리거나 추모하는 자는 치죄한다는 엄명을 내렸다. 그럼에도 불구하고 죽음도 두려워하지 않는 자가 있었다. 아직 어렸던 이고의 제자 곽량郭

437

亮은 죽음을 무릅쓰고 스승의 시체를 거두어 장사지낼 수 있도록 허락해달라는 상서를 올렸다. 곽량은 청이 거절당하자 이고의 시체가 있는 곳으로 달려가 통곡하며 곁을 지키고 떠나지 않았다. 시체를 지키던 사람이 곽량에게 호통을 쳤다.

"이고는 대신으로 사직을 보좌하지 못하고 도리어 풍파를 일으키고 화를 초래했다. 세상물정에 어두운 쓸모없는 서생이 또 목숨을 걸고 법을 어기려고 하느냐?"

곽량이 그자에게 반박했다.

"나는 천지 간에 태어나 의에 감화되었습니다. 그런데 어찌 목숨에 신경 쓰겠습니까? 당신이 죽음으로 나를 위협해봤자 아무 소용없습니다."

남양 사람 동반董班 역시 달려와 대성통곡했다. 양 태후는 결국 그들에게 감동받아 이고를 납관하여 상을 치르도록 허락했다.

후일 남송시대 원元나라에 대항하던 영웅 문천상文天祥은 형이 집행되기 전 「의대명衣帶銘」을 남겼다.

"공자는 살신성인이라고 말했고, 맹자는 목숨을 버려 의를 취해야 한다고 했다. 오로지 의를 다해야 인에 달할 수가 있다. 성현의 책을 읽고 배운 것이 무엇인가? 지금도 앞으로도 부끄러움이 없겠구나."

한 사람은 간신의 손에 죽고 또 한 사람은 외부 침략자의 손에 죽었다. 1천 년이란 시간적 차이가 있지만 두 사람은 모두 살신성

인하여 의를 위해 목숨을 버렸다. 그들은 죽기 전에 같은 신념을
갖고 있었다.

"자고로 사람이 태어나서 죽지 않는 자가 있던가! 충성심을 보
여 역사를 빛내리라."

이런 신념은 유학사상이 길러낸 정직한 사대부 관원들이 대대
로 이어받은 공통적인 특성이었다.

後漢書 들여다보기

이고의 세 아들 중 둘은 아버지와 함께 해를 당했다. 이고의 딸은 가장 어린 동생 이섭李燮을 아버지의 문하생 왕성王成에게 부탁했다. 이섭은 왕성과 함께 도망가서 이름을 숨기고 타향에서 10여 년을 살았다. 그 후 양기가 주살된 뒤에 누이와 다시 만날 수 있었다. 누이는 이섭에게 경고했다.

"절대로 양 씨에 대해 어떤 죄과도 묻지 마라. 양 씨를 처벌하려면 황족까지 연루되니 무수한 해가 미치게 될 것이다."

이섭은 누이의 훈계를 따랐다. 그는 영제 때 안평상安平相에 올랐다. 안평왕 유속劉續은 황건적에게 포로로 잡혔다가 조정에 의해

이고

구조되었다. 영제가 유속을 다시 왕으로 봉하고자 했을 때, 이섭은 상서를 올려 안평왕이 잘 다스리지 못하니 그렇게 해서는 안 된다고 밝혔다. 조정에서는 그의 말을 듣지 않고 오히려 그에게 죄를 물었다. 1년도 안 되어 유속은 무도하게 굴다가 주살되었다. 이섭은 다시 관직으로 돌아왔다. 낙양의 사람들은 그를 보고 이렇게 말했다.

"아버지는 황제를 세우지 않으려고 하더니, 아들은 왕을 세우지 않으려고 하는구나."

●주요 인물
　양기

●주변 인물
　양상, 양태후, 손수, 환제

●키워드
　제멋대로 날뛰다, 포악하다

●중대 사건
　질제를 모해하다, 이고를 음해하다

●고사
　발호장군

●이야기 출처
　『후한서』「양통(梁統)열전」

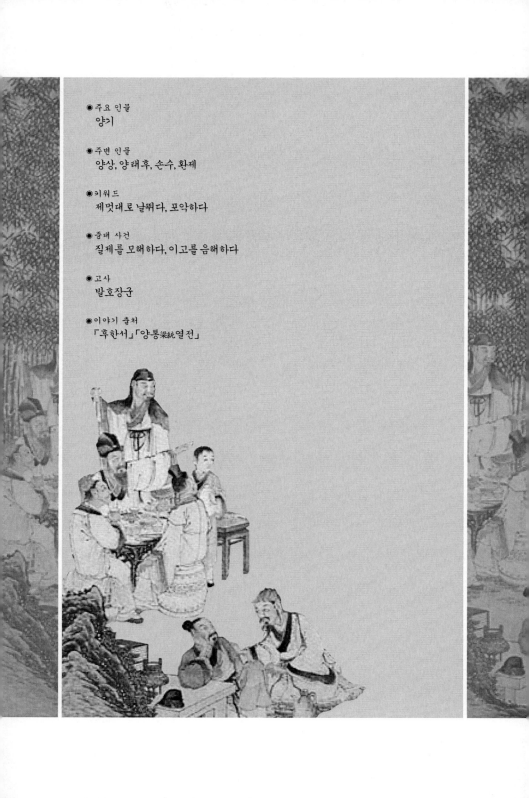

梁冀

양기 : 발호장군

각 왕조, 각 시대마다 극악무도하게 구는 간신들이 있기 마련이다. 진나라 때의 조고趙高, 전한 때의 왕망, 당나라 때의 이림보李林甫, 송나라 때의 채경蔡京과 고구高俅, 명나라 때의 위충현魏忠賢과 유근劉瑾, 청나라 때의 화신和珅이 그 대표적 인물이라 할 수 있다.

외척과 환관의 혼란한 정치로 유명했던 후한시대에서 그들에 견줄 만한 한 사람을 꼽으라면 당연히 양기를 빼놓을 수 없다. 양기(?~159년)는 자가 백탁伯卓으로 안정군 오지(烏氏: 지금의 감숙성 평량平凉 북서쪽) 사람이다. 그는 권문세가 출신으로 그의 조상들은 다 한 시대를 빛냈던 인물이었다. 양기가 잔혹하고 탐욕스러웠던 이유를 그의 조상에게서 찾으려고 했다면 다소 실망할 수도 있다.

복파장군 마원을 모함할 때 큰 힘을 썼던 증조부뻘인 양송만 제외하면, 그의 조상들 중에는 큰 잘못을 저지른 사람이 없다. 고조부인 양통梁統은 유수의 중신으로 엄격하게 다스리기로 이름이 났었다. 양통은 여러 차례 유수에게 상소를 올려 형벌을 엄하게 하여 사회 기강을 바로잡을 것을 간청했다. 양기의 아버지 양상은 순제 때 대장군의 신분으로 정치를 보좌하였는데, 겸손하고 온후하며 현사들에게 예를 갖춰 대접하여 황제와 백성들의 존경을 받았다. 한 마디로 당시대를 훌륭하게 보좌한 신하였다고 할 수 있다. 그렇지만 양기의 등장과 비교한다면 그들은 훨씬 보잘것없었다. 사람들이 그들을 언급할 때 양기의 아버지나 양기의 조상이라는 꼬리표를 빼놓지 않고 덧붙였다.

역사에서 묘사된 양기의 모습만 보더라도, 양기는 타고난 나쁜 놈이라고 할 수 있다. 새매처럼 높이 솟은 양쪽 어깨에, 승냥이나 이리처럼 살기로 번뜩이는 눈을 가지고 있었다고 한다. 역사서에 따르면 그는 말을 더듬었고 학문적 수준도 낮아 수밖에 셀 줄 몰랐지만, 황제의 인척으로 귀족 자제로 갖춰야 할 잡기의 조건은 다 갖추고 있었다. 술 마시기를 좋아했고 거리에서 유행하는 모든 도박이나 놀이에 능했다. 종종 매나 사냥개를 가지고 놀러다녔고 닭싸움이나 경마도 즐겼다. 그는 누이가 황후이고 아버지가 조정의 중신이었기 때문에 벼슬길에 대한 걱정은 할 필요도 없었다. 벼슬길에 들어서도 처음부터 언사를 전하는 황문시랑黃門侍郎으로 시작할 정도로 관운이 좋았다. 그 후 호분중랑장, 월기越騎 교위, 보병 교위에 올랐고, 그의 외모와 어울리지도 않는 천자의 의장대인 집금오까지 올랐었다. 영화 원년(136년), 양기는 낙양의 최고 행정 장관인 하남윤河南尹에 올랐다.

양기는 본래부터 난폭하고 제멋대로인 자였는데 권력을 장악한 기간 동안에는 한층 더 온갖 나쁜 짓을 일삼았다. 양기의 아버지 양상은 낙양령 여방呂放에게 아들이 저지른 만행에 대해 전해 듣고 양기를 혼냈다. 그런데 그 일은 여방에게 큰 화를 불러왔다. 양기가 사람을 보내 몰래 여방을 없애버렸던 것이다. 그는 아버지가 죄를 물을 것이 두려워 여방의 원수에게 죄를 전가했다. 또한 자신의 죄를 감추고 이목을 돌리기 위해 여방의 동생을 낙양령으로 임명하고 그 사건을 조사하도록 시켰다. 그 과정에서 1백여 명이 속죄양으로 죄 없이도 주살되었다.

영화 6년(141년), 양상이 세상을 떠나자 순제는 양기를 대장군으로 삼았다. 영화 9년(144년), 순제는 30세의 젊은 나이에 병으로 붕어했다. 새롭게 옹립된 충제는 겨우 2세였기 때문에 양 태후가 조정을 주관하고 있었다. 얼마 뒤 양 태후는 대장군 양기와 태위 이고에게 같이 정치를 보좌하라는 조서를 내렸다. 그 후 20년 동안 후한의 조정은 양기의 수중에 들어갔다. 양기가 세운 3번째 황제 환제가 꼭두각시처럼 지내기 싫어서 양기를 주살하기 전까지 그의 전횡은 계속됐다.

충제는 제위에 올라 요람에서 반년을 지내다가 아버지의 뒤를 이어 곧 저세상으로 갔다. 양기는 순식간에 황제 셋을 모신 원로가 되었다. 그는 다시 질제를 세웠다. 즉위 당시, 질제는 8세에 불과했지만 남달리 매우 영리했다. 한 번은 양기가 항상 교만하게 전횡을 부린다는 사실을 알고 조정 회의에서 양기를 가리키며 이렇게 외쳤다.

"저 자가 바로 발호(跋扈: 권력을 휘두르며 횡포하게 굴다)장군이구나!"

어린 황제는 정곡을 찌르는 한 마디로 양기의 본질을 꼭 집어냈다. 양기는 황제의 말을 듣고 놀라며 매우 두려워했다. 아직 어린 아이인데도 그 정도이니 자라면서 더 영민해질 것이 분명했다. 그는 질제를 그대로 둬서는 안 되겠다고 생각했다. 결국 그는 수하를 시켜 독이 든 구운 떡을 황제에게 먹였다. 질제는 떡을 먹고 세상을 떠났다.

양기는 다시 환제를 세웠다. 충제와 질제의 즉위 기간이 짧았기 때문에 그 일을 처리하느라고 양기는 자신의 맞수인 이고를 해치울 틈이 없었고 환제 때에 이르러서야 이고를 처치할 수 있었다. 그 후 조정은 양기의 천하가 되었다. 환제는 자신을 옹립한 공을 세운 양기를 총애하며 총 3만여 호를 식읍으로 내리고 양 씨 집안 사람들에게도 작위를 수여했다.

당연히 많은 사람이 권세 높은 양기에게 아첨하고 영합했다. 그중 재선宰宣이란 자는 기발한 방법으로 아부를 했다. 재선은 대장군이 세운 공이 옛날 주공과 비할 만하니 그의 부인에게도 상을 내림이 마땅하다고 황제에게 진언했다. 환제는 일리 있는 말이라고 여기며 양기의 아내 손수孫壽를 양성군襄城君으로 봉하고 매년 5천만 전의 지대를 내렸다. 손수와 양기는 '하늘이 맺어준 부부'였다. 역사서에서는 손수에 대해 어떻게 묘사하고 있는지 살펴보자.

"양기의 부인은 매우 아름다웠다. 가끔 수심에 차 미간을 찌푸리고, 가끔은 만면에 웃음을 띠었으며, 얼굴에는 얇게 연지분을 바르고 촉촉한 두 눈으로 사람들을 쳐다보았다. 손수가 뒤돌아보고 웃으면 그 가운데 담긴 뜻이 새하얀 이의 뿌리 깊은 곳까지 전해졌다. 검은 머리카락은 큰 보따리처럼 위로 말아 올려 살짝 옆으로 늘어뜨렸는데, 걸으면 다리가 몸을 견디지 못할 정도였다. 한 마디로 말해 요염하고 음탕한 모습이었다."

사가들은 손수를 미색으로 남편이 앞잡이가 되도록 후린 전형적인 인물로 보았다. 손수는 확실히 만만한 상대가 아니었다. 잔혹하고 포악했던 양기조차도 질투가 심한 부인을 두려워하며 한 발짝 물러났다. 아마 양상이 죽은 이후로 손수만큼 양기를 두려움에 떨게 하는 재주를 가진 사람은 없었을 것이다.

양상은 우통기友通期라는 여인을 순제에게 바친 적이 있었다. 그런데 우통기가 잘못을 저지르고 궁에서 쫓겨났다. 양상은 그녀를 다른 집으로 시집보냈는데, 양기가 우통기를 보고 반해 몰래 데리고 와서 첩으로 삼았다. 그는 미색에 눈이 멀어 그로 인해 생기는 위험은 생각지도 않았다. 결국 양기는 그 사실을 손수에게 들키고 말았다. 손수는 우통기의 머리를 밀어버리고 얼굴을 흉하게 만든 다음, 순제 앞에서 울면서 억울함을 호소했다. 양기는 당황하여 장모에게 그 일을 알렸다. 우통기는 조심스럽게 양기의 보호를 받았지만, 손수의 악랄한 손아귀를 끝내 벗어날 수 없었다. 그것으로도 모자랐는지 손수는 하인과 사통하여 부부의 정을 배반한 양기에게 복수하였다.

양기는 외척의 신분으로 전횡을 일삼았지만 후한시대의 다른 외척들과는 좀 달랐다. 그는 관직에 양 씨 집안 세력을 채우는데 힘쓰지 않았다. 양기는 부인 손수의 권유에 따라 사양한다는 명분 하에 조정의 관직에 오른 양 씨 집안사람들을 내쫓고 손 씨 집안사람들을 등용했다. 그들은 본디 탐욕스러운 무리로, 자신들이 속한 지역의 부호들을 기록해두었다. 죄명을 뒤집어씌우고 잡아들여 옥에 가둔 뒤 돈을 받고 그들을 풀어주었다. 부풍 사람 사손분士孫奮은 양기가 5천만 전을 요구했는데 3천만 전밖에 주지 않아서 결국 무고를 당했다. 사손분의 어머니가 원래 양기의 집에서 금고를 지키는 하녀로 있었는데 금은보화를 훔쳐 달아났다고 무고했다. 결국 사손분의 집안은 풍비박산이 났고, 1억7천만 전이나 되는 가산은 양기에게 전부 몰수당했다.

당시 전역에서 조정에 공물을 바치면 먼저 양기에게 보였다. 양기가 마음에 들어 하지 않는 것들이 황제에게 돌아간 것이다. 양기의 집 앞은 양기에게 뇌물을 주며 사정하고 관직을 부탁하러 온 사람들로 항상 문전성시를 이뤘다. 양기 집 문지기조차 그로 인해 큰 재물을 모았다. 그러나 재물에 대한 양기의 욕망은 끝이 없었다. 심지어는 외국과 결탁하여 진기한 보물을 구하기도 했다. 또한 대대적으로 저택을 짓고 원림을 넓게 만들었다. 그 화려함과 사치스러움이 황실의 원림과 맞먹을 정도였다. 넓디 넓은 원림에서 양기와 손수 부부는 그곳에서 하루 종일 마차를 타고 놀았다. 그것도 부족했는지 온갖 방법을 동원해 향락을 즐겼다.

양기는 하남河南에 10리나 되는 토원(兎園, 토끼 동산)을 만들고 각지에 토끼를 바치라는 명을 내렸다. 그리고 토원에 외부인의 사냥을 금한다는 푯말까지 세워뒀다. 한 번은 오랑캐 상인이 그 사실을 모르고 토끼 한 마리를 죽였는데, 그 일로 인해 10여 명이 주살되었다. 양기는 토원에 관한 한 누구라도 사정을 봐주지 않았다. 자신의 땅에서 사냥을 한 둘째 동생의 수하 30명을 전부 살해하기도 했다. 그는 성 서쪽에 별장을 짓고 간사한 망나니들을 그곳에 모아놓았다. 또 그는 나쁜 무리를 숨겨두고 민간 아녀자들을 강탈하였는데, 그에게 끌려와 노비가 된 자가 수천 명에 달했다. 양기는 그녀들에게 자기 마음대로 '자매인(自賣人: 스스로 자신을 판 사람)'이란 호칭을 붙였다.

그의 만행에 백성들의 원성이 자자했으나 군신들은 그를 받들었다. 원가元嘉 원년(151년), 환제는 자신을 옹립한 공을 세운 양기에게 최고의 영예를 수여하기 위해 신하들과 상의를 했다. 환제는 유방이 소하를 대우한 선례에 따라, 양기에게 '입조하여 빠른 걸음으로 걷지 않고 칼을 차고 대전에 들어도 되며 알현 시 이름을 대지 않아도 된다'는 명을 내렸다. 즉, 입조하여 양기는 느긋하게 천천히 걸을 수 있었고 칼을 풀거나 신발을 벗지 않아도 되었으며, 황제를 보고 말할 때에도 이름을 따로 붙일 필요가 없었다. 그밖에 양기에게 광무제 때의 태부 등우에 비할 만한 영토를 봉하고, 한 선제 때의 보좌 대신 곽광에 버금가는 상을 내렸다. 또한 이러한 대우는 만세가 지나도 불변할 것이라고 천하에 선포했다.

황제가 융숭한 대접을 해주었으나 양기는 만족하지 못했다. 조정의 대소사는 전부 그의 허락을 받아야 했고 궁중의 시종과 시위 선발도 그가 모두 주관했다. 환제의 거처에서 먹는 음식까지 모두 그의 감시 하에 있었다. 뿐만 아니라 조정 관원 중 승급한 자는 제일 먼저 양기에게 가서 감사 인사를 올려야 했다. 하비下邳 사람 오수吳樹가 완지의 현령으로 임명되어 양기에게 인사를 갔다. 양기는 오수에게 완지에 머물고 있는 자신의 빈객들을 잘 돌봐달라고 부탁했다. 오수는 정직한 관리였던 터라 이러한 부탁을 완곡하게 거절하고, 그의 빈객들 중 간악한 짓을 하거나 법을 어긴 자들을 죽였다. 양기는 그 일로 원한을 품고 있다가 오수가 형주 자사로 부임하여 자신에게 인사하러 왔을 때 독주로 독살해버렸다. 후맹侯猛

이란 요동 태수는 태수로 임명되었을 때 양기를 배알하는 예를 갖추지 않았다는 이유로 허리가 잘려 죽는 요참을 당하기도 했다.

당시 19세였던 낭중 원저袁著는 양기의 흉포함에 불만을 품고 분노하여 환제에게 상소를 올렸다. 그는 '전대에 고관으로 후한 총애를 받고 패망하지 않은 자는 드물다'고 밝히며 '이를 거울삼아 대장군은 조속히 물러나라'고 탄핵했다. 그것은 잠자는 사자의 코털을 건드리는 것과 같았다. 양기는 매우 노하여 원저를 붙잡기 위해 사람을 보냈다. 원저는 변장하고 몰래 도망치다 주검으로 위장해 잠시 화를 피했지만, 결국에는 양기의 악랄한 손아귀를 벗어나지 못했다.

원저의 친구 학혈郝絜과 호무胡武 역시 양기에게 죄를 지은 적이 있었다. 그것을 마음에 담아두고 있었던 양기는 그 기회에 그들을 모두 연루시켰다. 그는 호무의 일가족 60여 명을 전부 잡아서 주살하였다. 학혈은 미리 알고 도망쳤지만, 천하가 아무리 넓다 해도 양기의 마수를 빠져나갈 수 없다는 사실을 깨닫고 양기에게 사죄하는 편지를 남긴 뒤 독을 마시고 자진하였다. 그 덕분에 학혈의 가족은 목숨을 부지할 수 있었다.

양기의 동생 하남윤 양불의는 글 읽기를 좋아하며 현사에게 예를 다하는 자였다. 양기는 그런 동생을 매우 싫어했는데, 사람을 시켜 자신과 꼭 닮은 양불의의 아들을 하남윤으로 천거하는 대신 동생에게는 다른 관직을 내렸다. 양불의는 형제끼리의 다툼을 치욕스럽게 여기고 관직을 물리친 뒤 문을 닫고 손님을 사절하였다. 그러나 양기는 그를 내버려두지 않았다. 양불의의 집 앞으로 사람을 보내 누가 그와 왕래를 하는지 감시하도록 시켰다. 남군 태수 마융과 강하江夏 태수 전명田明이 부임하는 길에 양불의를 찾아갔다가 양기에게 모함을 당했다. 두 사람은 머리를 깎이고 채찍질당한 뒤 변방으로 유배를 당했다. 결국 마융은 자살을 시도했다가 실패했고 전명은 유배 가는 길에 죽었다.

양기의 집안 사람 중에 7명이 제후에 봉해졌고 3명의 황후, 6명의 귀인, 2명의 대장군, 3명의 부마가 배출되었다. 높고 낮은 관원도 57명이나 되었다. 양기 역시 고위직에서 20년 넘게 있으면서 황제 셋을 모신 대신답게 지극히 높은 명성을 떨쳤다. 그에 반하여 천자의 자리는 유명무실했다. 결국 환제의 불만이 점점 커져 갔다. 이미 성인이 된 환제는 양기의 꼭두각시 노릇을 더 이상 하고 싶지 않았다.

연희 원년(158년), 태사령 진수陳授는 상소를 올려 하늘에서 일식이 있었으니 재앙이 내릴 것이며 대장군 양기가 재앙의 화근이라고 고했다. 양기는 물론 그렇게 생각하지 않았다. 그는 사람을 보내 진수를 붙잡아다가 고문해서 죽여버렸다. 환제는 그 사실을 알고 크게 노했지만 양기의 권세가 워낙 드높은데다 조정 안도 그의 패거리들로 가득했기 때문에 감히 공공연하게 화조차 낼 수가 없었다.

그때 몇몇 여인이 양기를 죽음으로 몰아넣는 도화선이 되었다. 나쁜 일들은 깊이 파고 들어가면 항상 여자와 관련이 있다. 손수는 환제에게 등맹鄧猛이라는 여자를 추천한 적이 있었다. 등맹은 환제의 총애를 얻고 귀인에 올랐다. 양기는 자신의 권력 기반이 흔들릴 것을 두려워하며 등맹을 자신의 수양딸로 삼고 성도 양 씨로 바꾸고자 하였다. 그는 등맹의 어머니 선宣과 형부 병존邴尊이 반대할까 봐 염려가 되어 효과 있는 수법을 썼다. 양기는 먼저 병존을 없앤 뒤 선을 죽이고자 했다. 그러나 남의 일에 참견하기 좋아하는 선의 이웃 원사袁赦가 양기의 '거사'를 그르치고 말았다. 자객이 원사의 집 위를 지나가다가 발각되고 말았는데, 원사는 북을 쳐서 사람들을 불러 모으고 선에게 알려주었다. 선은 바로 입궁하여 환제에게 그 사실을 고하였다.

사실 황제에게 한 사람의 목숨 정도는 별 것이 아닐 수도 있는 일이었다. 더구나 환제는 함부로 날뛰며 전횡을 일삼는 양기를 더 이상 두고 볼 수가 없었다. 환제는 이미 27세나 되었는데도, 양기는 그런 황제는 안중에도 두지 않고 몰상식하게 행동했다. 환제는 드디어 양기를 제거하기로 결심하고 환관들과 상의하여 일을 긴박하게 진행시켰다.

양기는 그 사실을 눈치채고 심복 장운張惲을 궁으로 미리 보내 금군에서 당직을 서며 변고가 일어나지 않도록 잘 감시하라고 명했다. 그러나 장운은 죽음을 자초한 꼴이 되어 결국 주살되었다.

환제는 병변을 막기 위해 어전회의를 열고 상서령 윤훈尹勳을 보내 각 병부兵符를 몰수했다. 그 다음 환관 구원具瑗에게 어림군 1천여 명을 내주며 양기의 집을 포위하라고 명했다. 양기는 꼼짝없이 잡혀서 대장군의 인수를 내놓고 대신 비경도향후比景都鄉侯에 봉해졌다. 양기는 이미 대세가 기울어졌음을 감지하고 바로 아내와 함께 자결했다.

양기는 온갖 나쁜 짓을 일삼다가 결국에는 죗값을 받은 것이다. 그리고 양기와 손수의 두 집안 친척들은 나이를 불문하고 모두 거리에서 처형당했다. 그 외에도 2천 석 이상의 관원으로 목숨을 잃은 자가 수십 명에 달했고, 수하 관리나 빈객으로 파면된 자가 3백여 명에 달했다. 그야말로 조정 전체가 텅텅 빌 정도였다. 그로 인해 낙양 거리는 며칠 동안이나 소란스럽고 술렁거렸다. 백성들은 모두 박수를 치며 환호성을 질렀다. 양기의 가산을 판 돈이 30억 전에 달했는데, 그 돈은 나라의 조세 절반과 맞먹는 것이었다.

옛날 순제가 8명의 사자를 보내 천하를 순시하며 각지 관원의 업적을 시찰하라는 명을 내렸다. 7명의 사자들은 즉시 순시를 떠났다. 그중 가장 직위가 낮고 어린 시위 장강張綱은 전횡을 부리며 충신을 모함하는 양기를 불만스럽게 여기고 있었다. 그는 낙양 성 밖에 있는 도정(都亭, 역참)에 도착하여 분개하며 땅을 파고 수레바퀴를 묻었다.

"이리와 승냥이가 정권을 잡고 있는데 어디서 여우를 찾으라는 것인가!"

그리고 다시 조정으로 돌아와 순제에게 상소를 올려 양기 형제를 탄핵했다. 겉모습으로 보나 본성을 보나 이리와 승냥이란 표현은 양기의 이미지와 가장 잘 어울리는 말이다. 이리와 승냥이가 정권을 잡고 있다는 간단한 한 마디가 20년간 후한 조정의 정곡을 찌른 표현이었다.

後漢書 들여다보기

양기, 엄숭嚴嵩, 화신은 중국 역사에서 나라를 말아먹은 대표적인 3대 역적이라고 할 수 있다.

엄숭은 명나라 가정嘉靖 연간의 대학사大學士다. 『명사明史』 「간신전奸臣傳」에 따르면 그의 재산을 몰수했을 때 황금이 3만 전, 백은이 2백만 전 정도였는데, 당시 국가 군비 지출의 10배와 맞먹는 수준이었다고 한다.

청나라 건륭제乾隆帝 때의 화신은 천하제일의 탐욕꾼이었다. 가경제嘉慶帝 때 몰수된 그의 가산은 백은으로 환산하면 8억 전이나 됐

엄숭

는데, 그 정도면 당시 10년의 세수입과 맞먹었다. 그래서 '화신이 넘어지면 가경제가 배불리 먹는다'는 말이 나올 정도였다.

루이스 파스퇴르(Louis Pasteur)는 산패를 방지하는 양주법을 발명하여 프랑스 양주업을 구했다. 그 당시 프랑스가 프로이센과의 전쟁 이후 50년 동안 독일에게 배상한 50억 프랑을 파스퇴르 혼자서 다 배상할 수 있다는 말이 있었는데, 화신의 재산은 청나라 말기 '시모노세키조약(1895년)'과 '신축조약(辛丑條約, 1901년)'에서 부과된 거액의 배상금을 다 배상하고도 남을 정도였다.

파스퇴르

● 주요 인물
　진식

● 주변 인물
　종호, 고륜, 장양

● 키워드
　현덕하다, 관대하다

● 중대 사건
　의를 베풀어 도적을 놓아주다, 스스로 옥으로 들어가다

● 고사
　양상군자, 난형난제

● 이야기 출처
　『후한서』「순한종진荀韓鍾陳열전」

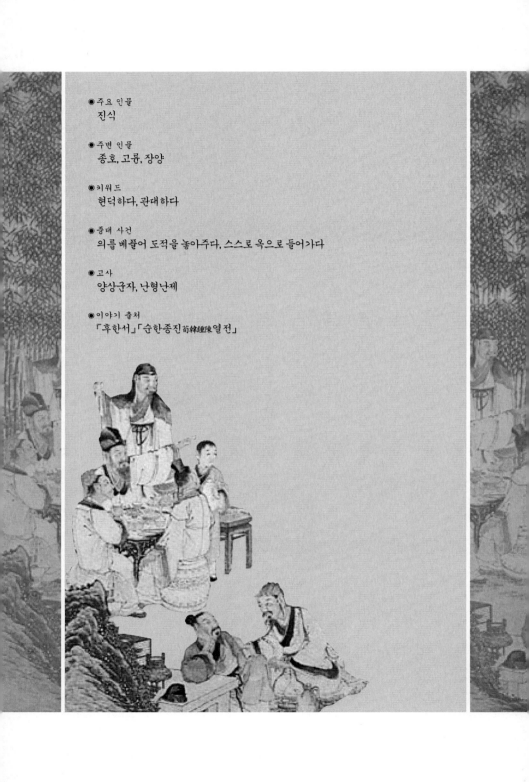

陳寔

진식 : 좋은 사람

진식陳寔이 명성을 날리게 된 것은 그가 만들어낸 재미있는 명칭 때문이다. 기근이 발생한 어느 해, 진식의 집에 좀도둑이 들었다. 좀도둑은 천장 대들보에 숨어서 도망갈 기회를 엿보고 있었다. 진식은 그 사실을 눈치채고 침착하게 아들과 손자를 불러 정색을 하며 훈계를 했다.

"사람은 말이다, 스스로 힘쓰지 않으면 안 되느니라. 일부 불량한 무리라고 본성이 꼭 나쁜 것은 아니다. 그저 습관적으로 그렇게 된 것이니라. 저기 대들보 위에 숨어 있는 양상군자처럼 말이다."

좀도둑은 그 말을 듣고 놀라서 내려와 진식에게 엎드려 절을 했다. 강도를 '호한好漢'이라 부르듯, 그 후 좀도둑을 고상하게 대들보 위의 사람이란 뜻의 '양상梁上군자'라고 부르게 되었다. 이야기는 이쯤에서 끝나지 않는다. 그렇다면 진식이 기회만 있으면 자녀들을 가르치기 좋아하는 재미있는 어른에 불과하다고 여길 것이다. 진식은 좀도둑이 죄를 뉘우치자 너그럽게 위로했다.

"보아하니 자네가 나쁜 사람 같지는 않네. 앞으로 반성하여 착하게 살도록 하게나. 도둑질을 하게 된 것은 다 가난 때문에 그런 것이겠지."

진식은 그에게 2필의 명주를 내주었다.

그 소문이 전해진 뒤 현의 기풍이 완전히 변했다. 다시는 강도 사건이 일어나지 않았다. 위의 일화로 진식이 후덕하고 현명한 어른이란 인상을 받았을 것이다. 그렇다면 진식은 실제로 어떤 사람일까?

진식(104~187년)은 자가 중궁仲弓으로 영천 허(許: 지금의 하남성 허창許昌 동쪽) 지역 사람이다. 가정 형편이 좋지 않았기 때문에 어릴 적부터 현의 소리小吏가 되어 잡일을 맡아서 했다. 그는 배움에 뜻을 두고 열심히 글을 읽었다. 한 번은 현령이 그와 한담을 나누다 남다른 재능을 발견하고는 그를 태학으로 보냈다. 진식은 태학에서 학업을 마치고 돌아온 뒤 한동안 양성陽城의 산에 은거하였다. 그때 현에서 살인 사건이 발생하였는데, 현의 관아에 있는 양 씨 성을 가진 관원이 진식을 범인으로 의심하며 붙잡아다 고문을 했다. 그러나 후일 그가 범인이 아님이 밝혀져서 옥에서 풀려날 수 있었다. 후일 진식은 군에서 독우가 되었다. 그는 특별히 현에 있는 관리 양 씨를 곤란하게 하지 말라는 분부를 내렸다. 그 사실이 알려지자 사람들은 그의 너그러움을 칭찬했다.

진식은 가난 때문에 어쩔 수 없이 산에서 나와 영천 서문西門의 정장亭長을 맡았다. 그 지역에는 종호鍾晧라는 명사가 군의 공조로 있었다. 그는 원래부터 진식과 사이가 좋았다. 종호는 자신보다 나이가 어린 진식을 매우 높게 평가했다. 종호가 다른 곳으로 부임하게 되었을 때 태수는 누가 그를 대신하면 좋은지 물었다. 그때 종호가 이렇게 답했다.

"태수께서 적임자를 찾고 계시다면 서문 정장 진식이 괜찮을 듯싶습니다."

진식은 그 소식을 듣고 말했다.

"종호가 사람을 볼 줄 모르는군. 그러니 어찌 나라고 단정할 수 있겠는가?"

사실 종호는 인재를 알아보는 혜안을 가진 사람이었다. 그는 태수를 위해 좋은 수하를 천거했으며, 진식은 종호의 뒤를 이어 공조에 임명되었다. 당시 조정에서 굉장한 권세를 떨치던 환관 후람侯覽은 태수 고륜高倫에게 관아에 자신의 사람을 위한 관직을 마련해 달라고 인사 청탁을 했다. 그래서 태수는 그자를 속관으로 임명하고자 하였다. 진식은 후람이 부탁한 사람이 그 직에 적합하지 않다고 여기며 고륜에게 말했다.

"그자는 태수께서 부리기 쉽지 않습니다. 그렇다고 후 대인의 명을 거역할 수도 없으니 그자의 자리는 태수님의 명예가 더럽혀 지지 않도록 제가 알아서 마련하겠습니다."

고륜은 진식에게 그 일을 맡겼다. 후일 사람들은 그 사실을 알고 진식이 권세를 무서워하여 소인배를 함부로 등용했다고 비꼬았다. 그러나 진식은 순순히 비난을 받아들이며 변명하지 않았다. 그 후 고륜이 상서에 오르게 되었다. 군에서는 태수를 위해 송별연을 열었다. 그 자리에서 태수 고륜은 진상을 밝혔다.

"일전에 후 대인이 나에게 지인을 위해 자리를 하나 마련해달라고 부탁을 했었다네. 진식은 내 명예가 더럽혀질까봐 그 일을 일부러 자신이 맡아 처리해주었네. 듣자하니 많은 사람이 그 일로 진식을 비난하였다고 하던데, 사실은 내가 횡포한 무리를 두려워해서 그런 것이네. 진식은 공이 있으면 다른 사람에게 미루고 과실이 있으면 바로 자신이 감당하는 자라네."

진식은 사실이 알려졌지만 여전히 공을 드러내지 않고 자신의 잘못이라고 했다. 사람들은 그의 덕에 탄복하였다.

그 뒤 진식은 태구太丘 현령으로 부임하였다. 그런 연유로 후세 사람들은 진식을 '진태구陳太丘'라고 불렀다. 그가 현령으로 있는 동안 그곳을 매우 잘 다스렸기 때문에 백성이 평안하였다. 심지어는 이웃 현의 사람들까지 태구로 몰려 들었다. 진식은 그들을 잘 타일러서 원래 살던 현으로 돌려보냈다. 한 번은 수하가 소송이 제기될 것을 걱정하여 소송을 금지시키려고 하자 진식이 넌지시 충고했다.

"소송은 본시 정의를 위한 것인데 그것을 막으려고 한다면 백성들은 어디 가서 억울함을 풀겠는가? 그러니 소송을 막고 체포해서는 안 될 일이네."

책임 관리는 그의 말을 듣고 탄복했다.

"현령이 그렇게 대의에 밝은데 어찌 원망을 품고 있는 사람이 있을 수 겠는가!"

정말로 소송을 제기하는 사람이 없었다. 한 번은 그 지역의 국상이 불법으로 세금을 징수하였다. 진식은 그것을 무효화하기 위해 힘을 썼다. 그러나 뜻이 다르면 서로 도모할 수 없는 법. 진식은 뜻을 이룰 수 없자 관직에서 물러났다. 그 후 태구현 백성들은 그를 그리워했다.

얼마 후 첫번째 당고의 옥이 일어났다. 조정에서는 당인들을 잡아들였다. 진식은 당시 이름을 떨치던 명사에 속했다. 게다가 당인의 영수인 이응李膺은 '유일하게 같은 군의 순숙荀淑과 진식만이 친구다'라고 말하였다. 따라서 그 역시 체포 대상에 들어 있었다. 다른 사람들이 피난할 때 진식은 '내가 지옥에 떨어지지 않으면 누가 지옥에 떨어지겠느냐'라는 정신을 발휘하며 이렇게 외쳤다.

"내가 옥에 들어가지 않으면 사람들이 의지할 데가 없다."

다시 말해 그가 감옥에 들어가지 않는다면 투옥된 자들에게 중심 역할을 해줄 사람이 없을 것이라는 뜻이었다. 그리고는 스스로 옥으로 달려가 감금을 청하였다. 진식은 그렇게 하여 더 널리 명성을 떨쳤다. 후일 첫 번째 당고가 풀렸을 때 진식은 사면되어 옥을 나왔다.

영제 초기, 진식은 대장군 두무竇武에게 속관으로 등용된다. 당시 환관 장양張讓의 권세가 하늘을 찔러 조정을 위협하고 있었다. 장양은 아버지가 세상을 떠나자 영천으로 돌아가 장사를 지냈다. 수많은 사람들이 조문을 왔지만 그 지역의 명사들만은 장양의 사람됨을 수치스럽게 여겨 한 사람도 참석하지 않았다. 진식은 그 이야기를 듣고 엄청난 잘못인줄 알면서도 혼자 조문을 갔다. 결국 그 일로 인해 진식은 사람들의 구설에 올라 엄청난 비난을 받았다.

두 번째 당고의 옥이 일어났을 때 천하의 많은 당인들이 해를 당했다. 그러나 장양은 기꺼이 조문을 와준 진식에게 감사한 마음을 가지고 있었다. 그 덕분에 영천의 명사들까지도 너그러운 처우를 받아 재난을 피할 수 있었다. 당나라 때 백거이白居易는 이런 시를 지었었다.

주공은 유언비어를 두려워한 날이 있었고,

왕망은 찬탈하지 않고 겸손하던 때가 있었지.

만약 애초에 죽었더라면,

평생 그 진면목을 누가 알았을까?

진식은 자신의 이해관계보다는 남의 입장에서 생각하고, 대국을 중요하게 여긴 사람이었다. 만약 나중에 사실로 증명되지 않았다면 천고에 오명을 남기지 않았을 것이라고 어찌 장담할 수 있겠는가? 아마 진식의 속마음은 공자가 한 말과 같았을 것이다.

"남이 자신을 알아주지 않아도 화를 내지 않으니, 군자라고 할 수 있지 않은가!"

진식은 고향으로 물러나 마음과 덕을 닦았다. 그는 덕과 명성이 높은 어른과 같았기 때문에 고향 사람들에게 존경을 받았다. 그 지역에서 분쟁이나 소송이 생기면 모두들 그를 찾아가 중재를 요청했다. 진식이 매우 공정하게 시비곡직을 명확하게 가려내니 탄복하지 않는 자가 없었다. 당시 그의 고향에서는 '차라리 형벌이 가해지더라도 진식에게 잘못이 폭로되기를 원치 않는다'는 말이 유행하였다고 한다.

『세설신어世說新語』에는 그의 중재 솜씨를 단적으로 보여주는 일화가 있다. 진식의 손자 둘이 각자 아버지의 공덕을 들먹이며 서로 자신의 아버지가 더 잘났다고 논쟁을 벌였는데 결론을 낼 수 없었다. 결국 손자들은 할아버지에게 우열을 가려달라고 부탁했다. 진식은 이렇게 대답했다.

"원방元方은 형 노릇하기 곤란하고 계방季方은 아우 노릇하기 곤란하구나!"

다시 말해 두 형제의 덕행이 비슷하기 때문에 그 문제는 답하기가 매우 곤란하다는 뜻이다. 하나는 형이고 하나는 동생인 것처럼 우열이 분명하지 않다는 말이다. 할아버지의 절묘한 대답에 두 손자는 몹시 기뻐했다. 이 일화는 우열을 가리기 어려운 상황의 두 사람을 일컫는 '원방계방元方季方'과 '난형난제難兄難弟'란 성어를 낳았다.

또 다른 책에는 그가 고향으로 물러난 무렵에 발생한 이야기가 실려 있다. 진식이 한 번은 같은 군에 사는 명사 순숙을 만나러 갔다. 그는 집안이 빈한하여 수레를 몰 사람을 구할 수 없었다. 그래서 큰 아들에게는 앞에서 수레를 몰게 하고 둘째 아들에게는 절장 節仗을 가지고 마차 뒤를 따라오도록 했다. 그리고 자신은 어린 손자를 안고 수레에 탔다. 순숙에게는 8명의 이름난 아들이 있었는데, 사람들은 그들을 '순 씨 팔룡八龍'이라고 불렀다. 순숙은 아들 하나를 불러 손님을 맞이하게 하고 하나는 술을 따르게 했다. 그리고 나머지 6명은 옆에서 식사 시중을 들게 했다. 두 노인은 각자 손자를 무릎에 앉히고 웃으며 즐겁게 식사를 나누었다.

당시 태사가 하늘을 관찰하다 이상한 점을 발견해 황제에게 보고를 올렸다.

"한 진인眞人이 동쪽으로 갔습니다."

진식은 자식들 교육에 매우 힘썼다. 그래서 기회만 생기면 가르침을 주었다는 '양상군자' 일화 외에도 그의 교육관을 보여주는 이야기가 몇 가지 더 있다. 한 번은 그의 집에 손님이 왔다. 당시 진식의 두 아들은 아직 어렸다. 두 아들은 아버지에게 밥을 하라는 명을 받았는데, 둘은 밥을 하다가 팽개쳐두고 아버지와 손님의 대화를 엿듣다가 밥은 결국 죽이 되어버렸다. 진식이 이유를 추궁하자 아이들은 어른들 말씀을 듣느라 일을 그르쳤다고 답했다. 진식이 아이들에게 물었다.

"그럼 우리가 말한 내용을 아직 기억하느냐?"

두 아들은 들은 내용을 하나도 빼먹지 않고 앞다퉈 대답을 했다. 그러자 진식이 타일렀다.

"그렇다면 죽을 먹어도 괜찮겠구나. 꼭 밥일 필요는 없겠지."

진식의 두 아들은 아버지의 가르침을 저버리지 않았다. 아니 아버지의 이러한 교육 방식을 저버리지 않았다고 할 수 있었다. 그의 아들들은 어릴 적부터 똑똑하고 예를 잘 알았다. 어느 날은 진식이 친구와 여행을 가기로 약속을 했다. 약속 시간이 됐는데도 친구가 오지 않자 진식은 먼저 가버렸다. 늦게 도착한 친구는 7세인 진식의 아들 원방이 문밖에서 놀고 있는 것을 보고 진식이 먼저 가버렸음을 알고는 화를 냈다.

"진식은 정말 몹쓸 사람이로구나! 약속을 해놓고서 친구도 기다리지 않고 먼저 가버리다니."

그때 원방이 말하였다.

"어르신은 아버지와 약속해놓고도 제시간에 도착하지 않았으니, 신용을 지키지 않은 셈이군요. 그리고 아들 앞에서 아버지를 욕하다니 예의가 아닙니다."

친구는 매우 부끄러워하며 수레에서 내려 원방의 손을 잡았다. 그러나 원방은 상대도 하지 않고 뒤돌아서 들어가버렸다. 진식의 두 아들은 자라서 덕망 있기로 이름을 날렸다. 진식은 아들 둘과 함께 제일의 명사로 평가받았다. 세상 사람들은 이 삼부자를 '삼군三君'이라고 불렀다.

이런 이유로 진식은 고향에서는 물론이고 조정에까지 명성을 떨쳤고, 공경사대부들에게 존경을 받았다. 태위 양사가 조정에 등용되었을 때 백관들이 축하인사를 전했다. 그에 대해 양사는 겸손한 대답을 남겼다.

"진식 선생도 오르시지 않은 지위에 제가 먼저 앉게 되다니 참으로 부끄럽습니다."

후일 대장군 하진은 진식에게 사람을 보내 높은 관직을 권하였다. 그러나 진식은 완곡히 거절하였다.

"오랫동안 일을 보지 않았습니다. 그저 집에서 천수나 누리고 싶습니다."

그렇게 벼슬을 사양한 뒤에 문을 닫아걸고는 다시는 천거에 응하지 않았다.

중평中平 4년(187년), 진식은 84세의 나이로 집에서 눈을 감았다. 그가 세상을 떠나자 조문하러 온 사람이 3만여 명에 달했고 그를 추모하며 상복을 입은 자도 수백 명이나 되었다. 고향 사람들은 그의 덕을 기리며 비석을 세우고 사사로이 '문범文範 선생'이라는 시호까지 내렸다.

　진식은 후한시대뿐만 아니라 그 후에까지 이름을 날렸다. 삼국시대의 명장 등애鄧艾는 진식의 비문에 새겨진 '문文은 세상의 본보기가 되었고[世範], 행동은 사인들의 모범이 되었다[士則]'라는 구절을 보고 그를 경모하게 되었다. 그래서 자신의 이름을 범範으로 자를 사칙士則으로 지었다. 그렇게 본다면 진식은 정말로 천고의 모범이 되었다고 할 수 있다.

後漢書 들여다보기

주나라 무왕이 세상을 떠난 뒤 무왕의 아들 성왕이 어린 나이에
등극하자, 무왕의 동생 주공이 섭정하였다. 무왕의 또 다른 동생
관숙管叔과 채숙蔡叔은 주공이 제위를 찬탈하려고 한다는 소문을
퍼뜨렸다. 두 사람은 나중에 주왕紂王의 아들 무경武庚과 손잡고 반
란을 일으켰다가 주공에게 토벌되었다. 결국 무경과 관숙은 살해
되었고 채숙은 유배당했다.

성왕이 성인이 되자 주공은 정권을 그에게 돌려주었다. 성왕이 친
정할 때 누군가 그의 앞에서 주공의 험담을 했다는 것을 듣게 되

주왕

었는데, 주공은 그 때문에 초楚나라로 가버렸다. 성왕은 나중에야 진상을 알고 울면서 주공을 다시 모셔왔다.

성왕이 집권한 후 주공은 성왕의 나이가 아직 어리고 경험이 부족해 안일함을 탐하지 않을까 우려하여 '무일無逸'이란 문장을 지어 성왕에게 권고하였다. 군자는 안일을 꾀하지 말아야 하며 상 왕조의 현명한 왕들이나 주나라의 문왕을 배우고 익혀, 백성을 애초하고 다스림에 힘써야 한다. 또한, 백성들의 고통에 귀기울이지 않고 사치와 음란과 안일을 탐한다면 좋은 결말을 맺을 수 없음을 강조하였다.

주공

● 주요 인물
  진번

● 주변 인물
  설근, 서유자, 두무

● 키워드
  강직하고 아첨하지 않는다

● 중대 사건
  태부에 오르다, 환관 주살을 모의하다

● 고사
  방 하나도 쓸지 않으면서 어찌 천하를 휩쓸겠느냐

● 이야기 출처
  『후한서』「진왕陳王열전」

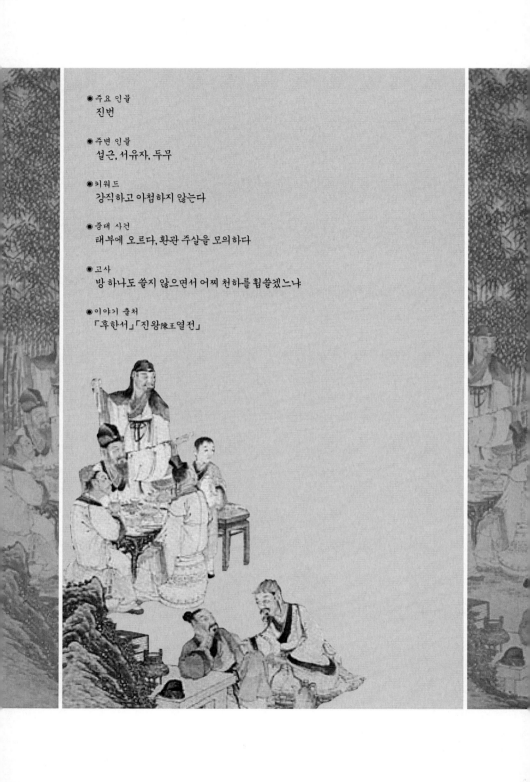

陳蕃

진번 : 천하를 휩쓸 뜻을 품은 자

대다수의 위인들은 종종 어린 시절부터 두각을 나타내곤 하는데, 어느 날 문득 전혀 예상치 못했던 놀랄 만한 말을 던지기도 한다. 남북조시대의 종각宗慤은 7세 때 숙부가 그의 포부를 묻자 기세등등하게 이렇게 답했다.

"긴 바람을 타고 1만 리의 파도를 헤쳐나갈 것입니다."

후일 자식이 대성하기를 바라거나 훌륭한 사람이 되지 못한 것을 한탄하는 부모들은 이런 말을 예로 들어 자신의 아이들을 교육했다. 그런데 종각만큼이나 평범하지 않은 사람이 또 있었다. 그 역시 유명한 말을 남겼는데, 그는 우여곡절이 많은 인생을 살았다.

진번(陳蕃, ?~168년)은 자가 중거仲擧이며, 여남 평여(平興: 지금의 하남성) 사람이다. 그는 관료 집안에서 태어났다. 그의 조부는 하동 태수까지 올랐었다. 진번은 어릴 적부터 아주 게을러서 몸을 움직이는 것조차 귀찮아 했다. 자신이 혼자 쓰는 방조차도 잘 치우지 않을 정도였다. 그가 15세 되던 해, 아버지 친구인 설근(薛勤)이 그의 집에 왔다가 어질러진 방을 보고 어른으로서 진번을 데리고 훈계를 했다.

"애야, 어찌해서 방을 치우지도 않고 어지러운 상태에서 손님을 맞을 수 있느냐?"

진번은 예상 밖으로 놀랄 만한 말을 내뱉었다.

"대장부가 세상에 태어나 천하를 휩쓸어야지, 어찌 방 하나를 신경 쓰겠습니까?"

이 말에 대한 평가는 중국 교육 역사상 난제로 남았다. 혹자는 아이가 천하에 눈을 돌리고 큰 뜻을 품었다고 보았고, 혹자는 남을 속이기 위한 흰소리에 불과하다고 보았다. 설근은 즉시 그의 말에 반문했다.

"방 하나도 쓸지 못하면서 어찌 천하를 휩쓸겠느냐?"

어떤 평가가 정확한지는 닭이 먼저인지, 계란이 먼저인지 다음으로 판단하기 어렵다. 2천 년이 지나도 결론은 내려지지 않았다. 우선은 진번에게만 주목을 하자.

진번은 자라서 군에서 효렴으로 천거되어 낭중에 올랐다. 그는 어머니가 병으로 세상을 떠나자 관직을 그만두고 상을 치렀다. 그 뒤 자사 주경周景이 그를 불러 속관으로 등용했다. 그러나 성품이 강직했던 진번은 얼마 후 진언을 두고 의견이 충돌하자 사직하고 돌아왔다. 그 뒤 공부(公府: 관아)에서 그를 방정方正으로 천거하였으나 진번은 사양하고 나가지 않았다.

아마도 진번은 몸값을 올리기 위해 사양했을 것이다. 태위 이고가 그를 의랑으로 추천하자 진번은 다시 벼슬길에 나갔다. 그는 낙안樂安 태수로 부임하였다. 그곳에 있을 때 일어난 일화를 통해 그가 전통 사대부의 뿌리 깊은 봉건적 관념을 갖고 있었음을 엿볼 수 있다.

군에 사는 조선趙宣이란 자는 세속에 구속됨이 없이 자신의 신념대로 행동했다. 그는 부모님이 세상을 떠난 뒤 묘의 혈을 봉하지 않고 그 안에서 20년을 살았다. 때문에 그 지역에서는 효심이 깊기로 유명했다. 누군가 진번에게 그를 천거하였는데, 진번은 조선이 부모의 시묘살이를 하는 동안 자신의 아들을 낳은 사실을 알고 크게 화를 냈다. 그는 조선이 상을 치르는 동안 욕구를 자제할 줄도 모르고 세상을 속여 명성을 얻고 귀신을 모독하였다며 꾸짖고는 도리어 그를 치죄하였다. 그리하여 20년 동안 귀뚜라미처럼 암흑천지에서 살았던 조선은 하루아침에 불쌍한 처지로 전락하고 말았다.

당시 청주 자사로 있던 이응은 엄하게 다스리기로 이름나 있는 명사였다. 군의 속관들은 이응의 요구대로 일을 감당해내지 못하고 속속 떠났다. 그러나 진번만이 깨끗한 정치를 하며 관직을 지켰다. 당시 조정에서는 대장군 양기가 전횡을 부리고 있었다. 그는 무슨 일만 있으면 인편에 서신을 보내 진번에게 부탁을 했다. 진번은 양기를 매우 혐오하여 일부러 문을 걸어 잠그고 사자 만나기를 거부했다. 사자는 뒷배를 믿고 기세등등하게 굴었다. 그리고 진번이 자신을 만나도록 속임수를 썼다. 다른 사람 같으면 아마 참고 아무 말도 못했겠지만 불행히도 진번은 달랐다. 진번은 크게 노해서 수하에게 채찍으로 사자를 때려죽이라고 명했다. 양기는 그 사실을 알고 노발대발하며 그를 현령으로 강등시켰다. 그러나 진번은 얼마 뒤 다시 상서로 승격되었다.

당시 영릉, 계양 지역의 산에는 도적떼들이 날뛰고 있었다. 조정의 공경들은 길일을 택해 도적떼를 토벌해야 한다고 고했다. 그곳은 굴원의 『이소』에 나왔을 정도로 교화되지 않고 야만적인 곳으로 유명했다. 후한시대에도 그 지역은 '묘만苗蠻'이라고 불렸다. 진승은 자진해서 그 명을 받들었다.

"옛날 한 고조는 천하의 백성을 자신의 아들처럼 여기며 모두 차별하지 않고 대했습니다. 지금 그곳의 백성들 역시 폐하의 아들과 같습니다. 그들이 반란을 일으키고 해를 입히게 된 이유는 완전히 그곳 관원들이 탐욕스럽고 포악하기 때문입니다. 관원들이 백성들에게 반란을 일으키도록 몰고간 것과 같습니다. 급선무는 혹리를 제거하고 현량을 임명하여 백성들을 교화하고 편안하게 살도록 보호하는 것입니다. 그렇다면 군사를 동원하지 않고도 소란을 평정할 수 있습니다."

그리하여 환제는 각 주군에 인재를 천거하는 구현령을 내리려 하였다. 그러나 진번은 그 의견에 반대했다.

"지난 번에 천거했던 관원들도 아직까지 등용하지 못했습니다. 이번이야말로 우열을 가려야 할 때입니다. 어찌 머리 수 채우기 식으로 함부로 인재를 불러들여 인사 청탁과 인정에 얽매인 천거 풍조를 조장하려고 하십니까?"

그의 말로 인해 전공으로 큰 벼슬길에 오르고자 했던 사람들은 기회를 잃었고, 다른 사람을 도와주면서 다리를 놔주고 재물을 챙겼던 사람들은 돈줄이 끊겼다. 자연히 진번은 많은 사람의 미움을 사게 되었다. 결국 진번은 남창 태수로 강등되었다.

진번은 당나라 때 왕발王勃이 『등왕각서滕王閣序』를 쓰는데 좋은 소재를 제공했다.

진번은 남창에 서유자(徐孺子, 서치徐稚)라는 품행이 고결한 명사가 있는데, 전임 태수들이 초빙해도 응하지 않는다는 이야기를 들었다. 부임지에 막 도착한 진번은 관아에 들어가기도 전에 서유자의 집이 어딘지 물었다. 그를 먼저 만나보고 싶었기 때문이었다. 수하가 대답했다.

"우선은 관아에 들어가 좀 쉬셨으면 합니다."

진번은 한사코 물었다.

477

"옛날 주나라 무왕은 현인을 구하느라 자리가 데워질 틈도 없었 네. 지금 나에게도 현량이 시급하여 빨리 가서 그를 만나보고자 하 는데 안 될 것이 뭐 있는가?"

진번은 서유자를 존경하는 뜻에서 그를 만날 때 이름이 아닌 자 를 불렀다. 서유자는 그런 진번을 괄목상대하며 이례적으로 그와 왕래를 하였다. 나중에 진번은 아예 서유자 전용 걸상을 만들어주 고 혼자서 앉도록 하였다. 그리고 평소에는 걸상을 높이 걸어두고 사람들이 우러러보게 하였다. 이것이 왕발의 『등왕각서』에 나오는 '서유자가 진번의 걸상을 내리다[徐孺下陳蕃之榻]'의 유래다.

진번은 지방으로 쫓겨났지만 엄격하고 곧은 본성은 변치 않았 다. 또한 일부러 예의를 차려 빈객들을 대접하지도 않았다. 따라서 사민들은 모두 그의 고매함을 경외했다.

그러나 그의 이러한 성격 때문에 크게 민심을 얻지 못했다는 것 을 보여주는 예가 있다. 진번의 아내가 세상을 떠났을 때 허자장 (許子將, 허소許劭)이라는 자가 조문을 가지 않았다. 누군가 그 연유를 묻자 허자장은 이렇게 답했다.

"진번의 성격이 칼로 자른 듯 엄격하여 사귀기가 쉽지 않았소. 그러니 가볼 마음이 생기지 않는군요."

훗날 진번이 상서령으로 임명되어 가게 됐을 때도, 사람들은 그 를 성문 밖까지도 배웅해주지 않았다고 한다.

진번이 대홍려로 있을 때, 백마령白馬令 이운李雲이 항명抗命 상소

를 올렸다가 환제의 노여움을 사서 바로 치죄를 당했다. 진번은 상
서를 올려 그를 대신해 억울함을 호소하며 봐달라고 간청했다가
결국은 파직당하고 고향으로 내려갔다.

파직은 황제가 체면을 세우고 화풀이 하는 수단에 불과했다. 보
통 황제의 화가 풀리는 날이 신하가 승급하는 날이었다. 진번은 얼
마 뒤 다시 의랑에 올랐다가 곧 광록훈光祿勳으로 승격됐다. 지나치
게 총명하고 솔직한 직언을 하는 조정 대신은 황제 발밑의 지뢰나
귀 옆에 달린 종과 같다. 진번은 당시 황제가 측근을 지나치게 총
애하여 관례를 어기고 상과 작위를 내린 일에 대해 간언을 올렸다.

"한 고조께선 공을 세운 자가 아니면 제후에 봉해서는 안 된다
는 규칙을 만들었는데, 지금은 불의한 대신이 작위를 받고 있습니
다. 또한 한 가문에서 여러 명이 제후에 봉해지니 하늘이 혼란해지
고 비바람도 순조롭지 못해, 농사는 흉작이 들고 백성들은 기근에
시달리고 있습니다. 이미 제후로 봉한 일은 번복할 수 없으니 앞으
로 예외가 없길 바라옵니다. 근자에 폐하께서 가혹하게 세금을 거
두시어 백성들이 살기가 힘드옵니다. 폐하의 후궁과 궁녀가 수천
명이나 되는데, 모두 화려한 의복을 입고 진수성찬을 먹고 연지를
바르고 꾸미느라 셀 수 없이 많은 돈이 드옵니다. 민간에는 '딸 다
섯이 있는 집에는 도둑도 안 든다'라는 말이 있지요. 여식을 기르
다보면 집안이 쉽게 가난해지기 때문입니다. 그러니 폐하의 후궁
들이 나라를 기울게 하지 않겠습니까?"

환제는 모처럼 그의 의견을 대부분 받아들였다. 가슴이 아프지만 5백 명의 궁녀를 내보냈고 봉상封賞 기준도 낮추었다.

진번은 가을이 무르익었을 무렵, 황제가 사냥을 나간다는 소식을 듣고 만류했다.

"예부터 사냥에는 시기를 잘 봐야 한다고 하였습니다. 지금 백성들은 빈곤하고 조정은 피폐합니다. 밭과 들판이 비어 있고, 조정이 비었고, 관아의 창고가 비었으니 삼공三空이란 말도 나오고 있사옵니다. 지금은 폐하께서 기분에 이끌려 놀이를 즐기기에 적합한 시기가 아니옵니다. 지금은 게다가 지금은 보리를 수확할 철이옵니다. 그러니 폐하께서는 자신의 즐거움을 위해 백성들에게 피해를 주어서는 아니 되옵니다."

그러나 이번에는 환제가 그의 의견을 받아들이지 않았다. 환제는 진번의 말을 계속 따랐다가는 제위에 앉아 있는 재미가 없다고 여겼을지 모른다. 결국 황제는 진번을 다른 관직으로 옮겼다.

진번이 광록훈으로 있었을 때, 대신 황경과 함께 관원을 천거하는 일을 맡아보게 되었다. 두 사람은 뜻이 잘 맞는 강직한 신하로 둘 다 정직하고 청렴하여 권위에 편승하지 않았다. 그러나 결국에는 두 사람 모두 권문세가의 모함을 받았다. 진번은 또다시 파직당했지만 그 후에 다시 등용되었다. 매번 조정에 돌아올 때마다 그의 관직은 더 높아졌다. 이번에 진번은 태위에 올랐다. 진번은 자신의 능력이 부족하여 그 자리에 어울리지 않는다고 상소를 올려 사양했으나 환제는 그의 말을 무시하고 불허하였다.

당시 조정 대신 이응 등은 황명을 거역한 죄를 지었다. 진번은 입조하여 그들을 위해 간곡한 말로 호소했지만 환제는 꿈쩍도 하지 않았다. 결국 진번은 통곡하며 조정을 나왔다. 그 후 태수 유질劉瓆이 정도正道를 걷다가 환관에게 죄를 지었다고 무고당했다. 진번은 그를 대신해 목숨을 살려달라는 청을 올렸다가 황제를 진노하게 하여 탄핵을 받았다. 남들이 감히 한 마디도 하지 못할 때, 진번은 대담하게 충신을 석방하고 간신을 제거해달라는 상소를 올려 조정 신하들의 눈총을 받았다. 환제는 그때마다 더욱 분노하였고, 환관들 역시 진번을 눈엣가시처럼 여겼다. 그들은 진번이 천거한 자들이 올린 상주문을 중간에서 가로챈 뒤 황제의 명의로 다시 돌려보냈다. 진번 수하의 많은 사람들이 치죄를 당했다. 그러나 진번은 지위가 높은데다 명성도 있었기 때문에 환관들도 감히 한동안은 그를 해칠 수가 없었다.

당고의 옥이 발생하였을 때, 조정 대신 이응의 무리가 옥에 갇혔다. 진번은 다시 상소를 올려 격한 말투로 간언했다.

"폐하께서 충신들을 해하고 천하의 입을 막으시다니, 진시황의 분서갱유와 다를 바가 뭐가 있사옵니까? 폐하께서는 충신들을 죽이려고 하시고 선량한 사람들에게는 가혹하시온데, 악인들에게는 어찌 은혜가 그리 두텁습니까?"

마지막에 진번은 자신이 요직에 있으니 책임이 막중한데 나라의 녹을 먹으면서 자리만 차지하고 수수방관할 수 없다고 탄식했다. 그리고 간언이 받아들여진다면 목이 날아간다 해도 여한이 없을 것이라고 덧붙였다. 황제는 진번의 직언을 매우 증오하며 불량한 자들을 천거했다는 핑계로 진번을 파직시켜버렸다.

진번이 목숨을 부지하고 다시 벼슬길에 나갈 수 있었던 것은 환제의 화가 풀려서가 아니었고, 태후 덕분이었다. 두竇 태후는 임조칭제를 하며 진번이 충성스럽고 올곧으며 절개가 높으니 특별히 태부로 봉한다는 조서를 내렸다. 당시 나라는 국상을 당해 아직 새황제도 정하지 못한 상태였다. 관원들은 권세를 두려워하며 화를 당할까봐 감히 상소를 올리지도 못하고 병을 핑계로 입조하지 않았다. 진번은 엄중한 말로 그들을 질책하며 대의를 생각하라고 책문했다. 결국 상서들은 벌벌 떨면서 다시 조정으로 돌아와 국사를 의논했다.

영제가 즉위한 뒤, 두 태후는 진번에 대한 예우를 높여줬다. 태후는 진번이 조정에서 최고의 충효와 덕, 절개를 갖춘 노익장이라고 칭찬하며 그를 고양향후高陽鄕侯로 봉했다. 진번은 자신의 공로가 부족하다고 10번도 넘는 상소를 올려 거절하며 끝끝내 받아들이지 않았다.

물론 두 태후의 진번에 대한 신임은 절대로 나라나 사직을 위해서가 아니었다. 태후도 나름대로 사심이 있었다. 애초에 환제는 총애하는 전田 귀인을 황후로 세우고자 했었다. 당시 진번은 전 씨의 출생이 비천하여 한 나라의 국모로 부적합하다고 반대하며 명문귀족 출신의 두 태후를 황후로 삼을 것을 주장했다. 결국 황제는 진번의 뜻을 꺾지 못하고 두 귀인을 황후로 삼았다. 후일 권력을 잡게 된 두 황후는 그때의 일을 잊지 않고 진번에 대해 감사하는 마음으로 신임을 표했다. 진번이 태후의 아버지 대장군 두무와 합심하여 명사와 현량들을 등용하고 조정의 일을 상의하면서 정치 형국이 점차 나아지는 기미가 보였다. 천하의 백성들은 태평성세가 도래하길 학수고대했다.

몰락해가는 왕조를 구하는 일은 생각만큼 쉽지가 않다. 적어도 여와(女媧: 중국 신화 속 여신. 인간의 머리에 뱀의 몸을 갖고 있다.)가 사람을 만든 이후에 몰락하는 왕조를 성공적으로 구한 선례는 없었다. 환관 정치는 후한 역사의 고질병이었다. 한 줄기 희망의 빛이 보이는 듯했으나 이내 사라져버렸다.

영제의 유모 조요趙嬈는 두 태후의 곁에 있으면서 신임을 얻었다. 환관 조절曹節, 왕보王甫 등은 조요와 결탁하여 태후에게 아첨하며 신임을 얻은 뒤 함부로 행동했다. 진번은 그들을 매우 혐오하며 환관 세력을 뿌리뽑기로 결심했다. 마침 두무 역시 그런 뜻이 있었다. 두 사람은 자신들이 덕망이 있는데다 지위와 권세까지 높으니 뜻을 이룰 수 있을 것이라고 여겼다. 진번은 조절 등이 천하를 혼란하게 만든 대역죄를 지었으니 하늘을 대신해 없애라는 상소를 올렸다. 상소문을 듣고 조정대신들은 동요하며 두려워했다.

그러나 태후는 진번의 의견을 받아들이지 않았다.

태후가 돕지 않는다면 진번은 두무와 직접 움직이는 수밖에 없었다. 하지만 그들의 계획이 누설되면서 도리어 환관에게 반격을 당했다. 조절 무리는 두 사람을 잡으라는 조서를 날조했다. 진번은 그 소식을 듣고 직접 문하생 80여 명을 이끌고 두무의 억울함을 호소하기 위해 궁으로 갔다. 궁문 앞에서 진번을 만난 왕보는 즉시 체포령을 내렸다. 진번이 칼을 꺼내들고 호통을 치면서 위엄을 보이자 아무도 감히 다가가지 못했다. 왕보는 사람들을 불러 진번을 여러 겹으로 포위했다. 결국 70세가 다 된 노인 진번은 잡히고 말았다. 진번이 투옥됐을 때 간신히 구사일생으로 목숨을 건진 어린 환관은 놀라고 경황이 없는 상황에서 품고 있었던 원한을 진번에게 풀었다. 그는 진번을 발로 차며 욕을 퍼부었다.

"늙은 영감탱이, 이제 우리를 어떻게 할 수 있나 보자!"

진번은 그날 살해되었다.

진번이 죽은 뒤 가족들은 유배당했고 문하생과 수하 관리들은 파직되거나 금고를 당했다. 당시 현령으로 있던 그의 친구 주진朱震은 진번이 참변을 당했다는 소식을 듣고 대성통곡하며 관직을 사직했다. 그는 진번을 납관하여 장례를 치러준 뒤 진번의 아들이 화를 당하지 않도록 숨겨주었다. 그러나 후에 그 사실이 발각되어 주진의 가족들은 투옥되었다. 주진은 심한 고문에도 진번 아들의 행방을 밝히지 않았다. 주진은 나라를 위해 목숨을 바친 진번을 위해 후사를 남겨준 것이었다.

아마도 진번은 죽기 전 어린 시절의 호언장담을 떠올렸을지 모른다. 당시 방 하나도 치우지 않던 아이가 후일 천하를 휩쓰는 거대한 야망을 실천했다. 그가 비록 야망을 이루지는 못하였지만 그렇다고 방 하나도 쓸지 않으면서 어찌 천하를 휩쓸겠냐고 비웃는 사람도 없을 것이다.

後漢書 들여다보기

종각은 긴 바람을 타고 1만 리의 파도를 헤쳐 나갈 것이란 자신의
말을 실천했다. 원가元嘉 22년(445년), 송宋의 문제文帝가 임읍국(林
邑國 : 지금의 베트남 중부 지역) 토벌을 계획했다. 종각은 용감하게
자신도 가게 해달라는 상서를 올렸다.

송 문제는 그를 진무振武장군으로 임명하고 부주交州 자사 단화지
檀和之를 따라 출정하라고 명했다. 단화지가 전쟁에서 패하자 종각
이 그를 대신해 적군을 대파하였다.

임읍국의 왕은 국력을 다 쏟아부어 대항했고, 심지어는 위력이 굉
장한 코끼리 부대까지 편성했다. 송나라 군대는 그러한 임읍국의

송 문제

군대에 대적할 수가 없었다. 그때 종각이 좋은 생각을 떠올렸다.

"듣자하니 사자가 온갖 짐승을 위력으로 제압한다고 합니다."

그는 사자를 데려와 코끼리와 대전을 벌였다. 그 결과 코끼리들은 놀라서 흩어져버렸고 임읍국도 격파할 수 있었다. 이 전쟁의 승리로 셀 수 없을 정도로 많은 진귀한 금은보화를 얻었지만, 종각은 하나도 취하지 않아 문제에게 칭찬을 받았다. 후일 종각은 여러 차례 전공을 세웠고 죽은 뒤에는 정서장군으로 추증追贈되었다.

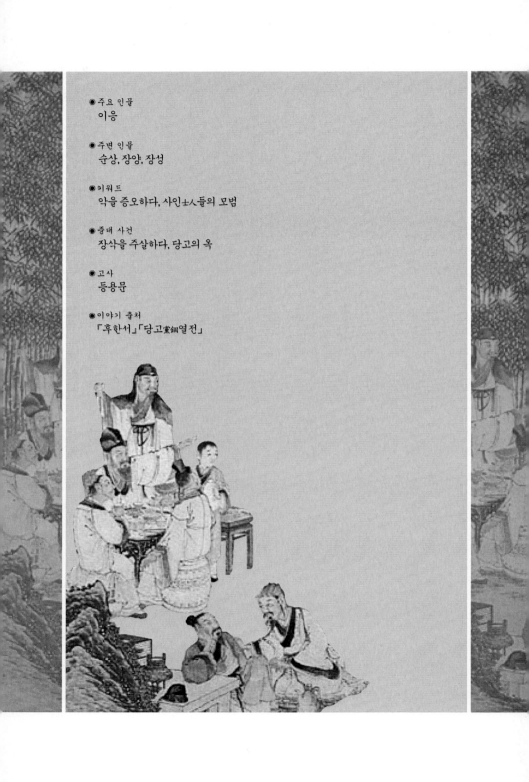

● 주요 인물
　이응

● 주변 인물
　순상, 장양, 장성

● 키워드
　악을 증오하다, 사인士人들의 모범

● 중대 사건
　장삭을 주살하다, 당고의 옥

● 고사
　등용문

● 이야기 출처
　『후한서』「당고黨錮열전」

李膺

이응 : 천하의 모범

남북조시대 양梁나라에 이응이라는 대신이 있었는데, 그는 말재
주가 뛰어나서 절묘한 말로 위기를 벗어나곤 했다. 한 번은 양
무제武帝가 그에게 물었다.

"후한시대에도 이응이라는 자가 있었는데, 그자와 자네를 비
교하면 어떠한가?"

"신이 보기에는 제가 좀 더 나은 듯합니다. 후한시대의 이응
은 어리석은 환제와 영제 때 관리로 있었지만, 지금 저는 요순
과 같은 성명한 군주를 모시고 있으니까요."

사람들은 모두 기뻐하며 그의 말에 탄복했다. 양나라 이응은
번뜩이는 재치 있는 대답으로 군주에게 아부하여 곤경에서 벗
어날 수 있었지만, 배짱은 부족해 보인다. 그는 차마 진정으로

후한의 이응과 우열을 비교할 수 없었다. 그렇다면 양나라의 이응이 속으로는 자신보다 더 훌륭하다고 느끼게 만든 또 다른 이응은 어떤 인물일까?

이응(110~169년)은 자가 원례元禮로 영천 양성(襄城: 지금의 하남성) 사람이다. 그는 관료 집안에서 태어났다. 그의 조부 이수李修는 안제 때 태위를 지냈고, 그의 아버지 이익李益은 조국상趙國相에 올랐었다. 이응은 성품이 간항簡亢하고 식견이 넓었으며 친구 사귀는 것을 좋아하지 않았다. 같은 군에 사는 명사 순숙, 진식과만 왕래하며 서로를 스승이자 친구로 삼았다.

이응은 효렴으로 천거된 후 사도 호광 밑에서 속관으로 있었다. 그러다 얼마 후 청주 자사로 승급하였다. 그 지역 수령은 이응의 명망을 잘 알고 있었다. 그의 밑에서 일해야 한다는 사실을 알고는 많은 사람이 관직을 버리고 도망가버렸다. 후일 촉군 태수로 부임되었을 때 이응은 상소를 올려 노모가 자주 편찮아서 돌봐드리기 힘들다며 관직을 옮겨주기를 청했다. 당시 중국에서는 효가 나라를 다스리는 근본이었기 때문에 효자의 청이라면 반드시 들어주었다. 조정에서는 그를 가까운 오환의 교위로 임명했다. 오환은 변경 지역이라 불시에 선비족이 침범해오곤 했다. 이응은 문文뿐만 아니라 무武에도 능했다. 그는 교전 시 앞장서 적진 깊숙이 진격하여 여러 차례 적을 대파하였다. 이런 면에서 그는 북송北宋시대 '군대에 범范 씨가 있으면 서쪽 오랑캐가 그 소문을 듣고 놀라서 벌벌 떨었다'라는 말로 유명한 범중엄范仲淹과 매우 비슷하다. 얼마 뒤 이응은 어떤 사건으로 인해 파직당했다. 집으로 돌아온 이응은 후학을 가르치는 일에 전념했다. 그의 수하 제자가 1천여 명에 달했는데, 그 덕분에 이응은 후일 더 큰 명성을 날렸고 그의 말 한 마디에 많은 사람이 호응할 수 있었던 것이다.

숲이 클수록 많은 새가 모여드는 법, 이응은 혜안을 가지고 있었기 때문에 간악한 무리를 간파하고 좋은 스승과 친구를 사귈 수 있었다. 한 번은 남양 사람 번릉樊陵이 이응의 제자가 되기를 청하였다. 그러나 이응은 번릉의 심보가 비뚤어졌다고 판단하여 거절했다. 번릉은 후일 환관에게 빌붙어 태위까지 오르게 되었으면서도 수치스러운 줄을 몰랐다. 만약 당시 이응이 문하로 받아들였다면 감화를 받아 많이 달라졌을 수도 있을 것이라고 생각하는 사람이 있을지도 모른다. 그러나 이응은 악인을 혐오하는 사대부이지 중생을 제도하는 보살은 아니었으며, 물론 보살이 아니어도 최고의 예를 올리며 절하는 자가 궁지에 몰릴 수는 있는 법이다.

순숙의 아들 순상荀爽은 군에서 '사람 중의 용, 천하무쌍'이라고 불렸다. 한 번은 그가 이응을 위해 수레를 몰아주고는 기쁜 나머지 사람들에게 자랑했다.

"내가 오늘 이응 선생을 위해 수레를 몰아주었소."

순상과 같은 마을에 사는 사람이 이 말을 들었다면 다소 상심했을 수도 있겠지만, 어쨌든 그의 한 마디는 이응의 명성이 얼마나 높은지를 보여주는 예이다.

영수永壽 2년(156년), 선비족이 운중군雲中郡을 침범하였다. 후한 조정에서는 적에 대항할 자가 없었다. 환제는 이응의 재주를 떠올리고는 그를 도요度遼장군으로 임명하여 변방으로 보냈다. 이응이 변방에 도착했을 때, 적군은 그의 명성을 듣고 이미 잡아갔던 포로까지 모두 돌려주고 도망가버렸다. 이응은 전쟁을 하지 않고도 적병을 굴복시킨 것이다. 그는 위엄 덕분에 공을 세우면서 더 높은 명망을 떨쳤다.

연희 2년(159년), 이응은 하남윤에 올랐다. 그 지역의 호족 양원군羊元群은 뇌물을 받고 법을 어겨 파직당했는데, 고향으로 돌아갈 때 관직에서 뇌물로 받은 많은 재물을 챙겨서 갔다. 이응은 상소를 올려 그를 치죄하고자 하였으나, 양원군은 환관에게 뇌물을 주고 환제 앞에서 이응을 무고하였다. 그런데 오히려 이응이 죄인이 되어 옥에서 형을 받았다. 다행히도 사례 교위 응봉應奉이 상소를 올려 그를 옹호했다.

"이응은 충심에서 우러나 간신을 고발한 것뿐입니다. 그는 사람들에게 두터운 신망을 받고 있으며, 여러 차례 변방에 나가 혁혁한 전공을 세운 적도 있사옵니다. 현재 변경이 아직도 평안하지 않고 조정의 군대는 여전히 미약합니다. 그를 석방하여 불의의 사태에 대비하는 것이 최선이옵니다."

환제는 결국 응봉의 말대로 따랐다.

얼마 뒤 이응은 다시 사례 교위에 올랐다. 환관 장양은 환제의 총애를 받는 최측근으로 권세가 하늘을 찌를 듯했다. 장양의 동생 장삭張朔은 형의 뒷배를 믿고 임산부까지 잔인하게 죽이는 등 온갖 악행을 일삼았다. 그가 아무리 간이 크다고 해도 이응이 법 집행을 엄격하게 한다는 소문을 듣고 두려움을 감출 수가 없었다. 결국 장삭은 낙양에 있는 형의 집에 숨었다. 그래도 안심이 되지 않았는지 이중으로 된 방의 기둥 사이에 숨어 있었다. 장삭은 자신을 보호하는데 온갖 힘을 썼으나 결국 이응을 피할 수가 없었다. 이응은 정황을 확실하게 파악한 뒤 사람을 데리고 장부張府로 찾아가 기둥을 부수고 장삭을 붙잡아 낙양의 감옥에 집어넣었다. 싸울 때는 속전속결이 첫째다. 시간을 끌수록 딴 생각만 하는 범인을 처결할 때도 마찬가지였다. 이응은 장양이 환제에게 가서 사정할 것을 알고 자백을 받아낸 뒤에 바로 장삭을 없애버렸다. 장양에게 상황을 전환시킬 능력은 있었지만 죽은 사람을 다시 살려낼 방도는 없었다. 이미 저 세상으로 간 동생을 다시 살려낼 수는 없는 일이다. 그렇다면 살아 있는 원수를 절대로 가만히 놔둘 수가 없을 것이다. 장양은 황제 앞에서 죽은 동생의 억울함을 호소했다. 환제는 이응을 대전으로 불러 왜 지시를 기다리지 않고 함부로 사람을 죽였느냐고 힐문했다. 이응은 아주 당당하게 그 이유를 밝혔다.

"옛날 진晉나라 문공文公이 위衛나라 성공成公을 잡아 황궁으로 돌아온 일을 『춘추』에서는 옳다고 보았습니다. 『예기』에서는 공경이 죄가 있으면 천자가 관용을 베풀더라도 법관이 듣지 않을 수 있다고 합니다. 공자님께서는 노魯나라의 사구司寇로 있을 때 부임한 지 7일 만에 소정묘少正卯를 없앴습니다. 신이 지금 직무를 맡은 지 10일은 족히 지났습니다. 신은 사건을 늦게 해결하면 황제께서 일에 힘쓰지 않는다고 탓하실까봐 염려하고 있었는데, 도리어 너무 빨리 해결하였다고 죄를 물으실 줄은 몰랐습니다. 신이 기꺼이 목숨을 내놓을 테니 폐하께서는 원흉을 없애도록 5일만 시간을 주시옵소서. 그 뒤에는 죽어도 눈을 감을 수 있을 것이옵니다."

고대 중국에서는 항상 법치보다는 인치人治를 더 우선했다. 역대 황제는 유가 경전에서 법치의 도를 찾았다. 이응이 공자의 전례까지 들먹였으니 환제는 마음대로 하고 싶어도 어쩔 도리가 없었다. 그래서 오히려 장양을 질책했다.

"본시 자네 아우에게 죄가 있거늘 어찌 사례 교위 이응을 탓하고 있는가?"

이 일은 일벌백계의 효과가 있었다. 그 후 궁 안의 환관들은 모두 숨을 죽이고 몸가짐을 단속하고 조심스럽게 행동했다. 평소 전횡을 부리던 자들은 휴가를 받아도 감히 출궁하지 못했다. 환제는 이상한 낌새를 눈치채고 그 이유를 물었다. 사람들은 머리를 조아리며 울며 하소연했다.

"사례 교위 이응이 두렵기 때문이옵니다."

후한시대의 사대부와 환관의 투쟁을 살펴보면 정말 격분하여 땅을 치며 탄식하지 않을 수가 없으나, 이 대목에서는 1천 년이 지난 후에도 통쾌함이 느껴진다.

환제는 외척 양기를 주살할 때 전적으로 환관의 세력을 빌렸기 때문에 그들을 매우 총애했다. 그 결과 환관들이 교만방자하게 굴며 전횡을 일삼았고 조정의 기강은 나날이 문란해졌다. 공경백관들은 그들에게 굴복하여 빌붙거나, 속으로 참고 삼켜야 했다. 그러나 이응만은 전혀 두려워하지 않고 잘못된 정치 세태를 보고 불굴의 기개로 분발하여 간신배들이 날뛰는 조정에서 홀로 환관과 맞섰다. 그래서 이응은 당시 태학의 학생들에게는 존경의 대상이 되었다. 당시 태학에서는 '천하의 모범 이원례(이응)'라는 말이 유행했다.

사인士人으로 이응을 만난 사람은 모두 '등용문'에 올랐다고 한다. 그 후 큰 명성을 얻을 수 있었기 때문이다. 이응은 사인들의 지도자와 같았다. 첫 번째 '당고의 옥'도 이응으로 인해 일어났다.

당시 하내에 사는 장성張成이란 도사가 환관과 긴밀히 왕래를 했다. 환제는 장성의 무술巫術을 맹신했다. 장성은 천하에 대사면이 있을 것이라는 점괘를 믿고 겁도 없이 아들을 시켜 사람을 죽였다. 당시 하남윤으로 있던 이응이 범인을 잡아들였다. 얼마 뒤 정말 장성의 예언대로 환제는 대사면을 실시했고, 장성의 아들도 석방될 수 있었다. 그러나 이응은 비분강개하며 사면령과 상관없이 장성의 아들을 죽여버렸다. 그 일은 큰 화를 초래했다. 환관들은 이응에게 이를 갈고 있었다. 그들은 꼬투리를 잡아 이응을 치죄하지 못해 혈안이 된 상태였다. 그런데 마침 기회가 찾아왔다. 환관들은 장성의 제자 뇌수牢修를 충동질해 환제에게 상소를 올리게 했다. 뇌수는 이응이 태학의 학생들과 결탁하여 반란을 일으키고 '당을 통솔하고 조정을 비방한다'고 무고했다. 결국 황제는 대노하여 각 군현에 당인을 잡아들이라는 명을 내렸다. 화근이 된 이응은 자연히 제일 먼저 화를 당했다. 조정에서 그를 체포해 심문하라는 조서를 내리자, 태위 진번이 중간에서 저지하는 상서를 올려 변호하였지만 오히려 환제의 화만 더 돋우는 결과를 낳고 말았다. 결국 이응은 투옥되었다. 이응은 옥중에서 당인을 자백할 때 무심코 수많은 환관의 자제까지 언급하였다. 환관은 자신들까지 연루될 것을 염려하여 환제에게 하늘의 뜻을 따라 대사면을 하자는 진언을 올렸다. 환제는 환관의 말을 매우 잘 들었다. 결국 이응은 석방되어 고향으로 돌아갈 수 있었다.

그 후에 사인들은 조정에 더욱 불만을 품게 되었고, 조정에서 배척받은 이응을 더욱 존경하게 되었다. 후일 조정의 또 다른 기둥인 진번이 태위 직에서 파직을 당하자 천하의 사인들은 이응을 더욱 따랐다. 순상은 이응의 명성이 지나치게 높아 화를 초래할 것을 예감하고 편지를 보내 절개를 굽히라는 충고를 했다. 그러나 이응은 그의 말을 듣지 않았다.

환제가 붕어한 뒤 다시 태위에 오른 진번은 대장군 두무와 함께 환관을 주살하고 천하를 바로잡으려는 계획을 모의했다. 그리고 명사를 대거 기용하였다. 그때 이응은 장악소부長樂少府로 임명됐다. 그러나 그들의 계획은 실패하였다. 결국 진번은 살해되고 이응은 파직당해 고향으로 돌아갔다. 영제 때 두 번째 당고의 옥이 발생하면서 조정에서는 당인들을 대거 잡아들였다. 고향 사람들은 그에게 화를 피하라고 권했지만 이응은 거절했다.

"일이 있으면 피해서는 안 되고 죄가 있으면 형벌을 피해서는 안 된다고 했습니다. 그것이 신하의 절개입니다. 올해 이미 예순입니다. 생사는 운명에 달린 것, 도망친다고 한 들 어디까지 갈 수 있겠습니까?"

그리고 직접 옥으로 들어갔다. 한 시대의 대신은 고문을 당하다 옥중에서 죽음을 맞았다. 이응이 죽은 뒤 문하생과 수하 관리들은 모두 금고당했다. 시어사侍御史 경의景毅의 아들은 원래 이응의 제자였는데 명부에서 누락되는 바람에 당고를 피할 수 있었다. 그러나 경의는 강개하며 말했다.

"본래 이응이 현량하여 아들의 스승으로 삼은 것인데, 지금 어찌 이름이 누락되었다고 편안함을 구하겠는가?"

그리고 자진해서 파직 상소를 올렸다. 이응이 지하에서 그 사실을 알았다면 크게 위로를 받았을 것이다.

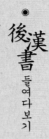

後漢書 들여다보기

등용문登龍門은 '잉어가 용문龍門을 뛰어오른다'라는 전설에서 유래했다. 용문은 지금의 산서성山西省 하진현河津縣 북서쪽에 있다. 우禹임금이 치수를 하다가 용문산 산의 허리가 1리 정도 갈라져서 황하가 흘러내리게 되었다고 한다. 칼과 도끼로 깎은 듯한 양쪽 산이 절벽 사이에는 대문처럼 계곡이 끼어 있었는데, 용문이라고 불렸다.

매년 늦봄이 되면 수많은 잉어들이 하류에서 그곳까지 헤엄쳐서 용문을 뛰어오른다. 만약 잉어가 하늘까지 뛰어오르면 비가 내리고 꼬리가 천불에 타서 용으로 변한다. 이백은 이런 시를 남겼다.

용문

황하의 세 척 잉어는 원래 맹진에 살았는데,
용이 되지 못하고 이마만 다치고 돌아와
평범한 물고기와 짝이 됐구나.

후세 사람들은 높은 명성을 얻거나 과거에 급제한 사람을 일컬어
'등용문'에 올랐다고 하였다. 과거에 낙방하여 용이 되지 못하고
이마만 다치고 돌아간다는 뜻의 '점액이귀點額而歸'도 있다. 점액點
額은 잉어가 용문으로 뛰어오르려면 역류를 거슬러 올라가야 하
고, 그러기 위해 정수리에 심혈을 모두 모으다보면 이마에 주황색
점이 생긴다는 뜻이다.

점액

●주요 인물
　곽태

●주변 인물
　이응, 서치, 채옹

●키워드
　청담, 포폄, 사람을 알아보다

●중대 사건
　유력遊歷하다, 이응과 같은 배를 타다

●고사
　이곽선주, 파증불고

●이야기 출처
　『후한서』「곽부허郭符許열전」

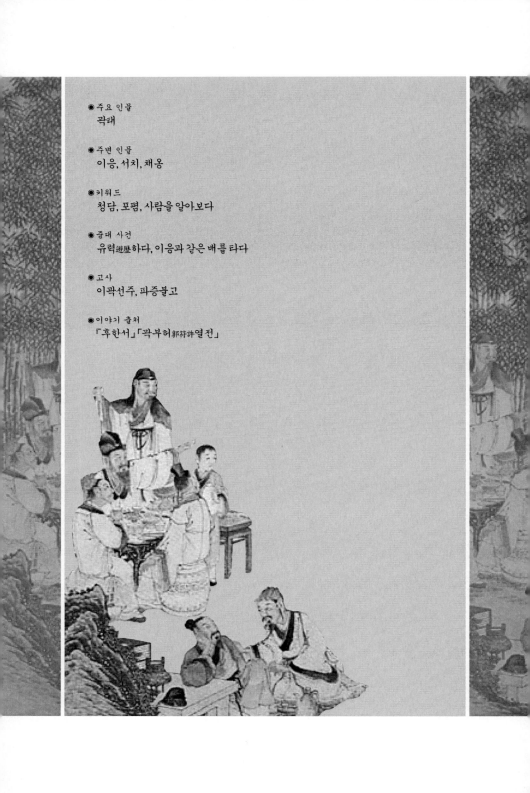

郭泰

곽태 : 청담의 시조

위진魏晉시대 풍류에 대해 이야기하자면 청담淸談은 빼놓을 수
없는 주제다. 많은 사람들이 청담이라 하면 의식주 걱정이 없는
사람들이 한데 모여 양반다리를 하고 둘러앉아, 주미(麈尾: 총채)
를 손에 들고 세속에 구애됨 없이 날카로운 말을 주고받으며 현
묘한 이치를 논하는 것이라고 생각한다. '청담'은 고상하고 운
치 있는 사인들의 이미지를 만드는 데 기여했으며 중국 철학의
발전에도 도움을 주었다. 그러나 대다수 사람들은 이 청담을 공
허한 담론으로, 나라를 망치는 쓸데없는 일로 여겼다. 공경을
평가하고 정치를 논하던 후한 말기 사인들의 '청담'과 비교하자
면, '천하를 구하는 공론'에서 위진시대의 청담은 '자신만을 이
롭게 하는 것'으로 변모하였다. 이렇게 변질된 주요 원인은 사

인들을 핍박하였던 후한 환제, 영제 때의 2차례 당고의 옥 때문이
다. 후한 중·후반기에 일부 사인들에게서 이런 변화를 엿볼 수 있
다. 그중 대표적인 인물이 바로 곽태郭泰이다.

곽태(128~169년)는 자가 임종林宗으로 태원太原 개휴(介休: 지금의 산
서성 개휴) 사람이다. 곽태는 빈한한 집안에서 태어나 아버지까지
일찍 여의었다. 곽태의 어머니는 아들이 현의 관아에서 공무를 보
는 사람이 되기를 바랐다. 그러나 곽태는 가난하지만 큰 뜻을 품고
있었다.

"대장부가 어찌 그릇이 작은 일을 할 수 있습니까!"

그의 말은 현의 관아가 너무 작아서 자신을 받아들일 수 없다는
뜻이었다. 그 후 곽태는 성고成皐의 굴백언屈伯彦에게 학문을 배웠
다. 3년 뒤 곽태는 경전을 널리 익히고 언변도 늘어 유창하게 말할
수 있게 되었다. 이것은 이후 그가 청담을 할 때 이점으로 작용했
다. 그는 여러 지역을 유력하기 시작했다.

낙양에서 곽태는 언변이 뛰어나기로 유명한 태학생 부융符融을
만났다. 부융은 곽태를 보고 입이 마르도록 칭찬을 하며 하남윤 이
응에게 추천했다. 당대 높은 명성을 떨치고 있던 명사 이응을 만난
사인들은 일거에 이름을 널리 알릴 수 있었기 때문에, 사인들에게
이응은 등용문으로 통했다. 이응은 곽태를 만나보고는 놀라움을
금치 못했다.

"내가 아는 사람은 많지만 곽임종(곽태)에 비할 수 있는 자는 하

나도 없다."

이응의 한 마디에 곽태는 순식간에 낙양에서 이름을 날렸다. 곽태가 고향으로 떠나려고 할 때 그를 배웅하러 나온 공경사대부들의 수레가 황하 강가까지 줄지어 늘어섰다. 곽태와 이응은 같은 배를 타고 강을 건넜다. 준수한 외모에 좋은 풍채를 갖춘 두 사람이 산들산들 옷깃을 날리며 배를 타는 모습은 멀리서 바라보면 신선과 같았다. 그래서 그 당시 '이곽李郭 선주仙舟'라는 말이 나왔다. 그에 대한 존경을 알 수 있는 한 가지 일화가 더 있다. 한 번은 곽태가 밤길을 가다가 비를 만나게 되었다. 그는 비를 피할 곳이 없어서 두건 한쪽을 접어 머리를 가렸다. 그때 누군가 그 모습을 보고 그를 따라서 두건의 한쪽을 접고 다녔다. 그런 차림은 '임종건(林宗巾: 임종은 곽태의 자)'이라고 불렸다. 한 사람이 당시대의 유행에까지 영향을 미치다니, 곽태의 절대적인 권위가 얼마나 대단했는지를 알 수 있다. 명사 범방范滂은 곽태가 어떤 사람이냐는 질문을 받고 이렇게 답했다.

"곽태라는 자는 개지추介之推와 같이 은둔하나 친한 사람을 피하지 않고, 유하혜柳下惠처럼 인품이 고결하지만 세속과 동떨어져 있지 않다. 천자도 그를 굴복시켜 신하로 삼을 수 없고 제후도 그와 친구가 될 수 없다. 그밖에 다른 것은 알지 못한다."

후일 조정에서는 그를 징벽徵辟하고자 했고 사람들도 벼슬길에 오르길 권했지만 그는 거절했다.

"내가 밤에는 하늘을 관찰하고 낮에는 세상사를 살펴봤는데, 후한은 이미 운이 다해 인력으로도 돌이킬 수가 없다. 나는 유유자적하며 살다가 죽고 싶다."

곽태는 이렇게 사양하며 관직에 나가지 않고 의연하게 낙양에서 사인을 가르치며 후진양성에 힘썼다. 한 번은 서치徐穉라는 명사가 곽태에게 편지를 보내 경고했다.

"후한 조정은 곧 쓰러질 것 같은 큰 나무와 같아 밧줄 하나로는 붙들어둘 수 없습니다. 그런데 왜 아직도 사방에서 활동하며 안녕을 구하지 않습니까?"

서치는 바로 '서유자가 진번의 걸상을 내리다'라는 이야기 속 서유자라는 인물로, 곽태의 존경을 받았다. 당시 명망 있는 태위 황경이 세상을 떠났을 때 누군가 조문을 와서 대성통곡을 한 뒤 이름도 남기지 않고 떠났다. 곽태는 그 사람이 서치가 틀림없다며 언변이 뛰어나고 평판도 좋은 모용茅容을 보내 그를 모셔오라고 시켰다. 모용이 뒤쫓아가서 시장에서 술과 고기를 사서 서치에게 대접했다. 서치 역시 사양하지 않고 앉아서 먹었다. 모용은 그에게 국가 대사에 대한 가르침을 청했으나 서치는 모른다고만 했다. 모용이 농사일에 대해 묻자 서치는 모두 답을 해줬다. 이는 공자가 자신에게 농사일에 대해 가르침을 청한 번수樊須를 소인배라고 꾸짖은 일과 선명한 대비를 이룬다. 모용은 돌아와 그와 있었던 일을 곽태에게 얘기했다.

"공자께서 자신과 이야기를 나눌 수 있는 사람과 말을 나누지 않으면 인재를 잃는다고 말씀하셨네. 서치 역시 인재를 잃은 것이 아니겠나?"

곽태는 단호하게 부정했다.

"그렇지 않다네. 서치는 고결하고 청렴한 자라 평소 아무리 배가 고프더라도 남의 음식을 얻어먹지 않고, 얼어 죽는다고 하더라도 남의 옷을 받지 않는 자일세. 그가 모용 자네의 술과 음식을 먹고 마셨다는 것은 자네가 현자이기 때문일 걸세. 그가 나라 일에 대해 답하지 않은 것은 현명한 처사이지. 그의 총명함은 다른 사람들과 비교할 수 있지만 어리석은 척 가장하는 그의 재주는 따를 자가 없네."

곽태는 서치의 편지를 받고 그의 말을 믿었다.

"당신은 나의 모범이 될 만한 분입니다. 그러니 저에게 하신 말씀을 명심하겠습니다."

그 후 곽태는 문을 닫고 글을 가르쳤다. 그의 제자는 1천여 명에 달했다. 곽태가 사람 볼 줄은 알았지만 다른 명사들처럼 거리낌 없이 말하거나 깊이 논하지는 않았다. 더 정확히 말하면 조정의 인물을 구체적으로 논하지 않고 실제를 떠나 도덕을 평가하는 이론을 연구하고 토론했다. 그는 가표賈彪와 함께 3만 태학생의 수령으로 존경받고 '팔고(八顧: 덕을 베풀어 가르침을 주는 8명의 명사)'의 우두머리로 꼽혔다. 그러나 곽태는 2차례의 당고의 옥으로 대부분의 천하

명사들이 해를 당할 때 여남 지역의 원굉袁閎과 함께 화를 면했다. 공자가 이르길 '나라에 도가 있으면 올바른 언행을 하고 나라가 도를 잃으면 올바른 행동을 하고 말은 겸손하게 하라'고 했다. 다시 말해 나라에 도가 있어 정치가 깨끗하면 몸가짐을 정직하게 하고 직언을 올려도 무방하지만, 나라가 도를 잃어 정치가 암흑에 빠지면 정직하게 행동하되 말은 겸허하게 해야 화를 멀리 할 수 있다는 뜻이다. 이로 미루어본다면 곽태는 공자의 가르침을 행한 셈이다. 이런 면에서 청의(淸議: 당대 정치 비평)와 청담(철학적 담론)은 차이가 있다. 청담은 위진시대에 가서야 성행하였다고 볼 수 있다. 곽태로부터 조금씩 청담의 싹이 보이기 시작했다. 『후한서』에서는 사람을 잘 볼 줄 알고 후진을 장려하고 발탁하는 곽태와 관련된 일화가 여러 개 실려 있다.

당시 여남 사람 원랑袁閬과 황헌黃憲은 모두 현지에서 이름난 명사였다. 곽태는 여남에 도착하여 황헌을 만나 이틀 밤을 묵었다. 그러나 원랑을 만나고는 수레를 멈추고 말안장을 풀 틈도 없이 바로 떠났다. 누군가 그에게 그 연유를 물었다.

"원랑의 재능은 계곡의 샘물과 같아서 맑고 깨끗하여 양손으로 떠서 놓을 수가 있다. 황헌의 재능은 드넓은 바다와 같아 매우 크고 깊어서 멈추면 맑게 할 수 없고 휘저어도 혼탁해지지 않는다. 따라서 다르게 대한 것이다."

진류陳留 사람 좌원左原은 군에서 학문을 하다가 소동을 피워 학생들에게 방출당했다. 곽태는 길에서 좌원을 만나 자초지종을 듣고 술자리를 마련해 대접하며 그를 위로했다.

"옛날 안탁취顔涿聚는 원래 제齊나라의 도적이었고, 단간목段干木은 원래 진晉나라의 일개 악덕 상인에 불과했네. 나중에 공자님의 문하로 들어가 수학한 뒤, 하나는 제나라의 충신이 되었고 하나는 위魏나라의 현사가 되었지. 안회顔回 같은 사람조차 잘못을 하는 법인데 보통 사람은 어떻겠는가? 마음에 원한을 품지 말고 반드시 스스로를 반성해야 하네."

좌원은 가르침을 얻고 돌아갔다. 누군가 악인과 교분을 맺었다고 비웃자 곽태는 이렇게 설명했다.

"공자님께서는 인자하지 않은 사람을 지나치게 미워하는 것도 화가 된다고 말씀하셨지요."

좌원은 어느 날 갑자기 원망하는 마음이 발동해 복수하려고 학당을 찾아갔는데, 마침 그때 학당에 있던 곽태를 만나게 되자, 좌원은 몹시 부끄러워하면서 바로 물러갔다. 사람들은 곽태 덕분에 화를 면하자 모두 그에게 감사를 표했다.

마흔이 넘은 진류 사람 모용은 들에서 사람들과 함께 밭일을 하고 있다가 비를 만나게 되었다. 다른 사람들은 나무 아래서 비를 피하며 아무렇게나 모여 앉아 있었지만, 모용만은 한 치의 흐트러짐도 없이 옷차림을 바르게 하고 단정하게 앉아 있었다. 곽태는 남다른 그의 모습을 보고 이야기를 나누었다. 그리고 그날 그의 집에 가서 묵었다. 다음 날 모용은 닭을 잡아 요리를 했다. 곽태는 그가 자신을 대접하려고 한다고 여겼다. 그러나 모용은 어머니에게 닭 요리를 드리고 자신은 아무렇지도 않게 손님과 함께 소박한 식사를 했다. 주인은 이것이 도리에 맞지 않다고 생각하지 않았고, 손님도 닭을 먹지 못했다고 화를 내지 않았다. 곽태는 주인의 현덕함을 극찬하며 그에게 학문을 하도록 권했다. 후일 모용은 덕업을 이루었다.

거록巨鹿 사람 맹민孟敏이 어깨에 시루를 지고 가다가 잘못하여 깨뜨리고 말았다. 그냥 시루 하나에 지나지 않지만 자신의 물건이라면 하찮은 것이라도 소중할 것이다. 그러나 맹민은 깨진 시루를 전혀 신경 쓰지 않고 아무렇지 않게 계속해서 가던 길을 갔다. 곽태가 그 모습을 지켜보고 이유를 묻자 맹민은 이렇게 답했다.

"이미 깨졌는데 보고 있는 것이 무슨 소용이 있습니까?"

이것이 파증불고(破甑不顧: 깨진 시루는 돌아보지 않는다.)의 유래다.

곽태는 좋은 인재를 발견하면 그에게 학문을 하도록 권했다. 10년 뒤 맹민은 명성을 떨쳤으나, 조정의 부름에는 응하지 않았다.

영천 사람 유승庾乘은 어린 시절부터 현 관아에서 심부름꾼으로 일했다. 곽태가 그를 발탁하여 글공부를 하도록 권했다. 유승은 그 후 학당에 들어가 학생들의 하인으로 심부름을 맡아했다. 서당에서 일하면서 수업을 들으니 학문에 진전이 있었다. 나중에는 서당의 박사조차 난제를 만나면 유승을 찾아가 가르침을 청했다. 유승은 매번 비천한 신분 때문에 말석에 앉아서 그들을 가르쳤다. 그 후 서당에서는 말석이 귀한 대접을 받았다. 후일 조정에서는 유승을 불러 등용하고자 했지만 그는 거절하고 나가지 않았다. 사람들은 우스갯소리로 그를 '징군徵君'이라고 불렀다.

곽태의 동향 사람인 가숙賈淑은 호족 집안에서 태어났지만 성품이 간악하여 마을 사람들의 미움을 받았다. 곽태의 어머니가 세상을 떠나자 가숙이 조문을 왔다. 곽태는 그의 조문을 받아들였다. 마침 그때 거록 사람 손위孫威가 조문을 왔다. 그는 곽태 같은 현인이 가숙처럼 간악한 사람을 집안에 들여 조문하게 하자 못마땅하게 여겼다. 손위는 같은 부류로 취급받을 것을 치욕스럽게 생각하며 들어가지도 않고 돌아갔다. 곽태는 그 사실을 알고 손위를 쫓아가서 해명했다.

"가숙이 확실히 흉악한 것은 사실이나 학문을 하고자 하는 마음을 가졌다네. 옛날 호향互鄕 일대의 사람들과 어울리기가 어려웠지만 공자님께서 기꺼이 그 지역의 동자를 만나주었지. 제자들이 그 이유를 물었더니 말씀하였다네. '그의 향상심에 동의하지만, 그의 퇴보는 반대한다, 그런데 어찌 심하게 대하겠느냐? 사람이 깨끗하게 정리하려고 왔으면 그의 그런 태도에 찬성해주어야 한다. 그의 과거만을 기억해서는 안 되느니라.' 그렇기 때문에 나 역시 그의 조문을 허락한 것이네."

가숙은 그 이야기를 전해 듣고 개과천선하여 덕 있는 사람으로 거듭났다. 나중에 가난하고 약한 자를 도와 고향 사람들의 칭찬을 받았다. 또, 제양齊陽 사람 황윤黃允은 재능이 뛰어나 명성을 떨쳤다. 곽태는 그를 만나서 말했다.

"당신은 탁월한 재능을 가졌으니 큰 그릇이 될 것입니다. 다만 후덕함이 부족하여 일하는데 손해를 끼치게 될까 걱정됩니다."

후일 사도 원외가 조카딸의 짝을 찾고 있다가 황윤을 만나보고는 한탄했다.

"만약 저런 사위를 맞을 수 있다면 정말 좋겠구나!"

황윤은 그 말을 듣고 마음이 동해 본처를 버리고 원외의 소원대로 해주려고 했다. 그의 아내도 이혼에 동의하며 자신을 내쫓는 날 친지들과 이별할 수 있게 해달라고 부탁했다. 황윤은 사람들에게 증인을 서달라고 청했다. 사람들이 모인 자리에서 황윤의 아내는 소매를 걷어올리고 성난 목소리로 황윤이 저질러온 몇 년 동안의 추악한 품행을 고발하며 한풀이를 하고 가버렸다. 황윤은 그 후 명성이 추락했는데도 자신의 인품을 치욕스럽게 여기지는 않았다.

곽태가 당고의 옥에 휘말리지 않을 수 있었던 이유가 그가 글을 가르치며 성품을 함양하고 세상물정에는 어두웠기 때문이라고 여긴다면 잘못 본 것이다. 건녕建寧 원년(168년), 대장군 두무와 태부 진번이 환관 주살을 계획했으나 실패하고 결국은 환관들에게 모함을 당하자, 곽태는 그 사실을 전해듣고 들판에 나가 『시경』의 구절을 인용하며 통곡했다.

"사람이 구름 같이 죽으면 나라가 궁핍해진다."

다시 말해 인재가 모두 사라졌으니 나라가 곧 멸망할 것이라는 뜻이었다. 또한 "까마귀를 보아라. 누구의 집에 머물려는지 알 수 없구나!" 얼마 남지 않은 후한의 운명을 공중을 선회하던 까마귀에 비유하여, 까마귀가 누구의 집 지붕에 앉을지 모르듯이 앞으로 나라의 운명은 최후를 알 수 없다고 한탄했다. 곽태의 탄식은 중흥할 가망성이 없는 후한 조정에 대한 비통함으로, 그가 미리 부르는 추도가라고도 볼 수 있다. 멸망하기 전 발버둥치던 후한 왕조는 그 후 50여 년 뒤 막을 내렸다. 사실 184년 황건적의 난이 일어났을 때 부패한 왕조는 이미 유명무실한 상태였고, 단지 정치적인 타성으로 세월의 흐름을 따라 역사의 궤도 위에서 움직인 것뿐이었다.

곽태는 자신의 예언을 보지 못하고 169년 봄 42세의 나이로 세상을 떠났다. 사방에서 1천여 명이 그의 장례식에 참석하였고, 곽태를 위해 비석을 세웠다. 비문은 문장가 채옹蔡邕이 썼다. 채옹은 후일 사람들에게 이렇게 말했다.

"내 평생 쓴 비문이 부지기수인데, 대부분이 아첨하는 말로 명실상부하니 지금 생각해보면 정말 부끄럽다. 그러나 곽임종(곽태)의 비문만은 한 치의 부끄러움도 없다."

채옹의 말에 곽태는 지하에서 편히 잠들 수 있었을 것이다.

後漢書 들여다보기

후한 당시 정치나 정치인에 대해 논하는 청의淸議가 유행하긴 했지
만 그에 반대하는 사람도 많았다. 하남 진류의 명사 신도반申屠蟠은
그런 풍조를 염려하며 탄식했다.

"옛날 전국시대 초야에 묻혀 있는 거사들이 함부로 논의를 벌이자
각국의 제후들이 현사들을 마중하며 공손하게 대하였지만, 결국
엔 진시황 때 분서갱유라는 화를 초래했다네. 오늘날에도 역시 이
런 일이 일어날 것일세."

곽태

그리고는 은거하여 신도반은 당고의 옥을 피할 수 있었다. 태학생 수향蓚香은 태학에 있을 때 부용과 이웃에 머물렀다. 부용은 청의를 즐겨 빈객이 끊이지를 않았다. 그러나 수향은 문을 닫아걸고 알아서 처신했다. 부용이 왜 낙양의 인재들과 교분을 맺지 않느냐고 물었더니 수향은 대답했다.

"천자가 한가롭게 이야기나 나누라고 태학을 세웠단 말인가?"

후일 부용은 곽태와 함께 수향을 만나 몇 마디를 나눴다. 그때 곽태는 이런 말을 남겼다.

"자네는 나의 친구이자 스승이네."

◉ 주요 인물
범방

◉ 주변 인물
종자, 왕보, 곽읍

◉ 키워드
청렴하고 공명정대하다, 강직하고 악한 자를 싫어하다, 폐단을 없애 사회를 구하다

◉ 중대 사건
백관을 탄핵하다, 스스로 옥으로 들어가다

◉ 이야기 출처
「후한서」「당고열전」

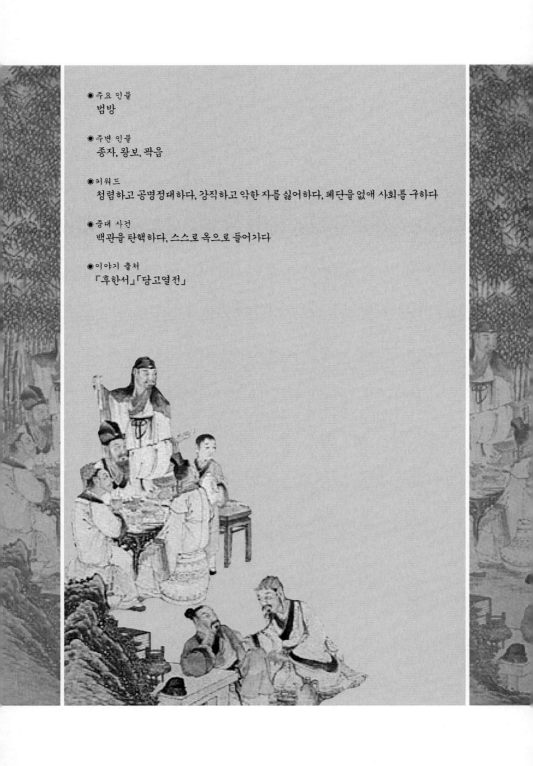

范滂

범방 : 어머니를 영예롭게 만든 자식

북송시대 문학가 소식은 어린 시절에 아버지가 외지로 유학을 떠나 어머니 정程 씨에게 글을 배웠다. 어머니는 그에게 천하 대사의 승패와 이해득실을 이야기해주었다. 소식이 10세가 되던 해, 정 씨는 『후한서』「범방전」을 읽다가 감동하여 책을 내려놓고는 탄복하면서 그 이야기를 소식에서 들려주었다. 소식은 이야기를 다 듣고나서 어머니에게 물었다.

"만약 제가 범방 같은 사람이 된다면 어머니께서는 괜찮겠습니까?"

어머니는 직접적으로 답하지 않았다.

"네가 범방 같은 사람이 된다면 나 또한 범방의 어머니처럼 못 될 것 같으냐?"

어린 소식에게 인생의 지표가 된 범방(137~169년)은 자가 맹박孟博으로 여남군 정강(征羌: 지금의 하남성) 사람이다. 범방은 어릴 적부터 청렴하고 절개가 있기로 군에서 명성이 자자하여 효렴으로 천거되었다. 당시 기주 일대에서는 기근이 발생하여 사방에서 도적떼가 들끓었다. 군에서는 범방을 청조사淸詔使로 임명하고 그곳으로 순찰을 보냈다. 그는 자신의 정치적 포부를 실현하기 위한 첫 행보를 내디뎠다. 그가 떠날 때 수레에 올라 고삐를 잡아당기며 격정에 차 천하를 평정할 뜻을 밝혔다. 현지 관원들은 자신들의 부정행위가 범방의 혜안을 벗어나기 어려울 것이란 사실을 알고 그가 도착하기 전에 인수를 버리고 달아났다. 범방의 정치적 재능은 사람들의 기대를 저버리지 않았다. 그가 상주문을 올려 탄핵하면 모두 정확하게 들어맞아 아무도 이의를 제기할 수 없었다.

범방은 광록훈 주사主事로 임명된 후 관료 사회의 예의에 따라 상사가 되는 광록훈 진번을 찾았다. 그는 진번 역시 이름난 명사이니 자신을 알아보고 괄목상대할 것이라고 여겼으나, 진번은 원칙대로 공무를 처리하였고 범방의 재능과 명성을 특별하게 여기지 않았다. 원래 자부심이 강했던 범방은 결국은 관직을 그만두고 돌아갔다. 곽태가 그 소식을 듣고 진번을 질책했다.

"범방 같은 명사를 어찌 일상적인 예로 대할 수 있는가? 자네는 결국 그에게 고결하다는 명성을 남겨주고, 인재를 박정하게 대한다는 비난만 받게 되었네."

　얼마 뒤 범방은 태위 황경에게 발탁되어 벼슬길에 올랐다. 조정
에서는 그에게 각지에서 유행하는 노래와 지방관원의 업적을 고찰
하라는 명을 내렸다. 범방은 부당한 일을 묵과하지 않고 대대적인
조사를 벌여 자사와 집권 관리 20여 명을 탄핵하자 상서는 태평성
세에 그렇게 많은 탐관오리가 있을 리 없다며 믿지를 않았다. 상서
는 범방이 상주문을 너무 많이 올리자 공권을 이용해서 사적인 원
한을 갚으려는 것이 아닌지 의심했다. 그러자 범방이 다음과 같이
당당히 밝혔다.

　"제가 열거한 자들은 모두 큰 죄를 지은 극악무도한 자들입니
다. 그렇지 않다면 제 상소문에 오를 자격도 없지요. 조사 기간이
긴박하여 우선 중요한 몇 명만 올렸을 뿐입니다. 다른 것들은 좀
더 심사하여 사실을 확인해봐야 합니다."

　그 말에는 너무 많은 사람을 탄핵한 것이 아니라 이제 시작에
불과하다는 의미가 들어 있었다. 상서는 그의 말을 듣고 반박할 수
없었다. '맑은 물은 흙에 의해 막히고, 청렴한 사인은 사람들에게
비방당한다'고 했듯이, 범방은 사람들을 대대적으로 탄핵하여 미
움을 샀다. 사람들은 똘똘 뭉쳐서 그를 배척했다. 범방은 계속 조
정에 있을 수도 없었고, 스스로도 더 이상 난잡한 조정을 참을 수
가 없어 사직했다. 관직을 버린 것은 소극적으로 피한 것이 아니
라, 형국을 되돌릴 수 없는 상황에 대한 분개이자 반항의 표시였
다. 혼란한 천하를 평정할 뜻이 좌절되었지만 시대의 폐단을 없애

고자 하는 결심은 변하지 않았다.

얼마 뒤 범방은 여남 태수 종자宗資의 부름에 응해 공조가 되었다. 관직에 있는 동안 악을 묵과하지 않는 그의 강직한 성품은 변함이 없어, 대대적으로 엄정한 정치를 했다. 관리 중 행동거지가 바르지 않거나 인의를 위배하는 자는 모두 파직당해 쫓겨났다. 그의 생질 이송李頌은 부잣집 자제로 나쁜 짓을 일삼아 마을 사람들로부터 미움을 받았다. 이송은 환관 당형唐衡에게 태수 밑의 관직을 부탁했다. 범방은 생질의 품행을 잘 알고 있었기 때문에 임명하는 문서를 구류하고 발송하지 않았다. 태수가 화가 나서 문서를 관리하는 주령朱零에게 모든 화풀이를 하자 주령은 탄식했다.

"범방이 아무리 부패를 없애고 현량을 유지하려 해도 부패한 세력은 막을 수가 없구나. 오늘 대인에게 맞아 죽을지언정 범방의 뜻을 어기지는 않겠다."

이송은 결국 관직에 임명되지 못했고, 사람들은 범방의 위력을 깨닫게 됐다. 범방이 지나치게 청렴하고 엄정하여 군현 밑의 관원들도 그에게 원망을 품고, 범방과 그가 임명한 관원들을 '범당范黨'이라고 불렀다.

당고의 옥이 일어났을 무렵, 범방은 천하에 이름을 떨치고 있었다. '여남 태수는 범맹박(범방)이니, 남양의 종자는 수결하는 일만 주관하네'라는 말이 유행할 정도였다. 범방은 공조의 신분이었지만 실제적으로 태수와 다름없었고, 태수인 종자는 서명하고 수결하는 일만 한다는 뜻이었다. 범방은 명성이 드높은데다 무리의 당수였기 때문에 자연히 체포되어 옥에 갇혔다. 옥리가 그에게 호통쳤다.

"옥에 갇힌 자라면 고요(皐陶: 순임금의 신하로 형벌과 옥獄을 만들었다고 함)님에게 제사지내야 한다."

그러나 범방은 전혀 두려워하지 않고 답했다.

"고요는 고대의 정직한 신하로 현자였으니 내가 죄가 없음을 알고 나를 황제에게 넘길 것이다. 그리고 정말 나에게 죄가 있다면 그에게 제사를 올려봤자 무슨 소용이 있겠는가?"

범인을 신문하고 고문할 때 범방은 정의감과 인정을 베풀었다. 같은 옥에 갇힌 사람이 형벌을 견디지 못할 것을 걱정해 아프다는 핑계를 대고 자신이 그들을 대신하게 해달라고 부탁했다. 그는 같은 군 사람 원충袁忠과 돌아가며 형을 받았다. 환제는 환관 왕보를 보내 옥을 살펴보고 오라고 시켰다. 왕보는 범인들에게 칼과 족쇄를 채우고 포대로 머리를 가린 채 심문을 했다. 범방의 차례가 되었을 때 왕보가 물었다.

"자네는 신하가 되어 군주에게 충심을 바칠 생각은 하지 않고, 무리와 결탁해 당을 이루며 서로 치켜세우고 조정을 비방하다니 대체 무슨 음모인가?"

범방은 당당하게 말했다.

"공자님께서는 선을 보면 미치지 못한 것처럼 대하고, 악을 보면 끓는 물을 만지듯 대하라고 했소. 나는 탁한 물을 흘려보내고 맑은 물을 끌어들여 악을 제거하고 선을 권하는 일이 조정이 바라는 일이라고 여기고 실천했을 뿐이오. 헌데 나에게 '당'을 이뤘다는 오명을 씌울 줄은 몰랐소!"

왕보는 다시 물었다.

"너희는 서로 등용하고 입술과 이처럼 서로 의지하며 당을 이루고 다른 자들을 배척하였으면서 무슨 할 말이 있느냐?"

범방은 한숨을 내쉬며 격앙된 말투로 탄식했다.

"옛날 사람들은 선을 행하면 복을 얻었는데, 지금은 선을 행하면 도리어 목숨을 잃는 화를 초래하는구나. 더 이상 할 말이 없소. 내가 죽은 뒤 수양산首陽山 옆에 묻어주시오. 위로는 하늘을 저버리지 않고 아래로는 백이伯夷, 숙제叔齊에게 부끄러울 것이 없소."

왕보는 그의 말투와 비분강개한 감정이 가득한 표정에 마음이 흔들려 직접 차꼬와 수갑을 풀어주었다. 당고의 옥이 끝난 뒤 범방은 파직당하고 고향으로 돌아갔다. 그는 조정의 부름을 받지는 않았지만 사람들의 존중과 환대를 받았다. 그가 낙양을 떠나려고 할 때 여남, 남양에서 그를 맞이하러 달려온 사대부의 수레가 1천여 대에 달했다고 한다. 범방과 같이 옥에 갇혀 있던 은도殷陶와 황목黃穆은 그와 동향 사람으로 석방되어 집으로 돌아갈 때 범방을 곁에서 돌봐주며 함께 명성을 듣고 찾아온 빈객들을 접대했다. 그때 범방은 그들에게 말했다.

"지금 자네들이 내 곁에 있으면 남에게 당을 이룬다고 약점을 잡힐 수 있네. 그것은 내게 화를 더하는 일이네."

그리고는 혼자서 몰래 집으로 돌아갔다.

첫 번째 당고의 옥이 끝났던 것은 환제를 설득한 상서 곽서霍諝의 공이 크다. 범방은 석방된 뒤 곽서를 만났지만 고맙다는 말을 한 마디도 하지 않았다. 예로부터 한 방울의 은혜를 입으면 용솟는 샘으로 보답해야 한다는 말이 있다. 그러니 목숨을 살려준 은혜는 어떻겠는가? 누군가 범방에게 이런 도리를 언급하며 은혜를 저버렸다고 질책하자 그가 입을 열었다.

"춘추시대 진晉나라의 양설숙향(羊舌叔向, 양설힐羊舌肹)이 죄를 지었을 때 기해祁奚 덕분에 목숨을 건질 수 있었지만, 숙향이 기해에게 감사 인사를 했다는 얘기는 들어보지 못했습니다. 기해 역시 그 공을 들먹일 뜻이 추호도 없었습니다."

그를 질책했던 사람들은 더 이상 할 말이 없었다. 이것이 명사로서 범방의 본모습이었다. 그는 자신이 죄가 없는데도 옥에 갇혔으니 석방되는 것은 당연한 일이며, 곽서 역시 조정의 관원으로 정의를 펼치고 억울한 사건을 해결하는 것이 본연의 임무였다. 오히려 그 일을 해결하지 못한 것을 질책받아야지, 당연한 일을 하고 감사 인사를 받을 수는 없다는 것이다. 이것이 중국 역사 속 일부 사대부의 강직하고 탈속적인 정신과 인품으로, 자기가 생각하는 옳고 그른 판단 기준에 따라 처신할 뿐 세상 사람들이 어떻게 볼지는 고려하지 않았다. 자신의 양심에 부끄러움이 없다면 다른 사람들이 오해하고 질타한다고 해도 태연자약하게 잘 지낼 수 있었다.

얼마 뒤 두 번째 당고의 옥이 일어났다. 사람들은 범방의 명성이 높아지는 것을 두려워했지만, 범방은 계속해서 높은 명성을 쌓았고 결국 다시 체포 대상이 되었다. 조서가 군에 도착했지만 독우 오도吳導는 차마 범방을 잡을 수 없었다. 그는 조서를 가지고 자신의 방으로 돌아가 문을 잠그고는 혼자 책상에 엎드려 통곡했다. 범방은 그 이야기를 듣고 추측했다.

"그건 분명 나 때문일 것이다."

그리고는 직접 현 관아에 나가 포박하기를 청했다. 현령 곽읍郭揖은 범방이 다른 사람들처럼 도망가지 않고 제발로 와서 자수를 하자 매우 놀랐다.

"세상은 넓은데 어찌 이곳에서 잡히기를 기다리십니까?"

곽읍은 관인을 버리고 범방을 데리고 도망치려고 했다. 그러나 범방은 이를 거절했다.

"내 죽음으로 화근을 없앨 수 있는데 어찌 현령까지 연루를 시키겠습니까! 게다가 집에 계신 노모까지 집을 잃고 떠돌게 할 수 있겠습니까?"

그리고는 한사코 죽음의 길을 선택했다. 범방이 죽기 전 그의 어머니가 손자를 데리고 와서 자식과 이별을 했다. 범방은 어머니에게 사죄의 말을 남겼다.

"동생이 효심이 깊으니 어머니를 반드시 잘 모실 것입니다. 저는 아버지의 뒤를 따라 구천으로 가겠습니다. 각자 생사가 정해져 있는 법이니, 가슴 아프겠지만 저를 잊고 몸 건강히 지내시고, 너무 그리워하지 마십시오."

범방의 어머니의 대답은 천고에 남았다.

"아들아, 지금 네가 명성이 자자한 이고, 두밀 선생과 이름을 나란히 하려고 하는데, 어찌 죽는 것을 원망하겠느냐? 이름을 떨치면서 어찌 장수까지 바랄 수 있겠느냐?"

범방은 무릎을 꿇고 어머니의 가르침을 공손히 받아들이고 절을 하고 호송길에 올랐다. 그러나 그는 다시 돌아와서 비통하게 자신의 아들에게 유언을 남겼다.

"아들아, 내가 너에게 악을 행하라 하고 싶으나 그래도 악은 행할 바가 못 되고, 선을 행하라 하고 싶지만 오늘 아비가 이런 말로를 맞았구나! 내가 어떤 악을 저질렀단 말이냐?"

범인을 호송하던 사람들은 그의 말을 듣고 감동해서 눈물을 흘렸다. 범방은 결국 침착하게 형벌을 받아들였다. 당시 그의 나이 겨우 33세였다.

後漢書 들여다보기

범방은 임종 시 아들에게 다음과 같은 유언을 남겼다.

"나는 너에게 악을 행하라 하고 싶지만 악은 결국 행할 바가 못 된다. 너에게 선을 행하라 하고 싶으나, 내가 악을 행하지 않았는데도 이렇게 되었구나."

삼국시대의 유명한 촉한의 군주 유비劉備가 태자 유선劉禪에게 유언을 남길 때도 선악론을 언급했다.

"사람이 50이 되면 요절이라 하지 않는다. 아비가 벌써 60을 넘겼으니 어찌 원망을 하겠느냐! 단지 너희 형제가 걱정될 뿐이다. 분

유비

유선

발하고 또 분발하여라. 악은 사소하다고 해도 행하지 말고, 선은
사소하다고 해도 행하지 않으면 안 된다! 현량한 덕으로만 사람을
복종시킬 수 있다. 네 아비는 덕이 부족하니 본받을 바가 못 된다.
너는 승상을 따라 일을 처리하고 승상을 아버지처럼 섬기어라."
유비의 간곡한 가르침과 비교할 때, 범방의 유언에서는 큰 고통이
묻어난다고 할 수 있다.

● 주요 인물
　두밀, 하복, 파슉, 장검, 가표, 잠질

● 주변 인물
　주병, 이독, 모흠, 환제

● 키워드
　당인, 환관

● 중대 사건
　주병이 무고하다, 장검이 도망가다, 여강이 진언하다

● 고사
　당고의 옥, 금구蔽口

● 이야기 출처
　『후한서』「당고열전」

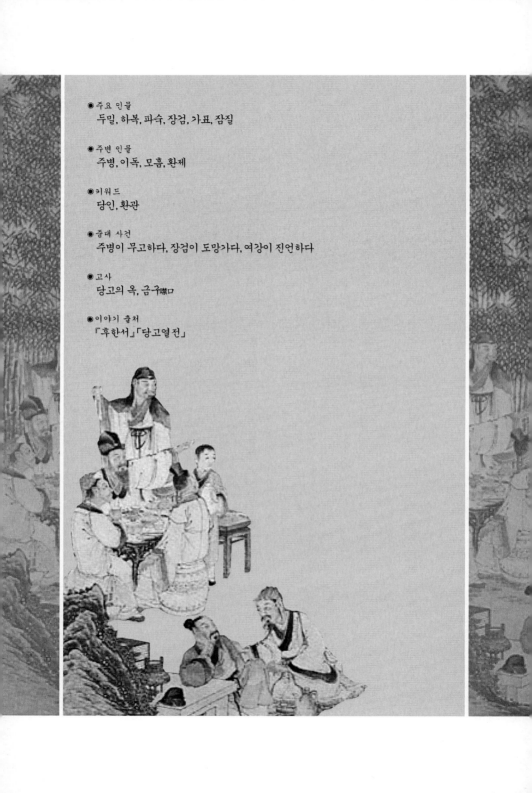

杜密 夏馥 張儉 賈彪 等

두밀·하복·장검·가표 외 : 참혹한 당고의 옥

중국 봉건사회에서 지식인은 여론의 대대적인 힘을 빌려 오랫동안 당시 조정의 통치자에게 대항을 했었다. 그중 가장 유명한 두 가지 사건은 명나라 말기의 '동림당東林黨 탄압'과 후한 환제, 영제 때의 '당고의 옥'이다.

두 가지 사건 모두 결국에는 실패로 끝나고 말았지만, 지식인의 정치에 대한 관심과 천하의 일을 자신의 소임으로 삼는 정신을 잘 보여주고 있다. 동림당은 '바람 소리, 빗소리, 글 읽는 소리, 모두 귀에 들려오고, 가정일, 나랏일, 천하의 일, 모두 관심을 가진다'고 외쳤고, 후한시대 당인들은 공경을 평가하고 탄핵하며 집정을 잘하고 있는지 가늠하여 후세 사람들의 존경을 받았다.

강권 세력에 대항하던 시절의 인물과 사건을 살펴보면 탄식이 절로 나온다.

당고의 옥이 일어난 근본적 원인은 당시 어두운 정치상황이다. 후한 정치는 환제, 영제 때에 가장 부패하였다. 제갈량은 「출사표」에서 '선제가 살아 계실 때 매일 신하들과 그 일을 논하며 환제와 영제를 원망하며 탄식하지 않을 수가 없었다'고 언급했었다. 온 나라가 몸도 온전치 못하고 심보도 그저 그랬던 환관들에게 휘둘리고 조종당했다.

후한시대는 환관의 천하라고 해도 과언이 아니다. 환제는 환관의 힘을 빌어 외척 양기를 없애고 정식으로 정권을 잡을 수 있었다. 그런 이유로 그는 친정을 시작한 후에 자신을 옹립한 공을 세운 환관 5명을 하루 만에 제후로 봉하였다. 세간 사람들은 그들을 '오후五侯'라고 불렀다. 환제 다음으로 황위에 오른 영제도 환관에 대한 신임이 환제 못지 않았다. 영제 말년의 '십상시十常侍'란 10명의 환관을 일컫는다. 영제 때 환관의 수는 환제 때와 비교해 2배나 많았고, '오후'가 살아난다면 부러워할 정도로 황제와 친밀한 관계를 유지했다. 심지어 영제는 환관들 앞에서 자신을 낮추어 말하기까지 했다.

"장 상시는 나의 아버지요, 조 상시는 나의 어머니이다."

이것은 당고의 옥이 지난 후에 한 말이지만, 환관에 대한 총애는 그가 제위에 있던 22년 동안 변함없는 기본 정신이었다. 이 시대의 환관은 기형적인 정치적 산물로 때때로 정치적인 힘을 발휘했다. 그 예로 외척 제거를 들 수 있다. 환관 중에는 군주를 걱정하고 백성을 사랑한 사람도 많았다. 그렇지만 환관 전체에게 국가의 정무를 맡긴 것은 그들의 직무와 능력의 범주를 벗어나는 일이었다. 대부분의 상황에서는 직무와 능력만의 문제가 아니었다. 그들이 월권행위를 할 때 관리 능력이 부족하다는 것이 아니라, 그들이 맡은 일에 대한 직업적인 윤리가 결핍되었다는 것이다. 이것은 환관이 의욕만 넘치고 능력이 부족했다는 것을 말하는 것이 아니며, 능력은 충분했다고 해도 딴 마음을 품고 있었다는 것이다. 이는 늑대에게 양을 맡기는 상황과 다를 바 없었다. 따라서 환관들이 조정을 장악했다고 하면 왕조가 몰락하고 있다는 징조로 볼 수 있다. 이 사실은 역사적으로도 증명이 된다. 후한 왕조와 당나라 왕조가 그랬고, 명나라 역시 그랬다.

　시국이 어수선하고, 사회가 불안했으며, 정직한 관리와 수많은 사인士人들은 황폐해진 정치 현실에 사무치는 침통함을 느꼈다. 그들은 알게 모르게 힘을 모으고 조정의 권력을 손에 쥔 환관들과 맞섰다. 다른 측면에서 보면 환관이 자신들의 정치적 출로를 억누르고 있는 것에 대한 불만이었다. 정직한 관리와 사인들은 함께 조정을 논하고 인물을 평했다. 공식적으로 조직을 만들지는 않았지만 거대한 여론 세력을 형성하고 있었으므로, 처음에는 관리와 사인들은 굉장한 성과를 이뤘다. 그들의 신분이나 지위의 변화로 본다면 적어도 그러했다.

당시 환관에서 공경사대부까지 모두 불안에 떨며 황급히 현인들에게 예를 갖추어 대했다. 그러나 그들의 갖추는 존경심은 증오와 두려움을 바탕으로 해서 생겨난 것일 뿐이었다. 당시 환관과 그들 패거리가 속으로 참고 삭이던 불안과 증오심은 복수할 때 더욱 악랄하게 표출되었다. 얼마 뒤 연희 9년(166년), 환관의 반격이 시작되었다. 환관은 황제에게 천하의 사인들이 '도당을 결성하여 조정을 비방한다'는 상소를 올렸다. 환제는 그 말을 듣고 크게 노하여 당인을 잡아들이라는 명을 내렸다. 순간 저잣거리에 당인을 체포하려는 기병들이 깔렸다. 당고의 옥에 연루된 사람이 2백여 명에 달했고 몰래 도망간 사람들에게는 후한 현상금을 걸었다.

그 이듬해 상서 곽서와 성문 교위 두무가 당인들을 대신해 상소를 올려 사정하자 환제가 화를 풀었다. 당인들을 석방시켜 고향으로 돌려보내며 종신 금고령을 내렸다. 그들은 평생 관리로 등용될 수도 없었다. 당인의 명부를 책으로 만들어 왕부에 놓고 항상 그들을 경계하고 미워하도록 했다. 환제는 그 해에 당인들에 대한 여한을 남기고 세상을 떠났다.

그렇다고 불행이 끝난 것이 아니었다. 비극—조정 대신들과 환관들에게는 볼거리였다—은 막 시작에 불과했다. 석방된 당인들 사이에서는 금고에 대한 불만과 조정에 대한 변함없는 실망감, 그리고 조정의 탄압 결심에 대한 예상 실패로 인해 조정과 인물을 평하는 풍조가 또다시 유행하였고, 그런 세태는 전보다 더하면 더했지 못하지는 않았다. 이전보다 더 조직적으로 모여 조정과 인물을 평가하고 고심하였다. 인물의 명성에 따라 평가한 결과 '삼군三君', '팔준八俊', '팔고八顧', '팔급八及', '팔주八廚' 같은 부류가 등장했다. 인물 평가는 사람의 마음을 통쾌하게 해주었다. 그러나 그러한 논의는 소인배들이 당인을 고발할 때 충분한 증거가 되었고, 조정에서 체포하기에 더 쉽도록 해주었을 뿐이었다.

2년 뒤인 건녕 2년(169년), 환관 후람은 수하 주병朱幷을 시켜 13세에 불과한 황제 영제에게 상소를 올려 장검張儉 등 24명의 붕당朋黨이 사직을 위협하고 있다고 고했다. 그 결과 당인을 음해하는 두 번째 열기가 불어닥쳤다. 두 번째 당고의 옥은 처음보다 더 심각했다. 고문당하다 옥사한 명사들이 1백여 명에 달했고, 이송되어 금고된 자가 6, 7백 명이 넘었다.

희평 5년(176년), 영창永昌 태수 조란曹鸞은 상소를 올려 당인들을 변호하며 사정을 했다. 그러나 그는 곽서만큼 운이 좋지 않았다. 영제의 화가 아직 가시지 않은 상태에서 그런 행동은 불난데 부채질하는 것과 같았다. 영제는 조란을 잡아 죽이라는 명을 내리고 재조사를 통해 당인의 문하생과 수하 관리, 부자, 형제를 잡아들이고 현직에 있는 자는 모두 파직시켜 금고하라는 명을 내렸다.

중평 원년(184년) 황건적의 난이 일어났을 때, 환관 여강呂强이 영제에게 당인들을 금고한 지 오래되었는데 사면하지 않으면 황건적과 결탁하여 후환을 남길 것이라는 간언을 올렸다. 지배층의 이해관계에 따라 영제는 당인들을 사면하라는 명을 내렸다. 20년에 가까운 당고의 옥이 마침내 막을 내리게 되었다. 20여 년간 천하의 명사들 대부분이 화에 휩쓸렸다. 그들은 역사책에 이름을 남겨 후세에게 전해졌다.

　두밀은 영천 양성(陽城: 지금의 하남성 등봉登封 남동쪽) 사람이다. 어릴 적부터 사람이 진중하고 질박하며 나쁜 것을 매우 혐오했다. 그는 대군代郡 태수, 북해 태수, 북해상 등을 역임했다. 그는 부임지에서 불법을 일삼은 환관의 자제들을 체포하여 매우 엄격하게 처벌하였다. 결국 두밀은 환관들에게 미움을 사서 파직당했다. 그는 고향으로 돌아온 뒤에도 정치에 관심을 가지고 현령과 군수를 만나 천하의 대사를 논하고 현량한 자들을 천거했다.

　같은 군에 사는 유승劉勝 역시 촉군에서 벼슬을 하다 고향에 돌아와 있었지만 그와 전혀 다른 모습을 보였다. 그는 문을 닫고 손님을 사양하며 명철보신했다. 태수는 두밀의 거동을 불만스럽게 여기며 일부러 그의 앞에서 유승을 숭고한 선비라고 칭찬했다. 그러나 두밀은 바로 그의 말에 반박했다.

　"유승은 대부의 대열에 드는 선량한 지사가 분명하지요. 그러나 천거할 바는 못 됩니다. 사악한 자와 악행을 잘 알면서도 상소를 올리지 않고 자신을 소중하게 여겨 두문분출하고 늦가을의 매미처

럼 입을 다물고 있습니다. 이런 자는 죄인과 다를 바 없는데 어찌
훌륭한 인물이라 하겠습니까? 지금 태수에게 현량을 추천하고 악
한 자를 고발하여 악을 제거하고, 선을 펼치고 상벌을 타당하게 해
야 함을 논하고 있습니다. 이 역시 제가 나라를 위해 충심으로 노
력을 다하고 있는 것이 아닙니까?"

태수는 매우 부끄러워하며 탄복했다. 후일 당고의 옥이 일어나
자 두밀은 이응과 함께 감옥으로 들어갔다. 세인들은 두 사람을 함
께 일컬어 '이두李杜'라고 불렀다. 태부 진번이 정치를 보좌하고 있
을 때 두밀은 등용되기도 하였다. 두 번째 당고의 옥이 일어났을
때 두밀은 조정의 핵심 체포 대상이었다. 두밀은 화를 피할 수 없
음을 알고 치욕을 당하기 전에 자결하였다.

하복夏馥은 진류(지금의 하남성 개봉開封) 사람이다. 어릴 적부터 학
문을 좋아하고 언행이 질박하고 정직했다. 그가 살던 현에 2명의
부호가 살고 있었는데, 사람들은 그들의 권세를 두려워하며 그들
에게 빌붙으려고 경쟁하였다. 하복은 세속에 물들지 않기 위해 그
들과 왕래하지 않았다가 호족들의 미움을 샀다. 하복이 널리 명성
을 떨치자 환관들은 그를 경계했다. 천하에 이름을 떨치면 비방 역
시 따르기 마련이다.

당고의 옥이 일어나자 하복과 장검, 범방은 당수로 함께 체포되
었다. 하복은 장검이 도망칠 때 그를 비호하던 사람들이 집과 가족

을 잃게 된 일을 못마땅하게 여기며 발을 동동 구르며 탄식했다.

"자신이 죄를 짓고 다른 사람에게까지 피해를 입히다니……. 한 사람이 도망치려고 화가 여러 집까지 미치니 그렇게 해서 목숨을 구한들 무슨 의미가 있겠소?"

그리고는 자신의 얼굴을 망가뜨리고 이름을 바꾸고 임려산林慮山에 몰래 숨어서 남의 집 하인으로 살았다. 몇 년이 지나도록 아무도 하복을 알아보지 못했다. 나중에 하복의 동생이 그의 목소리를 알아듣고 아는 척을 했지만 하복은 피하고 만나지 않았다. 동생은 형의 뒤를 따라가 그 집에서 하룻밤을 묵었다. 한밤중이 되어서야 하복은 동생에게 말을 걸었다.

"내가 도를 지키고 악을 싫어하여 환관들에게 해를 당하였기에 성과 이름을 숨기고 구차하게 살아가고 있는데, 너는 어찌하여 나에게 화를 더하려고 하느냐?"

그리고 날이 밝자 바로 떠나버렸다. 그는 당고의 옥이 끝나기도 전에 세상을 떠났다.

파숙巴肅은 발해渤海 사람으로 효렴으로 천거되어 현령에 올랐으나 상관을 싫어하여 병을 핑계로 사직했다. 그 후 공부에서 불러 의랑으로 임명되었다. 파숙은 조정을 혼란하게 만든 환관을 증오하여 당고의 옥 때 금고당했다. 환관 조절은 파숙이 두무, 진번과 함께 환관을 주살하는 음모에 가담하였다는 소문을 듣고 체포령을 내렸다. 파숙은 관리가 도착하기도 전에 스스로 옥으로 들어갔다. 정의로웠던 현령은 인수를 버려두고 파숙과 같이 도망가려고 하였다. 그러나 파숙이 거절했다.

"신하된 자로 모략을 했으면 숨기지 말아야 하고 죄가 있으면 형을 피해서는 안 됩니다. 제가 모략을 감추지 않았는데 어찌 형을 피하겠습니까?"

그리고는 아무렇지 않게 감옥에 있다가 의를 위해 죽었다.

장검은 산양 고평(지금의 산동성 추현鄒縣 남서쪽) 사람이다. 그는 수재로 천거되었으나 자사를 경멸하여 병을 핑계로 나가지 않았다. 후일 태수 적초翟超에게 동부東部 독우로 등용되어 감찰하고 도망자를 잡는 일을 맡았다. 당시 환관 후람의 집이 산양 방동防東에 있었다. 후람 집안사람들은 마을에서 활개를 치며 백성들에게 포악하게 굴었다.

장검은 후람의 높은 권세를 전혀 두려워하지 않고 후람과 그의 어머니가 극악무도하니 주살해달라는 탄핵 상소를 올렸다. 그러나 그의 상소는 후람에 의해 저지되었다. 결국 장검은 후람과 불구대천지 원수를 맺고 말았다. 장검과 동향 사람인 주병은 간악한 소인배로 줄곧 장검에게 무시를 당해 마음에 담아두고 있었다. 나중에 주병은 후람의 뜻을 받들어 장검과 같은 군에 사는 24명이 당을 이루었다고 무고하였다.

535

첫 번째 당고의 옥으로 조정이 이미 싸늘하게 변한 상태에서 당인들은 다시 풍파가 인다는 소식을 듣고 깜짝 놀랐다. 또다시 체포령이 내려졌다. 이에 장검이 도망쳤는데, 그가 지나치는 곳마다 장검을 존경하던 사람들이 집안을 망치는 일임에도 불구하고 그를 도와주었다. 한 번은 장검이 동래 이독李篤의 집에 숨어 있는데 관리 모흠毛欽이 병사를 이끌고 쫓아왔다. 이독은 몰래 모흠에게 물었다.

"장검은 천하의 명사로 죄가 없는데도 추격당하고 있소. 그런데도 그를 체포해 잡아가시겠소?"

모흠이 대답했다.

"춘추시대 거백옥蘧伯玉은 혼자서 군자로 자처하는 것을 치욕스럽게 여겼는데, 당신은 어찌하여 혼자서만 인의를 행한다는 것입니까?"

이독이 현량을 보호할 줄 알듯이 모흠 역시 인의가 없는 사람은 아니라는 말이었다. 이독은 머쓱해하며 대답했다.

"내가 줄곧 의를 행하여왔는데, 오늘 당신이 그 절반을 가져갔소이다!"

모흠은 그냥 병사를 이끌고 떠났다. 장검은 그리하여 멀리 변방까지 도망가 목숨을 건질 수는 있었으나 그로 인한 대가는 처참했다. 그가 지나간 행적을 따라 많은 사람들이 포박당했고 칼부림이 난무했으며 머리가 떨어져 나뒹굴었다. 그가 지나간 군현마다 그를 도와준 백성들이 보복을 당하여 황폐해졌던 것이다. 그렇기 때문에 장검은 하복의 비난을 받았다. 두 번째 당고의 옥은 장검으로 인해 일어났는데, 당시 연루된 당인과 사상자는 셀 수가 없을 정도였다. 그러나 정작 당수였던 장검은 화를 피할 수 있었다. 당고의 옥이 끝나자 장검은 고향으로 돌아와서 84세까지 살다가 세상을 떠났으니 아이러니가 아닐 수 없다.

가표는 자가 위절偉節로 영천(지금의 하남성) 사람이다. 어릴 적 낙양을 유력하며 당찬 뜻을 품었다. 가표는 같은 군에 사는 명사 순상과 이름을 나란히 하며 효렴으로 천거되어 신식新息 영장令長에 올랐다.

그 지역은 가난하고 풍습도 아직 미개하여 자식을 낳고도 버려두고 기르지 않았다. 가표는 법령을 공포하여 이를 금지하고 어길 시에는 살인범과 똑같은 죄로 간주했다. 한 번은 동시에 두 가지 사건이 일어났다. 성 남쪽에서 도적들이 사람을 죽였고, 성 북쪽에서 한 부녀자가 자신의 자식을 살해하였다. 수하가 먼저 성 남쪽의 사건을 처리하기 위해 길을 잡자 가표가 화를 냈다.

"도적떼가 사람을 죽인 일은 정상을 참작할 수 있지만, 어미가 자식을 죽인 것은 천인공노할 일이다."

그리고는 먼저 성 북쪽으로 갔다. 성 남쪽의 도적은 그 소식을 듣고 자수하였다. 그 후 몇 년간 현지에서는 1천 명에 달하는 부녀자가 자녀를 낳아 기르게 되었는데, 모두 '가 씨 아버지의 소생'이라고 부르며 아들을 낳으면 '가자賈子'로 딸을 낳으면 '가녀賈女'라고 이름을 지었다. 첫 번째 당고의 옥이 일어났을 때 태위 진번은 사인들을 위해 사정했지만 소용이 없었다. 그러자 다른 사람들도 차마 말을 꺼내지 못했다. 그때 가표가 말했다.

"내가 서쪽으로 가지 않으면 화가 해결되지 않겠구나."

그리고 낙양으로 가서 곽서, 두무를 설득했다. 그들이 다시 환제를 설득하여 당인들이 사면될 수 있었다. 이응은 옥에서 나온 뒤 한 마디하였다.

"내가 옥을 나올 수 있던 것은 모두 가표의 묘책 덕분이다."

또 다른 명사 잠질岑晊이 당고의 옥을 피해 도망쳤다. 다른 사람들은 목숨을 걸고 그를 숨겨주었는데, 가표만은 문을 걸어 잠그고 받아주지 않아 사람들에게 질책을 받았다. 그러나 가표는 당당하게 이유를 밝혔다.

"『좌전』에 이르길 시대를 관찰하여 행동하면 후세 사람들에게 누를 끼치지 않는다고 하였다. 잠질이 그렇게 된 것은 자업자득이니, 오히려 창을 들고 기다리지 못한 것이 한스러울 따름이다. 그런데 어찌 그를 용납하겠느냐?"

이 말은 다소 불공평한 면이 있어 보이지만 같은 사인이라도 당고의 옥에 다른 관점을 가지고 있다는 사실을 보여준다. 후일 다시 당고의 옥이 일어나자 일전에 문제를 해결했던 가표 역시 금고를 당했다. 그는 집에서 세상을 떠났다. 가표의 삼 형제는 모두 명성이 높았는데, 그중 가표가 가장 현량하였다. 당시 세간에는 '가 씨 집안의 호랑이 셋 중에서, 위절(가표)이 가장 위세가 등등하다'란 말이 있었다.

  잠질은 남양(지금의 하남성) 사람이다. 그의 아버지는 남군 태수였으나 부패를 저질러 주살되었다. 잠질은 젊은 시절에 명성을 얻었다. 한 번은 그가 같은 군에 사는 명사 종자宗慈를 만나러 그의 집으로 찾아갔다. 당시 종자가 막 조정에 등용되어 그를 축하하러 온 사람들로 집안이 떠들썩했다. 종자는 잠질이 하찮은 출신이라는 이유로 그를 만나주려 하지 않았다. 결국 며칠이 지난 뒤에야 잠질과 만나 이야기를 나누게 되었는데, 종자는 그가 기재라는 것을 발견하고 낙양으로 데리고 가서 태학에서 수학하도록 도왔다.

  잠질은 일개 평민에 불과했지만 혼란한 정치와 천하를 구할 뜻을 품고 있었다. 홍농 태수로 부임한 성진成瑨은 풍기를 엄숙하게 바로 잡고 위엄을 세우기 위해 잠질을 공조로 임명하였다. 그 후 민간에서는 '남양 태수는 잠공효(岑公孝, 잠질), 홍농 성진은 앉아서 휘파람만 부네'라는 노래가 널리 퍼져 있었다. 즉, 잠질은 속리에 불과하지만 태수와 다를 바가 없고 진짜 태수는 허장성세만 부리고 있다는 뜻이었다.

  부유한 상인 장범張汜은 환제 비의 외가 사람으로 환관에게 뇌물을 주고 고위 관직에 올라 권세를 믿고 오만방자하게 굴었다. 잠질은 태수에게 장범을 체포하라고 요구했다. 장범이 체포된 뒤 대사면령이 내려졌지만 잠질은 과감하게 그를 주살해버렸다. 환제는 그 사실을 알고 크게 노하였다. 결국 그 일로 인해 성진은 옥사하였고 잠질은 제齊, 노魯 일대로 도망을 갔다. 사면령이 내려진 뒤 얼마 후 두 번째 당고의 옥이 발생하자, 당인 명단에 있는 명사를 체포하란 명이 떨어졌다. 잠질은 다시 도망쳤고 결국에는 강하江夏의 산 속에서 세상을 떠났다.

1700년이 흐른 뒤 중국에서는 다시 한 번 지식인에게 재난과 같은 일이 발생했다. 그것은 바로 변법자강운동(무술戊戌 변법)이다. 문명의 수준이 높아졌기 때문에 군현에서 피가 튀는 잔혹한 사태가 재현되지는 않았지만, 주로 사대부 관료를 유배시키고 파직시키는 방법이 동원되었다. 당시 6명의 주모자가 극형을 받았는데, '무술육군자六君子'라고 불렸다. 그중 유명한 사람이 담사동譚嗣同이다. 그는 도망가지 않고 앉아서 잡히기를 기다렸다. 그는 옥중에서 웅장한 기개가 넘치는 시를 썼다.

인가가 보이면 잠시 들어가 묵으니 장검이 생각이 나네,
죽음을 참고 잠시 두근처럼 때를 기다린다.
나는 큰 칼 속에서도 하늘을 향해 웃으며
죽어서 공명정대함을 두 개의 곤륜에 남기리라.

이것이야말로 당고의 옥으로 죽거나 살아남은 당인에 대한 가장 좋은 평가가 될 것이다. 그들이 사라지며 남긴 것은 우뚝 솟은 곤륜산처럼 떳떳하게 진심을 드러내놓고 생사를 같이하는 그 마음이 아닐까?

後漢書 들여다보기

후한시대 당고의 옥과 명나라 때
동림당 사건 외에 북송시대 말기
에도 지식인이 대규모로 조정에
대항한 사건이 있었다. 1125년
금金나라 군대가 북송의 개봉을
포위 공격할 무렵, 매우 혼란했던
북송 조정은 전쟁을 주장하는 주
전파와 화친을 주장하는 주화파
로 나뉘었다.

채경

태학생 진동陳東은 7백 명이 넘는
태학생을 모아 황궁 앞에서 무릎
을 꿇고 항전을 주장하는 구국 상
소를 바쳤다. 결국 조정에서는 주
전파인 이강李綱을 중용하고 간신
채경蔡京을 벌하였다.

이듬해 금나라 군사가 성을 공격하였다. 송나라 군대는 힘이 미약
하여 불리한 상황에 빠졌다. 송나라 흠종欽宗은 당황하여 어쩔 줄
몰라 이강을 파직시키고 화친을 구하라는 명을 내렸다. 그 소식이
전해지자 백성들의 원성이 들끓었다. 진동은 또다시 태학생을 이

이강

끌고 황궁 앞으로 달려가 이강을 기용할 것을 강력하게 탄원하였다. 개봉의 수만 군사들과 백성들도 그들을 지지했다. 거리와 골목이 사람들로 가득하고 외침 소리가 하늘을 뒤흔들었다.

흠종은 결국 이강을 복직시키라는 명을 내렸다. 성안에서 단결하여 금에 대항하자 금나라 군대는 철병하였다. 그 과정에서 태학생과 군중들에게 일부러 늦게 성지를 전달한 환관 주공朱拱이 흠씬 두들겨 맞았으며, 수십 명의 간악한 환관들도 맞아 죽었다.

●주요 인물
　　이업, 온서, 조포, 교현, 범식, 순거백, 대봉, 왕렬

●주변 인물
　　공손술, 구우, 조포의 어머니, 장소

●키워드
　　지조를 지키다

●고사
　　온서가 죽어 고향을 그리다, 장례식 마차를 끌고 오다

●이야기 출처
　　『후한서』「독행獨行열전」

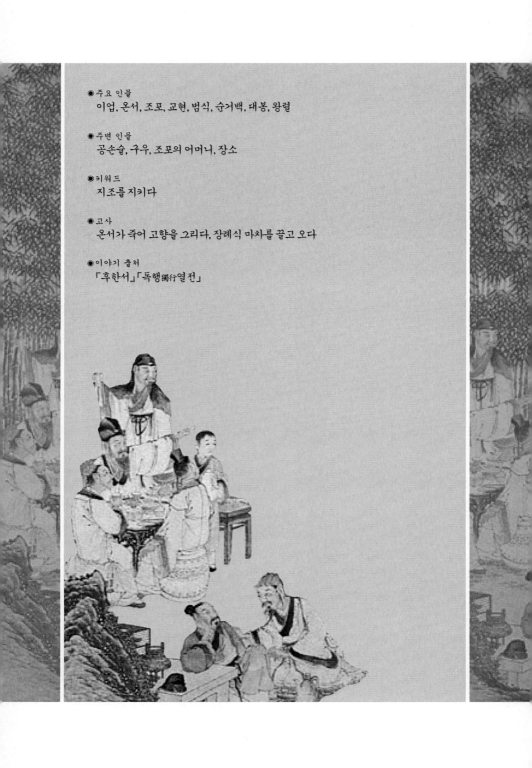

李业溫序、
趙芭 ?

이업·온서·조포 외 : 지조를 지킨 자

공자가 말하기를, '중용을 행하는 자와 어울리지 못한다면 반드시 광자(狂者)와 견자(狷者: 강직하고 대쪽 같은 사람)여야 할 것이다. 광자는 진취적이고 견자는 행하지 않는 바가 있다'라고 하였다. 다시 말해 언행이 중용인 사람과 교류하지 못할 경우에는 급진적인 사람과 강직한 사람과 교분을 맺어야 하는데, 급진적인 사람은 의지가 진취적이고 강직한 사람은 나쁜 일을 하지 않는다. 이처럼 온화하고 관대한 공자 같은 사람도 광자와 견자가 쉽게 격해지고 극단으로 치닫지만 수용하고 있다.

　『후한서』의 저자 범엽은 그런 인물들의 명성과 행위가 일반인과 다르고 그 몸가짐 또한 보통 사람은 도달할 수 없다고 여겼다. 그런 부류 사람들의 뜻은 돌처럼 굳세고 겨울 서리처럼 맹렬하다. 사마천이 『사기』에서 유협들을 위한 열전을 만들었듯이 범엽도 선례를 깨고 『후한서』에서 그들을 위한 「독행獨行 열전」을 마련하였다. 그 덕분에 수백 년이 지난 지금까지도 기이한 이야기가 전해지고 있다.

한나라 때 명사들이 조정으로부터 징벽徵辟당하는 일은 종종 있었다. 징벽은 벼슬길에 진출할 절호의 기회이기도 하였지만, 이를 마다하고 나가지 않은 사람도 많았다. 징벽에 응하지 않은 경우는 대체로 두 가지다.

첫째, 징벽당한 사람이 진정으로 명성과 이익에 담박하여 출사를 원하지 않는 경우다. 이런 부류의 사람들은 산에 기거하면서, 자신이 깨끗하게 남길 바라며 세상으로 나가 탁해지는 것은 원치 않았다.

둘째, 좋은 신하는 주인을 택해 섬긴다는 이유를 들며, 조정이 무도하기 때문에 조정의 사악한 무리와 한 패거리가 되기를 바라지 않는 마음에서 출사하지 않는 경우다. 전한과 후한 교체 시기에 천하가 혼란하여 각지에서 왕으로 칭한 자가 많았다. 따라서 두 번째 이유를 들어 징벽을 거절한 경우가 많았는데 대부분은 목숨의 위험을 무릅썼다.

이업李業은 자가 거유巨游로 광한 재동(梓潼: 지금의 사천성 경내) 사람으로 전한시대 관리로 있었다. 왕망이 신 왕조를 세우자 이업은 병을 핑계로 사직하고 고향으로 돌아와 문을 닫고 손님을 사절하며 외부와는 왕래하지 않았다. 현지 태수가 그의 명성을 듣고 억지로 불러 등용하고자 했지만, 그는 병을 핑계로 거절했다. 태수는 그가 꾀병을 부린다고 생각해 매우 화를 내면서, 옥에서 요양이나 하라고 그를 잡아다가 죽이려고 했다. 다행히도 누군가 태수를 설득했다.

"옛날 공자가 위衛나라에서 중용받지 못하자 진晉나라의 조간자趙簡子에게 의탁하기로 결심했지요. 공자는 황하 강변에 달하였을 때 조간자가 진나라의 현신 두명독竇鳴犢과 순화舜華를 죽였다는 이야기를 듣고 가던 길을 멈추고 한숨을 쉬며 돌아왔습니다. 현량을 구하기 위해 옥에 가둔다고 협박하는 경우는 듣지 못했습니다. 태수께서 그렇게 하신다면 현량의 앞길을 막는 것과 같습니다."

태수는 그제서야 이업을 놓아주었다. 후일 촉에서 황제로 칭한 공손술은 이업이 현덕하다는 소문을 듣고 그를 박사로 등용하고자 했다. 그러나 이업은 병석에 누워서 몇 년이 지나도록 일어나지 않았다. 공손술은 이업의 태도에 분개하며 사람을 시켜 독주와 함께 최후통첩을 보냈다. 사자는 더 이상 버티다가는 화가 미칠 수 있으니 징벽에 응하라고 이업을 설득했다. 이업은 탄식했다.

"공자님 말씀에 위태로운 나라에 들어가지 말고 혼탁한 나라에 기거하지 말라고 하였는데, 나더러 선을 행하지 않는 자를 따르라니 의로써 그럴 수는 없다. 군자는 위험한 상황에서도 목숨을 바칠

547

줄 알아야 하는데 어찌 높은 관직과 이익에 현혹되겠는가?"

사자는 이업이 끝까지 부름에 응하지 않을 것이라는 것을 알고
말했다.

"그럼 가족들과 상의해보십시오."

"내 마음에 이미 결단이 섰는데 가족들과 상의한다거 한들 무엇
하겠는가?"

그리고 의연히 독을 마시고 자진했다. 일설에 따르면 죽기 전에
이업은 웃으며 이렇게 말했다고 한다.

"이름은 이룰 수도 있으나 훼손해서는 안 되고 몸은 죽일 수 있
으나 모욕을 당할 수는 없다."

후세 사람들은 그의 절개를 존경하여 '거유(이업)가 충절을 위해
목숨을 버리니 가을바람이 높게 일었다'고 칭송하였다.

공손술이 징벽을 하여 목숨을 버린 사람들이 한둘이 아니었다.
전한시대 촉군 사람 왕호王皓, 왕가王嘉 역시 한나라의 관원으로 있
다가 왕망이 신 왕조를 세우고 황위에 오르자 관직을 버리고 서쪽
으로 돌아왔다. 공손술이 사람을 보내 두 사람을 등용하고자 했다.
그는 두 사람이 응하지 않을 것을 염려해 우선 그들의 가족들을 잡
아들였다. 사자는 왕가에게 말했다.

"어서 빨리 떠납시다. 그럼 가족들을 살릴 수 있어요."

그러나 왕가는 거절했다.

"개와 말도 주인을 알아보는데 하물며 사람은 어떻겠는가!"

그는 한나라가 아니면 벼슬하지 않겠다는 뜻을 밝혔다. 당시 왕
호는 이미 자진을 하고 수급을 사자에게 보낸 뒤였다. 공손술은 그
소식을 듣고 대노하여 왕호의 가족을 죽이란 명을 내렸다. 왕가는
그 사실을 듣고 탄식했다.

"아쉽게도 내가 왕호에게 뒤쳐졌구나."

그리고는 사자의 칼을 뽑아 스스로 목숨을 끊었다.

지금까지의 일화가 장렬한 맛이 있다면, 다음 언급할 이야기 속
두 사람은 다소 기상천외하다. 똑같이 공손술의 부름을 피하기 위
해 임영任永과 풍신馮信은 눈이 멀었다는 핑계로 사양했다. 임영은
사람들이 의심하지 않도록 아내가 자기 앞에서 다른 사람과 사통
을 해도, 아들이 우물로 뛰어들어도 못 본 척했다. 풍신 역시 그의
계집종이 자기 앞에서 딴 사람과 간통하였는데도 모르는 척했다.
공손술이 멸망하고 난 뒤에서야 그들은 눈을 씻고서 이렇게 말했
다고 한다.

"세상이 평안해지니 눈이 맑아지는구나."

천도天道를 지키기 위하여 인성을 버릴 수 있었던 이들의 기이한
행동이야말로 독특하다 못해 지독하다고 할 수 있다. 사자로서 지
조를 굽히지 않고 군주에게 굳은 충심을 바친 애국자라고 하면 한
무제 때 북해에서 19년간 양을 쳤던 소무를 떠올릴 것이다.

후한시대에도 이와 같은 본받을 만한 곧은 절개를 보여준 사자
가 있었다. 그가 바로 온서溫序이다. 온서는 태원 사람으로 광무제
때 황제의 사자 신분으로 호강護羌 교위로 임명되었다. 그런데 도
중에 외효의 부하 구우苟宇에게 인질로 잡혔다. 구우는 온서를 설
득했다.

"네가 나와 힘과 마음을 합친다면 목숨을 구하고 천하를 쉽게
얻을 수 있을 것이다."

그러나 온서는 대의에 차 엄숙하게 밝혔다.

"나라의 중임을 맡은 자는 당연히 목숨을 바쳐 일해야 하거늘,
어찌 은혜를 저버리고 구차하게 살기를 바라겠는가?"

그래도 구우는 포기하지 않고 계속해서 투항을 권유했다. 그러
자 온서는 화를 내며 호통을 쳤다.

"너희 같은 난신적자들이 감히 한나라의 장수를 위협하는 것이
더냐?"

그리고는 힘차게 자리를 박차고 일어나 절장節杖을 들고 위엄을
갖춘 뒤 상대방을 몇 명 없애버렸다. 구우의 수하들은 온서를 죽이
기 위해 달려들었다. 그러나 구우는 그를 존경하는 마음에 그들을
말리며 말했다.

"이 자는 목숨 걸고 절개를 지키는 의인이다. 그러니 검을 내려
자진하게 하도록 해라."

온서는 검을 받아들고 수염을 입에 물고 말했다.

"난신적자들이 죽음을 강요한다면 절대로 수염을 바닥에 떨어 뜨려 더럽히지 않겠다."

그리고는 자결했다. 후일 온서는 낙양성 근처에 귀장되었다. 어느 날 그의 아들은 꿈속에서 그의 아버지를 만났다.

"오랫동안 타향에 있으니 고향이 그립구나."

온서의 아들은 바로 관직을 그만두고 아버지의 시신을 고향으로 옮겨 이장했다. 이 일화는 남북조시대의 문학가 유신이 유명한 『애강남부哀江南賦』에서 '온서가 죽어 고향을 그리워하네'라고 적었다.

온서는 나라를 위해 목숨을 바쳤지만 조포趙苞는 나라를 위해 친척을 버렸다. 조포는 감릉(지금의 하북성 경내) 사람이다. 그는 사촌형이 환관인 것을 매우 수치스럽게 여기고 서로 왕래하지 않았다. 후일 조포는 효렴으로 천거되어 현령에 임명된다. 그는 깨끗한 정치를 펼쳐 요서遼西 태수로 승진하였다. 그리고 오랑캐와 항전하는 공을 세워 변경에서 명성을 떨쳤다. 조포는 사람을 보내 그의 어머니를 모셔오도록 했다. 그런데 수하와 어머니가 돌아오는 길에 선비족에게 납치되고 말았다. 후일 후한과 선비족이 전쟁을 벌일 때, 적군은 그의 어머니를 내세워 조포에게 항복을 강요했다. 조포는 눈물을 보이며 말했다.

"이 아들이 불효하여 어머니를 모셔서 잘 봉양하려고 하다가 도리어 어머니의 목숨을 위협하는 화를 초래하고 말았습니다. 충과 효를 둘 다 행할 수 없다면 개인적인 혈육의 정 때문에 나라에 대한 충심을 저버릴 수가 없습니다. 앞으로 1만 번 죽어도 저의 죄를 씻기 어려울 것입니다."

조포의 어머니는 대의가 뭔지 잘 알았으며, 유방의 아버지보다 더 높은 경지의 정신을 가진 듯하다. 항우가 전쟁터에서 유방의 아버지 목을 내걸고 유방을 위협할 때, 유방의 아버지는 아무런 움직임도 보이지 않았다. 그러나 조포의 어머니는 멀리서 소리쳤다.

"아들아, 사람마다 각자의 명이 있는 법이다. 어찌 어미 때문에 네가 불충하도록 할 수 있겠느냐? 옛날 왕릉王陵의 어머니도 항우에게 잡혔을 때 한나라 사자 앞에서 목숨을 끊어 아들이 한 고조를 따르려는 뜻을 굳게 해주었다. 그러니 너도 알아서 잘하거라."

조포는 진격을 명하여 적군을 대파하였다. 그의 어머니는 적에게 살해되었다. 조포는 후일 어머니를 고향에 묻으며 마을 사람들에게 말했다.

"군주의 녹을 먹고 재난을 피하는 것은 불충입니다. 어머니를 해하고 자신의 명성을 보전하는 것은 불효입니다. 그런데 어찌 제가 세상을 살아갈 면목이 있겠습니까?"

그리고는 피를 토하고 죽었다.

예로부터 중국인은 효를 가장 중시하여 '백선百善 중에서 효가 으뜸이다'라는 말도 있다. 조포는 자신의 어머니도 아낌없이 희생하였다.

이런 윤리 도덕 사회에서 어머니도 희생을 하는데 비상시 자신의 자식까지 희생한다면 더욱 의리가 있다고 할 것이다. 이런 예로는 환제 때의 교현橋玄이 있다. 교현은 겸손한 애국지사로 성격이 강직하고 급했다. 그가 한양 태수로 있을 때 군에 강기姜岐라는 명망 있는 인사가 있었다. 그는 강기를 불러 관리로 삼기 위해 사람을 보냈다. 그러나 강기는 병을 핑계로 사양했다. 교현은 급한 성격을 참지 못하고 화를 내며 다시 사람을 보내 강요했다.

"만약 등용에 응하지 않는다면 당신의 어머니를 개가시켜 버리겠소."

강기는 그래도 누워서 일어나지 않았다. 교현은 후일 군에 사는 사대부가 만류하여 그만두었다.

교현의 아들이 10세쯤 되었을 때였다. 한 번은 대문에서 놀던 그의 아들을 도적 셋이 인질로 잡고 교현의 집에 재물을 요구했다. 그러나 교현은 응답하지 않았다. 얼마 뒤 낙양의 치안을 담당하는 사례 교위 양구陽球가 사람을 이끌고 와서 교현의 집을 포위했다. 그러나 아이가 다칠 것을 염려한 양구는 함부로 도적을 잡으러 집안으로 진격할 수가 없었다. 그러자 교현이 화를 내며 외쳤다.

"이 자들은 참으로 극악무도한 자들이오. 내가 어찌 아들 하나의 목숨 때문에 도적 셋을 놓아줄 수 있겠소!"

그는 빨리 진격하여 체포하라고 독촉했다. 그 결과 도적떼는 모두 잡을 수 있었지만, 교현의 아들은 해를 당했다. 교현은 직접 황제를 배알하여 무릎을 꿇고 사죄하며 천하에 조서를 반포할 것을 간청했다.

"인질을 잡고 재물을 요구하는 자는 용서하지 말고 모두 죽여야 하며 재물과 맞바꿔서는 안 됩니다. 그것은 도적들이 인질을 잡는 풍조를 조장할 것입니다."

안제 때부터 법률과 기강이 느슨해져서 낙양 지역에서는 인질 사건이 자주 발생하였는데, 그 후로 근절되었다. 교현은 조조와 교분을 맺고 있었다. 조조가 아직 낮은 지위에 있을 때 교현은 그의 남다른 점을 간파하고 이렇게 일렀다.

"지금 천하가 혼란한데 앞으로 백성을 안정시키는 중임은 아마 자네에게 달렸을 것이네."

조조는 그 말을 듣고 지기를 얻었다고 여겼다. 교현이 세상을 떠난 뒤 조조가 한 번은 그의 묘를 지나게 되었다. 조조는 교현의 죽음을 비통해하며 그를 위한 제문을 지어 그를 추모하였다.

"제가 우매하고 고집스러운 성품을 가졌으나 선생께서 저를 높게 평가해주셨습니다. 옛날 공자가 자신이 안회만 못하다고 하고 이생李生이 가복賈復을 나라의 재목이라고 칭찬한 것과 같습니다. 선비는 자신을 알아주는 자를 위해 죽는다고 하였으니 선생의 깊은 은혜를 잊지 않고 마음 깊이 새기겠습니다. 전에 제게 당부하기를, 선생께서 돌아가신 뒤에 묘를 지나가게 된다면 꼭 한 말의 술과 닭 한 마리를 가지고 와서 성묘를 해달라 하셨습니다. 그냥 지나쳐서 세 걸음을 떼면 제 배가 아플 테니 원망하지 말라고도 하셨지요. 지금 옛일을 추억하니 침울하고 상심이 큽니다."

지난 날 농담으로 했던 일이 정말 현실이 되어버렸다. 조조가 교현을 위해 쓴 제문은 진심어린 정과 애절함이 느껴진다.

신信은 유가에서 숭배하는 5가지 덕목 중의 하나다. 공자가 말하기를, '사람이 신용이 없으면 행해야 할 바를 모른다'고 하였다. 역대 신용과 관련된 많은 이야기들은 하나같이 감동적이다. 그중 한 여인과 약속을 하여 다리 아래서 여인이 오길 기다리다가 조수가 차올라 다리 기둥을 잡고 물에 빠져 죽었다는 미생尾生의 전설도 있다.

춘추시대 오吳나라의 공자 계찰季札이 북쪽의 제후국을 방문하였다가 서徐나라를 지나게 되었다. 서나라 군주는 계찰이 가진 패검佩劍을 매우 가지고 싶어 했다. 그러나 계찰은 제국諸國에 사신으로 왔기 때문에 선물할 수가 없어서 순방을 마치고 돌아오는 길에 주려고 하였다. 그러나 다시 서나라에 왔을 때 군주는 이미 세상을 떠나고 없었다. 계찰은 서나라 군주의 묘지 옆 나무에 검을 걸어두고 자신이 약속을 지켰음을 표했다.

전한시대 초, 계포季布 역시 신용 있는 사인士人이었다. 당시 '황금 1천 냥이 계포의 약속 하나만 못하다'라는 말이 있을 정도였다.

후한시대에는 범식范式이 신용을 잘 지켜 이름을 떨쳤다. 범식은 자가 거경巨卿으로 산양(지금의 산동성 경내) 사람이다. 그는 젊은 시절 태학에서 학문을 구할 때 여남 사람 장소張劭와 친구를 맺었다. 후일 두 사람은 각자 학업을 마치고 고향으로 돌아가게 되었다. 범식은 헤어지기 전 장소에게 약속했다.

"2년 뒤 내가 자네 집을 찾아가겠네."

두 사람은 약속 날짜를 잡고 이별을 고하고 헤어졌다. 2년 뒤 약속한 날이 다가오자 장소는 어머니에게 친구와 약속한 일을 이야기하고 손님 맞을 준비를 해달라고 부탁했다. 장소의 어머니는 대수롭지 않게 말했다.

"헤어진 지 2년이나 되었고 서로 1천 리나 떨어져 있는데, 너는 어찌 그 약속을 진심으로 여기느냐?"

장소는 자신만만하게 대답했다.

"범식은 매우 신용 있는 사람이니 분명 약속을 어기지 않을 것입니다."

약속한 날이 되자 범식은 정말로 장소의 집을 찾아왔다. 두 사람은 집에서 즐겁게 술을 마시고 헤어졌다. 나중에 장소가 병에 걸렸는데 병세가 위독해졌다. 임종 전 같은 군에 사는 두 친구가 한밤중에 문병을 왔다. 장소는 친구들을 보고 탄식하여 말했다.

"나의 사우死友를 보지 못하다니 한스럽구나."

친구들이 물었다.

"우리는 자네를 진심으로 대했는데, 우리가 자네의 사우가 아니라면 누구를 말하는가?"

장소가 대답했다.

"자네들은 나와 삶을 같이한 친구일 뿐, 산양의 범거경(범식)이 나의 사우라네."

장소는 말을 마친 뒤 한을 남기고 세상을 떠났다. 그때 1천 리 밖에 살던 범식은 어느 날 꿈에서 장소를 보았다. 꿈속에서 장소는 그에게 비통하게 말했다.

"거경, 내가 모某일 죽어 모某일에 장사를 지내면 영원히 황천으로 간다네. 자네가 나를 잊지 않았다면 그때 와서 내 장례식을 치러줄 수 있겠나?"

범식은 슬퍼하며 즉시 장소의 집으로 떠났다. 두 지역이 너무 멀었기 때문에 장소가 땅에 묻히는 날까지 범식이 도착하지 못했다. 장소의 영구가 무덤 구덩이로 들어가지 않으려고 하자 장소의 어머니가 관을 향해 한스럽게 말했다.

"아들아, 아직도 기다리는 사람이 있느냐?"

결국 관을 묻지 않고 장삿날을 미루었다. 얼마 뒤 누군가 장례식 마차를 끌고 통곡을 하며 찾아왔다. 장소의 어머니가 그에게 말했다.

"네가 범식이구나."

범식은 장소의 집에 도착해 울먹이며 외쳤다.

"장소, 이제는 안심하고 가시게나."

그리고 직접 영구를 앞에서 끌고 장례식을 치러주었다. 후일 범식은 다시 낙양의 태학에 가서 수학을 했다. 장사 사람 진평자陳平子는 그와 동학이었지만 평소 서로 면식이 없었다. 얼마 뒤 진평자가 병에 걸려 병세가 위독해지자 임종 전 아내에게 당부했다.

"듣자하니 산양 사람 범식이 의로운 지사라고 하오. 그러니 목숨을 걸고 부탁할 수 있을 것이오. 내가 죽은 뒤 나를 그의 집 앞에 묻어주시오."

그리고 범식에게도 유서를 남겨 아내를 부탁했다. 진평자의 아내는 남편의 말대로 따랐다. 범식은 그 사실을 알고 무덤 앞에서 통곡을 한 뒤, 직접 진평자의 처자식을 고향까지 데려다주었다. 그의 고향에 거의 도착하였을 때 범식은 눈물을 흘리며 이별을 고했다. 1천 리를 호송한 것은 '친구의 부탁으로 충절을 지킨 일'이었고, 도착지에 이르러 돌아간 것은 공을 자처하여 상을 바라지 않았기 때문이다. 친구들이 많을 필요가 있겠는가? 범식 같은 사람 하나면 족하다.

친구를 위해 목숨도 바칠 수 있는 우정을 보여주는 감동 깊은 다른 이야기가 있다. 순거백荀巨伯은 환제 때 인물로 영천 사람이다. 친구가 병이 나자 그는 1천 리를 마다하지 않고 병문안을 갔다. 그런데 마침 오랑캐가 그 지역을 공격해왔다. 친구가 순거백에게 말했다.

"나는 곧 저 세상으로 떠날 테니 자네라도 어서 도망가게나."

순거백이 대답했다.

"내가 일부러 멀리서 자네를 보러왔는데 나한테 의를 버리고 목숨을 구하라니, 그것이 어찌 나답다고 하겠는가?"

그는 고집을 부리며 도망치지 않았다. 오랑캐 병사가 성에 쳐들어와서 그들을 보고 물었다.

"대군이 쳐들어와 성안의 사람들이 전부 도망가버렸는데 너희는 어떤 자들이기에 아직도 남아 있느냐?"

순거백이 의연하게 답했다.

"친구가 병이 나서 차마 버려두고 갈 수가 없다. 내 목으로 이 친구의 목숨을 대신하겠다."

오랑캐 병사들은 그의 말을 듣고 매우 부끄러워했다.

"의리 없는 우리가 의리 있는 나라에 들어왔구나!"

결국 오랑캐는 그냥 물러가게 되었고 그 덕분에 성은 온전할 수 있었다.

　제북(濟北: 산동성 경내) 사람 대봉戴封의 집에 도적떼가 쳐들어와 집안의 재물을 모조리 훔쳐갔다. 운이 좋게도 10필의 명주만은 다른 곳에 놓아둔 덕분에 무사할 수 있었다. 그러나 대봉은 명주를 안고 도적떼를 쫓아가며 외쳤다.

"당신들이 가난하다는 것을 압니다. 이것도 가지고 가십시오."

도적떼들은 그의 행동에 매우 놀랐다.

"이 자는 분명 현자이구나."

그리고는 훔쳤던 재물을 모두 그에게 돌려줬다.

대봉이 덕으로 사람을 감동시켰다면 왕렬王烈은 덕으로 사람을 교화시켰다.

태원 사람 왕렬은 어릴 적 의롭기로 유명하여 마을 사람들 사이에 명성이 높았다. 마을에서 분쟁이 발생하면 모두 왕렬의 집으로 찾아가서 공정한 재판을 부탁했다. 나중에는 왕렬을 만나기가 부끄러워 종종 그의 집에 도착하기 전에 해결하고 오던 길을 되돌아가곤 했다. 어느 날 한 사람이 소를 훔친 죄로 관아에 잡혀왔다. 좀도둑은 죄를 인정하며 관리에게 부탁했다.

"나를 죽이든 목을 베든 마음대로 하시오. 단, 왕렬에게만 알리지 마시오."

왕렬은 그 소식을 듣고 사람을 보내 그에게 안부를 전하며 포목을 보냈다. 누군가 그 이유를 묻자 왕렬이 이렇게 답했다.

"그자가 자신의 못된 행적을 내가 알게 될까봐 걱정했다는 것은 그가 수치를 느끼고 있음을 말해줍니다. 수치를 안다면 필시 개과천선할 수 있습니다. 그래서 특별히 사람을 보내어 그를 격려한 것입니다."

나중에 한 노인이 길을 가다가 검 한 자루를 떨어뜨렸다. 검을 주운 자는 길가에서 기다렸다. 노인은 저녁이 다 되어서야 돌아와서 검을 찾아갔다. 검을 주운 사나이는 그제서야 길을 떠났다. 후에 알고 보니 검을 주운 자가 바로 일전에 소를 훔쳤던 좀도둑이었다. 악한 자의 개과천선은 돈을 주고도 바꿀 수 없다고 하였는데, 어찌 포목 따위를 아깝다고 하겠는가?

後漢書 들여다보기

공자의 제자 자로는 '독행(獨行: 지조를 가지고 혼자 나아감)한 자'로 명성이 높다. 衛위나라 출공出公이 정권을 잡고 있을 당시, 출공의 아버지 괴외蕢聵가 국외에서 유랑을 하다 돌아와서 위나라 대부 공회孔悝와 결탁하여 반란을 일으키고 출공을 쫓아버렸다. 당시 자로는 공회가 봉한 나라의 지방 장관이었다. 자로는 출타했다가 반란 소식을 듣고 속히 돌아왔다. 도망가던 사람이 성문 앞에서 자로를 보고 말했다.

자로

「모의母儀」, 「현명賢明」, 「인지仁智」, 「정순貞順」, 「절의節義」, 「변통辯通」 6편은 재능과 덕이 있는 현모양처와 지조 있는 비에 관한 이야기다. 그중 유명한 사람으로는 맹자의 어머니, 주나라 선왕宣王의 강姜 씨, 종리춘 등이 있다.

「얼폐孽嬖」는 세상이 다 아는 나라를 망하게 한 화근이 된 여인의 이야기다. 그중에는 하나라 걸桀왕의 말희末喜, 은나라 주왕의 달기妲己, 주나라 유왕幽王의 포사褒姒가 유명하다.

동진東晉시대의 화가 고개지顧愷之는 『열녀전』에 일일이 그림을 그려 넣었는데, 좋은 사람이든 나쁜 사람이든 상관없이 모든 여인의 모습이 매우 살아 있는 듯 생동감이 넘쳤다고 한다.

후한서後漢書 범엽의 인물열전

초판 1쇄 인쇄 2013년 4월 5일
초판 1쇄 발행 2013년 4월 10일

지은이 범엽
편저자 유홍유
옮긴이 이미영
펴낸이 김경수
기획편집 총괄 박향미
편집진행 권현숙, 최현숙
마케팅 조진옥
디자인 김인수(표지) 새일기획(내지)
제작 팩컴 AAP(주)
펴낸곳 팩컴북스
출판등록 2008년 5월 19일 제381-2005-000074호
주소 463-867 경기도 성남시 분당구 정자동 159-4 젤존타워 2차빌딩 8층
전화 031-726-3666
팩스 031-711-3653
홈페이지 www.pacombooks.com

ISBN 978-89-97032-16-7 03910

*팩컴북스는 팩컴코리아(주)의 출판브랜드입니다.
*책값은 뒤표지에 있습니다.
* 이 도서의 국립중앙도서관 출판시도서목록(CIP)은 e-CIP홈페이지(http://www.nl.go.kr/ecip)와 국
  가자료공동목록시스템(http://www.nl.go.kr/kolisnet)에서 이용하실 수 있습니다.
  (CIP제어번호: CIP2013001672)

"출공이 이미 도망을 쳤으니 당신은 돌아가도 됩니다. 괜히 가서 화를 당하지 마시오."

자로는 그에게 이렇게 답했다.

"출공 덕분에 밥을 먹었으니 그의 재난을 회피할 수 없소."

그리고는 성으로 들어갔다. 자로는 괴외와 공회가 누대 위에 있는 것을 보고 괴외에게 공회를 없앨 것을 청했다. 괴외가 자신의 말을 듣지 않자, 자로는 누대에 불을 지르려고 했다. 괴외는 사람을 보내 자로를 포위했다. 그때 자로가 쓰고 있던 모자의 끈이 칼에 잘려나갔다. 그러자 자로가 이렇게 말했다.

"군자는 죽을 수는 있으나 모자를 떨어뜨릴 수는 없소."

그리고 모자의 끈을 잘 묶고는 의연하게 죽음을 맞이했다.

● 주요 인물
　봉맹, 주당, 엄자릉, 양홍, 한강, 방덕공, 한음의 노부

● 주변 인물
　유수, 환제, 장온

● 키워드
　은둔자

● 중대 사건
　한강이 약초를 팔다, 엄자릉이 낚시를 하다, 한음의 노부

● 이야기 출처
　『후한서』「일민逸民열전」

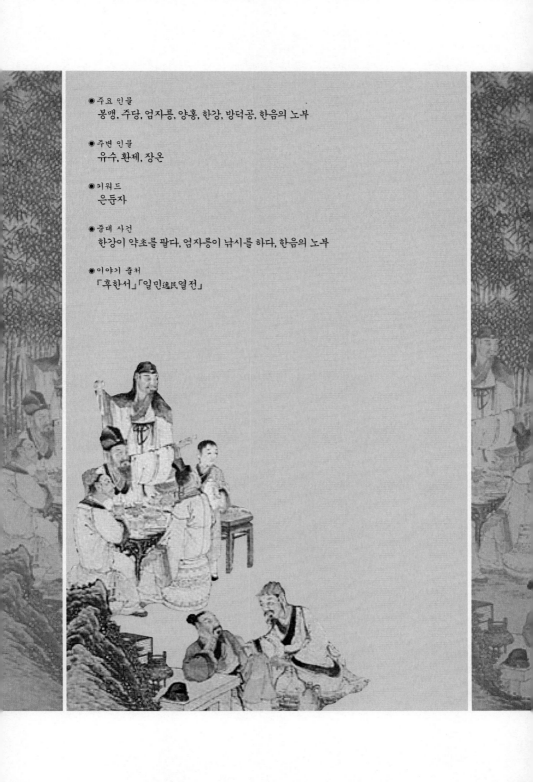

逢萌周黨
嚴子陵等

봉맹·주당·엄자릉 외 : 품행이 고상한 은둔자

일민逸民이란 보통 은사隱士를 말한다. 『역경』에서는 일민을 '왕후王侯를 섬기지 않고 고상을 섬긴다'라고 정의하였다. 은사는 오래전 탄생하였는데, 아마도 요순시대의 허유許由, 소부巢父가 최초라고 할 수 있다. 그들은 처음부터 최고의 경지에 있었기 때문에 후세 사람들이 그들을 초월하기란 어려웠다. 요임금은 허유가 현명하다는 말을 듣고 천하를 그에게 양보하려고 하였다. 그 말을 듣고서 허유는 안 듣느니만 못한 말을 들었다고 하여 자기의 귀를 영수潁水강물에 씻고 있었다. 그때 강가에서 소부라는 사람이 소에게 물을 먹이고 있었는데, 허유는 자신의 이야기를 그에게 들려줬다. 그러자 더 높은 수행을 쌓았던 소부가 허유에게 말했다.

"자네가 은거하려고 깊은 산까지 숨었다면 누가 자네의 이름을 안단 말인가? 지금 자네는 천하의 이목을 끌면서 고결하다고 자처하니, 이는 온갖 수단으로 명예를 구하는 것이 아닌가?"

소부는 말을 마치고 허유가 귀를 씻어 강물이 더러워졌다고 하며 소를 끌고 상류로 갔다고 한다. 허유와 소부는 실제로 존재했던 사람이 아닐 수도 있다.

그런데 『후한서』에는 이와 같은 인품을 지닌 실존 인물들이 기록되어 있다.

봉맹逢萌은 자가 자강子康으로 북해 사람이다. 어려서 집안이 가난하여 그 지역의 정장을 맡고 있었다. 어느 날 중요한 인사가 봉맹이 사는 곳을 지나게 되었다. 봉맹은 원칙대로 공손하게 맞이하고 환송했다. 그 후 봉맹은 그것을 치욕으로 여기며 한탄했다.

"대장부가 어찌 남이 시키는 대로 해야 하는가?"

그 뒤에 봉맹은 사직을 하고 떠났다. 이것은 도연명이 5말의 쌀 때문에 허리를 굽히지 않고 관직을 그만두었던 때보다 300여 년 전 일이다. 봉맹은 그 후 낙양으로 가서 수학하며 『춘추』를 연구했다. 어느 날 왕망이 아들을 죽였다는 이야기를 듣고 봉맹이 탄식하며 말했다.

"군신, 부자, 부부는 대대로 인륜의 삼강三綱이라 하는데, 아비가 자기 아들을 죽이다니 삼강이 무너졌구나! 어서 빨리 떠나지

않으면 큰 화가 따르겠구나."

그리고는 자신의 가족을 데리고 요동으로 피난을 갔다. 후일 왕망의 신 왕조가 패망을 면치 못할 것을 알고는 질항아리를 가지고 거리에 나가 대성통곡을 했다.

"아이고, 신 왕조여!"

멸망할 날이 가까운 왕망의 신 왕조를 위해 미리 곡을 한 셈이다. 후한이 세워진 뒤 봉맹은 낭야 노산嶗山에 은거하며 도를 닦고 지조를 길렀다. 부근 주민들은 그의 덕을 경모하여 그에게 감화되었다. 북해 태수는 그의 명성을 듣고 사람을 보내 안부를 물었지만 봉맹은 회답하지 않았다. 태수는 봉맹을 곱게 대해서는 말을 듣지 않는다며 잡아오라고 시켰다. 그러자 그를 만나러 갔던 사람이 고개를 조아리며 살려달라고 애원했다.

"봉맹의 현량함은 천하 사람들이 모두 압니다. 그 지역 사람들이 그를 아버지처럼 존경하여 잡으러 간다 해도 분명 잡지 못할 것입니다. 그것은 자승자박과 같습니다."

태수는 매우 노하여 그자를 옥에 가두고 다른 사람을 보냈다. 사자가 노산에 도착하자 그 지역 백성들이 칼을 휘두르고 활을 쏘며 무리지어 그를 공격했다. 사자는 머리가 깨져 피를 줄줄 흘리며 참담한 몰골로 돌아왔다. 후일 유수가 성지를 내려 불렀으나 봉맹은 너무 나이가 많다는 핑계를 댔다. 그는 길을 가다 일부러 동서남북도 분간 못하는 척하며 사자에게 말했다.

"조정에서 나를 부르는 이유는 아직 쓸모가 있어 조정에 도움이 될까 해서일 것입니다. 그런데 지금 난 나이가 들어 방향조차 분간하지 못하거늘 어찌 세상을 구하겠소?"

삼국시대 위魏나라의 사마의는 기만술을 더 뛰어나게 소화했다고 알려져 있다. 사마의는 노망난 척하여 자신을 살피러 온 사람을 속였다. 후일 봉맹은 계속 징벽에 응하지 않고 집에서 천수를 다하고 세상을 떠났다.

주당周黨은 자가 백황伯況으로 태원 광무 사람이다. 어린 시절 그는 마을 사람에게 모욕을 당하고도 따지거나 화를 내지 못한 채 줄곧 마음에 품고 있었다. 그는 후일 수학하러 낙양으로 떠났는데, 어느 날 주당은 『춘추』에서 제齊 양공襄公이 그의 9대조를 위해 복수하는 이야기를 읽고 복수의 대의를 깨닫게 되었다. 주당은 학업을 그만두고 고향으로 돌아와 지난날 자신을 모욕한 원수와 결투했으나, 불행히도 주당의 솜씨는 원수만 못했다. 그는 도리어 원수에게 상처만 입게 되었다. 그러나 군자의 복수는 10년이 지나도 늦지 않는다는 끈질긴 정신에 탄복한 원수는 그를 없애는 대신 자신의 집으로 데리고 가서 치료해줬다. 주당은 상처가 다 낫자 매우 부끄러워했다.

그 뒤에 그는 수신하는 데 뜻을 세워 고향에서 이름을 날렸다. 후일 도적떼가 횡행하였는데 그들은 주당의 덕행을 보아 광무에

들르지 않고 그냥 갔다고 한다. 건무 연간, 조정에서 부르자 주당은 어쩔 수 없이 짧은 홑겹 옷을 입고 찾아갔다. 주당은 황제를 뵙고 엎드려 절을 한 뒤, 안부와 예는 생략하고 관직에 나가지 않고 수신하겠다는 뜻을 지키고 싶다는 의지를 밝혔다. 곁에 있던 박사 범승范升은 그를 못마땅하게 여기고 유수에게 진언을 올렸다.

"요임금은 허유와 소부를 등용하지 않고도 전처럼 천하를 호령하였습니다. 주나라는 백이와 숙제를 등용하지 않고도 왕도를 이루었습니다. 지금 주당이 은총을 얻어 사자의 거듭되는 부름을 받고서야 겨우 나와서는 폐하를 보고도 감히 무례하게 행동하였습니다. 이런 자들은 사실 무능하고 부덕하면서도 꼼수를 부려 명예를 얻고 부당하게 고귀한 지위에 오르고자 하는 무리에 불과합니다. 신이 어리석기는 하오나 그와 나라를 다스리는 능력을 겨뤄 본성을 폭로하고 말겠습니다."

범승의 말에도 일리가 없는 것은 아니었다. 수많은 은사가 고상하게 수신하는 방식으로 자신의 명성을 높여 더 큰 정치적 기반을 마련했다. 그러나 유수는 이렇게 말했다.

"자고로 유명하고 성명한 군주에게도 복종하지 않는 사인들이 있기 마련이다. 백이, 숙제가 주나라의 녹을 먹지 않았듯이 주당역시 짐의 봉록을 받기 거절한다는 것은 그에게 뜻한 바가 있어서일 것이다."

유수는 베 40필을 주며 그를 돌려보냈다. 유수는 자신의 부름에

응하지 않은 자들은 자신이 원하는 대로 하게 내버려두었다. 그러나 공손술은 그런 자들을 모두 없애버렸다. 이 역시 유수가 공손술을 이길 수 있었던 이유였다.

엄자릉의 본명은 엄광嚴光으로 회계 여요(余姚: 지금의 절강성) 사람이다. 젊은 시절부터 명성이 높았던 그는 장안에서 유수와 같이 수학하였다. 유수가 제위에 오르자 엄자릉은 그를 만나 축하해주지 않고 도리어 그가 자신을 찾아올까봐 걱정되어 이름을 바꾸고 숨어버렸다.

유수는 지난날 어질었던 친구가 그리워 사람을 보내 그를 찾았다. 어느 날 유수는 제齊 땅에서 한 사내가 양가죽 외투를 걸치고 큰 연못에서 낚시를 하고 있다는 보고를 들었다. 관중管仲을 알아주는 자는 포숙鮑叔밖에 없듯이, 엄자릉을 알아보는 자는 유수뿐이었다. 유수는 그가 엄자릉이라고 확신하고 사람을 보내 그에게 낙양으로 와서 자신을 만나달라고 청했다. 사자가 세 번 청한 뒤에야 엄자릉은 마음을 움직였다.

현량을 얻는 일에는 '3'이란 숫자와 관련이 많다. 유비의 삼고초려와 전설 속 설정산薛丁山이 번리화樊梨花를 세 번 구한 이야기 모두 처음 뜻한 대로 계속 청하여 세 번째에 성공하게 된다. 사도 후패 역시 엄자릉과 사이가 좋았다. 그는 인편에 편지를 보내 회포를 풀고 싶은데 자신이 공무 때문에 자리를 비울 수가 없으니 엄자릉

에게 와줬으면 좋겠다고 부탁했다. 그러나 엄자릉은 응답하지 않고 심부름 온 사람에게 이렇게 전하라고 일렀다.

"군방(君房: 후패의 자), 자네는 신하로 잘하고 있군. 더불어 인을 품고 의로서 보좌하면 천하가 기뻐하고, 아첨하고 다른 사람의 뜻에 따르면 목이 끊어진다는 사실을 명심하게."

즉, 인의를 품고 최선을 다해 군주를 보좌하면 백성이 모두 기뻐할 것이며, 아첨하고 남의 비위나 맞추다보면 목숨도 보전할 수 없다는 뜻이다. 후패는 그 말을 전해 듣고 당황하며 유수에게 들려줬다. 다 듣고 나서 유수가 웃으며 말했다.

"남다른 품행이 옛날 그대로군."

그리고는 직접 엄자릉이 머물고 있는 관사를 찾아갔다. 후일 이백의 자유분방함과 방자함은 술기운을 빌린다고 해도 천자가 불러도 배에 타지 않는 정도였다. 그러나 엄자릉은 황제가 왔는데도 일어나지 않고 누워 있었다. 유수가 그의 배를 만지며 말했다.

"자릉, 자네 정말 출사하여 날 위해 일할 생각이 없는가?"

엄자릉이 대답했다.

"상고에 요임금이 태평성세에 소부를 불러 천자로 세우고자 하였지만, 소부는 그의 말을 듣고 큰 치욕을 당했다고 여기고 물로 귀를 씻었다고 합니다. 사람마다 각자 뜻이 있는데 어찌 강요하겠습니까?"

유수는 어쩔 수 없이 탄식하며 그냥 돌아왔다. 후일 엄자릉을

궁으로 불러 이야기를 나눌 때 유수는 자랑스럽게 그에게 물었다.

"옛날과 비교할 때 지금 내가 어떤 것 같은가?"

엄자릉은 피상적인 대답을 남겼다.

"폐하께서는 지난날보다 조금 낫습니다."

이 말은 완곡하면서도 절묘한 맛이 있다. 지난날보다 조금 더 나아졌다고 해석할 수도 있고, 지난날보다 별로 많이 나아진 것이 없다고도 이해할 수 있다. 어쨌든 듣기 좋은 말은 아니었다. 엄자릉은 유수와 궁에서 같이 자게 되었다. 그는 전혀 거리낌 없이 유수의 배에 다리를 올려놓고 잤다. 다음 날 태사가 황급하게 와서는 고했다.

"어제 별을 관찰하였는데 객성客星이 제성帝星을 심하게 침범하였습니다."

유수가 웃으며 답했다.

"그것은 내가 옛 친구 엄자릉과 같이 잤기 때문이다."

유수는 나중에 엄자릉을 간의대부諫議大夫로 봉했다. 그렇지만 엄자릉은 한사코 사양하며 고향 부춘산富春山으로 들어가 낚시를 하며 지냈다. 그곳에는 '엄자릉 낚시대'라는 명승고적지가 남아 있다. 북송시대 신하 범중엄은 엄자릉을 경모하여 그를 위한 사당을 세우고, 『엄선생사당기嚴先生祠堂記』에서 '구름이 걸린 산은 넓고 푸르고 강물은 끝없다. 선생의 기개는 산처럼 높고 강물처럼 끊임없다'라는 글을 남겼다. 그 후로 엄자릉의 곧은 인품과 높은 절개

가 널리 알려졌다.

낚시로 유명한 강상(姜尙, 강태공姜太公)은 바늘 없는 낚시대로 낚시를 해 '낚시꾼의 뜻은 물고기에 있지 않다'고 하였고, 엄자릉은 '산수지간에 마음을 두었다'고 하였다. 이 두 사람과 함께 '홀로 눈 내리는 차가운 강에 낚싯대를 드리운다'라는 시를 쓴 유종원柳宗元은 중국의 3대 강태공으로 꼽힌다.

'거안제미(擧案齊眉: 아내가 남편을 존경하다)'라는 성어와 관계있는 양홍梁鴻 역시 은사이다. 양홍은 자가 백란伯鸞으로 부풍 평릉 사람이다. 어린 나이에 태학에서 수학하였고, 집안은 빈한했으나 절개가 있었다. 그가 상림원에서 돼지를 치면서 생계를 유지하고 있을 때, 실수로 남의 집에 불을 내게 되었다. 양홍은 집주인을 찾아 손실을 물은 뒤 돼지로 배상을 하겠다고 하였다. 그러나 집주인이 그것으로는 부족하다고 말하자 양홍이 말했다.

"제가 가진 것이 정말로 아무것도 없습니다. 그럼 제가 몸으로 대신하겠습니다."

양홍은 그 집 머슴으로 밤낮으로 쉬지 않고 열심히 일했다. 옆집 노인은 양홍이 일하는 모습을 보고 어른을 박대한다고 집주인을 나무랐다. 집주인은 매우 부끄러워하며 돼지를 돌려주었으나 양홍은 받지 않고 그냥 갔다. 후일 양홍은 아내와 함께 패릉산霸陵山에 은거했다. 남편은 농사를 짓고 아내는 베를 짜고 금을 켜며

즐겁게 지냈다.

어느 날 양홍은 산을 나와 낙양을 지나가다가 웅장한 황궁을 보고는 역대 흥망성쇠가 떠올라 「오희가五噫歌」를 지었다. 그는 그 작품에서 원나라 때 장양호張養浩가 「동관회고潼關懷古」에서 '흥해도 백성이 고달프고 망해도 백성이 고달프구나!'라고 한 것처럼 한탄하였다. 장제는 그 사실을 알고 불쾌해하며 양홍을 잡아오라는 명을 내렸다. 그 때문에 양홍은 제, 노 일대의 해변까지 도망쳐야 했다. 그래서 왕발이 『등왕각서』에서 '양홍이 해안굽이까지 도망한 일은 어찌 밝은 시절이 다했기 때문이겠는가?'라고 읊은 것이다. 그 후 양홍은 오吳나라로 도망하여 남의 집에서 머슴살이를 했다. 그 뒤 문을 닫고 10여 편의 책을 남긴 뒤 그곳에서 세상을 떠났다. 죽기 전에 그는 아내에게 유언을 남겼다.

"옛날 연릉延陵 사람 계자(季子, 계찰季札)의 아들이 죽었을 때, 계자는 아들의 시신을 고향으로 돌려보내지 않고 죽은 곳에다 묻었소. 아들에게 내가 죽은 뒤에 내 주검을 고향으로 가져가 장사지낼 필요가 없다고 하시오."

결국 양홍은 요리要離의 무덤 옆에 묻혔다. 요리는 춘추시대 오吳나라의 유명한 의인으로, 고육책苦肉策의 일환으로 자신의 한 팔을 잘라서 주인 희광姬光을 위해 정적 경기慶忌를 암살하였다. 임무를 완수한 뒤에 요리는 스스로 목을 베어 죽었는데, 후세 사람들에게 존경을 받았다. 당시 사람들은 두 사람을 일컬어 이렇게 말했다.

"요리는 열사이고 백란(양홍)은 청고淸高한 자인데 두 사람이 함께 묻혔으니 더할 나위 없이 어울린다."

한강韓康은 자가 백휴伯休로 경조京兆 패릉 사람이다. 그는 약재를 뜯어다 팔아서 생계를 유지했다. 약초를 파는 일은 별로 이상할 것이 없다. 특이한 것은 그가 약초를 팔 때 절대 에누리 없이 한결같은 값을 받았다는 점이었다. 어느 날 그가 약초를 팔다가 한 여자와 가격을 두고 시비가 붙었다. 한강은 예전처럼 한 치도 양보하지 않았다. 그러자 여자가 화가 나서 소리쳤다.

"댁은 어쩜 에누리 하나 없어요. 당신이 한백휴(한강)이라도 되는 줄 아시오?"

한강은 놀라서 감탄했다.

"내가 약초를 파는 것은 이름을 숨기기 위함인데 아녀자조차 나를 알다니, 내가 어찌 계속 약초를 팔겠는가?"

그리고는 패릉산에 들어가 은거하였다. 조정에서 그를 여러 차례 불렀지만 모두 응하지 않았다. 환제는 사자에게 선물과 수레를 준비하여 직접 가서 모셔오라고 시켰다. 결국 한강은 어쩔 수 없이 명에 따랐다. 그는 사자에게 수레를 타고 오라고 한 뒤 자신은 땔감을 실은 우마차를 타고 먼저 출발했다. 그곳의 정장은 한강이 징벽에 응해 수레를 타고 조정으로 간다는 소식을 듣고 인부와 소를 동원하여 황급히 길을 닦았다. 정장은 우마차를 타고 지나가는 한

강을 보고 평범한 농사꾼이라고 여기고 그의 소를 빼앗았다. 한강도 기꺼이 그에게 바쳤다. 정장은 나중에 사자가 온 뒤에야 자신이 한강의 소를 빼앗은 사실을 알았다. 사자는 대노하며 정장을 죽이라는 상소를 올리려고 했으나, 한강은 그를 만류했다.

"내가 기꺼이 준 것입니다. 그러니 정장에게 무슨 죄가 있소?"

그리고는 그 기회를 틈타 도망쳤다.

당나라 때 전원 시인 맹호연孟浩然은 유명한 「야귀녹문산가夜歸鹿門山歌」에서 다음과 같은 구절을 남겼다.

녹문산의 달은 어스름 드리운 나무를 비추니,
어느덧 방공龐公의 은둔지에 도착하였네.
바위 문과 소나무 길은 길고도 적막하니,
오직 은사만이 오가는구나.

시 속의 녹문산은 지금의 호북성 양양襄陽에 있다. 맹호연 역시 오랫동안 그곳에서 은거하였다. 시 속에서 그가 경모하던 방덕공龐德公은 후한 말기의 은사로 남군 양양 사람이다. 방덕공은 현산(峴山: 지금의 호북성 양번시)에 은거하며 농사를 지었다. 그는 평생 성 안에 들어간 적이 없었다. 방덕공 부부는 마치 손님을 대하듯 서로 존경하며 태평하고 즐겁게 살았다. 형주 자사 유표劉表가 여러 번

초청하였지만 모두 거절하였다. 유표는 직접 방덕공을 찾아가 세상사에 적극 참여하는 유가사상을 거론하며 그를 설득하였다.

"선생께서 혼자만 보전하는 일이 어찌 천하를 구하는 일에 비하겠습니까?"

그의 물음에 방덕공은 이렇게 답했다.

"새둥지가 숲에 자리잡고 거북이 집이 못에 있듯이 각자 머물 곳은 따로 있는 법이오. 사람의 행적도 집과 같아서 몸만 의탁할 수 있으면 그만이오. 천하는 내 고려 범위에 들어 있지 않소.〔天下非所保也〕"

그리고는 아내와 함께 밭으로 일하러 나갔다. 유표는 밭까지 따라와서 밭을 가리키며 물었다.

"선생께서는 밭에서 기꺼이 힘들게 일하며 고생하시면서 관아의 녹은 받지 않으려 하시는데, 앞으로 후손에게 무엇을 남겨주려 하십니까?"

방덕공은 의연하게 답했다.

"세상 사람들은 자손에게 위험을 남겨주지만 나는 평안을 남겨줄 것이오. 서로 남겨주는 것이 다를 뿐인데 어찌 남겨주는 것이 없다고 하겠소?"

이런 사람을 만난다면 유표는 물론이고 제갈량을 움직인 유비조차도 어쩔 수 없었을 것이다. 결국 유표는 한탄하며 돌아갔다. 방덕공은 가족들과 녹문산에서 은거하며 약초를 뜯으며 살았다.

그곳은 당나라의 시인 가도賈島의 시처럼 '산 속에 구름 낀 깊은 곳으로 알 수 없는 곳'이었다.

'친구와 절교하다'는 뜻의 '할석분좌割席分坐'라는 성어는 삼국시대 관녕管寧과 관련이 있다. 관녕이 친구 화흠華歆과 같이 공부하고 있는데, 집 밖으로 귀한 벼슬아치의 수레가 지나갔다. 화흠은 공부를 하다 말고 구경을 하러 뛰쳐나갔다. 관녕은 화흠이 자신과 뜻이 맞지 않는다고 여기고 같이 앉아 있던 자리를 잘라 절교의 뜻을 전했다. 관녕은 그 후 명예와 이익을 추구하지 않는 사람의 대명사가 되었다.

그러나 그보다 전인 후한 환제 때에도 떠들썩한 광경을 싫어하는 자가 있었다. 한 번은 환제가 나들이를 나갔다 면수沔水 일대에 다다르게 되었다. 백성들은 천자의 위엄을 직접 보기 위해 몰려갔다. 그러나 오직 한 노인만이 본척만척하며 밭에서 묵묵히 일을 했다. 상서랑 장온張溫은 이상하게 여기며 사람을 보내 물었다.

"다른 사람은 황제를 보러 달려갔는데, 어찌 어르신만 혼자서 일하고 있습니까?"

그 노인은 웃기만 할 뿐 아무 말도 하지 않았다. 그러자 장온이 직접 가서 그와 이야기를 나눴다. 노인은 그에게 이렇게 말했다.

"나는 일개 평범한 촌부에 불과하여 별로 아는 것이 없소이다. 그래서 궁금한 것이 있는데, 천하가 혼란하여 천자를 세우는 것인

가요, 아니면 천하를 다스리고서야 천자를 세우는 것인가요? 제위에 오른 천자가 아버지가 자식을 아끼듯 그의 백성들을 사랑하는 게 맞소, 아니면 천하의 백성을 부려서 천자 한 사람을 모시는 것이 맞소? 옛날 요순 시절에 현명한 군주는 초가에 기거하며 직접 밭에 나가 일하였는데도 천하의 백성들이 편안하게 먹고 살 수 있었지요. 지금 당신의 주인께서 사람에게 폐를 끼치며 도에 넘치게 놀이를 즐기고 있소. 내가 당신이라면 이를 부끄럽게 여길 터인데, 어찌 당신은 남에게 가서 구경하라고 할 수가 있소?"

장온은 매우 부끄러워하며 노인에게 존함을 물었다. 그러나 노인은 대답도 하지 않고 가버렸다. 이후 그는 한음漢陰의 노부老父라고 불렸다.

後漢書 들여다보기

알려진 것처럼 공자는 탈속을 반대하고 적극적인 사회 참여를 주장했던 사람이다. 그는 열국들을 주유할 때 많은 반문과 비난을 받았었다.

공자가 한 번은 초楚나라의 광인 접여接輿를 만났다. 접여는 공자를 향해 노래했다.

"봉황이여, 봉황이여! 어찌 덕이 쇠하였는가? 과거는 바로잡을 수 없고 미래는 쫓을 수가 있으니 되었다. 그만둬라! 지금의 집정자가 위태롭도다!"

공자

접여

걸익桀溺이라는 자가 공자를 따르는 제자 자로에게 말했다.

"나쁜 것들이 홍수처럼 도처에 가득한데 그대는 누구와 변혁을 하겠소? 공구(孔丘, 공자)처럼 나쁜 자들을 피해다니는 사람을 따르느니 차라리 온 세상을 피하는 사람을 따르는 것이 낫지 않소?"

공자는 그 말을 전해 듣고 말했다.

"우리가 날짐승, 들짐승과 함께 어울릴 수 없거늘, 사람이 사람과 교제하지 않으면 무엇과 어울린단 말이냐? 만약 천하가 태평하면 나도 이렇게 많은 일을 하려 하지 않을 것이다."

● 주요 인물
　환소군, 맹광, 왕패의 처, 악양자의 처, 마륜, 반소, 채염

● 주변 인물
　포선, 양홍, 왕패, 악양자, 원외

● 키워드
　재능과 품행이 빼어나다

● 고사
　환소군이 우물에서 물을 긷다, 거안제미, 손님처럼 서로 존경하다

● 이야기 출처
　『후한서』「열녀전列女傳」

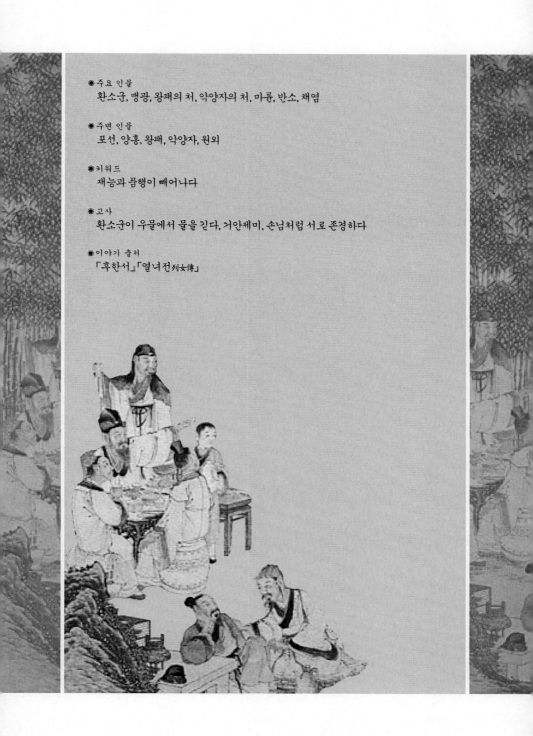

桓少君孟光、
王霸妻等

환소군·맹광·왕패의 처 외 : 열녀전

역사상 여성이 천하를 통일한 모계 씨족 시기가 있었고, 모택동이 '하늘의 반쪽은 여성'이라고 외쳤지만, 중국 역사에서 여성은 줄곧 차별받는 위치에 놓여 있었다.

여성의 권리가 나날이 향상되고 있는 오늘날에도 이러한 현상은 여전히 존재한다. 은·상나라 때 문자가 탄생한 이래, 사실을 기록한 사료가 바다처럼 많았지만 여성을 위한 전기를 별도로 만든 것은 전한 성제成帝 때 유향의 『열녀전列女傳』 7편이 처음이다. 정사에 「열녀전」이 포함된 것은 범엽의 『후한서』가 처음이다.

범엽은 그가 인물을 선정한 기준이 절개가 아니라 오로지 '재능과 행실이 빼어난 자'라고 분명히 밝히고 있다. 그것이 범

엽이 후세의 『열녀전烈女傳』을 편찬한 사가와 확연히 다른 점이다. 그렇기 때문에 『후한서』의 「열녀전」에는 지금까지도 칭찬할 만한 인물이 많이 실려 있다.

환소군桓少君과 맹광孟光은 역사에서 칭송받아온 덕을 갖춘 여성 이다.

환소군은 전한 애제哀帝 때의 발해 사람 포선鮑宣의 처이다. 포선은 환소군의 아버지 밑에서 수학했었다. 그는 청빈하고 학문하기를 좋아하여 스승으로부터 신임을 받았다. 스승은 그에게 학문을 전수해주고 귀한 딸까지 짝으로 맺어주었다. 환소군의 아버지는 딸을 시집보낼 때 혼수를 넉넉하게 마련해주며 사위의 환심을 사고자 하였다. 그러나 뜻밖에도 포선은 불쾌해하며 환소군에게 따졌다.

"당신은 부귀한 집안에서 태어나 호사스러운 의복과 음식이 익숙하겠지만, 나는 출신이 빈한하오. 우리는 서로 집안이 맞지 않아 앞으로 맞추어 살아가기가 힘들 것 같소. 이렇게 대단한 혼수는 감당하지 못하겠소."

"아버지께서는 당신의 뛰어난 덕행을 보고 저와 맺어주신 것입니다. 앞으로 당신을 낭군으로 모셔야 하니 당연히 당신의 명을 따라야지요."

포선이 웃으며 답했다.

"그것이야 말로 내가 바라던 바요."

환소군은 화려운 의복을 전부 돌려보낸 후, 소박한 옷차림으로 갈아입고 포선과 함께 녹거(鹿車: 작은 수레)를 끌고 포선의 고향으로 돌아갔다.

시댁에 도착한 환소군은 시부모에게 절을 올린 뒤 항아리를 들고 우물가로 물을 길으러 갔다. 마을 사람들이 그녀를 보고 칭찬을 아끼지 않았다.

환소군이 우물에서 물을 길은 이야기는 서시가 가슴에 병이 있어 가끔씩 눈을 찡그렸는데, 이마저도 예뻐보여 칭송한데서 유래한 '서자봉심(西子捧心: 여인의 아름다운 자태)'과 함께 오랫동안 사람의 마음속에 미담으로 남았다. 두 이야기의 차이점이라면 하나는 아름다운 미모에서 비롯되었지만 다른 하나는 고상한 인품에서 비롯되었다는 것이다.

맹광하면 '거안제미'라는 성어와 함께 현모양처라는 이미지가 연상된다. 맹광은 부풍 평릉 사람이다. 맹광은 황제黃帝의 처 모모嫫母, 제齊나라 선왕宣王의 왕후 종리춘鍾離春, 동진東晋시대 명사 허윤許允의 처 완阮 씨와 함께 중국의 '사대 추녀'로 불린다.

사서의 기록에 따르면 맹광은 피부가 까무잡잡하고 몸은 비대하며 돌절구를 들 수 있을 정도로 힘이 셌다고 한다. 이렇게 맹광의 외모는 별로였지만 안목은 높아서 30세가 되도록 시집을 가려

고 하지 않았다. 부모가 그 이유를 물었더니 맹광은 이렇게 이야기 했다.

"소녀는 군에 사는 양백란에게만 시집을 갈 것입니다."

양백란은 바로 양홍이라는 당대 명사였다. 맹광의 바람을 듣고 양홍은 예물을 보내 그녀를 아내로 맞았다. 맹광은 시집가기 전에 소박한 베옷을 준비해두고 시집갈 때는 화려한 옷을 입었다. 그런 맹광을 보고 양홍은 7일 동안 신부를 모른 척했다. 맹광은 양홍에게 용서를 구했다.

"부군이 의가 높아 여러 명의 아녀자를 물리쳤다는 말을 들었습니다. 저 역시 별 쓸모는 없지만 이미 여러 사람의 구혼을 거절했었습니다. 그러한데 어찌 감히 부군께 죄를 청하지 않을 수 있겠습니까?"

"나는 소박한 옷차림으로 깊은 산중에 은거할 수 있는 배필을 찾길 바랐는데, 당신이 비단 옷을 입고 분을 바르고 왔으니 내가 어찌 기꺼워하겠소?"

"제가 부군을 시험하기 위해서 일부러 그런 것입니다. 은거할 때 입을 옷은 따로 있습니다."

맹군이 일개 촌부의 옷으로 갈아입자 양홍은 그때서야 매우 기뻐했다.

"이제야 이 양홍의 아내답구려!"

그 후 양홍은 조정의 추격을 피해 아내와 함께 오나라 땅으로

가서 방아를 빻아주며 생계를 꾸렸다. 양홍이 집으로 돌아올 때마다 맹광은 남편을 위해 준비한 밥상을 미간까지 높이 들고 맞이하여 남편에 대한 존경을 표했는데, 이는 후일 '거안제미擧案齊眉'라는 성어를 낳았다. 수천 년 동안 '거안제미'는 '상경여빈相敬如賓'이란 성어와 함께 부부의 은애를 표현하는 성어로 사람들의 입에 오르내렸다.

왕패王霸의 처와 악양자樂羊子의 처는 남편을 뛰어넘는 현덕함으로 내조했다.

광무제 때의 인사 왕패는 태원 사람으로 젊은 시절부터 절개가 굳었다. 어느 날 그가 상서에 올라 유수를 배알하게 되었다. 다른 사람들은 무릎을 꿇고 신하라고 칭하였으나, 그는 혼자만 신하라는 말을 붙이지 않았다. 주사主事 관원이 그에게 이유를 묻자 이렇게 답했다.

"천자에게 신하가 되지 않는 자도 있고, 제후에게 우호적이지 않은 자도 있는 법이오."

그리고는 관직을 물리고 집으로 돌아갔다. 그 후 조정에서 여러 차례 관직을 내렸지만 모두 사양하였다. 왕패처럼 부귀영화를 떠도는 구름처럼 여기는 인품이 고상한 은자라도 모든 것을 꿰뚫어 볼 수는 없는 것이다.

그는 같은 군에 사는 영호자백令狐子伯과 좋은 친구 사이였다. 후

일 초楚지의 상相에 오르게 된 영호자백은 군의 관리로 있던 아들을 보내 왕패에게 편지를 전했다. 영호자백의 아들이 좋은 옷과 준마를 타고 어느 정도 체면을 갖추고 왔다.

당시 밭에서 일하고 있던 왕패의 아들은 손님이 왔다는 말에 써레를 던져두고 집으로 갔다. 세상물정을 전혀 알지 못했던 왕패의 아들은 집으로 돌아와서 영호자백 아들의 위풍을 보고 놀랐다. 그는 순간 평상심을 잃고 자신을 부끄러워하며 고개를 들어 그를 쳐다보지도 못했다. 왕패는 그런 자식을 매우 창피하게 여기며 손님이 간 뒤에 누워서 한참동안 일어나지 않았다. 아내가 이유를 물었지만, 그는 한동안 대답이 없었다. 아내가 자신을 자책하자 그제서야 말 못할 고충을 밝혔다.

"나는 영호자백과 원래부터 달랐소. 방금 전 그의 아들은 밝은 낯빛으로 대범하게 행동했는데, 우리 아들은 차림새도 단정치 못한 데다가 예를 차릴 줄도 몰랐잖소. 아들이 손님을 보고 자신의 초라한 옷차림을 부끄러워했으므로 차마 그의 부모로서 고개를 들 수가 없군요."

왕패의 아내는 남편을 타일렀다.

"부군은 어린 시절부터 도덕과 절개를 수양하며 부귀영화에 미련을 두지 않았는데, 그것이야말로 가장 해내기 어려운 일이지요. 영호자백의 부귀함을 어찌 당신의 고상한 뜻과 비하겠습니까? 당신은 왜 지금까지 지켜온 뜻한 바를 잊고 사소한 일 때문에 고심하

며 순진한 아들을 부끄럽게 여기십니까?"

왕패는 아내의 말을 듣는 순간 마음이 확 트이면서 깨달음을 얻었다. 그는 벌떡 일어나서 맞는 말이라고 호응했다. 그 후 왕패 부부는 평생 은둔하였다. 공자가 말하길 '인을 구하여 인을 얻었다면 어찌 원망하겠는가?'라고 했다. 왕패의 아내도 아마 그 도리를 알고 있었을 것이다.

악양자의 아내는 현모양처의 전형으로 널리 알려졌다. 어느 날 악양자가 길을 가다가 금덩어리 하나를 줍게 되었다. 그는 그것을 집으로 가져가 아내에게 주었다. 다른 사람 같았으면 매우 기뻐했을 것이다. 그러나 악양자의 아내는 정색하며 화를 냈다.

"아무리 목이 말라도 도천(盜泉: 도둑 샘)의 물은 마시지 않고, 남이 던져주는 음식을 받지 않는다고 하였는데, 하물며 주워온 물건은 어떻겠습니까? 물건을 주워 오는 행동은 자신의 품행만 더럽힐 뿐입니다."

악양자는 매우 부끄러워하며 금을 밖으로 던져버렸다. 후일 악양자가 외지로 수학하러 나갔다가 1년 후에 돌아왔다. 아내가 그에게 돌아온 연유를 물었다.

"타지에서 오래 있다 보니 집 생각이 나서 돌아왔소. 다른 이유는 없소."

밖에 나가면 집이 그리워 돌아오고 싶은 것은 인지상정이므로

비난할 바가 아니다. 그의 아내는 가위를 가지고 베틀 앞으로 가더니 입을 열었다.

"누에고치에서 뽑은 실은 베틀의 북을 거쳐 베로 만들어지는데 한 치 한 치가 모여 그렇게 되는 것입니다. 지금 제가 그것을 중간에서 잘라버리면 앞에서 짠 베까지 모두 망치게 되지요. 학문하는 일 역시 시간이 쌓여야 이룰 수 있는 것인데 중도에 돌아오시다니, 제가 지금 자른 베와 다를 바가 뭐가 있습니까?"

악양자는 아내의 가르침을 듣고 다시 수학하러 떠나서 7년 동안 돌아오지 않았다. 그동안 아내는 열심히 시어머니를 봉양하고 베를 짜서 공부하는 남편을 뒷바라지했다. 시어머니는 남편보다 더 말이 안 되는 일을 저질렀다. 이웃집 닭이 어쩌다 자기 집 마당으로 들어오자 몰래 잡아서 요리를 한 것이다. 악양자의 아내는 식사할 때 닭을 먹지 않고 쳐다보며 눈물만 흘렸다. 그러자 시어머니가 의아해하며 그 이유를 물었다.

"집안이 가난하여 밥을 먹을 때 부정하게 취한 닭밖에 먹을 수 없다니 슬퍼서 그럽니다."

시어머니가 아무리 식성이 좋다고 해도 차마 먹을 수가 없었다. 결국 닭을 그냥 내다버렸다.

마륜馬倫은 현대 여성까지도 속 시원하게 해주는 여성이다. 마륜은 대학자 마융의 여식으로 학자 집안에서 태어나 시서를 두루 읽

고 가훈을 계승하였다. 마륜은 어린 시절부터 남달리 총명하였는데 특히 말재주가 뛰어났다. 후일 여남 사람 원외에게 시집을 갔다. 마융은 집안이 부유하여 딸에게 후한 혼수를 준비해주었다. 혼인하는 날 원외가 신부에게 곤란한 질문을 했다.

"아녀자는 쓸고 닦는 집안일을 할 뿐인데 그렇게 화려한 의복은 뭐에 쓰려고 하오?"

다른 사람 같으면 그에게 뭘 모른다고 욕을 퍼부었거나 황공무지하게 백배사죄를 했겠지만, 마륜은 침착하게 이렇게 말했다.

"부모님의 사랑이 깊어 그만큼 주신 것인데 어찌 자식된 도리로서 감히 어길 수가 있겠습니까! 부군께서 포선과 양홍의 고상한 품행을 경모하신다면, 저 역시 환소군과 맹광의 행실을 따라야겠지요."

원외는 계속해서 난처한 질문을 던졌다.

"아우가 형보다 먼저 장가를 가면 세상 사람들에게 비웃음을 사게 되는데, 당신은 어찌 언니가 혼인하지 않았는데 먼저 시집을 왔소? 그래도 되는 것이오?"

마륜은 박정한 대답을 내놨다.

"언니는 뜻한 바가 원대하여 자신의 마음에 드는 낭군을 찾지 못해서 그렇습니다. 저처럼 비속하여 아무한테나 시집가지 않은 탓이지요."

안자(晏子, 안영晏嬰)가 초楚나라에 사신으로 갔다가 초왕의 모욕을

591

지혜롭게 반박하여 제나라의 존엄을 지킨 것과 같은 여운이 느껴지는 말이다. 원외는 그래도 지지 않고 사람들에게 비난을 받는 장인 마음을 언급하며 아내를 난감하게 만들었다.

"장인께서는 하늘만큼 넓은 학식을 갖고 계시고 문사의 대가라고 할 수 있는데, 높은 지위에 올라 부귀영화를 탐해 남들의 비난을 사고 있으니 어찌된 일이오?"

마륜은 전혀 굽히지 않고 대답했다.

"공자님께선 대성인이었지만 무숙武叔의 모함을 면치 못하였고, 자로 역시 어질었으나 백료伯寮에게 욕을 먹었습니다. 그러니 아버지가 비난을 받는 것은 그리 특별할 것 없는 평범한 일이지요."

원외는 더 이상 할 말이 없었다. 문 밖에서 엿듣고 있던 사람들조차 그 이야기를 듣고 부끄러워하며 얼굴을 붉혔다고 한다.

반소는 아버지 반표와 오라비 반고, 반초와 함께 세상에 명성을 날렸던 인물이다. 역사상 삼부자가 동시에 사서에 이름을 남긴 경우는 드물지 않게 볼 수 있다. 반표 부자 외에 삼국시대의 조조 부자, 북송시대의 소식 부자 등이 역사서에 나란히 이름을 남겼다. 그러나 아버지와 아들, 딸까지 함께 역사에 이름을 남긴 경우는 아주 드물다.

반소는 좋은 환경에서 자랐다. 여자지만 남자 못지않게 박학다식하고 재주가 많아서 명성이 높았다. 반고가 『한서』를 쓰다가 「팔

표八表」와 「천문지」 부분을 완성하지 못한 채 세상을 떠나자, 화제
는 반소에게 황실 도서관에서 오라비의 일을 이어받아 사서를 완
성하도록 명했다.

『한서』가 완성된 후, 글이 심오하고 어려워 세인들 대부분이 이
해할 수 없었다. 결국 황제는 대학자 마융을 보내 반소에게 『한서』
에 관한 해석을 듣고 세인에게 전하라는 명을 내렸다. 그 뒤에야
『한서』가 세상에 널리 전해질 수 있었다.

화제는 반소의 학문을 존중하여 후궁의 황후와 귀인들에게 그
녀를 스승으로 삼고 배우라고 명하고, 반소에게 '대가大家'라는 칭
호까지 내렸다. 등 태후는 임조칭제할 때 반소를 자주 입궁시켜 정
사를 의논하였고, 특별히 신임을 표하기 위해 반소의 아들을 제후
로 봉했다.

영초 원년(107년), 태후의 오라비 대장군 등즐이 어머니의 별고
를 이유로 사직하고 집으로 돌아가 상을 치르고 싶다는 상소를 올
렸다. 태후는 원래 동의하지 않으려고 했으나, 반소가 겸양의 덕을
칭송하며 스스로 사직한 등즐을 칭찬하자 그제서야 허락했다. 반
소가 70세가 넘어 세상을 떠나자 등 태후는 그녀를 위해 복상을
했는데, 그것은 크나큰 영광이라 할 수 있다.

반소는 중국 여성에게 가장 큰 영향을 끼친 인물이다. 『논어』가
중국 역대 사대부의 입신처세 규칙을 정하였다면, 반소의 『여계女
誡』는 아녀자의 일상행동 준칙을 정한 책이다. 『여계』에서 반소는

593

아녀자의 도리, 아녀자의 사덕四德 등을 기술하였는데, 그것은 당시 아녀자의 현숙함 여부를 평가하는 기준이 되었다. 오늘날의 시각에서 본다면 『여계』는 역대 여성들을 고통 속으로 몰아넣었던 크나큰 화근이라고 볼 수도 있다. 반소는 책에서 '남편이 재취의 뜻이 있다면 아내는 두 말하지 않는다'고 규정하고 있다. 다시 말해 남자는 재혼을 해도 여자는 안 된다는 말이다. 반소는 몸소 실천하여 일찍이 장부를 여의고도 수절하였다.

채염은 자가 문희文姬다. 그의 자는 이름보다 더 널리 알려져 있다. 채염은 명사 채옹의 딸로 전기적이고 비극적인 이야기의 여주인공이다. 채염은 어린 시절부터 박학다식하였고 언변에도 능했다. 특히 음율에도 정통하였는데, 이와 관련된 재미있는 이야기가 전해진다.

채옹이 금을 켜다가 잘못하여 줄 하나가 끊어지자 어린 딸인 채문희가 자신도 모르게 말했다.

"두 번째 현이다."

채옹은 이상했지만 그저 우연히 맞힌 것이라고 여기고 일부러 줄을 하나 더 끊었다. 그러자 채문희가 또 외쳤다.

"네 번째 줄이다."

다음 번에도 정확히 맞혔다. 이 이야기로 인해 채문희는 멀리까지 명성을 떨쳤다.

미인은 팔자가 사납다는 말은 불문의 법칙이다. 그 말은 재인에
게 더욱 해당되는 말이다. 반소가 그랬고, 당나라의 설도薛濤, 남송
의 이청조李淸照도 모두 그러했다. 그중에 채문희의 운명은 최고로
불행했다. 채문희는 하동의 위중도衛仲道에게 시집을 갔지만, 남편
이 일찍 세상을 떠나는 바람에 과부가 되어 집으로 돌아왔다.

홍평 연간, 천하가 혼란하고 도처에서 전쟁이 벌어졌다. 당시
채문희는 한나라에 침입한 오랑캐에게 잡혀가서 남흉노의 좌현왕
左賢王에게 끌려갔다. 채문희는 오랑캐 땅에서 12년을 살며 2명의
아들을 낳았다. 조조가 채옹과의 정을 잊지 않고 사람을 보내 재물
을 주고 채문희를 되찾아오지 않았다면, 그녀는 평생 변방의 바람
부는 초원에서 양을 바라보며 한탄하며 살았을 것이다.

중원으로 돌아온 뒤 채문희는 조조의 중매로 진류 사람 동사董祀
에게 재가하였다. 여자가 두 번 시집가는 것을 용납하지 않았던 세
상에서 세 번이나 혼인을 한 일은 정말로 무도한 것이었다. 그 때
문에 당나라 때 사학자 유지기劉知幾는 채염 같은 사람이 사서에 기
록된 사실에 대해 매우 분개하였다. 그러나 똑같이 오랑캐 땅에서
살고 결혼하여 자식까지 낳은 소무에 대해서는 분개하는 자가 없
었다. 그 이유는 반소의 『여계』에 기록된 '남녀는 다르다'는 말 때
문이었다.

채문희의 불운은 아직 끝나지 않고 있었는데, 얼마 뒤 동사가
법을 어겨 사형을 당할 위기에 처한 것이었다. 그녀는 남편의 목숨

을 구하기 위해 황급히 조조를 만나러 갔다. 당시 빈객들과 연회를 열고 있던 조조는 채문희가 뵙기를 청한다는 말을 듣고 손님들에게 말했다.

"명성이 자자한 채백개(蔡伯喈, 채옹)의 여식이 밖에 와 있다니 여러분에게 소개해드리지요."

채문희는 머리를 헝클어뜨리고 머리를 조아리고 사죄하며 장부를 대신해 사정했다. 그의 애절하고 간곡한 말에 모두가 감동하였다. 조조가 다 듣고 입을 열었다.

"나 역시 안타깝게 생각하지만 이미 문서를 보냈으니 어쩔 도리가 없구나."

채문희가 애원했다.

"대인에게 수만 필의 준마와 든든한 병사가 수두룩한데 어찌 아까워하며 한 사람의 목숨을 구하려 하지 않습니까?"

결국 조조는 감동하여 동사를 사면해주었다.

조조는 채옹이 많은 장서를 소장했었다는 사실을 알고 채문희에게 얼마나 기억하고 있는지를 물었다.

"원래 4천 권 정도 책이 있었으나 재난을 당해 대부분 소실되었습니다. 제가 지금 외우고 있는 것은 대략 4백여 편 정도 됩니다."

조조는 사서 10명을 보내 그녀가 기억하는 내용을 기록하고자 했으나 채문희가 이렇게 말했다.

"남녀가 가까이 할 수 없으니 대인께서 저에게 종이와 붓만 내

려주시면 됩니다."

그렇게 하여 채문희가 직접 기록한 내용에 거의 실수가 없었다고 한다. 불운한 운명의 재인이었던 채문희는 자신의 재난과 고생담을 시로 남겼다. 그중 하나는 피눈물로 써내려간 「비분시悲憤詩」이고, 다른 하나는 「호가(胡笳, 호胡의 피리) 18박拍」이다.

1천 년 동안 비파는 오랑캐 노래를 불렀는데, 그 안에는 왕소군의 원한으로 가득하다고 하였다. 이 점에서 채문희와 왕소군은 시대를 초월한 지기라고 할 수 있다.

後漢書 들여다보기

전한 성제 때 유향이 지은 『열녀전』은 중국 최초로 여성 명사를 기록한 전기다. 제왕을 정복하여 천하를 얻은 여성은 소수에 불과하지만, 제왕과 국운에까지 영향력을 끼친 여인은 많다. 유향이 『열녀전』을 지은 목적은 '화복과 영예와 치욕, 시비와 이해득실을 분명하게 드러내기 위함'이었다. 또한 전대의 현량한 여성 이야기와 총애를 받고 요망한 짓을 벌인 여자의 이야기를 거울로 삼아, 이후 후비와 천자가 국가 대사의 이해득실에 맞게 행동하도록 경고하고자 하는 의미를 담은 책이었다. 유향의 『열녀전』은 총 7편으로 총 105명의 이야기가 실려 있다.

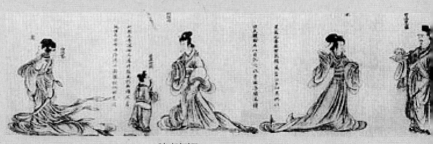

열녀인지도